Ronald Colman

Was wirklich zählt

Plädoyer für eine nachhaltige
und gerechte Wirtschaft

Ronald Colman

WAS WIRKLICH ZÄHLT

Plädoyer für eine nachhaltige und gerechte Wirtschaft

Übersetzung: Steven Uhly

Lektorat: Maya Solms, Felicitas Fritzsche

Erste Auflage

Lektorat: Christian Ruzicska
www.secession-verlag.com

Gestaltung und Satz: Eva Mutter, Barcelona

Herstellung: Daniel Klotz, Berlin
Druck und buchbinderische Verarbeitung: Friedrich Pustet, Regensburg
Papier Innenteil: 90 g/m² Werkdruck holzfrei
Papier Überzug: 270 g/m² Peydur Lisse
Gesetzt aus Roboto und Roboto Serif

Printed in Germany
ISBN 978-3-96639-072-9

Inhalt

Vorwort zur deutschen Ausgabe

von Reinhard Loske

Darüber, was im Leben wirklich zählt, gehen die Meinungen zwischen den Menschen bekanntermaßen auseinander, auch wenn wir uns im Grundsatz über vieles einig sind. Das gilt innerhalb von Gesellschaften, Kulturen und Staaten und erst recht zwischen ihnen. Es muss deshalb schon fast als sonderbare Rückständigkeit gelten, wenn die Ökonomik in ihrem Hauptstrom noch immer glaubt, der Wohlstand einer Nation lasse sich mit Hilfe eines einzigen ökonomischen Indikators messen, dem hochaggregierten Bruttoinlandsprodukt (BIP).

Das BIP misst aber lediglich den Wert der im Inland hergestellten Waren und Dienstleistungen, soweit diese nicht als Vorleistungen für die Produktion anderer Waren und Dienstleistungen verwendet werden. Von seinen Erfindern war es mitnichten als umfassender Wohlstandsindikator gedacht, sondern als Rechengröße, die die Wertschöpfung einer Nation innerhalb eines Jahres misst – und zwar inflationsbereinigt.

Über die ökologische Nachhaltigkeit des Wirtschaftens einer Nation sagt uns das BIP aber so gut wie nichts. Der fundamental destruktive Charakter der Klima-, Biodiversitäts- und Ressourcenkrise lässt sich an ihm nicht ablesen. Im Gegenteil: Vieles von dem, was heute als BIP-Wachstum gemessen wird, ist in Wahrheit substanzverzehrendes und letztlich unwirtschaftliches Wachstum, das eigentlich mit einem negativen Vorzeichen in die volkswirtschaftliche Gesamtrechnung eingehen müsste.

Auch zum sozialen Zusammenhalt von Gesellschaften, zur Einkommens- und Chancengerechtigkeit, zur Vitalität der Demokratie, zur öffentlichen Gesundheit oder zur Qualität der öffentlichen Bildung hat uns das BIP nicht viel zu sagen. Ganz zu schweigen von der Enkeltauglichkeit unserer Art des Wirtschaftens.

Große Teile der Politik aber haben sich tragischerweise die Deutung der Mainstream-Ökonomik zu eigen gemacht, nur ein permanent wachsendes Bruttoinlandsprodukt sichere den Erfolg und die Zukunftsfähigkeit eines Landes. Für Deutschland etwa erklärte Bundeskanzlerin Angela Merkel in ihrer Regierungserklärung 2009 apodiktisch: »Ohne Wachstum ist alles nichts.« Und 14 Jahre später, Anfang 2023, heißt es bei ihrem Nachfolger Olaf Scholz nicht minder pathetisch: »Ich bekenne mich zum Wachstum. Es ist unverzichtbar.«

Wenn wir diesen Wachstumsfetischismus nicht hinter uns lassen, stehen die Chancen zur Bewältigung der multiplen Gegenwartskrisen sehr schlecht. Denn die Ökologie-, Gesellschafts- und auch Geschichtsvergessenheit der vorherrschenden ökonomischen Wachstumsideologie macht uns blind für das Finden wirklich zukunftsfähiger Lösungen.

Diese Einsicht bildet den Ausgangspunkt des Denkens von Ronald Colman in seinem Buch mit dem fast poetischen Titel *Was wirklich zählt*. Colman schöpft bei seinem kritischen Blick auf den ökonomischen Expansionismus aus einer Fülle langjähriger biografischer Erfahrungen, die er in verschiedenen Teilen der Welt als Autor und Wissenschaftler, Regierungsberater und Aktivist sammeln konnte.

Dabei verdichtete sich das Unbehagen am mangelhaften Erklärungsgehalt der Mainstream-Ökonomik für die reale Welt und ihre

Probleme bei Colman zunehmend zu einer bohrenden Leitfrage: Warum ignoriert die Politik so oft die ökologischen Folgen und sozialen Dysfunktionalitäten des herkömmlichen Wirtschaftswachstums und flüchtet sich lieber in den Selbstbetrug eines vermeintlich »grünen Wachstums«? Und was müsste geschehen, damit die politische Praxis die ökologisch-sozialen Fakten endlich zur Kenntnis nimmt, umweltzerstörende Wirtschaftsinteressen in die Schranken weist und konsequent in Richtung einer nachhaltigen Ökonomie umsteuert?

Eine zentrale Antwort auf diese Frage sieht Ronald Colman darin, unseren Wohlstand endlich so ehrlich zu bilanzieren, wie dies der facettenreichen Realität entspricht. Wirklicher Fortschritt nämlich lässt sich, so seine Überzeugung, nur mit Indikatoren messen, die neben ökonomischen auch ökologische und soziale Aspekte umfassen, vom Ressourcenverbrauch bis zur Umweltbelastung, von der Sicherheit bis zur menschlichen und planetaren Gesundheit, von den Bildungschancen bis zur sozialen Teilhabe.

Wendet man solche ganzheitlichen Messkonzepte an, wird leicht erkennbar, dass wirklicher Wohlstand und das Wachstum des Bruttoinlandsprodukts längst zwei Paar Schuhe sind. Die für Wachstumsanbeter unangenehme Tatsache lautet: »Immer mehr« bedeutet keineswegs »immer besser«. Colman zeigt uns durch seinen Ansatz zur Messung wirklichen Fortschritts auf überzeugende Weise, wie wir uns ehrlich machen und so die Tür zu einem neuen Wirtschaftsparadigma aufstoßen können, in dem Mensch und Natur, Individuum und Gesellschaft sich friedlich und gemeinsam entwickeln. Entscheidungsträgerinnen und -träger in Politik, Wirtschaft und Gesellschaft sollten dieses Buch lesen.

Berlin im Mai 2023

Reinhard Loske ist Volkswirt und Politikwissenschaftler. Er ist Mitglied im Vorstand der Stockholmer *Right Livelihood Foundation*, die jährlich den Alternativen Nobelpreis vergibt. Zuvor war er unter anderem Präsident der *Cusanus Hochschule für Gesellschaftsgestaltung* in Koblenz, Professor für Nachhaltigkeit und Transformationsdynamik an der Uni Witten/Herdecke, Bremer Senator für Umwelt, Bau, Verkehr und Europa sowie Bundestagsabgeordneter der Grünen und deren Stellvertretender Fraktionsvorsitzender.

An die Leser

Das Coronavirus – ein Wendepunkt für die Menschheit?

Im Frühjahr 2020 kam die Weltwirtschaft zum Stillstand. Zwei Jahre lang beherrschte die COVID-19-Pandemie die Gedanken und das Leben der Menschen. Inmitten des Sterbens und Leidens und der Lockdowns herrschten Angst, Besorgnis, Schuldzuweisungen – und es gab Chancen.

Wir hätten uns niemals freiwillig für eine solche Schocktherapie entschieden, um den notwendigen Wandel herbeizuführen. Aber wir müssen anerkennen, dass die Aussetzung unseres auf fossilen Brennstoffen basierenden Wirtschaftswachstums die Treibhausgasemissionen schneller und stärker reduziert hat als sämtliche seit Jahren laufenden Klimaverhandlungen zusammengenommen. Die Unterbrechung des *business as usual* brachte den am stärksten verschmutzten Städten unserer Welt saubere Luft und blauen Himmel. Sie stoppte das Einleiten von Industrieabfällen und giftigen Abwässern in die Wasserstraßen der Welt, die zumindest kurzzeitig so klar waren wie lange nicht. Und sie lockte Tiere zu Land und zu Wasser in zuvor unbewohnbar gewordene Lebensräume zurück und rettete viele Arten zumindest vorübergehend vor dem Aussterben. Vor allem aber zeigte sie, dass die Menschheit entschlossen und blitzschnell handeln kann, um die Richtung zu ändern, wenn sie bedroht ist.

Leider waren diese positiven Folgen nur von kurzer Dauer. Von Washington bis Peking, von London bis Delhi konzentrierten sich die politischen Kreise und die Medien fast ausschließlich auf die Wiederbelebung der ins Stocken geratenen Wirtschaft und auf eine »Rückkehr zur Normalität«, die unsere Zukunft weitaus stärker bedroht als das Virus. Und namhafte Experten von Henry Kissinger über Yuval Noah Harari bis hin zu Kishore Mahbubani spekulierten über Weltwirtschaft, Geopolitik, die Zukunft der liberalen Demokratie und vieles mehr in der »Welt nach dem Coronavirus«[1]. In diesen konventionellen Analysen von Politikern, Medien und Experten standen Wirtschaft und Politik im Mittelpunkt des Universums – als würde die Natur nicht existieren und als gäbe es unabhängig von der Gesundheit des Planeten gesundes menschliches Wirtschaften.

Wenn wir in der Lage gewesen wären, unseren Horizont nur ein wenig zu erweitern, hätten wir dann vielleicht den Schrecken der Pandemie in eine enorme Chance verwandeln und weitaus größeres Leid in der Zukunft verhindern können? Hätte dieses globale Ereignis das Potenzial gehabt, ein Wendepunkt in der Geschichte der Menschheit und der Welt zu werden? Wären wir mutig genug gewesen, über die Rückkehr zum *business as usual* hinauszudenken, dann hätten wir vielleicht ein neues Wirtschaftssystem im Einklang mit der Natur aufbauen und einen neuen Weg zu mehr Gesundheit, Vernunft und Wohlstand für den Planeten und die Menschen finden können. Haben wir also eine Chance vertan, Leben zu retten, und stattdessen wirtschaftliche Kosten verursacht, die weit über die Kosten des Coronavirus hinausgehen?

Die Luftverschmutzung durch fossile Brennstoffe tötet jedes Jahr 4,5 Millionen Menschen und kostet die Weltwirtschaft jährlich geschätzte 2,9 Billionen Dollar (3,3 % des globalen Bruttoinlandsprodukts – BIP) an Gesundheitskosten und Produktivitätsverlusten.[2]

Lord Nicholas Stern, ehemaliger Chefökonom der Weltbank, schätzt, dass die Fortsetzung des Ausstoßes von Treibhausgasen in den Raten vor der Pandemie die Weltwirtschaft jährlich zwischen 5 % und 20 % des weltweiten BIP an wirtschaftlichen Schäden kosten wird, und zwar durch zunehmende Dürren, Überschwemmungen, Brände, den Anstieg des Meeresspiegels und andere Auswirkungen des Klimawandels auf die Nahrungsmittelproduktion, die Wasserressourcen, die Gesundheit usw. Stern nennt den Klimawandel das »größte und weitreichendste Marktversagen, das es je gegeben hat«.[3]

Werden wir auf die COVID-Pandemie des Jahres 2020 als Kinderspiel zurückblicken angesichts des Leids, das uns erwartet? Oder wird sie in die Geschichte eingehen, weil die Menschheit eine goldene Gelegenheit ergriff, destruktive Gewohnheiten hinter sich zu lassen, eine Katastrophe zu vermeiden und eine bessere Zukunft zu erschaffen? Ist es zu spät? Oder werden wir uns noch an die erstaunlichen Fortschritte erinnern, die wir erzielten, als wir nicht mehr zur Tagesordnung übergingen?

Durch die COVID-Pandemie mussten Kraftwerke und Industrieanlagen abgeschaltet und der Verkehr drastisch reduziert werden. Dadurch sanken Kohle- und Ölverbrauch rapide, was schnell zu nachweisbaren Einsparungen bei den Umweltkosten führte. Im Frühjahr 2020 wurden nach vorläufigen Schätzungen 11.000 durch Luftverschmutzung bedingte Todesfälle in Europa vermieden, und zwei Monate Reduzierung der Luftverschmutzung in China retteten wahrscheinlich das Leben von 4000 Kindern unter fünf Jahren und 73.000 Erwachsenen über 70 Jahren.[4] Im Verlauf dieses Buches werden wir uns damit befassen, wie sich Umweltverschmutzung, Treibhausgasemissionen und andere soziale beziehungsweise ökologische Gegebenheiten in verlorenen oder geretteten Leben niederschlagen, sowie in einer Zu- oder Abnahme von Krankheitsfällen, von Kosten für das Gesundheitswesen, der Produktivität, von landwirtschaftlicher Produktion und anderen wirtschaftlichen Kosten oder Vorteilen. Im Moment genügt es, darauf hinzuweisen, dass die Vermeidung dieser verschmutzungsbedingten Todesfälle und Kosten das direkte Ergebnis der weltweiten Pandemie ist.

Forscher der Harvard University fanden heraus, dass sauberere Luft die Zahl der Todesfälle und die Kosten durch das Coronavirus deutlich verringert hätte. Sie stellten fest, dass in Gebieten mit höherer Luftverschmutzung in den Vereinigten Staaten die COVID-19-Todesrate deutlich höher war, weil PM2,5-Partikel – d. h. Feinstaubpartikel mit einem aerodynamischen Durchmesser kleiner als 2,5 Mikrometer – Atembeschwerden, Bluthochdruck, Herzkrankheiten und Diabetes verstärken, das Immunsystem schwächen und Entzündungen in den Lungen und Atemwegen fördern. Dies wiederum erhöht das Risiko, an COVID-19 zu erkranken und schwere Symptome und Komplikationen zu entwickeln. Francesca Dominici, Harvard-Professorin für Biostatistik, fasst zusammen: »Wenn man COVID bekommt und verschmutzte Luft eingeatmet hat, ist es wirklich, wie Benzin ins Feuer zu gießen.«[5]

Die Internationale Energieagentur (IEA) bezeichnete die Verringerung der CO_2-Emissionen um 5,8 % im Jahr 2020 aufgrund des durch COVID bedingten Rückgangs an Öl- und Kohleverbrauch als »beispiellos in der Geschichte der Menschheit«[6]. Es war der stärkste Emissionsrückgang, der jemals verzeichnet wurde, viermal so hoch wie der Rekordrückgang von 2009 aufgrund der globalen Finanzkrise und höher als alle Emissionsrückgänge seit dem Zweiten Weltkrieg zusammen. IEA-Geschäftsführer Dr. Fatih Birol stellte fest, dass ein Wiederanstieg der Emissionen nicht unvermeidlich ist, wenn in erneuerbare Energien und andere grüne Konjunkturmaßnahmen investiert wird, die »Arbeitsplätze schaffen, die Wirtschaft wettbewerbsfähiger machen und die Welt in eine widerstandsfähigere und sauberere Energiezukunft führen«.[7]

Die Welt wünschte sich verständlicherweise ein schnelles Ende der schrecklichen Pandemie und des mit ihr verbundenen Leidens. Gleichzeitig wussten wir, dass wir der Natur eine Verschnaufpause gegönnt hatten. Wir waren plötzlich gezwungen, viel weniger einzukaufen, zu fahren, zu reisen, zu produzieren und zu konsumieren. So verbrauchten wir weniger Ressourcen, Luft und Wasser konnten sich regenerieren, und wir wendeten die Schäden des Klimawandels zumindest ein bisschen länger ab. Unser frenetischer Lebensstil verlangsamte sich, und wir zähmten unseren normalerweise unersättlichen Appetit. Wir erkannten auch die Gefahren struktureller Ungerechtigkeiten, durch die arme Menschen, ethnische Minderheiten und viele andere benachteiligte Gruppen so viel anfälliger für diese Pandemie wurden, und die dazu führten, dass zu viele Menschen von lebensrettenden Maßnahmen ausgeschlossen waren. Wir lernten auf die harte Tour, wie notwendig die globale Zusammenarbeit gegen eine gemeinsame Bedrohung ist. Und wir haben bewiesen, dass wir in der Lage sind, angesichts einer Krise weitreichende Maßnahmen zu ergreifen – von nationalen Abriegelungen über die Absage der Olympischen Spiele bis hin zur drastischen Einschränkung unseres Flugverkehrs.

Aber mussten wir, als das Virus nachließ, wirklich wieder *business as usual* anwerfen und die Wirtschaft erneut auf Hochtouren bringen, mit möglicherweise katastrophalen Folgen für die Zukunft? Oder hätten wir diesen Moment nutzen können, um einen neuen Weg in Richtung einer nachhaltigeren und gerechteren Zukunft einzuschlagen, in der wir in größerer Harmonie mit der Natur leben und ihre reichhaltigen Ressourcen gerecht und effizient aufteilen? Wenn wir dies nicht tun, wird die COVID-19-Krise im Vergleich zu dem Leid, das durch künftige Klimakatastrophen verursacht wird, verblassen. Die schrecklichen Brände, Hitzewellen, Stürme, Überschwemmungen und anderen Katastrophen der letzten Jahre sind nur ein kleiner Vorgeschmack auf das, was kommen wird, wenn die globalen Temperaturen weiter steigen.

Ermutigende Initiativen gehen derzeit nicht von den Staatsoberhäuptern aus, sondern von Städten wie Paris, Bogota, Mailand und anderen. Deren Bürgermeister haben versprochen, eine bessere Infrastruktur für Fahrräder und Fußgänger als Teil einer kohlenstoffarmen, nachhaltigen Erholung von der Pandemie zu schaffen.[8] Am 28. September 2020 lancierten 64 Länder eine Zusage der Staats- und Regierungschefs, das Klima und die Natur in den Mittelpunkt der Pläne für die Zeit nach der Pandemie zu stellen. Doch ohne die Unterstützung der USA, Chinas, Brasiliens, Russlands, Indiens, Australiens und anderer Länder, die ihre Unterschrift verweigerten, wird die Zusage wahrscheinlich nicht in wirksame Maßnahmen umgesetzt werden.

Bislang waren wir nicht klug oder mutig genug, um freiwillig die Richtung zu ändern. Die Pandemie bot eine bemerkenswerte, vielleicht einmalige Gelegenheit, inmitten einer immensen Notlage unser zerstörerisches Wirtschaftssystem zu stoppen und eine neue, nachhaltige und gerechte Wirtschaft zu schmieden. Das Ziel dieses Buches ist es, einen neuen, anderen und praktischen Weg in eine viel bessere Zukunft aufzuzeigen. Der Zeitpunkt könnte nicht besser sein. Die praktischen Mittel und Werkzeuge liegen in unseren Händen, allen voran eine ehrliche Bilanzierung der wahren Vorteile und Kosten unserer Wirtschaftstätigkeit. Wir wissen, was zu tun ist und wie wir es tun können. Mit Willen, Mut und Weisheit werden wir es schaffen! Möge dieses Buch einen kleinen Beitrag zum Wohlergehen dieses Planeten und aller seiner Bewohner leisten.

Prolog

1965 brach ich den Grundkurs Economics 101 an der Australian National University ab. Ich hatte brav die Vorlesungen besucht und die Pflichtlektüre studiert, fand sie aber trocken, distanziert, konzeptionell eng und, soweit ich das beurteilen konnte, ohne erkennbaren Bezug zu den Lebensbedingungen, die ich um mich herum sah. Ich wusste, dass etwas nicht stimmte, aber ich dachte, dieses »Etwas« sei ich. Als junger Student der Politikwissenschaften, der zumindest Grundkenntnisse in Wirtschaftswissenschaften brauchte, kam es mir nie in den Sinn, die tonangebenden Professoren und ihre Texte zu hinterfragen, geschweige denn das herrschende Wirtschaftsparadigma, das sie vertraten, oder die Art und Weise, wie Wirtschaft gelehrt wurde. Dass ich Wirtschaft buchstäblich nicht ertrug, musste mein Problem sein. Jahrelang verfolgte mich dieses ›Problem‹ auf subtile Weise.

In der Zwischenzeit widmete ich mich meinen anderen Studien, vor allem Chinesisch und Orientalistik. Außerdem beschäftigte mich die berauschende, politisch aufgeladene Atmosphäre der 1960er Jahre mit ihren Teach-ins, Anti-Vietnam-Krieg-Kundgebungen und anderen Kreuzzügen. Schließlich begann ich zu arbeiten und unternahm Reisen. Und inmitten all dieser Erfahrungen tauchten immer wieder wirtschaftliche Fragen auf, wenn auch auf eine Art und Weise, die in den einführenden Lehrbüchern nie Erwähnung fand.

So wurde ich 1969 nach sechs Monaten als Reporter bei der *Canberra Times* – meinem ersten Vollzeitjob – gefeuert, weil ich ein Flugblatt gedruckt und verteilt hatte, das auf die Zensur der Zeitung hinwies und dafür plädierte, die redaktionelle Politik solle von Journalisten und nicht von den Eigentümern gemacht werden. Warum, so fragte ich, kontrollierten drei schwerreiche Familien – Fairfax (der die *Canberra Times* gehörte), Packer und Murdoch – fast alle australischen Medien, und woher nahmen sie das Recht zu entscheiden, was die Australier wissen oder nicht wissen sollten?

Kurz darauf, am 20. Juli 1969, erfuhren meine Freundin und ich an Bord eines Schiffes nach Hongkong, dass zum ersten Mal ein Mensch den Mond betreten hatte. Ich war fasziniert und beeindruckt. Der Mensch war in der Lage, eine Technologie zu entwickeln, die das scheinbar Unmögliche möglich machte und nahezu jede natürliche Kraft überwand. Fünf Tage später gerieten wir in einen schweren Taifun, der das Schiff wie ein Streichholz auf den gewaltigen Wellen umherwarf. Das erinnerte mich daran, dass alles, was wir Menschen taten, auch unsere technologischen Fortschritte und wirtschaftlichen Aktivitäten, immer im größeren Kontext der Natur mit ihrer ungeheuren Kraft und ihrer unfassbaren Komplexität stattfand – eine Perspektive, die in den ökonomischen Einführungstexten völlig zu fehlen schien.

Im kolonialen Hongkong, wo ich sechs Monate lang Englisch unterrichtete, war die Polizei so korrupt, dass sie jeden Dienstag vorbeikam, um ihren Anteil aus der Spielhölle im Stockwerk unter unserer Schule abzuholen. Wie, so fragte ich mich, passte die hochgradig illegale Wirtschaft der Stadt, die auf Schritt und Tritt spürbar war, in die eleganten Modelle der Wirtschaftslehrbücher?

Nach sechs Monaten schiffte ich mich auf einem Frachter nach Kalkutta (heute Kolkata) ein, wo mich überall unvorstellbare Armut,

Krankheit – vor allem Lepra – und Obdachlosigkeit umgaben. Alles, was ich jemals als Problem im Leben betrachtet hatte, wurde bedeutungslos angesichts des menschlichen Leids, das ich auf den Straßen dort sah. Hatte das irgendetwas mit dem Grundkurs Ökonomie zu tun, und wenn ja, warum sprachen meine Professoren ständig von Durchschnittswerten und Nationaleinkommen und nie von der Kluft zwischen Arm und Reich?

Später, während ich fast zwei Jahre lang in der Siedlung Kseifeh in der israelischen Negev-Wüste Beduinenkinder in Englisch unterrichtete, bewarb ich mich um ein Fulbright-Stipendium, das mich an die Columbia University in New York brachte, wo ich in Politikwissenschaften und Nahoststudien promovierte. Das einzige wirklich herausragende Seminar, das ich in den frühen 1970er Jahren an der Columbia belegte, gehörte überhaupt nicht zu meinem Fachgebiet; es war ein brillanter Kurs, geleitet von der großen Anthropologin Margaret Mead. Durch sie lernte ich, dass ein Gelehrter die subtilsten, komplexesten Erkenntnisse in einfacher Sprache vermitteln kann, ganz ohne den akademischen Jargon, der einen Großteil der Sozialwissenschaften befallen hatte.

Während meiner gesamten Zeit an der Columbia University und noch Jahre später, als ich an der State University of New York Politikwissenschaften unterrichtete, ließ mich das Problem, das mich seit 1965 verfolgte, nicht los. Hinter dem gesamten Gebäude der politischen Systeme und Regionalstudien, auf die ich mich konzentrierte, wirkten eindeutig mächtige wirtschaftliche Kräfte. Doch welchen konventionellen Wirtschaftstexten oder -studien ich mich auch näherte, stets erzeugten sie dieselbe Abneigung und Bestürzung wie einst, als ich den Grundkurs Ökonomie abgebrochen hatte.

Doch durch all diese Studien hindurch begann ein Licht in der Dunkelheit aufzuleuchten. Nach und nach entdeckte ich überzeugende Kritiken an unserem derzeitigen Wirtschaftssystem und seinen grundlegenden Thesen, die gravierende Fehler aufdeckten und zumindest zeigten, dass dieses System nicht so solide war, wie die Standardtexte behaupteten. In den Standardwerken war von Nachfrage, Angebot, Arbeit, Einkommen, Produktion, Verbrauch, Preisen und Inflation die Rede, als ob sie von selbstregulierenden Mechanismen gesteuert würden, die von den Regierungen zwar beeinflusst, aber nicht grundlegend verändert werden konnten. Doch nun stieß ich auch auf Autoren, die sich direkt mit Fragen der wirtschaftlichen Macht, der Ungleichheit und des Systemwandels befassten. Solche Fragen blieben in den herkömmlichen Modellen verborgen, oder sie wurden heruntergespielt. Stattdessen konzentrierten sie sich lieber auf Nationaleinkommen, Wachstum und Durchschnittswerte wie das Bruttoinlandsprodukt (BIP). Ich war fasziniert von Barrington Moore Juniors Analyse des Übergangs vom Feudalismus zum Kapitalismus. Er zeigte, dass die dramatischsten politischen Veränderungen, einschließlich der Geburt der modernen Demokratie, eng mit großen wirtschaftlichen Umwälzungen verbunden waren.[9] Erleichtert stellte ich fest, dass Systeme nicht so statisch und selbsterhaltend sind, wie es die herkömmlichen Modelle vermuten ließen. Und noch größer war meine Erleichterung, als ich erkannte, dass einige meiner früheren intuitiven Vermutungen durch stichhaltige Argumente und Beweise gestützt wurden.

Aber all das war noch theoretisch, und mein Problem war nicht nur theoretischer Art. Herkömmliche Texte beachteten kaum die Rolle der Natur bei der Energieversorgung menschlicher Systeme und klammerten das Leiden und die Spannungen aus, die durch extreme Armut, Ungleichheit und einseitige Machtverhältnisse hervorgerufen werden. Das bereitete mir große Sorgen. Denn diese Texte schienen allein aufgrund der Art und Weise, wie sie die herrschenden Modelle beschrieben, auf subtile Weise deren Gültigkeit zu akzeptieren und sogar zu verschweigen, dass es ein Potenzial für tiefgreifende, systemische Veränderungen gibt. Und so sah ich trotz der ermutigenden neuen Ansätze in Wirtschaft und Politik immer noch nicht, wie die wirtschaftlichen und politischen Kräfte in Richtung größerer ökologischer Nachhaltigkeit, mehr Gerechtigkeit und effizienterer Ressourcennutzung umgelenkt werden sollten. Es dauerte weitere 16 Jahre, bis ich einen praktischen, weltweit anwendbaren Weg zur Entwicklung gesünderer, gerechterer und nachhaltigerer Volkswirtschaften fand.

Ich erinnere mich noch gut an den Moment der Erkenntnis. Meine Frau Gwen gab mir zwei Artikel über neue Wege zur ganzheitlicheren Messung des Fortschritts unter Berücksichtigung sozialer, ökologischer und wirtschaftlicher Faktoren. Der eine war von Clifford Cobb, Ted Halstead und Jonathan Rowe in der Oktoberausgabe 1995 des *Atlantic Monthly* mit dem Titel »If the GDP Is Up, Why Is America Down?« [Warum geht es Amerika schlecht, obwohl das BIP wächst?]. Der zweite war ein Interview mit Hazel Henderson in der Herbstausgabe 1995 der *Whole Earth Review*, in dessen Verlauf sie ihre neuen *Country Futures Indicators* beschrieb.[10] Im selben Monat veröffentlichte das *National Film Board of Canada* einen Dokumentarfilm mit dem Titel »Who's Counting? Marilyn Waring on Sex, Lies and Global Economics« [Wer zählt? Marilyn Waring über Sex, Lügen und die Weltwirtschaft], den ich ebenfalls sehr aufschlussreich fand.[11]

Alle drei Quellen übten scharfe Kritik an den auf dem BIP basierenden Fortschrittsmessungen, die von Politikern, Wirtschaftswissenschaftlern und Journalisten als ultimatives Maß für die wirtschaftliche Gesundheit einer Gesellschaft angesehen wurden (und immer noch werden). Im Gegensatz dazu sahen alle drei Kritiker das BIP als Stütze eines verzerrten Wertesystems, das den Wohlstand ausschließlich danach beurteilt, ob wir mehr Dinge herstellen, verkaufen und kaufen. Jede der drei Quellen präsentierte eine eigene Vision von vernünftigeren, weil umfassenderen Fortschrittsmessungen, die soziale, wirtschaftliche und ökologische Perspektiven integrierten und auf diese Weise versuchten, die Grundlage für ein neues, auf Wohlstand und Nachhaltigkeit basierendes Wirtschaftsparadigma zu legen.

Und so ging mir im Herbst 1995, im Alter von 48 Jahren, ein Licht auf, das mich auf die 24-jährige Odyssee schickte, die in diesem Buch beschrieben wird.

Plötzlich wurde mir klar, warum das, was ich 30 Jahre zuvor mühsam für den Grundkurs Ökonomie gelesen hatte, so engstirnig und realitätsfern war. Die konventionellen Texte und Professoren stellten die Wirtschaft im Wesentlichen als einen isolierten Raum dar, in dem Privatpersonen den Unternehmen ihre Arbeitskraft zur Verfügung stellen und dafür ein Einkommen erhalten, mit dem sie wiederum das erwerben, was die Unternehmen produzieren und verkaufen. Die umfassenderen sozialen und ökologischen Realitäten, in denen sich die Wirtschaft bewegt, wurden von dieser Standardgleichung, von den allgemein akzeptierten Fortschrittsmessungen auf der Grundlage dieses Modells und somit auch von politischen Zielsetzungen weitgehend ausgeschlossen. Ich hatte diesen grundlegenden Fehler zwar schon vorher auf einer intuitiven Ebene gespürt, aber noch nie gesehen, dass jemand ihn artikuliert und im Zusammenhang mit der Fehleranalyse eine Lösung bzw. alternative Fortschrittsmessungen und einen neuen Weg nach vorn vorschlägt. Das konventionelle Paradigma, das auf der Annahme endlosen Wirtschaftswachstums beruht, ist so dominant und selbstverständlich, dass ich einfach davon ausging, die Dinge seien nun mal so, und verzweifelt die Hände rang.

Wie in Platons berühmter Allegorie muss man aus der Höhle heraustreten, um frische Luft zu atmen und die Existenz der Höhle zu erkennen, in der man so lange gefangen gewesen ist. Rückblickend erkenne ich jetzt einen großen blinden Fleck, der mich wie eine starke Kette an die Höhle fesselte und mich daran hinderte, das Problem zu verstehen: unseren modernen akademischen Hang zur Spezialisierung. Als sogenannter Politikwissenschaftler konnte ich viel zu lange unangenehme ökonomische Themen auf Distanz halten und wurde so durch mein Fach davon abgehalten, das Problem überhaupt zu erforschen. Inzwischen bezeichnet man dieses Phänomen auch als Silo-Denken. Bis zu diesem aufschlussreichen Moment hätte ich das ungebremste Wirtschaftswachstum und seine sozialen und ökologischen Auswirkungen nicht als Kern des Problems bezeichnen können und daher nicht gewusst, wo ich nach Lösungen suchen sollte.

Nachdem ich Mitte der 1990er Jahre ausgiebig recherchiert und gelesen hatte, war meine zweite Entdeckung sogar noch verblüffender: Herausragende Wissenschaftler, Statistiker, Ökonomen und Forscher wie Herman Daly, Mathis Wackernagel und viele andere hatten bereits die notwendigen Instrumente entwickelt, die es uns ermöglichten, weitaus bessere Fortschrittsmessungen vorzunehmen. Und ich erkannte gleichzeitig, dass diese neuen Messgrößen eine praktische und wirksame Grundlage für ein Wirtschaftsparadigma bilden konnten, das in der Lage wäre, einige der größten Herausforderungen der Welt zu bewältigen. (Ein Beispiel für ein solches neues Paradigma befindet sich in Kapitel 15.)

Anstatt unseren Wohlstand danach zu beurteilen, ob wir mehr produzieren, verkaufen und kaufen, wie es derzeit der Fall ist, hatten diese Experten einige solide Methoden entwickelt, um zu beurteilen, ob wir wirklich Fortschritte machen. Sind zum Beispiel unsere

Gemeinschaften sicherer und stärker? Sind wir gesünder und besser ausgebildet? Sind wir wirtschaftlich und finanziell besser abgesichert? Ist unsere natürliche Umwelt sauberer und gesünder, und hinterlassen wir unseren Kindern und anderen Arten die Lebensbedingungen auf unserem Planeten in einem besseren Zustand?

Bei diesen Analysen fühlte ich mich besonders von der aufkommenden Disziplin des *Full-Cost Accounting* (FCA) [Umfassende Kostenrechnung] angezogen, die versucht, den sozialen und ökologischen Nutzen und die Kosten der verschiedenen Wirtschaftstätigkeiten einzubeziehen und so die wahren Auswirkungen von Produktion und Konsum zu erfassen. Im selben Jahr (1995) wurde beispielsweise das *Victoria Transport Policy Institute* in British Columbia gegründet, das sich mit der Bewertung der gesamten wirtschaftlichen Vorteile und Kosten von Pkw, Bussen und anderen Verkehrsträgern befasste, einschließlich der Kosten für Unfälle, Fahrtzeiten und Staus, der Auswirkungen auf den Klimawandel, der Luftverschmutzung, der Ausbeutung von Ressourcen, der Landnutzung und vielem mehr.[12] Zum ersten Mal sah ich überzeugende wirtschaftliche Argumente für öffentliche Verkehrsmittel, erneuerbare Energien, nachhaltige Stadtplanung und andere politische Veränderungen, die die Welt dringend brauchte. Jetzt endlich, 30 Jahre nachdem ich den Wirtschaftswissenschaften den Rücken gekehrt hatte, wurde die Wirtschaft lebendig, und ich wurde von ihr wie von einem Magneten angezogen.

Die neuen Ansätze schienen von globaler Relevanz zu sein und enthüllten deutlicher als alles, was ich je gesehen hatte, unsere tiefverwurzelten Annahmen hinsichtlich der Bedeutung von Wohlstand und Wohlergehen und hinsichtlich der Wirtschaft, von der unser Lebensunterhalt abhängt, und sie entlarvten unser blindes Festhalten am Dogma des grenzenlosen Wachstums. Sie taten dies anhand harter Fakten, die die Menschen meiner Meinung nach leicht akzeptieren und mit denen sie sich identifizieren konnten, und sie benutzten eine vertraute und allgemein verständliche Sprache mit einer Terminologie, die der Welt der konventionellen Wirtschaft angehört. Am wichtigsten war meines Erachtens, dass die neuen Fortschrittsmaße als Speerspitze eines potenziell tiefgreifenden wirtschaftlichen und menschlichen Wandels hin zu einer nachhaltigeren und gerechteren Welt dienen konnten, einer Welt, die das Wohlergehen unserer eigenen und anderer Spezies förderte.

Aber erst eine weitere Offenbarung Mitte der 1990er Jahre brachte mich auf die hier beschriebene Reise. Bei all meiner unersättlichen Lektüre stand ich immer wieder vor einer Frage, auf die ich nirgendwo eine Antwort finden konnte: Warum nutzte keine einzige Regierung solch solide Methoden und Erkenntnisse als Grundlage für ihre Politikgestaltung? Warum ignorierten die politischen Entscheidungsträger sowohl die Analysen als auch die Fakten und Zahlen, die von ihren eigenen Statistikämtern vorgelegt wurden? Und so begann ich darüber nachzudenken, ob man nicht irgendwo auf der Welt eine Regierung davon überzeugen könnte, die neuen Instrumente zu nutzen, damit sie in der Lage wäre, bessere und genauere Daten zu sammeln und eine gute, innovative Politik zu entwickeln. Und wenn ein solches funktionierendes Beispiel den Grundstein für ein lebensfähiges und nachhaltiges neues Wirtschaftssystem legt, das sowohl das wirtschaftliche als auch das soziale und das ökologische Wohlergehen fördert, könnte es dann womöglich richtungsweisend für andere Länder werden?

So begann ein Projekt, dessen Auftakt die Entwicklung eines strengen, politisch relevanten Maßnahmenkatalogs für meine heutige Heimatprovinz Nova Scotia (Neuschottland) bildete. Dieser Katalog machte bei allen großen kanadischen Parteien die Runde und führte mich dann von den salzigen, meerumspülten Ufern der kanadischen Atlantikküste zu den Inseln Neuseelands im Südpazifik, in die hohen Berge des Himalaya-Königreichs Bhutan, zu einer der größten Gipfelkonferenzen der Welt in Rio de Janeiro, in die Hallen des UN-Hauptquartiers in New York und wieder zurück in winzige Dörfer an den Ausläufern des Himalayas. 20 Jahre lang habe ich mit Regierungen zusammengearbeitet – unter anderem direkt mit dem Premierminister von Bhutan – und versucht, die neuen Maßnahmen und die aussagekräftigen sozialen, wirtschaftlichen und ökologischen Erkenntnisse, die sie zutage förderten, in die Politikgestaltung der Regierung einzubringen.

Dies ist die Geschichte meines Achterbahnabenteuers – sie erzählt von großen Hoffnungen, weil es eine Zeitlang so schien, als würden die praktischen Grundlagen einer neuen, gesunden, auf Nachhaltigkeit basierenden Wirtschaft gelegt werden, und von ebenso bitteren Enttäuschungen, als diese Bemühungen auf enormen Widerstand seitens mächtiger, festgefahrener Interessen stießen, denen daran gelegen war, am konventionellen Weg festzuhalten, d. h. vor allem am Wirtschaftswachstum um seiner selbst willen. Besonders schwierig, weil so schwer zu erkennen, ist die Art und Weise, wie diese etablierten Interessen oft die Rhetorik der Nachhaltigkeit und des Wohlergehens vereinnahmen, um sich einem wirklichen Wandel zu widersetzen und *business as usual* aufrechtzuerhalten und sogar zu stärken.

Es gab Wendepunkte, wie Bhutans dramatische Präsentation eines »Neuen Wirtschaftsparadigmas« auf der Grundlage von Nachhaltigkeit und Wohlergehen vor den Vereinten Nationen im Jahr 2012. Tief beeindruckt erklärte der UN-Generalsekretär Ban Ki-Moon damals: »Das alte Modell ist kaputt. Wir müssen ein neues schaffen.« Meine Kollegen und ich stellten daraufhin ein globales

Team aus 70 hochkarätigen Ökonomen, Wissenschaftlern und anderen Gelehrten zusammen, um einen möglichen Rahmen für diese neue Wirtschaft auszuarbeiten. In Anlehnung an das Treffen von Bretton Woods im Jahr 1944, als die Grundlagen und Institutionen des heutigen Weltwirtschaftssystems geschaffen wurden, wagten wir es zu sagen, wir würden ein »neues Bretton Woods« einläuten. Und dann brach uns das Herz, als wir sahen, wie diese und andere Initiativen an so vielen Orten scheiterten. Auf dem Weg von Nova Scotia nach Bhutan haben meine Kollegen und ich wichtige Lehren gezogen – sowohl aus unseren Misserfolgen als auch aus unseren Triumphen. Der menschliche wie gesellschaftliche (und vor allem der globale) Wandel ist kein einfacher Prozess, und er stößt auf tief verwurzelte Gewohnheiten, auf Gier und Unwissen, auf Eigeninteressen, auf Angst vor dem Unbekannten und auf die eigene Ungeduld. Aber inmitten all dieser Herausforderungen haben wir einige praktische Erkenntnisse darüber gewonnen, was funktioniert, was nicht funktioniert und warum dies so ist. Und wir haben einige Erfolge erzielt. Es gibt ein paar harte, praktische Lektionen, die uns lehren können, was es braucht, um das neue Wirtschaftssystem zu schaffen, das die Welt so dringend benötigt, wenn die Menschheit eine Zukunft auf diesem Planeten haben soll.

1
Die magische Zahl

Nachdem ich eine Beschreibung der Wirtschaft gesehen hatte, die für mich Sinn ergab, weil sie die Realität erklärte, die ich in der Welt beobachtet hatte, war ich ironischerweise sehr daran interessiert, genau dasjenige eingehend zu studieren, was ich 30 Jahre zuvor aufgegeben hatte. Ich musste wissen, was die derzeitige wirtschaftliche Weltanschauung bietet, was ihr fehlt und warum sie sich so hartnäckig in unseren Köpfen, in der Gesellschaft und in der gesamten Wirtschaftswissenschaft hält. Schnell wurde klar, dass ein zentraler Aspekt dieser Weltanschauung der Glaube an kontinuierliches Wirtschaftswachstum ist.

WAS IST DAS BIP?

Angesichts der Komplexität unseres derzeitigen Wirtschaftssystems war ich erstaunt, dass die Gesundheit der Wirtschaft so oft durch eine einzige, fast magische Zahl namens BIP oder Bruttoinlandsprodukt symbolisiert wird. Das BIP fasst die Gesamtproduktion oder die gesamte Wirtschaftstätigkeit eines Landes in einem bestimmten Zeitraum zusammen, es wird von Wirtschaftswissenschaftlern, Politikern und Journalisten zitiert und gilt als »mächtigste statistische Zahl der Menschheitsgeschichte«.[13] Experten preisen das BIP als »umfassenden Wertungskatalog für eine florierende Wirtschaft«.

Als die US-amerikanische Wirtschaft im Jahr 2018 ein BIP-Wachstum von 3 % aufwies, wurde dies als Zeichen für eine »aufblühende Wirtschaft« und einen neuen »Wirtschaftsboom« gedeutet und mit der Schlagzeile gefeiert: »Trump hat das Wirtschaftswachstum beflügelt«.[14]

Woher rührt diese Macht? Um diese Fragen zu beantworten, müssen wir den Unterschied zwischen dem BIP und seiner Verwendung verstehen.

Die größte Komponente des BIP – 68 % in den Vereinigten Staaten – ist in der Regel der private Verbrauch. Aus diesem Grund beurteilen politische Entscheidungsträger die Wirtschaftsleistung ihres Landes häufig danach, wie viel die Einwohner kaufen. Die anderen Komponenten des BIP sind Investitionen (etwa 16 % in den Vereinigten Staaten), Staatsausgaben (etwa 18 %) und Nettoexporte (etwa minus 3 %, was bedeutet, dass die Importe in den USA in der Regel die Exporte übersteigen).

Je nach Land variieren diese Zahlen natürlich: In Deutschland beispielsweise macht der private Verbrauch 52 % des BIP aus, in Indien 60 %, in China nur 39 %.[15] Mehr zu sparen bedeutet, weniger zu konsumieren. Während also amerikanische Haushalte etwa 6 % ihres verfügbaren Einkommens sparen, sind es in Frankreich und Deutschland etwa 10 % und in China 38 %.[16]

Seit 1991 hat die Verwendung des BIP das Bruttosozialprodukt (BSP) weitgehend ersetzt. Der Unterschied zwischen ihnen liegt in der Art und Weise, wie sie das Einkommen aus ausländischen Quellen zählen. Das BSP misst den monetären Wert der von allen Bürgern eines Landes produzierten Waren und Dienstleistungen, unabhängig davon, wo sie sich befinden, während das BIP den Gesamtwert aller innerhalb der Grenzen eines Landes produzierten Waren und Dienstleistungen misst.

Die Gesamt-BIP-Statistik für ein Land setzt sich aus Daten zusammen, die in jedem Wirtschaftssektor erhoben werden. So gibt es ein BIP der Landwirtschaft, des verarbeitenden Gewerbes, der Forstwirtschaft, des Bergbaus, des Tourismus, der Automobilindustrie, des Baugewerbes, des Gesundheitswesens und so weiter. Das BIP gibt also nicht nur Aufschluss über die Gesamtleistung der Volkswirtschaft, sondern die einzelnen Komponenten, aus denen es sich zusammensetzt, zeigen an, wie viel jeder Wirtschaftssektor zu einem bestimmten Zeitpunkt zum Geldwert der Wirtschaft beiträgt. Anhand dieser Informationen können politische Entscheidungsträger Veränderungen in der Zusammensetzung der Volkswirtschaft, potenzielle Bereiche mit Arbeitskräftenachfrage und -mangel, Exportmöglichkeiten, die Auswirkungen von Veränderungen in diesen Bereichen auf die Inflation usw. erkennen. Das BIP kann auf drei grundlegende Arten berechnet werden: durch die Menge, die wir produzieren, durch die Menge, die wir ausgeben, und durch die Menge, die wir verdienen. Diese drei Methoden sollten in etwa zu demselben Ergebnis führen. Das liegt daran, dass Verbraucher, Unternehmen und Regierungen das kaufen, was Unternehmen produzieren. Was Verbraucher, Unternehmen und Regierungen ausgeben, wird wiederum zu Einkommen für andere, und zwar in Form von Löhnen für Arbeitnehmer, Gewinnen für Unternehmen, Dividenden für Aktionäre, Zinsen für Investoren und Mieteinnahmen für Immobilienbesitzer.

Auch die Kenntnis der Veränderungsrate des BIP hilft Regierungen bei der Gestaltung ihrer Wirtschaftspolitik. Bei einem vergleichsweise langsamen Wachstum etwa können Zentralbanken wie die US-Notenbank, die *Bank of Canada* und die Europäische Zentralbank die Zinssätze senken, um die Kreditaufnahme, Investitionen und die Schaffung von Arbeitsplätzen zu fördern. Eine

Regierung kann außerdem Anreize, Steuererleichterungen und andere Stimulierungsmaßnahmen für Wirtschaftssektoren einführen, die in Schwierigkeiten geraten sind. Bei relativ schnellem Wachstum können die Zinssätze erhöht werden, um die Inflation zu kontrollieren.

Als ich diese Dinge verstanden hatte, war ich ehrlich gesagt etwas verwundert über meinen früheren Widerstand. All dies ergab Sinn, und ich konnte den Nutzen des BIP für politische Zwecke erkennen – insbesondere bei einer angemessenen Reaktion auf Konjunktur-schwankungen und dem damit verbundenen Beitrag zur wirtschaftlichen Stabilität. Ich fragte mich jedoch immer noch, wie diese zweifellos nützlichen Verwendungszwecke das BIP zur »mächtigsten statistischen Zahl in der Geschichte der Menschheit« machten.

Zumindest bis zu diesem Zeitpunkt erschien mir das BIP als eine relativ solide Statistik, die einfach die Größe einer Volkswirtschaft und ihre expandierenden oder schrumpfenden Sektoren beschreibt. In *Die Macht der einen Zahl. Eine politische Geschichte des Bruttoinlandsprodukts*, schreibt Philipp Lepenies, es sei verständlich, warum das BIP weiterhin politische Akzeptanz fände: »Es bietet einen scheinbar objektiven, vermeintlich ideologie- und werturteilsfreien, auf nüchternen Zahlen basierenden Überblick über wirtschaftliche Prozesse. Es wird nach Kriterien erfasst und gemessen, die transparent und nachvollziehbar sind.«[17] Dem kann ich nicht widersprechen.

WIE OBJEKTIV IST DAS BRUTTOINLANDSPRODUKT?

Das heißt, ich konnte nicht widersprechen, bis ich genauer hinsah und allmählich erkannte, dass das BIP an sich zwar objektiv und nützlich ist, aber auf eine Art und Weise *missbraucht* wird, die weit davon entfernt ist, objektiv zu sein, und zwar für einen Zweck, den seine Architekten nie beabsichtigt hatten, und dass es genau dieser Missbrauch ist, der das BIP so mächtig macht, da er auf subtile Weise die Sprache politischer Entscheidungsträger, Wirtschaftswissenschaftler und Journalisten verzerrt und die Veröffentlichung von Statistiken durch Regierungsbehörden ebenso beeinflusst wie die Art und Weise, in der Wirtschaftswissenschaften gelehrt und Lehrbücher geschrieben werden, kurz, er nimmt Einfluss auf die Prioritäten politischer Entscheidungsträger und – noch tiefer gehend – auf die Wertesysteme unserer Gesellschaften.

Die Unterscheidung zwischen dem, was das BIP ist und wie es verwendet wird, ist auch aus einem anderen Grund von entscheidender Bedeutung – einem Grund, der mich mit einigen der schärfsten Kritiker des BIP in Konflikt gebracht hat. Im Gegensatz zu denjenigen, die dafür plädieren, das BIP zu ersetzen, habe ich nie ein Problem im BIP gesehen, sofern es richtig eingesetzt wird. Im Gegenteil, es ist hilfreich und wertvoll. Aber es liefert uns nicht die Maßstäbe, die wir brauchen, um das allgemeine Wohlergehen und den gesellschaftlichen Fortschritt zu bewerten, weil eine Messung der Marktgröße das einfach nicht leisten kann. Eine Ausweitung auf umfassendere Fortschrittskriterien würde den Grundkurs Ökonomie zu einem der relevantesten, interessantesten und verlockendsten Kurse für Studienanfänger machen. Doch diese scheinbar offensichtliche Veränderung ist keine Kleinigkeit, wie dieses Buch zeigen wird.

Robert Wade von der *London School of Economics* schreibt, »dass Regierungen überall auf der Welt die Steigerung einer Zahl als ihr oberstes wirtschaftliches Ziel ansehen: des Bruttoinlandsprodukts«.[18] Mit anderen Worten: Für die politischen Entscheidungsträger geht es nicht nur darum, die Wachstumsraten objektiv zu bewerten, um eine sinnvolle makroökonomische Politik zu formulieren, sondern darum, das BIP zu steigern, was bedeutet, die Wirtschaft zu vergrößern. Das ist der einfache Grund für die Vorherrschaft des BIP.

Natürlich gibt es Gründe für dieses Ziel, denn Wachstum, das sich in einem höheren BIP ausdrückt, wird oft mit der Schaffung von Arbeitsplätzen in Verbindung gebracht, während eine Verlangsamung der Wirtschaft mit dem Verlust von Arbeitsplätzen einhergeht. Aber wir haben vor allem in den letzten Jahrzehnten zunehmend ein Wachstum erlebt, das nicht durch Arbeit, sondern durch Kapital angetrieben wird, wobei neue Technologien die Arbeit ersetzen und zu dem führen, was man als arbeitsloses Wachstum bezeichnet. Wenn die Schaffung von Arbeitsplätzen das Hauptanliegen der politischen Entscheidungsträger wäre, gäbe es viele andere und oft effektivere Möglichkeiten, dies zu erreichen, als das BIP zu steigern, wie wir später sehen werden.

Was dem BIP letztlich seine enorme Macht verleiht, ist der Glaube, dass es uns umso besser geht, je mehr wir die Wirtschaft wachsen lassen und je mehr wir produzieren und konsumieren. Auf diese Weise ist das BIP nicht mehr nur ein objektives Maß für die Marktgröße, sondern wird als normatives Maß für Fortschritt und Wohlstand angesehen – ein Missbrauch, vor dem bereits die Architekten des BIP vor mehr als 80 Jahren warnten. Der Wirtschaftsnobelpreisträger Simon Kuznets sagte 1934, man müsse, um das Wohlergehen einer Nation zu beurteilen, nicht fragen, wie stark die Wirtschaft wächst, sondern *was* wächst und zu welchem Zweck.[19]

Die Beweise dafür, wie tief dieser Missbrauch des BIP in unserer Gesellschaft verwurzelt ist, sprangen mir allseits ins Auge – von den Schlagzeilen in den Nachrichten über politische Erklärungen bis hin zu der Art und Weise, wie Statistiken selbst manipuliert und verzerrt werden. So wird beispielsweise das Wirtschaftswachstum heute regelmäßig mit der menschlichen Gesundheit gleichgesetzt, wobei Adjektive wie »gesund«, »kräftig«, »stabil« und »robust« eine schnell wachsende Wirtschaft bezeichnen, während »schwach«, »kränkelnd« und »schwächelnd« zur Beschreibung einer Wirtschaft verwendet werden, in der sich das Wachstum verlangsamt hat. Wenn die Dinge wirklich »schlecht« werden (d. h. wenn Produktion und Verbrauch stark zurückgehen), sprechen wir von einer »Depression«, und während der Rezession 2008/2009 sprachen die führenden Politiker regelmäßig von der »Injektion« dieses oder jenes Stimulus, um durch erhöhte Kreditaufnahme und Ausgaben eine »Erholung« einzuleiten. Wir haben diese Sprache in der COVID-19-Ära aufblühen sehen, in der die vermeintliche »Gesundheit« (Größe) der Wirtschaft in manchen Ländern Vorrang vor der tatsächlichen Gesundheit und dem Wohlergehen der Menschen hatte (und dies sogar auf deren Kosten und Risiko). Im Gegensatz dazu hören wir kaum einen Hinweis darauf, dass sowohl die menschliche als auch die wirtschaftliche Gesundheit von einer Umverteilung von Einkommen, Vermögen, Arbeitszeiten und anderen Ressourcen profitieren könnten. Wir haben auch noch nichts von der massiven Schaffung neuer Arbeitsplätze gesehen, die mit Sicherheit durch gezielte Investitionen in erneuerbare Energien, öffentliche Verkehrsmittel und andere Aspekte eines echten »Green New Deal« hätten entstehen können.

Andrew Yarrow hat in seinem Buch *Measuring America: How Economic Growth Came to Define American Greatness in the Late Twentieth Century* [Die Vermessung Amerikas: Wie das Wirtschaftswachstum die amerikanische Größe im späten 20. Jahrhundert definierte] dokumentiert, inwieweit Wirtschaftswachstum, materielle Leistung und die Vorherrschaft des BIP seit dem Zweiten Weltkrieg die amerikanische Identität, ihre Werte und ihre Kultur definieren und untrennbar mit ihnen verbunden sind. Yarrow weist darauf hin, dass dies nicht immer so war und dass die amerikanischen Werte sowie die Besonderheit Amerikas historisch gesehen durch politische Ideale wie individuelle Freiheit, Demokratie, begrenzte Regierungsgewalt und den Charakter des Volks definiert wurden.[20] Matthias Schmelzers *The Hegemony of Growth* [Die Hegemonie des Wachstums] zeichnet diese historische Entwicklung des Wachstumsparadigmas zu einer gesellschaftlichen Norm und einem Ziel auf transnationaler Ebene im Kontext der *Organisation für wirtschaftliche Zusammenarbeit und Entwicklung* (OECD) nach.[21] Der springende Punkt ist, dass das BIP, obwohl es ursprünglich als objektives Maß für das nationale Einkommen gedacht war, zu einem zutiefst normativen, wertegeladenen Begriff umgewandelt wurde, der für einen außerordentlichen Konsens steht.

Dieser Glaube an das Wirtschaftswachstum um seiner selbst willen überschreitet alle Parteigrenzen und die meisten vorherrschenden Weltanschauungen. So erklärt ein republikanischer US-Präsident: »Wirtschaftswachstum ist der Schlüssel zu unseren Bestrebungen«; ein liberaler kanadischer Premierminister behauptet: »Wirtschaftswachstum ist die Grundlage für alles, was wir in der Sozialpolitik erreichen wollen«; ein konservativer britischer Premierminister sagt: »Wirtschaftswachstum [...] ist die wesentliche Grundlage all unserer Bestrebungen«; ein kommunistischer chinesischer Präsident verspricht, »das BIP und das Pro-Kopf-Einkommen der Chinesen aus dem Jahr 2010 in nächster Zukunft zu verdoppeln«.[22] Und der deutsche Bundeskanzler Olaf Scholz verspricht im Krisenjahr 2023 ein »fulminantes Wirtschaftswachstum« und stellt sogar ein »Wirtschaftswunder« in Aussicht.[23]

Die Wirtschaftskrise 2008/2009 hat gezeigt, wie sehr das BIP-Wachstumsparadigma das ultimative einigende Band der modernen Gesellschaft ist, denn selbst die erbittertsten Gegner schlossen sich zusammen, als das globale Wirtschaftswachstum bedroht war. In den Vereinigten Staaten löste sich die Parteipolitik plötzlich auf, als Demokraten und Republikaner gemeinsam ein massives 1,5-Billionen-Dollar-Konjunkturpaket verabschiedeten, um die Wirtschaft anzukurbeln.[24] Die erste Amtshandlung von Barack Obama nach seiner Wahl 2008 war die Rettung der US-Autoindustrie im Schulterschluss mit George W. Bush.[25]

Während diese Statistik die Politik bestimmt, verdrängt ihre eifrig verfolgte Veröffentlichung andere relevante Messgrößen des Fortschritts, von denen angenommen wird, sie seien weit weniger wichtig, einfach weil sie nur sporadisch und selten verfügbar sind. So hat *Statistics Canada* in den letzten 20 Jahren zwar 80 Mal (vierteljährlich) Daten zum BIP veröffentlicht, aber nur vier Mal wichtige Daten zur Vermögensungleichheit und insgesamt nur drei Mal zu unbezahlter Arbeit. Wichtige Daten über den Zustand der kanadischen Wälder, wie z. B. Veränderungen des Alters und der Artenzusammensetzung, werden oft gar nicht veröffentlicht, sondern in den Archiven der Provinzen begraben. Es liegt auf der Hand, dass die sporadische Verfügbarkeit von Daten die Verzerrung durch den Missbrauch des BIP noch verstärkt. Als ich einen hohen kanadischen Finanzbeamten fragte, warum es so wichtig sei, die BIP-Zahlen monatlich und vierteljährlich zu veröffentlichen, dachte er lange nach und antwortete schließlich: »Nun, die USA machen das monatlich und vierteljährlich, also müssen wir das auch tun ... Außerdem haben wir das schon immer so gemacht. Die Leute erwarten das.«

WAS IM BIP FEHLT

Ohne die gewohnheitsmäßige und tief verwurzelte Überzeugung, dass es uns mit einem wachsenden BIP besser gehe und dass ein stagnierendes oder sinkendes BIP unser Wohlergehen gefährde, wäre das BIP immer noch eine nützliche Statistik, auch wenn es weit weniger Aufmerksamkeit erhalten würde. Aber das Problem mit dem BIP geht viel tiefer als seine Verwendung für einen nie beabsichtigten Zweck: Obwohl es höchst irreführende, oft völlig ungenaue Informationen liefert, zugleich aber als Maßstab für das Wohlergehen und den gesamtgesellschaftlichen Fortschritt herangezogen wird, fördert das Vertrauen in das BIP die Verabschiedung von Maßnahmen, die uns eher schaden als helfen und durch die es uns langfristig gesehen eher schlechter als besser geht.

Das BIP fasst den wirtschaftlichen Wert aller in der Volkswirtschaft produzierten Waren und Dienstleistungen zusammen und spiegelt somit den Gesamtbetrag des eingenommenen und ausgegebenen Geldes wider. Es macht keinen Unterschied zwischen einem Dollar, der für einen Apfel, eine Zigarette, eine Leonard-Cohen-CD, eine Waffe, die Reparatur eines von Randalierern eingeschlagenen Fensters, eine Bibliothek oder eine Gesundheitsklinik ausgegeben wird. Aktivitäten, die unsere Lebensqualität beeinträchtigen, wie z. B. Kriminalität, Umweltverschmutzung, Krieg und Umweltzerstörung, deren Beseitigung Geld erfordert, lassen das BIP ansteigen.

Je mehr Bäume wir abholzen, je mehr Junkfood wir kaufen, je mehr Gefängnisse wir bauen, desto mehr wächst die Wirtschaft. Und wenn wir einen zusätzlichen Job annehmen müssen, um über die Runden zu kommen, gleichzeitig jemanden bezahlen, der auf unser Kind aufpasst, weil wir keine Zeit haben, es selbst zu tun, und mehr Beruhigungsmittel kaufen, um mit dem größeren Stress fertig zu werden, steigt das BIP ebenfalls, weil wir mehr Geld bekommen und mehr ausgeben. Aber sind wir besser dran?

Da die lebensspendenden Ökosystemleistungen der Natur keinen Preis haben, werden sie in den BIP-Berechnungen, die nur monetäre Transaktionen zählen, nicht berücksichtigt. Auf diese Weise kann der Raubbau an der Natur im BIP als Gewinn gezählt werden. Das BIP zählt das Holz, den Fisch, den Weizen, die Kohle und andere Produkte, die wir aus unseren natürlichen Ressourcen gewinnen und auf den Markt bringen, aber es berücksichtigt weder die positive Gesundheit und den Wert unserer Ozeane, Wälder, Böden und der Atmosphäre, noch deren Beitrag zu unserem Wohlergehen und dem der kommenden Generationen. Dieses Versagen bei der Bilanzierung führt zu einer Politik, die unsere Ressourcen ungebremst ausbeutet und verschlechtert, etwa durch Überfischung, Waldvernichtung, bodenzerstörende landwirtschaftliche Praktiken oder die Abhängigkeit von fossilen Brennstoffen. Im BIP werden alle diese Aktivitäten sogar als positiv verbucht.

Und dies offenbart eine noch grundlegendere strukturelle Einschränkung in der Form, wie das BIP missbraucht wird. Politiker, Wirtschaftswissenschaftler und Journalisten verstehen im Allgemeinen nicht die Bedeutung des Wortes »brutto« im BIP und verkennen daher, dass man die wirtschaftliche Gesundheit nicht anhand einer Geldflussrechnung wie dem BIP und unabhängig von Bilanzkonten, die Bestände ausweisen, beurteilen kann. Eine Zunahme der Wirtschaftstätigkeit im Laufe der Zeit, wie sie das BIP ausweist, kann durchaus die Auflösung eines Kapitalvermögens bedeuten, wie im obigen Beispiel, bei dem durch übermäßige Holzernte (ein Geldfluss) der Wald (ein Bestand) vernichtet wird. Eine ähnliche Verwechslung von Beständen und Geldflüssen findet in der gegenwärtigen Buchführungspraxis statt, wenn z. B. Kapital- und Instandhaltungskosten für Autobahnen in einem einzigen Jahr als Aufwand verbucht werden, anstatt sie als langfristige Investitionen zu betrachten, oder wenn notwendige Instandhaltungsmaßnahmen aufgeschoben werden, wodurch ein verstecktes und nicht ausgewiesenes »Infrastrukturdefizit« verursacht wird.[26] Nur wenn die BIP-Ströme im Verhältnis zu den Vermögensbilanzen bewertet werden, d. h. durch eine Netto- statt einer Bruttorechnung, kann der Zustand der Wirtschaft wirksam beurteilt werden.

Während das BIP Kosten wie Kriminalität, Krieg und Ressourcenerschöpfung, die das Wohlergehen beeinträchtigen, als Wachstum zählt, werden viele echte Beiträge zum Wohlergehen – zum Beispiel ehrenamtliche Arbeit und Hausarbeit – ignoriert, einfach weil kein Geld dafür gezahlt wird. Die Arbeit von Ehrenamtlichen, die sich um Kranke, ältere Menschen, Jugendliche und Behinderte, um ihre Kirchen, Gemeinden und die Umwelt kümmern, bleibt im BIP und damit in unserem zentralen Fortschrittsmaß unsichtbar. Das Gleiche gilt für die unbezahlte Erziehung der nächsten Generation durch Mütter und Väter.

Als ich erfuhr, was für das BIP zählte und was nicht, begann ich die Entkopplung zwischen Wirtschaft und Leben zu verstehen, die mich schon als naiver Studienanfänger drei Jahrzehnte zuvor vom Grundkurs Ökonomie abgehalten hatte. Andere, weitaus klügere Menschen haben die Täuschung lange vor mir durchschaut. Vor mehr als 50 Jahren bemerkte Robert Kennedy:

> »Zu oft und zu lange haben wir die Vorzüge und Werte der Gemeinschaft für die bloße Anhäufung von materiellen Dingen aufgegeben. [...] Das Bruttosozialprodukt zählt die Luftverschmutzung, die Zigarettenwerbung und die Krankenwagen, die unsere Autobahnen von Blutbädern befreien. [...] Doch das Bruttosozialprodukt berücksichtigt nicht die Gesundheit unserer Kinder, die Qualität ihrer Bildung oder die Freude an ihrem Spiel. Es misst weder unseren Verstand noch unseren Mut, weder unsere Weisheit noch unsere Bildung, weder unser Mitgefühl noch unsere Hingabe an unser Land. Kurz gesagt: Es misst alles, außer den Dingen, die das Leben lebenswert machen.«[27]

Selbst aus rein wirtschaftlicher Sicht sendet das BIP höchst trügerische Signale an die politischen Entscheidungsträger, die sich seiner Unzulänglichkeiten meistens nicht bewusst sind. Das BIP sagt uns zum Beispiel, wie viel Gesamteinkommen wir produzieren, aber es verrät nichts darüber, wie dieses Einkommen geteilt und verteilt wird. So kann es sein, dass die meisten Haushalte reale Einkommensverluste erleiden, wie dies in den Vereinigten Staaten von 1999 bis 2014[28] und in Kanada in den 1980er und 1990er Jahren[29] der Fall war, während das BIP weiterhin wächst, was auf die starken Gewinne nur eines kleinen Teils der Gesellschaft zurückzuführen ist. Gemessen an der BIP-Veränderung erscheint die Wirtschaft jedoch »gesünder« und wird auch so bezeichnet, während sich die Kluft zwischen Arm und Reich vergrößert.

Die Tatsache, dass in den BIP-Berechnungen wichtige Messgrößen für ökologische Nachhaltigkeit, Gesundheit, Lebensqualität, Gerechtigkeit und finanzielle Sicherheit nicht berücksichtigt werden, macht das BIP zu einer irreführenden und manchmal sogar gefährlichen Statistik, wenn es als Maßstab für Fortschritt, Wohlstand oder sogar wirtschaftliche Stabilität missbraucht wird.

Unter anderem deshalb haben die BIP-Statistiken vor der Wirtschaftskrise 2008/2009 keine wichtigen Warnsignale ausgesendet. Sie verdeckten etwa die Tatsache, dass ein Großteil des 19-prozentigen Wachstums des realen (inflationsbereinigten) BIP in den Vereinigten Staaten seit 2001[30] darauf zurückzuführen war, dass die Menschen Hypotheken auf ihre Häuser aufgenommen hatten, um Konsumgüter zu kaufen.[31] Ein Nettobuchhaltungssystem hätte das Einkommenswachstum im Verhältnis zum Schuldenwachstum ebenso berücksichtigt wie die Verbraucherausgaben im Verhältnis zu den Bilanzen, in denen der Nettowert der Immobilienbestände bewertet wird. Auf diese Weise wäre die sich abzeichnende

Finanz- und Wirtschaftskrise vorhersagbar gewesen, und die politischen Entscheidungsträger hätten womöglich sogar Gegenmaßnahmen ergriffen.

Um zu begreifen, was es bedeutet, dass das BIP das Brutto- und nicht das Nettoeinkommen misst, sollten wir uns vor Augen führen, wie schnell wir pleite gehen würden, wenn wir unseren eigenen Haushalt auf diese Weise führen würden. Das Wort »Ökonomie« stammt aus dem Griechischen *oikonomia* und bedeutet »Haushaltsführung«. Würden wir unsere Haushalte mit einem Bruttomaß wie dem BIP verwalten, hieße das konkret: Wir zählen zwar unser Gehalt, vergessen aber gleichzeitig, die Zahlungen für unseren Autokredit, die Hypothek auf unser Haus, die Kreditkartenkäufe und den Bankkredit, die alle von unserem Gehalt abgehen, zu berücksichtigen. Oder wir planen einen Anbau an unser Haus, ohne die Kosten für Material, Arbeit, Zeit, Unterbrechung des Alltags und mehr zu berücksichtigen. Betrachtet man dieses Versäumnis auf globaler Ebene, ist es nicht überraschend, dass der *Internationale Währungsfonds* (IWF) warnt, die himmelhohe Verschuldung berge »Risiken für die Finanzstabilität und für die allgemeine Wirtschaftstätigkeit« – Ende 2018 erreichte sie mit 188 Billionen Dollar oder 226 % des globalen BIP einen neuen Rekord.[32] Es ist außerdem bemerkenswert, wie wenig Aufmerksamkeit der enormen Anhäufung von Staatsschulden durch die massiven COVID-19-Konjunkturpakete geschenkt wird. Werden die Regierungen in 15 Jahren gezwungen sein, das Bildungswesen, das Gesundheitswesen, die Sozialversicherung und andere lebenswichtige Dienstleistungen zu kürzen oder den Bankrott zu riskieren?

Interessanterweise räumen selbst die eifrigsten Befürworter der BIP-Rechnungslegung inzwischen offen deren Grenzen ein. Diane Coyle, Autorin von *GDP: A Brief But Affectionate History* [BIP – eine kurze, aber liebevolle Geschichte], sagt: »Eines der Dinge, die mich die Geschichte des BIP gelehrt hat, ist, dass es das Gewicht, das wir ihm aufzuerlegen versuchen, einfach nicht tragen kann.« Ihr Buch ist zwar grundsätzlich wohlwollend gegenüber dem Nutzen des BIP eingestellt, aber Coyle kommt zu dem Schluss, dass das BIP zwar ein gutes Maß für das 20. Jahrhundert war, jedoch zunehmend ungeeignet für eine Wirtschaft des 21. Jahrhunderts ist, die von Innovationen, Dienstleistungen und immateriellen Gütern angetrieben wird.[33]

Das ursprüngliche Versäumnis, ökologische Kosten bei der Berechnung des BIP zu berücksichtigen, ist aus historischer Sicht verständlich. Auf der Konferenz in Bretton Woods im Jahr 1944, wo die alliierten Nationen zusammenkamen, um eine neue internationale Währungs- und Finanzordnung für die Welt nach dem Zweiten Weltkrieg zu schaffen, erkannten die Architekten unseres heutigen globalen Wirtschaftssystems in der Regel nicht, wie begrenzt die natürlichen Ressourcen sind, und dass menschliche Aktivitäten das Klima verändern. Einige Wissenschaftler warnten zwar bereits vor der Erschöpfung der Ozeane, vor Bodenerosionen und anderen Problemen, aber nur wenige Ökonomen konnten sich vorstellen, dass es möglich ist, die Ozeane bis zum Aussterben ganzer Arten zu überfischen, dass der Meeresspiegel durch die exzessive Nutzung fossiler Brennstoffe ansteigen oder Süßwasser ein knappes Gut werden könnte.

Das BIP als Buchhaltungssystem wurde also in einer Zeit entwickelt, in der man die Leistungen der Natur – soweit sie überhaupt Anerkennung fanden – als kostenlos und unendlich ansah. Aus diesem Irrtum rührt auch das Dogma des unbegrenzten Wachstums, zu dessen Unterstützung das BIP bis heute verwendet wird. Wären die Vertreter von Bretton Woods mit den heutigen wissenschaftlichen Erkenntnissen vertraut gewesen, hätten unsere globalen Finanzinstitutionen wie die Weltbank und der Internationale Währungsfonds damals vielleicht andere Kriterien für Entwicklung und Kredite aufgestellt und würden heute ganz anders funktionieren.

Jetzt, da wir solide wissenschaftliche Beweise haben, verfügen wir über ein viel genaueres Wissen als unsere Großeltern. Der Fehler, den Abbau von Ressourcen als wirtschaftlichen Gewinn zu verbuchen, wird heute sogar von etablierten Institutionen wie der Organisation für wirtschaftliche Zusammenarbeit und Entwicklung (OECD), der Europäischen Union und der Weltbank anerkannt. Kurz gesagt haben wir keine Ausrede mehr dafür, dass wir im Widerspruch zu unseren heutigen Erkenntnissen blindlings eine Politik betreiben, die sich auf ein veraltetes Wirtschaftsmodell und überkommene Fortschrittsmessungen stützt.

DER GLAUBE AN DAS BIP – ES WIRD NOCH MYSTERIÖSER

Hochangesehene Wissenschaftler hatten sehr klar dokumentiert, dass das BIP als Maß für Fortschritt, Wohlstand und wirtschaftliche Stabilität untauglich ist. Außerdem zeigten sie den Weg zu umfassenderen Maßstäben. Warum also hielten sämtliche Regierungen so hartnäckig an dieser offensichtlichen Täuschung – oder Selbsttäuschung – fest, wenn es darum ging, zu beurteilen, wie gut oder schlecht es ihrer Wirtschaft ging? Warum verwendeten prominente Ökonomen, wenn sie Lehrbücher für Wirtschaftswissenschaftler schrieben, immer noch fehlerhafte Modelle, deren Verwendung nie von ihren Architekten beabsichtigt war? Warum maß keine Regierung das, was für unser Wohlergehen wichtig ist? Warum wurde keine bessere Politik gemacht, indem man Messgrößen für den Fortschritt verwendete, die viel geeigneter waren und die es bereits gab?

Was mich besonders überzeugte, war die Tatsache, dass keine der angeführten Kritiken am BIP rein theoretischer Natur ist; sein Missbrauch betrifft uns unmittelbar in unserem Alltag und gefährdet die

Zukunft unserer Kinder. Wenn jedoch das, was wir zählen und messen, die Politik beeinflusst, dann könnte die genaue und aussagekräftige Messung des Fortschritts auch das praktischste Instrument sein, um ein neues, auf Nachhaltigkeit basierendes Wirtschaftsparadigma zu schaffen, das das Wohlergehen unserer Kinder und deren Kindern gewährleisten kann. Um jedoch zunächst informell die Hypothese zu testen, dass das, was bei der Messung Priorität hat, auch in der Politik vorrangig wird, führte ich mit meinen ahnungslosen Studenten an der Saint Mary's University in Halifax, Nova Scotia, ein kleines Experiment durch.

2

Zählen, was zählt

Im Frühjahrssemester 1996 ermutigte ich die Studenten einer meiner Klassen wiederholt, ihre größten Anstrengungen in eine empfohlene Semesterarbeit zu investieren. Im Gegensatz zu den Vorlesungen und den zugewiesenen Lektüren, die die Studenten wie Schwämme aufsaugten und bei den Prüfungen wieder ausspuckten, würde die Hausarbeit, so sagte ich, ihnen die Möglichkeit geben, ihre individuellen Fähigkeiten zu trainieren, über das zu forschen, was sie unmittelbar interessierte. Außerdem würden sie so ihren schriftlichen Ausdruck verbessern. Ich versicherte ihnen, dass die Hausarbeit der Teil ihrer Semesterarbeit sei, aus dem sie den größten Nutzen ziehen würden. Mehrmals bot ich an, mich mit den Studenten einzeln zu treffen, um sie bei dieser Arbeit zu unterstützen und zu beraten.

Den Studenten fiel jedoch auf, dass der Lehrplan darauf hinwies, die Hausarbeit sei fakultativ und fließe nicht in die Endnote des Kurses ein. Die Abschlussprüfung wurde mit 50 % gewertet, die Zwischenprüfung mit 25 % und die Anwesenheit in der Klasse sowie die Tests mit 25 %. Es überraschte nicht, dass sich die Studenten bei den Prüfungen sehr anstrengten. Nur zwei Studenten machten sich überhaupt die Mühe, eine Hausarbeit zu schreiben. Trotz meiner wiederholten, eindringlichen Bemerkungen über den Wert der Hausarbeit war die eigentliche Botschaft, die ich vermittelte, die, dass die

Hausarbeit keinen wirklichen Wert hatte, weil sie nicht gewertet wurde, während die Prüfungen von enormer Bedeutung waren.

In einem anderen Kurs im folgenden Semester hielt ich keine Rede über die Hausarbeit. Ich erwähnte sie nicht einmal im Unterricht, aber in der Kursübersicht war vermerkt, dass sie 50 % der Endnote ausmachte, während die verschiedenen Prüfungen viel weniger wert waren. Es war auch diesmal keine Überraschung, dass die Studenten viel Zeit und Mühe in die Arbeit investierten. Wenn sie so viel zählt, muss sie wichtig sein, schlussfolgerten sie korrekt.

Dieses Experiment ist eine perfekte Metapher für unsere politischen und wirtschaftlichen Arenen: Die Entscheidungsträger betonen in ihren Reden regelmäßig die Bedeutung von Umweltschutz, Gesundheit, Wohlergehen der Gemeinschaft und Ähnlichem, messen ihnen aber bei der Bestimmung des Wachstums keinen Wert bei und beachten sie folglich in der konkreten Umsetzung kaum. Der Wirtschaftsnobelpreisträger Joseph Stiglitz brachte es auf den Punkt: »Wenn wir das Falsche messen, werden wir das Falsche tun. Wenn unsere Messungen uns sagen, dass alles in Ordnung ist, obwohl es das nicht ist, werden wir selbstgefällig sein.«[34]

Kein Wunder, dass es selbst für Politiker mit den nobelsten Absichten so schwierig ist, sinnvolle Maßnahmen zur Bekämpfung des Klimawandels zu ergreifen, wenn unser wichtigster Entwicklungsmaßstab – das BIP – das Gegenteil aussagt. Ein neues Kohlekraftwerk, mehr Produktion auf der Basis fossiler Brennstoffe und mehr Ausgaben für Benzin, damit spritschluckende SUVs versorgt sind, lassen das BIP wachsen, auch wenn sie die Treibhausgasemissionen in die Höhe treiben.

Der große Unterschied zwischen meinem kleinen Klassenexperiment und der Welt des Regierens ist, wie ich auf die harte Tour herausfinden sollte, dass ich die Fortschrittsmessung von einem Semester zum nächsten ändern und dadurch das Verhalten der Studenten beeinflussen konnte. Unsere auf dem BIP basierenden Fortschrittsmaße sind dagegen viel verfestigter und resistenter gegen Veränderungen.

DIE DRINGLICHKEIT ZU HANDELN

Aus meiner Lektüre Mitte der 1990er Jahre ergab sich eine klare Schlussfolgerung: Da das BIP nicht in der Lage ist, den Fortschritt in Richtung Wohlstand, Nachhaltigkeit, Gleichheit, Sicherheit und anderer kritischer Werte effektiv zu bewerten, brauchen wir für diese Aufgaben andere Maße. Sie mussten sinnvoll, exakt und glaubwürdig sein, damit die Regierungen aufmerksam wurden und handelten. Überstürztes, blindes Vorgehen konnte nach hinten losgehen und die neuen Maßnahmen sogar diskreditieren, wenn sie nicht exakt und glaubwürdig waren. Zwei weitere Jahre intensiver Forschung folgten. Die neue Lektüre erforderte eine kritische Untersuchung der Stärken, Grenzen, Methoden und Datenquellen von bereits existierenden alternativen Messinstrumenten und -modellen, die Möglichkeiten für ein neues Vorgehen aufzeigten.

Doch zunächst musste ich über meine vage Sorge um den Zustand der Welt hinausgehen und mir ein nüchternes Bild von den grundlegenden historischen und aktuellen Trends machen, um zu verstehen, wohin wir uns als Spezies in wirtschaftlicher, sozialer und ökologischer Hinsicht bewegten. Es war kein schönes Bild – eine Schlussfolgerung, zu der auch viele andere aufmerksame Beobachter auf der ganzen Welt gelangten. Die direkte Konfrontation mit dieser Realität im Jahr 1996 verlieh der Mission, die sich in meinem Kopf bildete, eine Dringlichkeit, die sie schnell von einer Option zu einer Notwendigkeit werden ließ.

Es schien, als hätten wir als Spezies nur ein kleines Zeitfenster, um die Richtung zu ändern, bevor bestimmte zerstörerische Trends nahezu unumkehrbar würden. Anhand der Zahlen wurde deutlich, dass wir bei den damaligen Raten weniger als 20 Jahre Zeit hatten, bevor wir in Veränderungen verwickelt würden, die die Zukunft unserer Kinder ernsthaft gefährdeten. Seitdem haben sich zahlreiche gefährliche Trends wie die Erschöpfung der Ressourcen, das Artensterben, die zunehmende Umweltverschmutzung und die steigenden Treibhausgasemissionen nicht zum Besseren gewendet. Im Gegenteil, sie haben sich sogar noch beschleunigt.

Die letzten fünf Jahre waren die wärmsten seit Beginn der Aufzeichnungen in den 1880er Jahren – und wahrscheinlich schon seit Jahrhunderten und sogar Jahrtausenden davor[35] –, und 19 der 20 wärmsten Jahre gab es seit dem Jahr 2000. Das letzte Jahrzehnt war das wärmste seit Beginn der Aufzeichnungen, ebenso wie die drei Jahrzehnte davor.[36] Die globalen Temperaturen sind viel schneller gestiegen als vorhergesagt.

Im 20. Jahrhundert stieg der Meeresspiegel um durchschnittlich 1,8 mm pro Jahr. Doch in den letzten 20 Jahren ist er um durchschnittlich 3,2 mm pro Jahr gestiegen – etwa doppelt so schnell wie in den 80 Jahren zuvor. Bis zum Jahr 2100 wird der Meeresspiegel voraussichtlich um einen Meter ansteigen und die Städte an der Ostküste Amerikas überfluten. Wenn der grönländische Eisschild, dessen Verlust sich in den letzten Jahren beschleunigt hat,[37] vollständig schmilzt, wovon Wissenschaftler ausgehen, und wenn die jüngsten Studien[38] zutreffen und die globale Erwärmung bis 2100 zwischen zwei und drei Grad Celsius beträgt, könnte der Meeresspiegel um sieben Meter ansteigen und London überfluten.[39] Bangkok könnte sogar schon in weniger als 15 Jahren unter Wasser stehen.[40] Das wäre die Welt unserer Kinder und Enkelkinder.

Die bisher exakteste und umfassendste Schätzung der künftigen Erwärmungstendenzen, die vom Weltklimaforschungsprogramm im Juli 2020 veröffentlicht wurde, prognostiziert nun eine Spanne von 2,6 bis 3,9 °C (66 % Konfidenzintervall) bzw. 2,3 bis 4,7 °C (90 % Konfidenzintervall). Diese Werte, die auf einer Verdoppelung des atmosphärischen Kohlendioxids (CO_2) gegenüber dem vorindustriellen Niveau basieren, könnten bis 2060 erreicht werden. Diese bahnbrechende Studie, die auf jahrzehntelangen Fortschritten in der Klimawissenschaft beruht, hat die früheren optimistischeren Hoffnungen, die Erwärmung auf 1,5 °C zu begrenzen, praktisch zunichte gemacht.[41]

Jeden Tag sterben Dutzende von Arten aus, und zwar mit einer Rate, die 1000-mal höher ist als die natürliche Aussterberate, und Experten sagen voraus, dass diese Rate in Zukunft noch 10.000-mal höher sein könnte, wenn die Entwicklung so weitergeht wie bisher.[42] Die größten Bedrohungen für alle Arten ist der Verlust von Lebensraum – Wälder, Sümpfe, Seen – durch Abholzung, Rodung und Erschließung, sowie durch Wüstenbildung, Verschmutzung und das Ansteigen des Meeresspiegels. Eine der unmittelbarsten Bedrohungen für das menschliche Leben ist die toxische Luftverschmutzung, die nach Angaben der Weltgesundheitsorganisation (WHO) jährlich sieben Millionen Menschen tötet (4,5 Millionen davon durch die Verbrennung fossiler Brennstoffe), also mehr als jeden achten Todesfall weltweit verursacht. 90 % der Weltbevölkerung sind heute einer lebensbedrohlichen Verschmutzung ausgesetzt.[43]

Laut William Laurance und Richard Bierregaard werden die Tropenwälder der Welt »in einem Ausmaß gerodet, verbrannt, abgeholzt, zersplittert und überjagt, das in der Geschichte ohne Beispiel ist«.[44] Studien zeigen, dass fast 40 % der Wälder bereits durch menschliche Aktivitäten zerstört wurden, und jedes Jahr gehen weitere 160.000

Quadratkilometer (etwa 1 % des ursprünglichen Waldlebensraums) verloren. Nahezu 94 % der Wälder der gemäßigten Klimazonen weltweit sind durch Landwirtschaft und Abholzung schwer bedroht; wir haben bereits 80 % der Urwälder der Welt und 90 % der Wälder in den Vereinigten Staaten verloren.[45]

Aber nicht nur die Umwelttrends sind beunruhigend. Die Kluft zwischen Arm und Reich ist nach wie vor gewaltig: Das reichste Prozent verfügt über 20 % des Welteinkommens, die ärmsten 50 % nur über 9 %. Die weltweite Verschuldung hat neue Rekordhöhen erreicht. Die physische, wirtschaftliche und finanzielle Unsicherheit hat in vielen Teilen der Welt zugenommen. Und die Zahl der Menschen, die durch globale Konflikte gewaltsam vertrieben wurden, näherte sich im Jahr 2019 der 80-Millionen-Grenze – mehr als jemals zuvor seit dem Zweiten Weltkrieg.[46]

Zuverlässige Untersuchungen haben gezeigt, dass selbst die besten Absichten in einigen Bereichen keine wirksamen Maßnahmen nach sich ziehen werden, wenn wir den Weg der hohen Treibhausgasemissionen und der konventionellen, vom BIP dominierten materiellen Wachstumswirtschaft weiterverfolgen.[47] Stattdessen könnten wir Kriege um knappes Wasser erleben, eine Flut von Umweltflüchtlingen, die größer ist als jede Regierung bewältigen kann, unterbrochene Lebensmittelversorgungsketten, wild wuchernde Infektionskrankheiten und Epidemien, weit verbreitete Hungersnöte in einigen Gebieten, unerträgliche Hitze, unkontrollierbare Waldbrände, allgegenwärtigen Terrorismus und eine sinkende durchschnittliche Lebenserwartung.

Zum Zeitpunkt der Erstellung dieses Buches wurde Australien von extremen Hitzewellen, den heißesten Temperaturen aller Zeiten, einer verheerenden dreijährigen Dürre und beispiellosen, tödlichen Buschbränden heimgesucht, die außer Kontrolle geraten waren und 18,6 Millionen Hektar – mehr als das Zwanzigfache der Fläche, die 2019 im Amazonasgebiet brannte – sowie Tausende von Häusern und mehr als eine Milliarde Tiere vernichteten, von denen einige wahrscheinlich vom Aussterben bedroht sind. Und als dieses Buch in Produktion ging, wurde eine halbe Million Menschen aus den verheerenden Waldbränden in Oregon evakuiert, fünf der zehn größten Brände in der Geschichte Kaliforniens brannten zur selben Zeit, und der Westen der USA war in Asche und beißenden, giftigen Rauch gehüllt.

Mit dieser Litanei will ich nicht den unvermeidlichen Untergang vorhersagen, sondern vielmehr das Gefühl der Dringlichkeit des Wandels vermitteln, das mich 1996 zu erfassen begann, als ich Unmengen von Statistiken und Trendlinien studierte, die seither wie erwartet noch besorgniserregender geworden sind. Schon damals war klar, dass wir rasch eine neue Sichtweise auf die Wirtschaft, die Gesellschaft und unsere natürliche Welt brauchen – eine Sichtweise, die das BIP nicht mit Wohlstand verwechselt und materielles Wachstum nicht mit echtem Fortschritt. Wie im Prolog erwähnt, brachte es der ehemalige UN-Generalsekretär Ban Ki-Moon 2012 auf den Punkt: »Sehen wir den Tatsachen ins Auge: Das alte Modell ist kaputt. Wir müssen ein neues schaffen.«[48]

Wir brauchen also ein Wirtschaftsparadigma mit neuen Buchführungsmethoden, die das BIP ersetzen (aber nicht abschaffen), neue Formen der Bewertung, die echten Fortschritt messen, und Entwicklungsmarker, die nicht einfach das Ausmaß der wirtschaftlichen Marktaktivität darstellen, sondern stattdessen Fortschritte (oder Rückschläge) im menschlichen Wohlergehen und bei der Erhaltung der natürlichen Umwelt widerspiegeln. Solche Maßnahmen werden den Weg zu neuen politischen Prioritäten und Institutionen weisen, die endlich eine lebensfähige Zukunft für uns, unsere Kinder und die Kinder unserer Kinder sicherstellen können. Wir brauchen einen Weg in die Zukunft – einen Weg, der machbar und praktisch umsetzbar ist, der langfristig nachhaltig ist und der die wahren Vorteile und Kosten verschiedener Praktiken berücksichtigt. Dies ist nicht nur notwendig, sondern, wie ich behaupte, auch durchaus möglich – das ist die gute Nachricht!

Mir wurde schnell klar, dass das Thema weit über die eigentliche Messung hinausgeht, denn was wir messen, spiegelt unsere Werte und Prioritäten als Gesellschaft wider. Der tiefere Sinn der Arbeit mit Messungen besteht darin, die Bürger und die Regierungen, die uns vertreten, in die Lage zu versetzen, zu erkennen, worauf wir unsere Anstrengungen richten müssen. Wenn uns eine lebensfähige, gerechte und nachhaltige Gesellschaft im Einklang mit der Natur wichtig ist, und wenn wir unser Wohlergehen nicht nur vom Einkommen, sondern auch von Gesundheit, Bildung, Sicherheit, sozialer Unterstützung, einem ausgewogenen Verhältnis zwischen Arbeit und Privatleben, der Vitalität der Gemeinschaft und einem gesunden Planeten abhängig machen, dann müssen wir diese für uns wichtigen Eigenschaften zählen und bewerten.

Zu meiner großen Erleichterung hatten einige brillante Ökonomen, Wissenschaftler und andere Gelehrte bereits daran gearbeitet, die Methoden zu entwickeln, die erforderlich waren, um neue und bessere Maßstäbe für den Fortschritt zu schaffen. Vieles von dem, was ich in den folgenden 20 Jahren tat, verdanke ich der bahnbrechenden Arbeit dieser großen Pioniere.

WIRTSCHAFT NEU DENKEN

Zunächst entdeckte ich ein ganz neues Fachgebiet, von dessen Existenz ich nichts gewusst hatte, und das es 1965, als ich den Grundkurs Ökonomie abbrach, noch gar nicht gab. In scharfem

Gegensatz zur konventionellen Ökonomie, die die Wirtschaft weitgehend isoliert von ökologischen und sozialen Belangen darstellt und analysiert, untersucht die Ökologische Ökonomie die wechselseitige Abhängigkeit von menschlicher Wirtschaft und natürlichen Ökosystemen.

Der Bereich der Umweltökonomie verdankt seine Entstehung möglicherweise den Ideen des rumänischen Ökonomen Nicholas Georgescu-Roegen (1906–94), der als einer der ersten die Erschöpfung der Bodenschätze der Erde vorhersagte.[49] Es war sein Schüler Herman Daly, der 1973 in seinem Buch *Toward a Steady-State Economy* [Auf dem Weg zu einer stationären Wirtschaft] die Standard-Wachstumstheorie in Frage stellte, indem er die Lebensfähigkeit einer Wirtschaft von relativ stabiler Größe postulierte, die die ökologischen Grenzen nicht überschreitet, Energie und Rohstoffe auf einem nachhaltigen Niveau verbraucht und so die Ressourcen für das Wohlergehen künftiger Generationen bewahrt.[50] In den 1980er Jahren begründete Daly, der von 1988 bis 1994 leitender Umweltökonom der *Weltbank* war, gemeinsam mit Robert Costanza, seit 1989 Chefredakteur der neuen Zeitschrift *Ecological Economics*, formell den Fachbereich der Ökologischen Ökonomie.[51]

Mir wurde klar, dass die ökologischen Ökonomen auf etwas hinwiesen, das von größter Bedeutung und gleichzeitig unmittelbar einleuchtend war – auch wenn es in meinen Lehrbüchern für das Grundstudium der Wirtschaftswissenschaften verschwiegen wurde: Die menschliche Wirtschaft ist *kein* geschlossenes System, sondern existiert als Teilsystem innerhalb eines umfassenden Ökosystems, von dem sie vollständig abhängig ist und das lebenswichtige Leistungen für die menschliche Wirtschaft erbringt. Zu diesen Leistungen gehören die Klimaregulierung, die Bestäubung, der Nährstoff- und Wasserkreislauf, die Filterung und Assimilation von Abfällen und die breite Palette an Produkten (von Energie über Holz bis hin zu Nahrungsmitteln und Mineralien), die aus den natürlichen Ressourcen hergestellt werden. Die Energie und die Stoffe, die aus dem Ökosystem in die menschliche Wirtschaft gelangen, kehren auch wieder in das Ökosystem zurück, teilweise als Abfall. Die Fähigkeit des Ökosystems, diese menschlichen Abfälle zu absorbieren, wirkt sich wiederum auf das Funktionieren der menschlichen Wirtschaft aus, da beispielsweise Umweltverschmutzung und Treibhausgasemissionen die wirtschaftliche Produktivität und Effizienz verringern und die Kosten für die Beseitigung von Schäden und für Emissionskontrolle in die Höhe treiben.

In den Worten von Robert Costanza untersucht die Ökologische Ökonomie »die Ökologie des Menschen und die Ökonomie der Natur, das Netz der Verbindungen, das das wirtschaftliche System mit dem globalen Ökosystem verbindet, von dem es ein Teil ist«.[52] Oder, mit den Worten des Physikers Fritjof Capra:

> »Das neue Paradigma kann als ganzheitliche Weltsicht bezeichnet werden, bei der die Welt als integriertes Ganzes und nicht als isolierte Ansammlung von Teilen gesehen wird … [Es] erkennt die grundlegende wechselseitige Abhängigkeit aller Phänomene an und die Tatsache, dass wir als Individuen und Gesellschaften ausnahmslos in den zyklischen Prozess der Natur eingebettet (und letztlich davon abhängig) sind.«[53]

Aber es genügt nicht, einer schönen Theorie Beifall zu zollen. Was mich in den 1990er Jahren in den Bann zog, waren die praktischen Implikationen. Das neue Feld berücksichtigt den wirtschaftlichen Wert dessen, was konventionelle Ökonomen als »externe Effekte« bezeichnen, d. h. die Kosten und den Nutzen wirtschaftlicher Aktivitäten für Dritte, die nicht direkt an diesen Aktivitäten beteiligt sind. Ökologische Ökonomen berücksichtigen zum Beispiel die Gesundheitskosten der Umweltverschmutzung, die von den Anwohnern und der Öffentlichkeit getragen werden und nicht von den Unternehmen, die die Verschmutzung verursachen. Diese Kosten tauchen nirgends auf, weder in den Kalkulationen der Unternehmen noch in den konventionellen volkswirtschaftlichen Berechnungen noch sonst irgendwo. Im Gegenteil: Sie erhöhen sogar das BIP und tragen zu dem bei, was sich als Wirtschaftswachstum ausgibt, indem sie die Ausgaben für medizinische Versorgung, Krankenhäuser, Medikamente und die Kosten für die Beseitigung der Umweltverschmutzung in die Höhe treiben.

In den letzten 25 Jahren haben ökologische Ökonomen enorme Fortschritte bei der Berücksichtigung solcher externen Effekte gemacht, um die wirtschaftlichen Kosten der Umweltzerstörung nicht nur auf der Makroebene (national und global) abzuschätzen, sondern auch auf der Projektebene, etwa bei Planvorhaben für neue Fabriken oder Staudämme. Darüber hinaus berücksichtigen ökologische Ökonomen den wirtschaftlichen Wert von Ökosystemleistungen. In der konventionellen Wirtschaftsanalyse, die nur den monetären Austausch berücksichtigt, werden die von der Natur erbrachten Leistungen weitgehend als kostenlos betrachtet und bleiben daher unsichtbar, unbewertet und finden keine Berücksichtigung, wenn sie durch wirtschaftliche Aktivitäten erschöpft oder verschlechtert werden. Im Gegensatz dazu schätzen ökologische Ökonomen ausdrücklich die Bereitstellung von Nahrung, Wasser und anderen lebensnotwendigen Gütern durch die Natur, ihre regulierenden Funktionen wie Klimakontrolle und Krankheitsbekämpfung, ihre unterstützenden Funktionen wie Nährstoff- und Wasserkreisläufe und die Bestäubung von Nutzpflanzen sowie ihren kulturellen, spirituellen und für die Erholung relevanten Wert.[54]

Um ein Beispiel zu nennen: Bewaldete Wassereinzugsgebiete schützen die Qualität des Trinkwassers und sparen teure Filtrationskosten. So schätzt eine Studie der Weltbank und des World Wildlife Fund (WWF), dass New York City durch eine 1 bis 1,5 Milliarden Dollar teure Strategie zum Schutz von Land- und Waldressourcen, die auf die Wiederherstellung von Wassereinzugsgebieten in den Catskill Mountains abzielt, über einen Zeitraum von zehn Jahren etwa neun Milliarden Dollar einsparen könnte, verglichen mit dem Ersatz dieser natürlichen Leistungen durch eine Kläranlage, deren Bau sechs bis acht Milliarden Dollar plus jährliche Betriebskosten von 300 bis 500 Millionen Dollar kosten würde.[55]

Das Argument, dass der Wert der Auswirkungen auf die Leistungen der Natur in die allgemeinen wirtschaftlichen Überlegungen einbezogen werden sollte, hat zu großen Fortschritten in der sogenannten Umfassenden Kostenrechnung (*Full-Cost Accounting*) beigetragen, die den ökologischen, gesundheitlichen, wirtschaftlichen und sozialen Nutzen und die Kosten der Wirtschaftstätigkeit anerkennt. Mit der Umfassenden Kostenrechnung wird der tatsächliche wirtschaftliche Wert von Nichtmarktgütern, die nicht in der Marktwirtschaft gehandelt werden, geschätzt, indem diese externen Effekte direkt in den Kernbereich der neuen Rechnung aufgenommen werden.

In der Umfassenden Kostenrechnung werden auch natürliche, soziale und menschliche Güter (wie Wälder, Fischbestände, sichere Gemeinschaften und die Gesundheit der Bevölkerung) als abschreibungsfähig betrachtet, genau wie Industriekapital, und es wird anerkannt, dass diese Güter Reinvestitionen erfordern, um ihre optimale Funktion und Produktivität zu erhalten. Während das BIP einen Wald nur dann bewertet, wenn sein Holz gefällt und auf den Markt gebracht wird, findet in der Umfassenden Kostenrechnung die verlorene Fähigkeit des Waldes, Kohlenstoff zu binden, Nährstoffe zu recyceln und Wassereinzugsgebiete, Böden und Lebensräume zu schützen, als »Wertminderung« des Naturkapitals Berücksichtigung. Und während herkömmliche Rechnungen die Erhaltung und Wiederherstellung von Wäldern als Kosten darstellen, werden sie in Umfassenden Kostenrechnungen als Investitionen in den Waldwert betrachtet.[56]

Wie wir in Kapitel 5 sehen werden, könnten Umfassende Kostenrechnungen, wenn sie angenommen und umgesetzt werden, die Marktwirtschaft wesentlich effizienter machen. In der Tat sind sie unerlässlich, um vernünftige Entscheidungen über finanzielle Anreize und Sanktionen wie z. B. Subventionen, Steuern, Zölle und Kredite zu treffen, schädliche Aktivitäten zu verhindern und nachhaltige Aktivitäten zu fördern, die den Wohlstand verbessern.

Das neue Fach ist durch die Pionierarbeit von Statistikern stark gefördert worden. Im Bereich der Bilanzierung natürlicher Ressourcen beispielsweise hat das in Washington D.C. ansässige World Resources Institute [Weltressourceninstitut, WRI] seit 1982 eine führende Rolle bei der Bilanzierung von Wasser-, Landwirtschafts- und Energieressourcen, Wald- und Bodengesundheit, Klima und Abfallwirtschaft übernommen.[57] Viele statistische Ämter haben zuverlässige Verzeichnisse erstellt, die Veränderungen der Waldbestände, der Fischbestände, der Treibhausgas- und Schadstoffemissionen und vieles mehr erfassen.[58]

Parallel zu diesen Bemühungen entstand die Analyse des ökologischen Fußabdrucks, die Mitte der 1990er Jahre von den Wissenschaftlern William Rees und Mathis Wackernagel von der University of British Columbia entwickelt wurde. Die Fußabdruckanalyse vergleicht unsere Ansprüche an die Natur – wie viel wir verbrauchen, um die Ressourcen zu produzieren, die wir konsumieren, und die

Abfälle, die wir erzeugen – mit dem Angebot der Natur – der Biokapazität oder Produktivität unseres Ackerlands, unserer Wälder, unserer Fischgründe und anderer ökologischer Güter. Wenn wir schneller verbrauchen, als sich diese Ressourcen regenerieren, zeigen uns die Berechnungen des Fußabdrucks, wie groß unser »ökologisches Defizit« ist. Diese brillante Innovation ermöglicht es uns, den Zustand der Umwelt sowohl aus der Perspektive des Verbrauchs als auch der Produktion zu beurteilen, und legt damit die Verantwortung für die Umwelt auf die Schultern der Verbraucher und nicht nur auf die von Unternehmen oder lokalen Produzenten wie Holzfällern, Landwirten, Fischern und anderen, die für ihren Lebensunterhalt auf die Gesundheit der natürlichen Ressourcen angewiesen sind.[59]

Ähnliche Fortschritte bei der Datenerhebung gab es auch im sozialen Bereich, wo man begann, echte Erkenntnisse über die umfassenderen Komponenten von Wohlergehen und Lebensqualität zu gewinnen. In den Jahren 1992 und 1998 führte Statistics Canada beispielsweise erste Erhebungen über die Zeitverwendung durch, die wertvolle Informationen über nicht im BIP erfasste ehrenamtliche Arbeit und Arbeit im Haushalt lieferten, und darüber, wie die Menschen über die statistisch erfasste Lohnarbeit hinaus ihre Zeit verbringen. In der 1994/95 von Statistics Canada durchgeführten nationalen Umfrage zur Gesundheit der Bevölkerung (*National Population Health Survey*) wurde erstmals die »soziale Unterstützung« der Menschen gemessen, und 2003 führte die Behörde ihre erste umfassende Erhebung des »Sozialkapitals« durch, in der die sozialen Netzwerke der Menschen, ihr ehrenamtliches Engagement, ihr Gefühl des Vertrauens und der Zugehörigkeit und vieles mehr bewertet wurden.

Seit den 1950er Jahren, beginnend mit der Entdeckung des Zusammenhangs zwischen Tabak und Krebs, haben Epidemiologen in herausragender Weise verschiedene Krankheiten und gesundheitliche Folgen mit bestimmten Risikofaktoren in Verbindung gebracht.[60] Ihre bahnbrechende Arbeit ermöglicht es uns heute, die wirtschaftlichen Kosten von Gesundheitsrisiken wie Rauchen, Fettleibigkeit, Bewegungsmangel und Armut zu bewerten. Die Messmethoden in all diesen Bereichen werden immer besser und ermöglichen immer genauere Bewertungen.[61] Hervorragend daran ist, dass die neuen bevölkerungsbezogenen Daten über Gesundheitsrisiken einen politischen Schwerpunkt auf das Wohlergehen und die Krankheitsvorsorge ermöglicht haben, im Gegensatz zu der immer noch vorherrschenden Perspektive der Krankheitsbehandlung, die die »Gesundheits-«Ausgaben überwiegend auf Krankenhäuser, Medikamente und Ärzte lenkt und nach wie vor im BIP verankert ist.

EIN NEUER WEG NACH VORN

Auf der Grundlage der Mitte der 1990er Jahre verfügbaren Datenquellen entdeckte ich, dass es auch bei der Konstruktion zusammengesetzter Fortschrittsindizes, die eine Reihe wirtschaftlicher und ökologischer Variablen einbeziehen, erhebliche Entwicklungen gegeben hatte. Einige dieser Bemühungen bauten auf dem BIP auf und bereinigten es um soziale und ökologische Auswirkungen, während andere unabhängig vom BIP konstruiert und entweder als Ergänzung oder Alternative zu herkömmlichen Wirtschaftsindikatoren präsentiert wurden. Zu den bemerkenswerten Meilensteinen dieser Bemühungen gehörten die folgenden:

1972 entwickelten die Yale-Ökonomen William Nordhaus und James Tobin das Maß der wirtschaftlichen Wohlfahrt (Measure of Economic Welfare, MEW), bei dem das rohe BIP um unbezahlte Arbeit, Freizeit, Kosten der Umweltverschmutzung und staatliche Investitionen in Gesundheit und Bildung bereinigt wurde.[62] 1989 gingen Herman Daly und John Cobb in ihrem Index für nachhaltige wirtschaftliche Wohlfahrt (*Index of Sustainable Economic Welfare*, ISEW) wesentlich weiter: Sie begannen mit dem persönlichen Konsum (68 % des US-BIP), bereinigten ihn nach oben oder unten, um eine verbesserte oder sinkende Einkommensgleichheit zu berücksichtigen, fügten den Wert unbezahlter Haushalts- und ehrenamtlicher Arbeit hinzu und zogen die Kosten für Umweltverschmutzung, Autounfälle, Kriminalität und die Wertminderung des natürlichen Kapitals aufgrund von Ressourcenerschöpfung, Landverlust, Klimawandel und mehr ab.[63] Das ISEW kam auf einen einzelnen Dollarbetrag und lieferte eine Netto- statt einer Bruttobewertung des wirtschaftlichen Wohlergehens.[64]

Der ISEW wurde verfeinert und 1995 von *Redefining Progress* in Kalifornien zu einem echten Fortschrittsindikator erweitert.[65] Dieser aus 26 Indikatoren bestehende und wiederum zu einem einzelnen Dollarbetrag aggregierte Indikator Echten Fortschritts (*Genuine Progress Indicator*, GPI) wurde mehrfach aktualisiert – wobei die Daten bis ins Jahr 1950 zurückreichen – und für mehrere Länder repliziert. Die Ergebnisse für 17 Länder, auf die 53 % der Weltbevölkerung und 59 % des globalen BIP entfallen, zeigen, dass sich das Pro-Kopf-BIP von 1950 bis 2003 zwar mehr als verdreifacht hat, der GPI pro Kopf jedoch bis in die 1970er Jahre hinein anstieg, 1978 seinen Höhepunkt erreichte und seitdem aufgrund zunehmender Ungleichheit und Umweltzerstörung leicht zurückgegangen ist.[66]

Mitte der 1990er Jahre begannen einige Gemeinden eine führende Rolle bei der Entwicklung umfassender lokaler Messgrößen für Wohlergehen und Fortschritt zu übernehmen, unter Berücksichtigung von Gesundheits-, Bildungs-, Sozial- und Umweltvariablen. Hinter nationalen Durchschnittswerten können sich enorme regionale und lokale Unterschiede verbergen. Allerdings spielt sich die

»Realität« in Bezug auf Sicherheit, wirtschaftliche Stabilität, saubere Luft und sauberes Wasser, Gesundheit, soziale Unterstützung und andere Schlüsselindikatoren für die Lebensqualität immer auf lokaler Ebene ab. Einer der unbestrittenen Vorreiter auf diesem Gebiet war *Sustainable Seattle*, das 1996 von den Vereinten Nationen mit einem Preis für herausragende Indikatoren ausgezeichnet wurde und in der Folge Dutzende ähnlicher kommunaler und gemeinschaftlicher Anstrengungen anregte.[67]

Ende 1997 ergab meine Durchsicht der vorhandenen Literatur über neue und bessere Messgrößen für Fortschritt und Wohlergehen vier Schlussfolgerungen, die für meine eigene Arbeit in den nächsten 20 Jahren richtungsweisend sein sollten:[68]

Erstens: Umfassende Messungen des Fortschritts und des Wohlergehens können die missbräuchliche Verwendung des BIP sinnvoll ersetzen.[69]

Zweitens: Die neuen Messungen, Konzepte und Erkenntnisse können die Grundlage für ein zeitgemäßes Wirtschaftsparadigma bilden, das auf Nachhaltigkeit statt auf Wachstum basiert, und dessen Ziel das gesellschaftliche Wohlergehen ist. Fänden sie Gehör, hätten die neuen Messungen das Potenzial, einen großen Wandel in der Agenda der Regierungen herbeizuführen. Sie würden die politischen Entscheidungsträger in die Lage versetzen, eine Politik zu entwickeln, die das Wohlergehen, die Nachhaltigkeit und den langfristigen Wohlstand ihres Landes oder ihrer Region fördert.

Drittens: Keine Regierung der Welt hat solche integrierten und umfassenden Messungen übernommen. Abgesehen von vereinzelten Erhebungen zu Umweltdaten, zur öffentlichen Gesundheit usw., bewerten die Regierungen ihren Wohlstand weiterhin anhand herkömmlicher BIP-basierter Wirtschaftswachstumsmaße.

Vielleicht hätte mich das nicht so sehr überraschen sollen, wenn man bedenkt, dass diese neuen Messungen die Länder trotz steigender BIP-Zahlen zunächst schlechter dastehen lassen können. Aber ich war naiv genug zu glauben, dass Regierungen ein ureigenes Interesse daran haben, das Wohlergehen ihrer Bürger zu verbessern, was voraussetzt, dass sie die Wahrheit sagen und die Stärken und Schwächen ihres Landes kennen. Damals konnte ich mir einfach nicht vorstellen, warum politische Entscheidungsträger die soliden, genauen, umfassenden und integrierten Daten, die so leicht verfügbar sind, nicht nutzen wollten, um die Bevölkerung zu informieren und die Politik zu ändern.

WAS ÖKONOMEN SICH NICHT TRAUEN

Die vierte Erkenntnis, die ich in den 1990er Jahren gewonnen habe, war die wichtigste für die Gestaltung meiner Arbeit im nächsten Jahrzehnt: Ich erkannte, dass wir zwei verschiedene Arten von Messgrößen brauchen, um über das BIP als Hauptkriterium für den Fortschritt einer Gesellschaft hinauszukommen. Erstens brauchen wir soziale, wirtschaftliche und ökologische Indikatoren für das Wohlergehen, die den Fortschritt oder dessen Fehlen umfassender bewerten und stärker auf die Verbesserung der Lebensqualität ausgerichtet sind als Messgrößen, die auf Wirtschaftswachstum basieren. Wir müssen zum Beispiel wissen, ob sich die Gesundheit, die Sicherheit und die wirtschaftliche Stabilität der Menschen verbessert haben oder nicht, ob sich die Luft- und Wasserqualität verbessert oder verschlechtert hat und ob die Treibhausgasemissionen gestiegen oder gesunken sind.

Aber solche Fortschrittsmessungen reichen nicht aus. Schließlich ist das BIP an sich kein Indikator, sondern ein Buchhaltungssystem, das uns die Größe der Volkswirtschaft angibt. Um also über das BIP hinauszugehen, war es klar, dass wir zweitens auch Rechnungen brauchen, die den wirtschaftlichen Wert der natürlichen, menschlichen und sozialen Werte einer Gesellschaft zusätzlich zu dem konventionell gemessenen Produktionskapital kalkulieren. So hat beispielsweise eine gesunde und gut ausgebildete Bevölkerung einen wirtschaftlichen Wert in Form von verbesserter Produktivität und geringeren Gesundheitskosten; sichere Gemeinden haben einen wirtschaftlichen Wert in Form von geringeren Kriminalitätskosten; und ein gesunder Wald hat einen wirtschaftlichen Wert in Form von Kohlenstoffbindung in der Atmosphäre, Schutz von Wassereinzugsgebieten und Bewahrung der Bodenqualität. Umgekehrt verursacht der Klimawandel schwere wirtschaftliche Verluste durch Dürren, Stürme, Brände, Hitzewellen, Überschwemmungen an den Küsten und Auswirkungen auf die Gesundheit. Obwohl sie in den BIP-basierten Berechnungen nicht sichtbar sind, wirken sich diese Vermögenswerte und Verbindlichkeiten direkt auf die Gesundheit der Wirtschaft insgesamt aus.

WAS IST DER UNTERSCHIED ZWISCHEN INDIKATOREN UND BERECHNUNGEN, UND WARUM BRAUCHEN WIR BEIDES?

Indikatoren für das Wohlergehen sind Statistiken, die den Fortschritt im Laufe der Zeit bewerten und somit anzeigen können, ob es uns besser oder schlechter geht. Sie basieren auf physischen Messgrößen (z. B. Beschäftigungs-, Kriminalitäts-, Armuts- und Krankheitsraten, Treibhausgas- und Luftschadstoffemissionen). Die Maßeinheiten variieren je nach Indikator (z. B. Anzahl der Arbeitsplätze, Kriminalitätsfälle oder Raucher pro 100.000 Einwohner oder Kilogramm bzw. Tonnen an Schadstoffemissionen pro Kopf).

Während Indikatoren den Fortschritt oder dessen Fehlen in den für den jeweiligen Indikator geeigneten Einheiten bewerten, kalkulieren Rechnungen den Wert und dessen Veränderungen im Laufe der Zeit, wobei die Maßeinheiten so weit wie möglich in gängigen Geldeinheiten (Dollar oder Euro) ausgedrückt werden. Wenn eine Monetarisierung nicht möglich ist, gibt es in der Regel Belege, die den wirtschaftlichen Wert beschreiben und auf ihn hinweisen. So gibt es zum Beispiel zahlreiche Belege dafür, dass nährstoffreiche Böden einen höheren produktiven wirtschaftlichen Wert haben als stark erodierte Böden, auch wenn dieser Nutzen nicht genau in Geldwerten ausgedrückt werden kann.

Der Hauptunterschied zwischen konventionellen und umfassenden Kostenrechnungen besteht einfach darin, dass erstere nur marktwirtschaftliche Vermögenswerte, Verbindlichkeiten und Transaktionen bewerten, während letztere auch nichtmarktwirtschaftliche soziale und ökologische Vermögenswerte, Verbindlichkeiten und Transaktionen einkalkulieren. Während also in der konventionellen Rechnung der Verkauf von Zigaretten und Benzin als Beitrag zum Wirtschaftswachstum verbucht wird, werden in der Umfassenden Kostenrechnung auch die Kosten für Gesundheit, Umweltverschmutzung und Klimawandel berücksichtigt, die sich aus diesen Verkäufen ergeben.

Die Kostenrechnungen hängen von den Daten und Belegen ab, die die Indikatoren liefern. Wenn es Veränderungen bei den Raten des Rauchens, der ehrenamtlichen Arbeit, der Schadstoffemissionen usw. gibt, ermöglichen uns diese Veränderungen die Berechnung der damit verbundenen wirtschaftlichen Kosten und Einsparungen, die sich aus der Verbesserung oder dem Rückgang der Indikatoren ergeben.

Die Kriminalitätsrate (ein Indikator) gibt uns beispielsweise Aufschluss darüber, ob die Kriminalität im Laufe der Zeit zu- oder abnimmt, wobei niedrigere Raten einen Fortschritt bedeuten.

Rechnungen geben Aufschluss über die Kosten der Kriminalität für die Gesellschaft – wie viel wir für Gerichte, Gefängnisse, Alarmanlagen, Sicherheitspersonal, Krankenhauskosten aufgrund von Übergriffen und den Ersatz von Opferverlusten ausgeben; wie viel wir aufgrund von Produktivitätsverlusten, Korruption, Versicherungsbetrug usw. verlieren; und wie sich diese Kosten im Laufe der Zeit verändern. Dies lässt sich als der Betrag ausdrücken, den wir potenziell einsparen und für produktivere Investitionen in das gesellschaftliche Wohlergehen zur Verfügung haben würden, wenn es weniger Kriminalität gäbe.

Trends in der ehrenamtlichen Arbeit können ein guter Indikator für die Stärke der Zivilgesellschaft sein – und für die Großzügigkeit, Stärke und Vitalität der Gemeinschaft. Sie sagen uns in Stundenzahlen, ob die ehrenamtliche Arbeit zu- oder abnimmt. Die Buchführung – eine Berechnung – gibt dagegen Aufschluss über den wirtschaftlichen Wert der ehrenamtlichen Arbeit, indem sie ermittelt, wie viel es kosten würde, für die Dienste zu bezahlen, die Ehrenamtliche unentgeltlich leisten. Wenn die ehrenamtliche Arbeit zurückgeht, wie es in Kanada in den späten 1990er Jahren der Fall war, sagen uns die Rechnungen den verlorenen wirtschaftlichen Wert dieser fehlenden ehrenamtlichen Stunden und weisen auf die Haushaltsanpassungen hin, die für die Regierungen notwendig sind, um zusätzliche Dienstleistungen bereitzustellen, damit die verlorenen ehrenamtlichen Stunden kompensiert werden können.[70]

Ein Indikator für den Klimawandel sagt uns – in Kilotonnen CO_2-Äquivalent –, ob die Treibhausgasemissionen zunehmen oder nicht, und damit, ob wir bei der Bekämpfung des Klimawandels Fortschritte machen. Rechnungen können uns die wirtschaftlichen Kosten der wahrscheinlichen Schäden durch den Klimawandel und die Kosten für die Kontrolle und Verringerung der Treibhausgasemissionen um einen bestimmten Betrag angeben. Durch den Vergleich der Schadenskosten mit den Kontrollkosten können wir dann die Kostenwirksamkeit bestimmter Maßnahmen zur Verringerung der Emissionen beurteilen.

Solche Beispiele zeigen, wie diese Art der Buchführung den entscheidenden zusätzlichen Schritt unternimmt, um die Erkenntnisse aus den Indikatoren in die Welt der Wirtschaft zu übertragen. Es ist die Veränderung der Rate eines bestimmten Indikators, wie z. B. ein Rückgang der Schadstoffemissionen oder ein Anstieg der Fettleibigkeitsrate oder der Treibhausgasemissionen, die es uns ermöglicht, die damit verbundenen wirtschaftlichen Einsparungen und Kosten zu berechnen, die sich aus einer Verbesserung oder Verschlechterung des Indikators ergeben.

Die vielleicht wichtigste Schlussfolgerung aus meiner Lektüre lautete: Eine sinnvolle neue Arbeit muss ein System der wirtschaftlichen Bewertung errichten, das auf den Fortschrittsmessungen fußt. Obwohl Indikatoren die physischen Maße liefern, auf denen ein neues Buchhaltungssystem beruhen kann, stellen sie das Buchhaltungssystem, das unser gegenwärtiges Wirtschaftsparadigma definiert und dominiert, nicht in Frage. Da das auf dem BIP basierende Buchhaltungssystem soziale und ökologische Vorteile und Kosten verbirgt, werden sich weder die Politik noch das Verhalten der Menschen in eine sozial und ökologisch vorteilhafte Richtung ändern, weil die finanziellen Anreize und Strafen der Regierung – Steuern, Subventionen und Investitionen in bestimmte Wirtschaftssektoren – sich wiederum auf den Preis auswirken, der in der Regel die unmittelbarste und wirksamste Determinante für Verhaltensänderungen und die Wettbewerbsfähigkeit der Industrie ist. Das heißt, solange soziale und ökologische Vorteile und Kosten nicht in unsere volkswirtschaftlichen Gesamtrechnungen aufgenommen werden, gibt es wahrscheinlich weiterhin Subventionen für Unternehmen, die fossile Brennstoffe herstellen (27 Milliarden Dollar pro Jahr in den Vereinigten Staaten und 55 Milliarden Euro pro Jahr in der EU[71]), Widerstand gegen eine Kohlenstoffsteuer und immer mehr SUVs auf den Straßen.

In scharfem Kontrast dazu würde eine volkswirtschaftliche Gesamtrechnung die Gesundheit unserer Wälder, unserer Feuchtbiotope und der Atmosphäre, die Gesundheit und Sicherheit unserer Gemeinden und die Qualifikation unserer Arbeitskräfte als Kapitalwerte betrachten, die einen messbaren wirtschaftlichen Wert haben. Und nähme man diese Bewertungen ernst genug, um sie tatsächlich umzusetzen, würde dies die finanziellen Anreize und Sanktionen der Regierung drastisch verändern, was wiederum Preissignale aussenden würde, die mit den Werten und Grundsätzen der Nachhaltigkeit und des Wohlergehens stärker übereinstimmen.

Sobald beispielsweise die Bodenqualität als natürliches Wirtschaftsgut anerkannt wird, das für die Lebensmittelproduktivität von entscheidender Bedeutung ist, würden finanzielle Anreize für eine nachhaltige Bodenbewirtschaftung als Investitionen gelten, und Praktiken, die Nährstoffe verbrauchen und Böden erodieren, könnten als Wertminderung des natürlichen Kapitals bestraft werden. Dies wiederum könnte dazu führen, dass ökologisch erzeugte Produkte billiger sind als chemisch erzeugte Produkte in monokulturellen industriellen Betrieben. Dass dies kein Hirngespinst ist, belegen einzelne Fälle, die bereits gezeigt haben, dass finanzielle Strafen und Anreize zu Verhaltensänderungen führen können. Nichts hat zum Beispiel die Raucherquote bei Jugendlichen in Kanada so wirksam gesenkt wie eine drastische Erhöhung der Tabaksteuer. In ähnlicher Weise war der weltweite Vorsprung Dänemarks bei der Produktion und Innovation von Windturbinen das direkte Ergebnis staatlicher Starthilfen für diese Industrie in den späten 1970er und frühen 1980er Jahren. Diese Subventionen versetzten die neue dänische Industrie schnell in die Lage, ihre Produkte wettbewerbsfähig zu vermarkten und ohne staatliche Unterstützung auf eigenen Füßen zu stehen.[72]

Indikatorensysteme ohne wirtschaftliche Bewertungen, egal wie umfassend und elegant sie auch sein mögen, werden niemals die Dominanz des BIP als Grundlage des derzeitigen wachstumsbasierten Wirtschaftssystems in Frage stellen. Um über diesen engen Marktfokus hinauszugehen, ist ein neues Buchhaltungssystem erforderlich, das die gesamte Bandbreite der sozialen, wirtschaftlichen und ökologischen Werte kalkuliert, die den wahren Reichtum der Gesellschaft ausmachen, und das über ihre Abschreibung und über Investitionen in diese Werte in der gleichen Weise berichtet, wie wir es derzeit in Bezug auf das produzierte Kapital tun.

Ein solches Buchhaltungssystem, das die wahren sozialen und ökologischen Kosten und Vorteile wirtschaftlicher Aktivitäten widerspiegelt, kann eine solide, evidenzbasierte Grundlage für das neue Wirtschaftsparadigma sein, das die Welt so dringend braucht. Und gerade weil dieses neue Paradigma die Prämissen des bestehenden Wirtschaftssystems so grundlegend in Frage stellt und sogar umstößt, schrecken die Autoren und Professoren der herkömmlichen Lehrbücher für Wirtschaftswissenschaften davor zurück.

3
Ein Beginn in Nova Scotia

Die Materialien, die ich Mitte der 1990er Jahre las, waren so überzeugend, dass ich begann, sie als Lehrmittel in den politikwissenschaftlichen Vorlesungen zu verwenden, die ich an der Saint Mary's University in Halifax gab. Am meisten beeindruckte mich, wie überzeugend die neuen Maßnahmen die Zusammenhänge zwischen den sozialen, wirtschaftlichen und ökologischen Realitäten aufzeigten. Sie eigneten sich hervorragend dazu, meinen Studenten zu vermitteln, dass politische Strukturen nicht als unabhängige Gebilde existieren, wie es in vielen Lehrbüchern dargestellt wird, sondern vollständig von wirtschaftlichen, sozialen und ökologischen Faktoren abhängig und mit ihnen verflochten sind.

Hier ein Beispiel, das ich im Unterricht anwendete: Mitte der 1990er Jahre gab es epidemiologische Belege für einen erheblichen Anteil an vorzeitigen Todesfällen und Gesundheitskosten, die auf Armut zurückzuführen waren. Der ökologische Fußabdruck zeigte jedoch, dass wir weltweit die Ressourcen bereits viel schneller verbrauchten, als sie sich regenerierten, und dass, wenn jeder auf dem Planeten so viel konsumieren würde wie der durchschnittliche US-amerikanische, kanadische oder europäische Bürger, fünf Erden benötigt würden, um sie alle zu versorgen.[73] Mit anderen Worten: Die Linderung der weltweiten Armut, wie sie von Aktivisten für soziale Gerechtigkeit befürwortet wird, würde – in Verbindung mit den Konsummustern der Reichen – die Ressourcen der Erde in einem Maß verbrauchen, das weit über ihre Kapazität ginge. Aus einer solchen ökologischen Perspektive und zum Schutz künftiger Generationen erfordert die Verringerung der Armut daher eine gleichzeitige Verringerung des übermäßigen Konsums der Reichen. Letzteres steht jedoch nach wie vor nicht auf der Tagesordnung der Regierungen.

Ich fand solche greifbaren Verbindungen auch deshalb nützlich, weil sie einen kritischen Kontrapunkt zu der Tendenz in der akademischen Welt setzen, Politikwissenschaft, Wirtschaftswissenschaft, Soziologie, Umweltwissenschaft und andere Fächer in spezialisierte Disziplinen aufzuteilen, mit wenig Überschneidungen in den Fächern und kaum Dialog zwischen den Spezialisten in diesen Abteilungen bzw. »Silos«. Das Ergebnis ist ein unzusammenhängender akademischer Ansatz, der nur allzu oft ein verzerrtes und unvollständiges Bild der Realität liefert, was sich wiederum in unseren sozialen Einrichtungen und in den Regierungsministerien widerspiegelt, die so eifersüchtig auf ihre getrennten Budgets und ihre jeweiligen Regierungsaufträge achten.

Merv Ungurain, Leiter der winzigen Tabakkontrollstelle in Nova Scotia, beklagte sich in den späten 1990er und frühen 2000er Jahren bitterlich über die außerordentlichen Schwierigkeiten, die er hatte, wenn er Vertreter der Gesundheits-, Bildungs-, Finanz-, Tourismus- und anderer Behörden an einen Tisch bringen wollte. Ohne sie, so sagte er, sei eine umfassende Strategie zur Eindämmung des Tabakkonsums nicht möglich, da sie eine Erhöhung der Tabaksteuer, die Einrichtung von Programmen zur Prävention des Rauchens in Schulen und die Einführung von Rauchverboten in Restaurants vorsah. Als die Leiter der verschiedenen Ministerien darauf angesprochen wurden, erklärten sie ihm, Tabak sei eine Angelegenheit des Gesundheitsministeriums und falle nicht in ihren Aufgabenbereich.

Ein sehr attraktives Merkmal vieler neuer Messmethoden, die in den 1990er Jahren entstanden, war dagegen ihr ganzheitlicher Ansatz. Initiativen wie der Index für nachhaltige wirtschaftliche Wohlfahrt, der *Genuine Progress Indicator* und *Sustainable Seattle*, die ich in meinen Universitätskursen besprach, boten eine relativ kohärente Sichtweise. Es gelang ihnen, die Studenten in verschiedener Hinsicht zu sensibilisieren: für zwingende Entscheidungen, für den großen Unterschied zwischen kurz- und langfristigen Perspektiven und für das Potenzial von Win-Win-Lösungen, die gleichzeitig wirtschaftliche, soziale und ökologische Ziele fördern.

NOVA SCOTIA ALS PILOTPROJEKT

Eines Tages im Herbst 1996 traf ich bei einem geselligen Beisammensein in der Tower Road in Halifax meinen Freund Bill Turpin, den Chefredakteur der *Daily News*, einer der beiden Tageszeitungen von Halifax. Im Laufe unseres Gesprächs erzählte ich ihm von meinen Entdeckungen des vorhergehenden Jahres und fügte hinzu, der Bundesstaat Nova Scotia wäre meiner Meinung nach ideal, um als Pilotprojekt für die praktische Umsetzung der neuen Fortschrittsmessgrößen und der daraus resultierenden Maßnahmen zu dienen.

Mit nur 940.000 Einwohnern ist die Provinz Nova Scotia ein perfektes Laboratorium. Obwohl die Einwohner von Nova Scotia bei den herkömmlichen Wirtschaftsindikatoren (BIP, Pro-Kopf-Einkommen, Beschäftigung usw.) schlechter abschnitten als die Provinzen in Zentral- und Westkanada, waren sie stolz auf ihre starken Gemeinschaften, ihr langsameres Tempo, ihre höhere Lebensqualität und die natürliche Schönheit ihrer Landschaft. Da das herkömmliche

Paradigma des Wirtschaftswachstums der Region nicht so sehr zugute gekommen war wie anderen Teilen des Landes, würden die Einwohner von Nova Scotia, so dachte ich, sicherlich offen sein für Maßnahmen, die diese wertvollen nicht-marktbezogenen Vorteile anerkennen, und bereitwillig eine neue Art des Denkens über Wirtschaft und Politik in Betracht ziehen.

Darüber hinaus mussten die Einwohner von Nova Scotia nicht erst davon überzeugt werden, dass die Vernachlässigung der Umwelt und der natürlichen Ressourcen unmittelbare wirtschaftliche Auswirkungen haben kann. Nur wenige Jahre zuvor, im Jahr 1992, waren die atlantischen Bodenfischbestände zusammengebrochen. Das führte zum Verlust von 40.000 Arbeitsplätzen in der Fischerei und der fischverarbeitenden Industrie, von denen die atlantischen Küstenregionen stark abhängig sind. In den großen Ballungszentren und in Zentralkanada mögen die Auswirkungen auf die Umwelt weiter entfernt oder gar hypothetisch erscheinen. Aber die Kanadier am Atlantik sind nach wie vor auf diese Rohstoffe angewiesen, und deshalb war ich sicher, dass sie sofort verstehen würden, welche Vorteile es hätte, die Gesundheit der natürlichen Ressourcen zu bewerten.

Bill musste nicht lange überredet werden. Kurz nach Beginn des Gesprächs sagte er: »Wenn du hier an den neuen Messungen arbeitest, geben wir dir 2000 Dollar für den Anfang, vorausgesetzt, die *Daily News* kann ein paar Artikel darüber publizieren.« Ich stimmte sofort zu, und so wurden unsere Fortschrittsmaßnahmen in Nova Scotia geboren. Um die 2000 C$ zu erhalten, musste ich ein Bankkonto eröffnen, d. h. eine gemeinnützige Gesellschaft gründen, deren erklärtes Ziel es war, die neuen Messinstrumente für den Einsatz in Nova Scotia einzurichten. Mit der zugesagten Summe stellte ich sofort zwei begabte Studenten als Teilzeitforscher ein, um mit der Berechnung der Zahlen zu beginnen. Die Studenten waren sich darüber im Klaren, dass die 2000 C$ kaum mehr als ein Taschengeld waren, und erklärten sich bereit, die Forschungsergebnisse für ihre eigenen Semesterarbeiten zu verwenden. Zwei wohlgesonnene akademische Kollegen stellten ebenfalls ihr Fachwissen zur Verfügung und unterstützten die Arbeit als Berater. Und so wurde im April 1997 der *Genuine Progress Index Atlantic – GPI Atlantic* – ins Leben gerufen.

Wann immer wir Geld hatten, holten wir Forscher mit Fachkenntnissen in bestimmten Bereichen des GPI an Bord, und wenn wir kein Geld hatten, stützten wir uns auf freiwillige Mitarbeiter, meistens interessierte Wissenschaftler und Studenten. Je nach Kassenlage arbeiteten manchmal nur vier, manchmal aber auch zwölf Personen gleichzeitig an verschiedenen Komponenten des GPI. Eine Handvoll erstklassiger Forscher, die die Methoden der Umfassenden Kostenrechnung wirklich beherrschten, blieb langfristig bei uns und arbeitete über viele Jahre hinweg an verschiedenen Berichten. Irgendwann wuchs unser Team auf 46 Leute an, als wir unsere eigenen Erhebungen durchführten und Außendienstmitarbeiter für die Datenerfassung und -eingabe einstellten.

Die einzige Konstante in den letzten 24 Jahren bestand in der gemeinsamen Vision, von der jede/r einzelne meiner Kolleginnen und Kollegen inspiriert war, und die uns unabhängig von den Höhen und Tiefen der Finanzierung die Kraft gab, weiterzumachen. Wir debattierten heftig über Methoden, Datenquellen, Indikatorprioritäten und Berechnungsmethoden, aber es herrschte ein bemerkenswert starker kollegialer Geist, der unser GPI-Team wirklich einte. Wir hatten keinen Zweifel an unserem Ziel.

Etwa zur gleichen Zeit, als Bill uns die Anschubfinanzierung gab, ebenfalls im Herbst 1996, hörte ich, dass Hans Messinger von

Statistics Canada, der staatlichen Statistikbehörde, Halifax besuchte, und setzte mich sofort mit ihm in Verbindung. Als Direktor der Abteilung für Industriemaßnahmen und -analysen würde Hans Messinger sehr bald schon für die Erstellung der jährlichen und monatlichen BIP-Statistiken Kanadas verantwortlich sein.

Ich hatte einen dringenden Grund, mit Hans zu sprechen: So begeistert ich im vorangegangenen Jahr von den neuen Fortschrittsmessungen gewesen war, so hatte ich doch auch Kritiken an den Methoden und Thesen der neuen Messungen gelesen, meist von Mainstream-Ökonomen. Eine der schärfsten Kritiken wurde von Messinger im Auftrag des kanadischen Chefstatistikers verfasst, der ihn auch gebeten hatte, den ursprünglichen U.S. *Genuine Progress Indicator* (GPI) von 1995 auf Kanada anzuwenden. In seiner Kritik hatte Hans Messinger den GPI der USA analysiert und dessen schwerwiegende konzeptionelle und methodische Fehler aufgezeigt, darunter die Verwechslung von Beständen und Strömen, die subjektive Gewichtung, die Nichtberücksichtigung erneuerbarer Ressourcen, Hochrechnungen aus unzureichenden Daten und Probleme bei der Aggregation zu einer einzigen Zahl. Doch weit davon entfernt, das Kind mit dem Bad auszuschütten, räumte er in seiner Analyse auch die Unzulänglichkeiten des BIP als Maßstab für Wohlstand und Fortschritt ein und erkannte den Bedarf an neuen und umfassenderen Fortschrittsmessungen an.[74]

Wenn wir die Regierung von Nova Scotia davon überzeugen wollten, die neuen Maßnahmen anzunehmen und in die Praxis umzusetzen, mussten sie exakt, zuverlässig und glaubwürdig sein. Wir konnten es uns nicht leisten, sie aus konzeptionellen, methodischen oder datentechnischen Gründen zu diskreditieren. So sehr ich auch vom ursprünglichen amerikanischen GPI inspiriert war, wollte ich dessen Fehler nicht wiederholen.

Hans war mehr als bereit, mit mir darüber zu sprechen. In dem Maße, in dem er mit dem BIP-System vertraut war, kannte er dessen Grenzen und begrüßte die Bemühungen, alternative Indikatoren mit methodischer Gewissenhaftigkeit anzuwenden. Ich begleitete ihn auf seiner Reise durch Nova Scotia und befragte ihn zu den Messmethoden, unter anderem auf dem Rücksitz eines Lastwagens während einer dreistündigen Fahrt zur St. Francis Xavier University in Antigonish. Hans' Rat war entscheidend für die Festlegung des Ansatzes und der Methoden unserer eigenen GPI-Arbeit. Später arbeitete er 15 Jahre lang in unserem Vorstand mit, beriet und leitete uns und versorgte uns mit wichtigen unveröffentlichten Daten von Statistics Canada.

Nach den ausführlichen Gesprächen im Jahr 1996 waren Hans und ich uns einig, dass unsere Arbeit am GPI von Nova Scotia zwar Zusammenhänge zwischen verschiedenen wirtschaftlichen, sozialen und ökologischen Faktoren aufzeigen würde, die Ergebnisse aber nicht zu einer einzigen zusammengesetzten Zahl aggregiert werden sollten, wie es der GPI der USA getan hatte. Es ist weder intuitiv noch analytisch sinnvoll, Kosten für Kriminalität, Luftqualität, Schäden durch den Klimawandel, den Wert ehrenamtlicher Arbeit und andere sehr unterschiedliche Werte in eine einzige Zahl zu packen. Vor allem liefert diese Zahl dann keine nützlichen Informationen für politische Entscheidungsträger, die wissen müssen, was steigt und was sinkt, um auf Stärken aufbauen und Schwächen überwinden zu können. Selbst innerhalb einer einzelnen Komponente wie der Gesundheit müssen die Politiker wissen, dass die Raucherquoten gesunken und die Fettleibigkeitsquoten gestiegen sind, und es hat keinen Zweck, diese Zahlen zu einem pauschalen Durchschnitt zusammenzufassen. Piloten benötigen separate Anzeigen für Höhe, Geschwindigkeit, Kraftstoff, Kabinendruck und vieles mehr auf der Instrumententafel, um den Gesamtzustand des Flugzeugs zu bestimmen und sicher fliegen zu können. Ebenso war ich zuversichtlich, dass die Regierungen und die Öffentlichkeit in der Lage sein würden, die Stärken und Schwächen der Gesellschaft zu erkennen und entsprechend zu handeln, wenn wir solide Daten, Analysen und ein breites Spektrum an zuverlässigen Nachweisen für Schlüsselfaktoren liefern würden, die alle im BIP fehlen.

Nach dem Gespräch mit Hans Messinger setzte ich mich mit mehreren Gruppen in der ganzen Welt in Verbindung, die sich mit der Entwicklung neuer Messgrößen des Wohlergehens und der Umfassenden Kostenrechnung beschäftigten, um ihren Rat zu einer Reihe von Messfragen einzuholen. In einem Telefongespräch mit Clifford Cobb, einem der Hauptautoren des ursprünglichen U.S.-GPI, sagte ich, ich wolle dessen Bezeichnung »echter Fortschritt« übernehmen, aber anstelle des Wortes »Indikator«, das eine einzelne Zahl impliziert, den weiter gefassten Begriff »Index« bevorzugen.

Zu meiner Freude begrüßte Clifford unsere Bemühungen, regte die Verwendung von »Genuine Progress« in unserem Namen an und äußerte sich anerkennend über die methodischen und sonstigen Änderungen, die wir beabsichtigten. Seine Gruppe, *Redefining Progress*, hatte den Namen GPI absichtlich nicht als Warenzeichen schützen lassen, in der Hoffnung, dass er sich verbreiten würde.

Trotz der großen Unterschiede in der Methode und im Ansatz, die wir erörtert haben, war das grundlegende Ziel des U.S.-GPI und unseres geplanten *Nova Scotia Genuine Progress Index* dasselbe: auf die umfassenderen Kosten und Nutzen der Wirtschaftstätigkeit hinzuweisen. So werden beispielsweise in beiden GPI-Systemen die wirtschaftlichen Beiträge unbezahlter Haushalts- und ehrenamtlicher Arbeit sowie die lebenserhaltenden Leistungen des Ökosystems, die in BIP-basierten Buchführungsmechanismen unsichtbar sind, als Nutzen gezählt. Und im Gegensatz zum BIP, das die Ausgaben für die Auswirkungen von Kriminalität, Umweltverschmutzung, Krankheit und Umweltzerstörung als Beitrag zum Wirtschaftswachstum zählt, werten beide GPI-Systeme solche Verbindlichkeiten als Kosten und nicht als Gewinne für die Wirtschaft.

Ich wollte die neuen Erkenntnisse aber auch einen entscheidenden Schritt weiterbringen, und zwar direkt in den Bereich der Politik mit praktischen politischen Empfehlungen, die auf harten Zahlen und Kosten-Nutzen-Analysen beruhen sollten. Dabei war mir klar, dass wir uns auf sämtliche innovative Arbeiten stützen mussten, die in den vorausgegangenen 20 Jahren in den Bereichen Ökologische Ökonomie, Umfassende Kostenrechnung, Epidemiologie, Bevölkerungsgesundheit, Zeitnutzung usw. mühsam entwickelt worden waren.

Unser Ziel war es, der Regierung von Nova Scotia zu beweisen, dass Investitionen in Krankheitsprävention und Gesundheitsförderung, Bildung, öffentlichen Nahverkehr, nachhaltige Abfallwirtschaft und erneuerbare Energien einen erheblichen wirtschaftlichen Nutzen bedeuten und eben keine Kosten darstellen wie in den herkömmlichen Bilanzen. Außerdem wollten wir zeigen, dass Aktivitäten und Trends, die für die Gesellschaft und die Natur schädlich sind und die Zukunft unserer Kinder gefährden, echte wirtschaftliche Verbindlichkeiten mit sich bringen. Ich war zuversichtlich, dass wir Steuern, Strafen und andere negative Anreize für schädliche Aktivitäten, sowie Steuererleichterungen und Anreize für nützliche Aktivitäten durch harte Fakten wirtschaftlich würden begründen können.

Die neuen Maßnahmen waren meiner Meinung nach in der Lage, die Politik und die Steuerstruktur direkt zu beeinflussen, indem sie ein viel realistischeres Bild von der wirtschaftlichen Gesundheit der

Gesellschaft zeichnen als BIP-Berechnungen, bei denen alle Ausgaben unabhängig von Nutzen oder Schaden als wirtschaftlicher Gewinn gezählt werden.

Als Vater war mir sehr bewusst, dass dies die erste Generation seit langer Zeit ist, deren Eltern nicht mehr davon überzeugt sind, ihren Kindern eine bessere Welt zu hinterlassen. Die zunehmende globale Unsicherheit, die Erschöpfung der Ressourcen, das Artensterben, der Klimawandel, die wachsende Kluft zwischen Arm und Reich, zunehmende Depressionen und vieles mehr haben ein wachsendes Gefühl dafür geschaffen, dass es höchste Zeit war zu handeln. Ich glaubte fest daran, dass ich mit der gesamten Menschheit den innigen Wunsch teile, unseren Kindern eine bessere Welt zu hinterlassen. Und ich glaubte ebenso fest daran, dass harte Fakten und die Wahrheit den Sieg davontragen würden. Doch es gab noch einen weiteren Grund, warum ich unseren *Genuine Progress Index* nicht als akademische oder akademisch-statistische Übung betrachtete, sondern als Rädchen im Getriebe eines viel größeren, praxisorientierten Unterfangens.

1983 hatte ich das große Glück, dem Meditationsmeister Chögyam Trungpa Rinpoche zu begegnen, der eine bahnbrechende Rolle dabei spielte, die buddhistischen Lehren in den Westen zu bringen. Zum Wohle anderer zu arbeiten, ist ein ganz wesentliches Prinzip des Mahayana-Buddhismus. Trungpa Rinpoche überzeugte mich und viele andere Menschen davon, dass es in unserer unbeständigen Zeit wichtig ist, für die Schaffung einer Gesellschaft zu arbeiten, die alle Glaubensrichtungen umfasst – als Vorbild und Leitstern für eine Welt, die dabei ist, im selbstzerstörerischen Sumpf des Materialismus zu versinken. Hunderte seiner Studenten, darunter auch meine Frau und ich, waren nach Nova Scotia gezogen, um dies zu verwirklichen. Ich dachte mir also, dass eine ganzheitlichere

Messung des Fortschritts und eine Verringerung der Abhängigkeit vom materialistischen BIP-System einen kleinen Beitrag zu dieser großen Aufgabe leisten könnten.

Da die Arbeit immer intensiver wurde und ein Engagement rund um die Uhr erforderte, gab ich im Mai 1997 meine akademische Laufbahn auf, um die GPI-Forschung unter dem Dach der gemeinnützigen Gesellschaft *GPI Atlantic* in Vollzeit zu betreiben. Es war riskant, ein festes Einkommen aufzugeben und auf einer schwachen und wackeligen finanziellen Basis das neue Unternehmen zu starten, doch ich war zuversichtlich, dass wir den Wert und Nutzen der neuen Maßnahmen beweisen konnten und Unterstützung für die Arbeit erhalten würden. Nach allen herkömmlichen Regeln für Einkommen und Lebensunterhalt muss ich wohl zugeben, dass die Entscheidung, die akademische Laufbahn an den Nagel zu hängen, etwas unverantwortlich war.

GRUNDPRINZIPIEN

Der Aufbau einer neuen, gerechteren und nachhaltigeren Wirtschaft stützt sich nicht nur auf Zahlen und Belege, sondern auch auf wichtige Grundsätze und Annahmen. Diese mögen für einige so offensichtlich sein, dass sie kaum einer Rechtfertigung bedürfen, für andere jedoch stellen sie eine radikale Herausforderung an den Status quo dar. Das Interessante an diesen Grundsätzen ist die Tatsache, dass praktisch jeder ein Lippenbekenntnis zu ihnen ablegt – ein Beleg für ihre Kraft und Bedeutung –, und dass es dennoch einen echten Sprung erfordert, sie vollständig zu übernehmen und umzusetzen. Die einzige Möglichkeit, die ich sah, um dieses Problem zu lösen, bestand darin, die Grundsätze in unseren Berichten und Dokumenten völlig unmissverständlich und transparent darzustellen.

Die drei Kernprinzipien, auf denen der GPI beruht, sind:

- Nachhaltigkeit
- die Notwendigkeit eines globalen, langfristigen Denkens (anstelle von Kirchturmpolitik)
- Gerechtigkeit innerhalb und zwischen den Generationen

Jedes dieser drei Prinzipien bedarf einer Erläuterung. Sie sind jedoch eng miteinander verwoben. Die Akzeptanz eines Prinzips bedeutet die Akzeptanz aller drei Prinzipien. Darin folgen wir der bahnbrechenden Definition von nachhaltiger Entwicklung der Weltkommission für Umwelt und Entwicklung der Vereinten Nationen (*World Commission on Environment and Development*, WCED) aus dem Jahr 1987, die allgemein als Brundtland-Kommission bekannt ist, benannt nach ihrer Vorsitzenden Gro Harlem Brundtland, der ehemaligen Ministerpräsidentin Norwegens:

> »Nachhaltige Entwicklung ist eine Entwicklung, die die Bedürfnisse der heutigen Generation befriedigt, ohne die Möglichkeit künftiger Generationen zu gefährden, ihre eigenen Bedürfnisse zu befriedigen. [...] Selbst der enge Begriff der physischen Nachhaltigkeit impliziert die Sorge um soziale Gerechtigkeit zwischen den Generationen, eine Sorge, die logischerweise auf die Gerechtigkeit innerhalb jeder Generation ausgedehnt werden muss.«[75]

NACHHALTIGKEIT UND DAS VORSORGEPRINZIP

Eine nachhaltige Gesellschaft setzt voraus, dass wir im Rahmen der Kapazität der natürlichen Umwelt leben, die für uns und für die Zukunft lebenswichtige Ressourcen bereitstellt und die menschlichen Abfälle aufnimmt. Dies wiederum setzt voraus, dass wir anerkennen, dass die menschliche Wirtschaft vollständig von der natürlichen Umwelt abhängig ist. Dramatische Veränderungen in natürlichen Ökosystemen, wie Klimaveränderungen und Artensterben, können das Funktionieren der menschlichen Wirtschaft gefährden.

Daher werden bei ganzheitlichen Ansätzen wirtschaftliche und soziale Faktoren als Teilsysteme eines umfassenden Ökosystems betrachtet und nicht einfach als drei gleichwertige Säulen zusätzlich zu Umweltindikatoren.

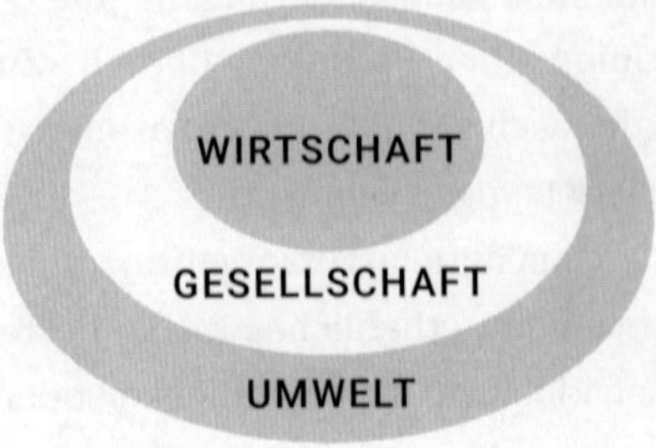

Die Wirtschaft als Teilsystem von Gesellschaft und Umwelt: Eine Sichtweise der Nachhaltigkeit als drei konzentrische Kreise und nicht, wie in der konventionellen Literatur, als »drei Säulen«.

Die Erkenntnis, dass die menschliche Wirtschaft innerhalb der Gesellschaft als Ganzes existiert, kann zu einer nützlichen Debatte darüber führen, ob sie angemessenen gesellschaftlichen Zielen dient, wie z. B. einer gesunden und gebildeten Bevölkerung, die in starken, sicheren und lebendigen Gemeinschaften lebt, und nicht nur wirtschaftliches Wachstum erzeugt. Insbesondere erkennt eine nachhaltige Sichtweise der Wirtschaft die letztendliche Abhängigkeit der Gesellschaft von der natürlichen Umwelt an und wirft damit Fragen auf, die derzeit in wirtschaftlichen Debatten beiseitegeschoben werden, nämlich ob wirtschaftliche Aktivitäten die natürlichen Ressourcen und Ökosystemleistungen, die die Wirtschaft für ein effektives Funktionieren benötigt, verbessern, erhalten, verschlechtern oder erschöpfen.

Die Erkenntnis, dass die Menschheit von der Natur abhängig ist, hat das »Vorsorgeprinzip« in den Mittelpunkt der Überlegungen zur Nachhaltigkeit gerückt. Nach diesem Prinzip darf ein Mangel an wissenschaftlicher Gewissheit nicht dazu führen, dass Maßnahmen zur Abwendung potenziell schwerwiegender oder irreversibler langfristiger Schäden verzögert werden. Das ist ausdrücklich in kanadischen Gesetzen[76] sowie in internationalen Verträgen wie der Rio-Erklärung,[77] dem Rahmenübereinkommen der Vereinten Nationen über Klimaänderungen[78] und den Gesetzen der Europäischen Union über Produktsicherheit, Zusatzstoffe, Abfallentsorgung, genetisch veränderte Organismen (GVO) und anderen politischen Zielsetzungen verankert.[79]

Gemäß dem Vorsorgeprinzip liegt die Beweislast in Fällen, in denen ein erhebliches Risiko besteht, dass eine Maßnahme sich schädlich auf die Öffentlichkeit oder die Umwelt auswirkt, bei denjenigen, die die Entscheidung treffen, auch wenn es keinen wissenschaftlichen Konsens gibt. Hier ein konkretes Beispiel für seine Anwendung:

Der Zusammenhang zwischen den Treibhausgasemissionen aus der Verbrennung fossiler Brennstoffe und dem Klimawandel ist inzwischen so stark belegt, dass die 2000 Wissenschaftler, die von den Vereinten Nationen in den Zwischenstaatlichen Ausschuss für Klimaänderungen (Intergovernmental Panel on Climate Change, IPCC) berufen wurden, uns sagen, das Vorsorgeprinzip erfordere sofortige Präventivmaßnahmen durch eine erhebliche Verringerung dieser Emissionen. In der deutlichsten Sprache, die der IPCC je verwendet hat, kam er 2014 zu dem Schluss, dass die globale Erwärmung die Fortschritte mehrerer Generationen hinsichtlich der Bekämpfung von Armut und Hunger zunichtezumachen droht, wenn die Verbrennung fossiler Brennstoffe im derzeitigen Umfang fortgesetzt wird.

Dies könnte zu Nahrungsmittelknappheit, Überflutung von Großstädten und ganzen Inselstaaten, Flüchtlingskrisen, Massenaussterben von Pflanzen und Tieren, tödlichen Hitzewellen, Bränden und Dürren führen und die »Wahrscheinlichkeit schwerwiegender, allgegenwärtiger und irreversibler Auswirkungen für Menschen und Ökosysteme«[80] erhöhen.

Da unsere auf dem BIP basierende Wirtschaft nur die aktuelle Wirtschaftstätigkeit bewertet und die meisten Umweltkosten dieser Aktivität ignoriert, steht sie leider in krassem Widerspruch zum Vorsorgeprinzip. So planen Energieunternehmen weltweit immer noch, Kohle- und Erdölreserven zu fördern, die um ein Vielfaches über dem Maximum liegen, das laut Wissenschaftlern verbrannt werden kann, um die Erwärmung auf zwei Grad Celsius über dem vorindustriellen Niveau zu begrenzen – obwohl selbst ein Anstieg um zwei Grad Celsius nachweislich weitaus schlimmere und drastischere Auswirkungen hat als ein Anstieg um 1,5 Grad.[81] Das Vorsorgeprinzip legt nahe, dass überschüssige fossile Brennstoffe im Boden belassen werden sollten. Stattdessen geben die Unternehmen für fossile Brennstoffe jedes Jahr etwa 600 Milliarden Dollar aus, um weitere Reserven zu finden, während die Regierungen weitere 600 Milliarden Dollar ausgeben, um den Verbrauch fossiler Brennstoffe direkt zu subventionieren. Das ist mehr als das Dreifache dessen, was die Welt für die Reduzierung der Emissionen und die Bewältigung des Klimawandels ausgibt.[82]

LANGFRISTIGES GLOBALES DENKEN

Das Prinzip der Nachhaltigkeit führt zu einem zweiten Kernprinzip, dem der Notwendigkeit, langfristig und global zu denken. Viele Aktivitäten, die das BIP steigern und die Wirtschaft kurzfristig wachsen lassen, wie der verschwenderische Abbau vieler natürlicher

Ressourcen, führen langfristig zu einem Rückgang von Wohlstand und Wohlergehen und möglicherweise sogar zum Zusammenbruch der Gesellschaft, wenn diese Aktivitäten später Knappheit verursachen oder kostspielige Reparaturen erfordern.

Nur Fortschrittsmessungen, die auf langfristigen Wohlstand und nicht nur auf kurzfristigen Gewinn abzielen, können jedem, der sich um das Wohlergehen künftiger und unserer eigenen Generationen sorgt, eine echte Orientierung bieten. Ein artenreicher Wald mit altem Baumbestand, der abgeholzt wird, führt durch die Vermarktung des Holzes schnell zu einem Anstieg des Bruttoinlandsprodukts, aber es wird viele Generationen dauern, bis dieser Wald auch nur annähernd seinen ursprünglichen Zustand wieder erreicht hat.[83] Ein Teil des heute ausgestoßenen Kohlendioxids wird über Hunderte von Jahren in der Atmosphäre verbleiben und zur Erwärmung des Planeten und den damit verbundenen Schäden für künftige Generationen beitragen.[84] Ein Zentimeter nährstoffreicher Mutterboden, der durch Erosion verlorengeht, braucht 500 Jahre, um sich zu regenerieren.[85]

Selbst in der viel kürzeren Spanne eines Menschenlebens ist langfristiges Denken erforderlich. Auch wenn der Verkauf von Zigaretten und *Junk Food* das BIP in die Höhe treibt, werden Rauchen und Fettleibigkeit bei Jugendlichen 30 bis 40 Jahre später zu einem sprunghaften Anstieg von Krebs, Herzkrankheiten, Diabetes und vorzeitiger Sterblichkeit führen. Umgekehrt mögen Umweltschutz, präventive Gesundheitsmaßnahmen, öffentliche Investitionen in die Bildung und in nachhaltige Infrastrukturen sowie die Änderung des persönlichen Lebensstils zunächst kostspielig erscheinen, langfristig aber werden sie sich auszahlen.

Langfristiges und globales Denken ist auch deshalb notwendig, weil die Wirtschaftstätigkeit, die Ausbeutung der Ressourcen und die Kohlenstoff- und Schadstoffemissionen über die nationalen Grenzen hinausgehen, wie das folgende Beispiel verdeutlicht.

Am 24. April 2013 stürzte der Rana-Plaza-Fabrikkomplex im Industrievorort Savar in Dhaka, Bangladesch, ein, wobei 1130 Menschen getötet und 2500 verletzt wurden – die schlimmste Katastrophe in der Geschichte der Bekleidungsindustrie. Acht Monate später berichtete die *New York Times*, dass viele führende Markenhersteller sich weigerten, die Verantwortung für das Unglück zu übernehmen, obwohl ihre »Marken von Fabriken in Entwicklungsländern wie Bangladesch abhängig sind, wo die Löhne sehr niedrig sind und der Druck, schneller und billiger zu arbeiten, bekannte Probleme hervorgebracht hat: unsichere Gebäude, minderwertige Arbeitsbedingungen und wiederholte Verstöße gegen Lohn- und Arbeitsbestimmungen. Die Verbraucher wissen wenig über diese Fabriken«.[86]

Wie viele von uns sind sich bewusst, dass unsere Schnäppchenjagd nach den günstigsten Jeans die Fabrikbesitzer darin bestärkt, die beklagenswerten Bedingungen, unter denen diese Jeans produziert werden, aufrechtzuerhalten? Wagen wir es, persönlich Verantwortung für den Einsturz des *Rana Plaza* zu übernehmen? Wie sehr sind sich die Nordamerikaner oder Europäer bewusst, dass ihr eigener übermäßiger Verbrauch fossiler Brennstoffe und ihre Treibhausgasemissionen zu den Überschwemmungen in Bangladesch beitragen und die Bewohner von Tuvalu zur Flucht aus ihrem untergehenden Land zwingen?[87] Diese Beispiele verdeutlichen, wie wichtig es ist, die Zusammenhänge zwischen Ursachen, Bedingungen und Wirkungen auf globaler wie lokaler Ebene zu verstehen.

Trotz des aufkommenden Nationalismus in einigen Regionen bleibt die Welt vernetzt, wie wir schnell feststellen können, wenn wir nach der Herkunft der Gegenstände fragen, die uns umgeben – das Papier und die Tinte in dem Buch, das wir gerade lesen, die

Materialien, aus denen unser Stuhl hergestellt ist, der Kaffee, den wir trinken, und die Tasse, in der er sich befindet, die Kleidung, die wir tragen. 1967 sagte Martin Luther King jr. in seiner berühmten Weihnachtspredigt zum Thema Frieden: »Und ehe du am Morgen dein Frühstück fertig gegessen hast, bist du schon von mehr als der halben Welt abhängig gewesen. So fügt sich unser Universum zusammen, das ist sein auf Wechselwirkungen beruhendes Wesen.«[88]

Nur eine globale und langfristige Perspektive ermöglicht es uns, unserem lokalen Alltagsleben Sinn zu verleihen. Ebenso wie der Einzelne die globalen Folgen seiner Konsumgewohnheiten übersehen kann, sind multinationale Unternehmen, die weltweit operieren und auf ihre Gewinne achten, oft blind für die langfristigen ökologischen und sozialen Konsequenzen ihrer Produktionsmuster. In ähnlicher Weise werden Vorstellungen von echtem Fortschritt, die eine langfristige globale Sichtweise erfordern, für politische Entscheidungsträger, die nur das kurzfristige Wirtschaftswachstum im Inland im Auge haben, keinen Sinn ergeben.

EIGENKAPITAL

Dies führt uns direkt zum dritten Kernprinzip, das dem GPI zugrunde liegt: Gerechtigkeit. Von allen drei Prinzipien erregt dieses am meisten Aufsehen und ist für politische Entscheidungsträger vielleicht am schwersten zu akzeptieren, womöglich weil es mit sogenannten linken Ansichten in Verbindung gebracht wird. Aus der Perspektive der Nachhaltigkeit scheint jedoch unabhängig von Dogmen oder Ideologien mehr Gerechtigkeit erforderlich, um das langfristige Überleben der Menschheit und ihre Lebensqualität zu sichern.

Wer ist beispielsweise für den weltweiten Ressourcenverbrauch verantwortlich? Die Weltbank berichtete 2008, dass auf die reichsten 10 % der Weltbevölkerung 59 % des weltweiten privaten Konsums entfallen und auf die reichsten 20 % sogar 77 %, während das ärmste Fünftel nur für 1,5 % und die ärmsten 50 % nur für 7 % des weltweiten Konsums verantwortlich sind.[89] Die reichsten 12 % der Weltbevölkerung sind für 85 % des Wasserverbrauchs der Menschheit verantwortlich.[90] Und die reichsten 10 % produzieren die Hälfte der weltweiten Kohlenstoffemissionen, während die ärmsten 50 % (3,5 Milliarden Menschen), die überwiegend in den vom Klimawandel am stärksten betroffenen Ländern leben, nur 10 % der Emissionen verursachen. Der Kohlenstoff-Fußabdruck der reichsten 10 % ist 60-mal so groß wie der der ärmsten 10 %.[91]

Die Wohlhabenden sind also in unverhältnismäßig hohem Maße für die Ausbeutung der Ressourcen und den Klimawandel und die damit verbundenen Schäden verantwortlich. Die reichen Länder exportieren die Kosten in die Länder, deren Ressourcen sie erschöpfen und die am stärksten unter den Auswirkungen des Klimawandels leiden.

Die ökologische Zerstörung kann also nicht von den globalen wirtschaftlichen Realitäten getrennt werden. Der übermäßige Konsum der Reichen erfordert es geradezu, dass Milliarden anderer Menschen in Armut leben. Umgekehrt erfordern die Verringerung der Armut und die Verbesserung des Lebensstandards derjenigen, die derzeit unter großen Entbehrungen leiden, dass der übermäßige Konsum eingedämmt wird, wenn die Gesamttragfähigkeit der Natur nicht überschritten werden soll.[92]

Natürlich ist eine größere Gerechtigkeit an sich noch keine Garantie für Nachhaltigkeit – die Nachfrage nach Ressourcen durch die gesamte Menschheit geht bereits seit den 1970er Jahren über das hinaus, was die Erde liefern kann. Dem *Global Footprint Network* zufolge »verbraucht die Menschheit heute das Äquivalent von 1,7

Erden, um die von uns genutzten Ressourcen bereitzustellen und unseren Abfall zu absorbieren«.[93]

Auch im Inland stellen sich Fragen der Gerechtigkeit, sobald man adäquat über Fortschritte berichten will, und zwar nicht als Dogma oder Befürwortung, sondern als eine einfache Frage der sachlichen Berichterstattung. Wie wir im ersten Kapitel gesehen haben, geben die BIP-Berechnungen nur das Gesamteinkommen und das Durchschnittseinkommen an, sagen aber nichts darüber aus, wie dieses Einkommen verteilt ist. So kann ein Einkommenszuwachs bei den Wohlhabenden die Durchschnittswerte in die Höhe treiben, selbst wenn die meisten Menschen ärmer werden und die Ungleichheit zunimmt.

Ein alter Witz unter Statistikern lautet: Wenn Sie Ihre Füße ins Eisfach und Ihren Kopf in den Ofen legen, ist Ihre Körpertemperatur im Durchschnitt genau richtig. Ihr Wohlergehen steht jedoch auf einem anderen Blatt! Das BIP und das Pro-Kopf-BIP können uns nicht sagen, wie gut es uns als Gesellschaft geht. Eine unvoreingenommene Messung des sozialen Fortschritts und des Wohlergehens sollte für die gesamte Gesellschaft gelten. Wenn es also einigen besser und anderen schlechter geht, sollte diese Wahrheit gesagt und nicht versteckt werden. Dann nämlich würde sie sich in der Bewertung des allgemeinen Wohlergehens niederschlagen.

Besser oder schlechter gestellt zu sein, bezieht sich auf weit mehr als nur das Einkommen. Es gibt zahlreiche Belege dafür, dass Armut mit körperlichen Entbehrungen, Krankheit, Kriminalität, Analphabetismus, geringer Produktivität, Stress, sozialen Unruhen und anderen Beeinträchtigungen des Wohlergehens einhergeht. Die WHO hat herausgefunden, dass Menschen, die arm sind, mindestens doppelt so häufig schwer krank werden und jung sterben wie Menschen mit höherem Einkommen.[94] Armut ist ein zuverlässiger

Prädiktor für Krebs, Herz-Kreislauf-Erkrankungen, Arthritis, Muskel-Skelett-Erkrankungen, Diabetes, Zahnerkrankungen, Drogenabhängigkeit und -missbrauch sowie Säuglingssterblichkeit und allgemeine Morbidität (Krankheitshäufigkeit).[95] Bei Kindern führt Armut zu niedrigem Geburtsgewicht, Säuglingssterblichkeit, chronischen Krankheiten, geringer Immunität, schlechter Ernährung, verminderter Hirnfunktion, Verletzungen und einer Vielzahl lebenslanger Gesundheits- und Entwicklungsprobleme sowie einer höheren Arbeitslosen- und Inhaftierungsrate.[96]

Darüber hinaus haben Gesellschaften mit einer größeren Kluft zwischen Arm und Reich eine höhere Sterblichkeit und eine schlechtere Gesundheit, unabhängig vom absoluten Einkommen. Umgekehrt gibt es zahlreiche Belege dafür, dass eine gleichmäßigere Wohlstandsverteilung mit besserer Gesundheit, Produktivität und Wirtschaftsleistung sowie mit stärkeren gemeinsamen Werten, Regeln, bürgerlicher Verantwortung und sozialen Institutionen einhergeht, während Armut und Ungleichheit Innovationen untergraben, wertvolle menschliche Ressourcen verschwenden und soziale Unruhen schüren.[97]

Diese Einsichten sind nicht neu. Vor fast 2500 Jahren warnte Aristoteles, dass »Revolutionen aus Ungleichheiten entstehen«, und stellte fest, dass die sichersten, stabilsten, kohäsivsten und harmonischsten Staaten »so weit wie möglich aus Gleichen und Ähnlichen zusammengesetzt« sind.[98] Kurz gesagt, man kann das gesellschaftliche Wohlergehen weder global noch im Inland beurteilen, ohne über Fragen der Gerechtigkeit zu berichten.

Diese Grundsätze – Nachhaltigkeit, langfristige globale Perspektive, Gerechtigkeit – sind nicht nur der Kern der Fortschrittsmessungen, an denen meine Kollegen und ich gearbeitet haben, sondern auch des neuen Wirtschaftsparadigmas, auf das diese Messungen abzielen. Weder diese Grundsätze noch der GPI allein reichen aus, um das neue Paradigma zu verwirklichen. Vielmehr erfordert es innovative Politik, andere Strukturen, sowie geeignete Steuerinstrumente und Regulierungsmechanismen. Obwohl Umfassende Kostenrechnungen nur ein Teil dieser komplexen Gleichung sind, verkörpern sie die zentralen Prinzipien dieses größeren Paradigmas. Sie sind dessen Dreh- und Angelpunkt, denn sie bieten den Nachweis und die Rechnungsgrundlage für die umfassenden Veränderungen, die erforderlich sind, um die bestehenden wirtschaftlichen Strukturen und Beziehungen zu ersetzen.

Die drei Kernprinzipien des GPI stehen in direktem Gegensatz zu dem kurzfristigen, engstirnigen Denken, das die Wirtschaft derzeit von sozialen Zielen und von der Natur isoliert. Und sie lassen erahnen, auf welch starke Widerstände ich in den folgenden 20 Jahren stoßen sollte. Man kann zwar die Wahrheit sagen und sie mit soliden Beweisen und unbestreitbarer Logik untermauern, aber trotzdem abgewiesen oder ignoriert werden, wenn die Mächtigen sie nicht hören wollen. In jenen heiteren, idealistischen Anfangstagen war ich mir dieser harten Realität noch nicht bewusst.

4

Die neuen Maßnahmen in der Praxis

Im Frühjahr 1997 begannen wir mit einem fünfköpfigen Team den Aufbau unseres *Nova Scotia Genuine Progress Index* (GPI) – ein Kollege von der Uni, zwei Studenten, ein befreundeter Agronom und ich selbst. Abgesehen von winzigen kurzfristigen Stipendien für die Studenten war unsere gesamte Aufbauarbeit unbezahlt. Wir hatten keine formellen Verträge oder eine *GPI Atlantic*-Mitgliedschaft, sondern arbeiteten kollegial auf der Grundlage einer gemeinsamen Vision zusammen.

Wir entwickelten einen Rahmen für unseren geplanten Nova-Scotia-GPI, der aus 20 sozialen, wirtschaftlichen und ökologischen Schlüsselkomponenten bestand, über deren Wert und Bedeutung für gesellschaftliches Wohlergehen, Wohlstand und Fortschritt in der Literatur weitgehende Einigkeit herrschte. Anschließend unterteilten wir diese Komponenten in fünf Bereiche (siehe Tabelle Seite 99). Diese anfängliche Arbeit war das Resultat umfangreicher Lektüre und enger Konsultationen mit Experten. Sie war außerdem bedingt durch die Verfügbarkeit von Daten und durch die Möglichkeit internationaler Vergleichbarkeit.

Wir ließen einige der Messgrößen weg, die im ursprünglichen US-GPI von 1995 enthalten waren, wie z. B. die Kosten der Familientrennung, da sich gezeigt hatte, dass dies nicht immer ein negativer

Indikator ist. Außerdem ließen wir andere Messgrößen außen vor, die weithin als wesentliche Bestandteile des Wohlergehens anerkannt sind, wie Kunst und Kultur, die nicht einfach definiert und gemessen werden können. Die von uns entwickelte Reihe von Bereichen und Komponenten sollte daher nicht als starr und endgültig angesehen werden, sondern als eine fortlaufende Arbeit, die erweitert werden konnte, sobald bessere Daten und Methoden verfügbar wären.

Da wir diese Arbeit mit Blick auf die Bevölkerung und die Regierung von Nova Scotia durchführten, durften die Bereiche und Indikatoren nicht so universell und allgemein sein, dass die Einwohner Nova Scotias ihr eigenes Leben in den Ergebnissen nicht wiedererkannten. Die Maßnahmen mussten für die regionalen Interessen und Belange relevant sein. Nova Scotia ist wie gesagt eine maritime, von natürlichen Ressourcen abhängige Provinz, deshalb nahmen wir Maßnahmen zur Fischerei auf, die in landgebundenen Staaten wie Iowa oder Saskatchewan wenig Sinn ergäben, und zu Wäldern, die in Staaten wie Nevada, wo es fast keine gibt, weggelassen werden könnten. Und weil Nova Scotia bereits das fortschrittlichste System für nachhaltige Abfallwirtschaft in ganz Nordamerika entwickelt hatte, bezogen wir auch dieses ein.

Eine wichtige Überlegung bei der Auswahl der Indikatoren war die Entscheidung, einen GPI zu schaffen, der sich auf die wirtschaftliche Wertbestimmung konzentriert – mit anderen Worten, auf Berechnungen und nicht nur auf Indikatoren des Wohlstands. Dies verlangte die bewusste Einbeziehung wichtiger wirtschaftlicher Leistungen und Kosten, die bei den üblichen BIP-Berechnungen nicht berücksichtigt werden. Dazu gehörten neben dem Wert der bezahlten Arbeit auch der Wert der unbezahlten Arbeit im Haushalt, der ehrenamtlichen Arbeit und der Freizeit, die Messung der Einkommensverteilung (nicht nur des Gesamt- oder

Durchschnittseinkommens) und die Kosten von Krankheit, Umweltverschmutzung und der Zerstörung von Ressourcen.

Außerdem war unser Ziel, den GPI so umfassend wie möglich zu gestalten, so dass jeder Satz von Messwerten eine möglichst vollständige Geschichte über jede GPI-Komponente erzählen würde. Um dies zu erreichen, mussten wir viele Dimensionen einbeziehen, die in herkömmlichen Fortschrittsmessungen und -rechnungen nicht enthalten sind. So sollte unsere Beschäftigungsanalyse beispielsweise weit über die typischen Beschäftigungs- und Arbeitslosenstatistiken hinausgehen und Veränderungen bei der Art und Qualität der Arbeit, der Arbeitszeit, der Arbeitsplatzsicherheit, dem Arbeitsstress und den Gesundheitskosten von Arbeitslosigkeit und Überarbeitung analysieren – lauter Faktoren, die das Wohlergehen erheblich beeinflussen. Als wir die Indikatoren auswählten, führten wir daher auch ausführliche, tiefgreifende Diskussionen über die Bandbreite der Maßnahmen, die jede Komponente umfassen könnte, um sicherzustellen, dass wir nicht etwa Unterkomponenten ausließen, obwohl sie die Lebensqualität tiefgreifend beeinflussen.

Abgesehen von den üblichen Kriterien für die Auswahl von Indikatoren auf der Grundlage der Literatur – Datenverfügbarkeit, Vergleichbarkeit, Relevanz, usw. – wandten wir eine eher unkonventionelle Methode an, um zu entscheiden, was wir aufnehmen und was wir weglassen. Um sicherzustellen, dass jeder Indikator tief verwurzelte Konsenswerte widerspiegelt, unterzogen wir jeden Indikator einem politischen Test und nahmen keinen auf, der aus ideologischen, parteipolitischen oder ethischen Gründen umstritten sein könnte.

Parteien der Konservativen könnten sich zum Beispiel mehr auf Verbrechensbekämpfung und Familienwerte konzentrieren als

Parteien der Linken, während Parteien der Linken mehr Wert auf Armutsbekämpfung und Umweltschutz legen. Aber keine kanadische politische Partei der Linken oder der Konservativen würde behaupten, dass mehr Kriminalität besser ist als weniger Kriminalität, dass eine kranke Bevölkerung besser ist als eine gesunde, dass höhere Armutsraten besser sind als niedrigere, dass eine verschmutzte und geschädigte Umwelt besser ist als eine saubere und gesunde, oder dass soziale Ausgrenzung und Entfremdung besser sind als die Einbindung in starke und sichere Gemeinschaften. Nach ausführlichen Diskussionen waren wir daher zuversichtlich, dass keine Partei Kanadas die allgemeinen gesellschaftlichen Ziele und die wichtigsten Fortschrittsindikatoren, die wir für den GPI entwickelt hatten, ablehnen würde. Das war wichtig, denn diese Maßnahmen sollten unabhängig von der jeweiligen Partei, die an der Regierung war, annehmbar sein und Wahlen, Machtwechsel und Veränderungen in der Regierungspartei überstehen.

Wir erläuterten das Fehlen des Gesamt- oder Pro-Kopf-BIP unter unseren 20 Komponenten, indem wir klarstellten, dass wir das BIP nicht als gültiges Maß für die Marktgröße ablehnen, dass es aber weder als Entwicklungsmaßstab noch als Mechanismus zur Nettorechnungslegung gedacht war und auch nicht als solcher funktionieren konnte. Außerdem stellten wir fest, dass das BIP und die Marktgröße zwar Inputs sind, die zu den gewünschten Ergebnissen führen können oder auch nicht, dass aber unsere 20 Komponenten genau die Ergebnisse messen, die mit dem BIP erzielt werden sollen oder von denen man annimmt, dass sie erzielt werden, darunter Arbeitsplätze, Einkommen sowie wirtschaftliche Stabilität und finanzielle Sicherheit. Ob unsere Argumente irgendjemanden überzeugt haben, werde ich nie erfahren, aber unsere Auslassung des BIP an sich schien weithin akzeptiert zu werden.

Bereiche und Komponenten des *Nova Scotia Genuine Progress*

1. Zeitaufwendung	• Bürgerschaftliches Engagement und ehrenamtliche Arbeit • Unbezahlte Arbeit im Haushalt und Kinderbetreuung • Freizeit • Bezahlte Arbeitszeit/Beschäftigung
2. Lebensstandard	• Einkommensverteilung • Finanzielle Sicherheit und Schulden • Wirtschaftliche Sicherheit
3. Human- und Sozialkapital	• Gesundheit der Bevölkerung • Sicherheit und Schutz • Gebildete Bevölkerung
4. Naturkapital	• Böden und Landwirtschaft • Wälder • Fischerei und Meeresumwelt • Luftqualität • Wasserqualität
5. Auswirkungen des Menschen auf die Umwelt	• Energie • Abfall • Ökologischer Fußabdruck • Treibhausgasemissionen • Verkehr/Transportwesen

Diese Tabelle zeigt die Liste der Bereiche und Komponenten des GPI von Nova Scotia, die unser Grundgerüst für die weitere Arbeit bildeten. Die Realität ist natürlich nie so übersichtlich wie eine Tabelle. So sind mehrere Maßnahmen nicht ausschließlich auf den jeweiligen

Bereich beschränkt, in dem sie aufgeführt werden. Beispielsweise ist die bezahlte Beschäftigung ein zentrales Maß für die Zeitaufwendung und den Lebensstandard und gehört daher in beide Bereiche. Verkehrsmittel haben Auswirkungen auf die Umwelt, wo sie ja auch aufgeführt sind, aber sie verfügen zugleich über eine soziale Dimension. Und die Gesundheitsergebnisse hängen teilweise davon ab, wie das Einkommen verteilt ist.

Mit einem Rahmen, einem Aktionsplan, einer umfassenden Literaturrecherche und sogar vorläufigen Beispielergebnissen zu Demonstrationszwecken verfasste ich im Herbst 1997 einen Vorschlag für die Provinz Nova Scotia, mit dem ich für die neuen Maßnahmen plädierte. Der Vorschlag zitierte angesehene Behörden und solide Datenquellen und versprach praktische Belege für soziale, wirtschaftliche und ökologische Fortschrittsmaßnahmen und damit verbundene wirtschaftliche Vorteile und Kosten, die die politischen Entscheidungsträger nutzen konnten. Die im vorigen Kapitel dargelegten Grundsätze, die meiner Meinung nach konservative Ansichten zu stark in Frage stellen könnten, spielte ich herunter. Zu meiner Freude stellten die Verantwortlichen der Provinz einen Zuschuss von 31.000 C$ zur Verfügung, der weitere 89.000 C$ an Bundesmitteln mobilisierte.[99] Das war die Ermutigung, die wir brauchten, um weiterzumachen. Da die beiden Teilzeitstudenten bald ihren Abschluss machten, stellte ich zwei neue Vollzeitmitarbeiter ein, die mir bei der Forschung und beim Sammeln von Statistiken halfen, wobei ich mir selbst ein kleines Stipendium auszahlte, das nur einen Bruchteil meines früheren akademischen Gehalts betrug.

Ungefähr zur gleichen Zeit, im November 1997, brachte die *Daily News*, die Zeitung aus Nova Scotia, die uns die Anschubfinanzierung in Höhe von 2000 C$ gewährt hatte, zwei Doppelseiten über die neuen Fortschrittsmessungen, die wir zu entwickeln begannen.[100]

Das weckte lokales Interesse. Ich wurde gebeten, einige Präsentationen zu halten, und wir waren auf dem Weg. Es war ein vielversprechender Start.

Nur ging uns bald das Geld aus. Da wir keine weiteren Einnahmen hatten, reichten die anfänglichen 120.000 C$ nicht lange aus. Was *GPI Atlantic* tat, war damals noch so unbedeutend und wir waren so unbekannt, dass wir trotz aller Bemühungen nicht in der Lage waren, über diese anfängliche Finanzhilfe hinaus weitere Mittel zu erhalten.

In den nächsten fünf Jahren verschuldete sich meine Familie bis über beide Ohren, damit ich weiter recherchieren, Statistiken studieren und Ergebnisse ausarbeiten konnte. Wir schöpften unsere Kreditkarten bis zum Anschlag aus und liehen uns einen gebrauchten Computer, um ihn erst später zu kaufen. In unserem kleinen Häuschen war kein Platz für ein Büro, also besorgte ich mir einen winzigen Wohnwagen, den ich im Hinterhof aufstellte. Im Winter war es dort draußen kalt, und ich musste mit Handschuhen tippen, deren Fingerspitzen abgeschnitten waren, damit ich die Tasten des Computers richtig treffen konnte. Ich besorgte mir eine gebrauchte Propanheizung, die ein Leck bekam, was mir eine strenge Belehrung der örtlichen Feuerwehr einbrachte: Ich hätte verdammt viel Glück gehabt, dass ich mich nicht in die Luft gejagt hatte.

Aber die Belege, die unsere Forschung zu erbringen begann, waren überzeugend, und ich hatte das Gefühl, dass wir weitermachen mussten, auch wenn niemand, der Geld hatte, sie kaufen würde. Da meine Kollegen und ich noch Neulinge auf diesem Gebiet waren, mussten wir von der Pike auf lernen, und so begannen wir mit den GPI-Komponenten, die die einfachsten Methoden und zugänglichsten Datenquellen zu haben schienen. Es war klar, dass die Bewertung der ökologischen Leistungen und der Umweltkosten weitaus schwieriger sein würde als viele andere Komponenten, und wir mussten schnell glaubwürdige Ergebnisse vorlegen, um die Unterstützung und das Interesse zu gewinnen, die wir brauchten, falls wir unser Vorhaben am Leben erhalten wollten.

EINE SCHWUNGVOLLE ERSTE LANDUNG

Statistics Canada hatte 1995 einen gut recherchierten Bericht über den Marktstundensatz für unbezahlte Arbeit veröffentlicht[101] und 1992 eine sorgfältige Erhebung des zeitlichen Budgets durchgeführt, in der die Gesamtzahl der unbezahlten Arbeitsstunden geschätzt wurde.[102] Also fragte ich mich, was wir lernen könnten, wenn wir erstere mit letzteren in Verbindung brachten. Es war eine einfache Multiplikationsübung – kein schlechter Anfang für einen Neuling. Ich war nicht nur über die Ergebnisse erstaunt, sondern auch darüber, dass sie sehr anschaulich zeigten, wie viel mehr uns der GPI sagen kann als das BIP.

Der erste Bericht von *GPI Atlantic* im Jahr 1998 fand heraus, dass die Einwohner von Nova Scotia (mit einer Gesamtbevölkerung von weniger als einer Million) jährlich schätzungsweise 134 Millionen Stunden ihrer Zeit für bürgerschaftliche und ehrenamtliche Arbeit aufwendeten: Sie halfen Bedürftigen, leisteten einen Beitrag zu lokalen Gemeinschaften und kümmerten sich um ihre Umwelt. Ihre Arbeit war für die Wirtschaft 1,9 Milliarden C$ pro Jahr wert, was 81.000 Arbeitsplätzen und fast 10 % des BIP entspricht. Dieser Beitrag belief sich auf durchschnittlich 2500 C$ pro Jahr für jeden erwachsenen Einwohner Nova Scotias und 3400 C$ für jeden Ehrenamtlichen in der Provinz.[103]

Die wirtschaftliche Dimension dieser Zahlen hoben wir hervor, indem wir feststellten, dass entweder unsere Lebensqualität und unser Lebensstandard dramatisch sinken würden, oder die Arbeit durch den Staat und den privaten Sektor ersetzt und bezahlt werden müsste, falls dieser ehrenamtliche Beitrag wegfiele. Und die Unzulänglichkeiten des BIP verdeutlichten wir anhand des Umstands, dass die Arbeit von Ehrenamtlichen trotz ihres erheblichen produktiven Beitrags zum Wohlergehen und zur Lebensqualität in keiner regionalen oder nationalen BIP-, Beschäftigungs- oder sonstigen Wirtschaftsrechnung auftauchte.

In seiner Grundstruktur war dieser erste GPI-Bericht das Modell für alle folgenden. In jedem Bericht wurden zunächst Fortschrittsindikatoren vorgestellt, deren Verbesserungen und Rückgänge wir anschließend über Jahre verfolgten. So beobachteten wir die Entwicklung der Kriminalitätsrate, der Kluft zwischen Arm und Reich, der verschiedenen Schadstoffwerte usw., um zu beurteilen, ob sich die Bedingungen in den einzelnen Gebieten verbessert oder verschlechtert hatten. Auf der Grundlage dieser Ergebnisse kalkulierten wir dann die wirtschaftlichen Vorteile und Kosten dieser Verbesserungen und Verschlechterungen und schätzten, soweit dies möglich war, den wirtschaftlichen Wert von Komponenten wie ehrenamtlicher Arbeit, Kohlenstoffspeicherung in den Wäldern und dem nachhaltigen Abfallmanagementsystem von Nova Scotia. Wenn es nicht möglich war, den sozialen und ökologischen Schlüsselvariablen monetäre Werte zuzuordnen, beschrieben wir den wirtschaftlichen Wert jeder Komponente auf der Grundlage der besten verfügbaren Primär- und Sekundärquellen.

Ich war überrascht von der hervorragenden Berichterstattung der Presse über unsere ersten Ergebnisse – und das nicht nur in Nova Scotia. In der Hauptstadt der Nation lautete eine Schlagzeile des *Ottawa Citizen*: »Nova Scotia führend bei der Verbesserung von Methoden zur Messung der Wirtschaft – Forschungsgruppe veröffentlicht bahnbrechende Studie mit neuem Messinstrument.« In dem Artikel wurde darauf hingewiesen, dass unser GPI »das erste Projekt dieser

Art in Kanada« sei, und er enthielt eine nachdrückliche Empfehlung von Hans Messinger, dem es gelungen war, Statistics Canada dazu zu bewegen, »den *Nova Scotia Genuine Progress Index* zu einem nationalen Pilotprojekt zu erklären«.[104] Die Regierung von Nova Scotia selbst verkündete stolz die Ergebnisse, zitierte positive Kommentare von Vertretern der Bundes- und Provinzregierung und brüstete sich mit ihrer Unterstützung der GPI-Arbeit.[105]

Von all unseren GPI-Studien erwies sich diese erste als eine der beliebtesten, die auch am häufigsten genutzt wurde. Das lag zum Teil daran, dass gemeinnützige Gruppen und Ehrenamtliche plötzlich im Rampenlicht standen und sich anerkannt und geschätzt fühlten. Es gab so viele Anfragen, unsere Arbeit ehrenamtlichen Gruppen an der Basis vorzustellen, dass wir ihnen kaum nachkommen konnten. Viele Organisationen begannen, unsere Methoden in ihren eigenen Fundraising-Vorschlägen zu verwenden, um den ökonomischen Beitrag ihrer kostenlosen Dienste zur Wirtschaft von Nova Scotia darzustellen. Dazu füllten die Ehrenamtlichen in der Regel einfache Protokolle und Zeiterfassungsbögen aus, um ihre Stunden zu erfassen, die dann summiert und mit den Sachwerten in unseren GPI-Berechnungen multipliziert wurden.[106]

Diese Non-Profit-Organisationen brachten unsere Zahlen sogar direkt in die politische Arena, einerseits, um das Profil von Sektoren zu schärfen, die durch die Fixierung auf das BIP verborgen sind, andererseits, um Unterstützung zu gewinnen. Beim folgenden jährlichen Abendessen für den Ehrenamtlichen des Jahres – normalerweise eine reine Wohlfühlveranstaltung – begrüßten die ehrenamtlichen Organisationen den Premierminister von Nova Scotia auf der Bühne mit einem gigantischen 1,5 Meter langen Scheck und den Worten: »Herr Premierminister, wir freuen uns, Ihnen diesen Scheck über 1,9 Milliarden Dollar überreichen zu können. Dies ist unser Beitrag zur Wirtschaft von Nova Scotia und unsere Einsparung für Ihre Regierung im vergangenen Jahr.« Diese Geste demonstrierte auf eindrückliche Weise die Macht der monetären Bewertung.

War ich vorher inspiriert und begeistert, so wurde ich jetzt geradezu besessen von unserer Arbeit. Wider Erwarten hatten diese ersten Ergebnisse bei der Bewertung unsichtbarer sozialer Werte wirklich einen Nerv getroffen, nicht nur in der Presse und der breiten Öffentlichkeit, sondern auch in der Regierung. Das Beste daran war, dass die Ergebnisse der ehrenamtlichen Arbeit nicht isoliert berichtet wurden, sondern in dem größeren Zusammenhang dessen, was dem BIP fehlte und warum wir neue Messgrößen für die Entwicklung brauchten. Ich war nun wirklich überzeugt, dass die Regierung von Nova Scotia unseren analytischen Rahmen übernehmen und die von uns gesammelten Beweise für eine gute Politik nutzen würde. Wir mussten nur noch die umfassenden Entwicklungsmessungen für alle 20 Bereiche (siehe Tabelle Seite 99) liefern. Anschließend würde unsere Provinz zweifellos zum Pilotmodell für andere Regionen werden.

Die Ergebnisse unseres ersten Berichts basierten nicht nur auf einfachen, vernünftigen Berechnungen, sondern sie waren leicht verständlich, problemlos zu vermitteln, und sie wiesen eindeutig auf die Mängel des derzeitigen Systems und die Notwendigkeit von Veränderungen hin. Zumindest in dieser Phase bedrohte die evidenzbasierte Sprache des GPI nicht unverhohlen die Interessen der Betroffenen; sie erzeugte eine Offenheit und Aufgeschlossenheit, die vielen Interessengruppen abging. Es dauerte einige Zeit, bis die radikalen Implikationen der neuen Fortschrittsmaßnahmen Widerstand hervorriefen.

In dieser Zeit lernte ich allein durch die Arbeit sehr viel. Ich lernte, wie man die Zeitnutzungs-Mikrodaten von Statistics Canada findet und nutzt, und wie man gute Beziehungen zu den Mitarbeitern der

Statistikbehörde aufbaut, die sich freuten, dass jemand ihre innovativen Erhebungsdaten aktiv nutzte. Ich lernte verschiedene wirtschaftliche Bewertungsmethoden kennen: allgemeine und spezielle Wiederbeschaffungskosten, Opportunitätskosten, Schätzungen von Output und Input. Ich lernte, wie man verschiedene Datensätze miteinander verknüpft, um aussagekräftige Ergebnisse zu erzielen, die bei isolierter Verwendung der einzelnen Datensätze nicht ersichtlich waren. Ich lernte, wie man die Zahlen mithilfe geeigneter Posten des Verbraucherpreisindex´ in Dollar umrechnet und vieles mehr. Das alles gab mir die Sicherheit, die ich brauchte, um weiterzumachen.

… UND DANN EIN REALITÄTSCHECK

Mit den nun zur Verfügung stehenden Datenquellen und Methoden war es naheliegend, als nächstes die zweite große Lücke im BIP zu bewerten: die unbezahlte Arbeit in unseren Haushalten. 1992 leisteten die Einwohner von Nova Scotia 977 Millionen Stunden pro Jahr an unbezahlter Arbeit im Haushalt und bei der Kinderbetreuung – das entspricht 509.000 Vollzeitstellen bei einer Bevölkerung von weniger als einer Million.[107] Wenn diese unbezahlte Arbeit durch Lohnarbeit in der Marktwirtschaft ersetzt werden müsste, und zwar zu einem durchschnittlichen Stundensatz von 12,70 Dollar für Haushaltshilfen in der Provinz und 10,50 Dollar für die Kinderbetreuung, hätte dies für die Wirtschaft der Provinz einen Wert von 12,2 Milliarden Dollar pro Jahr – das entspricht 36 % des BIP.

Obwohl die Zahlen leicht zu berichten waren, gestaltete es sich weitaus schwieriger, die politischen Auswirkungen zu vermitteln, als dies beim monetären Wert der ehrenamtlichen Arbeit der Fall gewesen war. Die Veröffentlichung des zweiten Berichts von *GPI Atlantic* aus dem Jahr 1998, *The Economic Value of Unpaid Housework and*

Childcare in Nova Scotia [Der wirtschaftliche Wert von unbezahlter Hausarbeit und Kinderbetreuung in Nova Scotia], fünf Monate nach der Veröffentlichung zur ehrenamtlichen Arbeit, erteilte uns eine neue, harte Lektion: Zwar wurde in der Presse erneut ausführlich über die Zahlen berichtet, nicht aber über ihre tatsächliche Bedeutung.

Im Gegensatz zum klar definierten gemeinnützigen ehrenamtlichen Sektor wird unsere Hausarbeit – und unser Bemühen, die damit verbundenen Anforderungen mit der bezahlten Arbeit in Einklang zu bringen und die Vereinbarkeit von Beruf und Familie zu garantieren – als rein persönliche Angelegenheit betrachtet, die nicht in den Zuständigkeitsbereich der Politik fällt. Dies ist eine Illusion, die durch den Ausschluss der unbezahlten Arbeit aus unseren volkswirtschaftlichen Gesamtrechnungen gefördert wird. Sobald sie gemessen wird, sehen wir, dass wesentliche Aufgaben im Haushalt, wie z.B. die Kindererziehung und eine gute Ernährung, wesentliche Voraussetzungen für einen gesunden Marktsektor sind. Tatsächlich tragen sie mehr zu wirtschaftlicher Produktivität, Wohlstand und gesellschaftlichem Wohlergehen bei als ein Großteil der bezahlten Arbeit in Fabriken, Büros und Geschäften. Ihre Vernachlässigung kann erhebliche soziale und wirtschaftliche Kosten verursachen. Diese Entdeckung wirft tiefgreifende und weitreichende Fragen auf, die nur selten, wenn überhaupt, auf die Tagesordnung der Regierungen kommen.

Die neuseeländische Ökonomin Marilyn Waring hat brillant dokumentiert, dass die Nichtberücksichtigung unbezahlter Arbeit im BIP besonders schädlich für diejenigen ist, die weltweit die meiste unbezahlte Arbeit leisten: die Frauen.[108] Doch im Gegensatz zum Wert der ehrenamtlichen Arbeit, der für sich selbst zu sprechen scheint, ist es im Laufe der Jahre außerordentlich schwer gewesen, die Subtilität und Tiefe dieser geschlechtsspezifischen Diskriminierung zu vermitteln. Selbst sogenannte Progressive neigen dazu, Arbeit als das zu definieren, was in der bezahlten Erwerbsbevölkerung geschieht, und lehnen es oft ab, Kindererziehung und Hausarbeit als produktive Arbeit zu bewerten. Diese Leute argumentieren manchmal, dass eine solche Bewertung es rechtfertigen könnte, Frauen zu Hause zu halten, anstatt sie einer Karriere nachgehen zu lassen.

Wenn wir jedoch genau hinsehen, stellen wir fest, dass die Nichtanerkennung unbezahlter Arbeit eine logische Absurdität ist, die nicht nur das BIP selbst verzerrt, sondern auch weite Teile der Arbeit von Frauen weltweit in einer Weise abwertet, die schwerwiegende Folgen hat. Sie führt zu Lohndiskriminierung, zum Verlust von Betriebszugehörigkeit, Rentenansprüchen und Aufstiegschancen, zu starkem Zeitstress und zu besonders hohen Armutsquoten bei alleinerziehenden Müttern.

Betrachten wir zunächst den logischen Fehlschluss: Wenn wir einen Fremden dafür bezahlen, auf unser Kind aufzupassen, steigt das BIP. Kümmern wir uns um unser eigenes Kind, hat es keinen Wert bei der Messung des Fortschritts auf der Grundlage des BIP. Dieser buchhalterische Irrtum, der bis heute anhält, wurde bereits 1932 von dem Ökonomen Cecil Pigou erkannt:

> »Die von den Frauen erbrachten Leistungen fließen in die Dividende ein, wenn sie gegen Lohn erbracht werden, sei es in der Fabrik oder im Haushalt, nicht aber, wenn sie von Müttern und Ehefrauen unentgeltlich für ihre eigenen Familien erbracht werden. Wenn also ein Mann seine Haushälterin oder seine Köchin heiratet, wird die nationale Dividende geschmälert.«[109]

Seit den frühen 1950er Jahren, als Frauen in großer Zahl erwerbstätig wurden,[110] verlagerte sich ein Großteil der unbezahlten Haushaltsarbeit in die bezahlte Marktwirtschaft, da immer mehr

Reinigungskräfte und Babysitter eingestellt wurden, um Arbeiten zu übernehmen, die wir früher selbst erledigt hatten. Diese Verlagerung von der unbezahlten in die bezahlte Wirtschaft hat die tatsächliche Produktion nicht erhöht, wurde aber nun zum BIP hinzugerechnet und daher fälschlicherweise als Wirtschaftswachstum und Fortschritt angepriesen. Infolgedessen berechnete Statistics Canada, dass zwischen 1961 und 1992 »der Anstieg des BIP das Wirtschaftswachstum um 0,6 bis 0,8 Prozentpunkte pro Jahr überschätzt«,[111] wenn man davon ausging, dass die Produktivität der Haushalte nicht gestiegen ist.

Es zeigt sich, dass die Produktivität der Haushalte tatsächlich nicht gestiegen ist, weder durch Fremde, die gegen Bezahlung Arbeiten verrichteten, die ursprünglich unentgeltlich waren, noch durch arbeitssparende Geräte wie automatische Waschmaschinen, Trockner, Staubsauger, Geschirrspüler und Mikrowellen. Die Zahlen offenbaren, dass der technologische Fortschritt durch den erhöhten Zeitaufwand der Haushalte für Konsum, Wartung, Reparaturen, Instandhaltung größerer Häuser, Pendlerwege und andere Faktoren ausgeglichen wurde. Berücksichtigt man also die Veränderungen bei der Haushaltsgröße und dem Erwerbsstatus, so hat sich die Arbeitszeit in den Haushalten im letzten Jahrhundert nicht grundlegend verändert. Vollzeithausfrauen leisten immer noch etwa 52 Stunden unbezahlte Hausarbeit pro Woche, so wie in den 1930er Jahren. Eltern, die beide Vollzeit gegen Bezahlung arbeiten, kommen auf eine durchschnittliche Wochenarbeitszeit von 72 Stunden, wenn man bezahlte und unbezahlte Arbeit zusammenzählt; vollzeitarbeitende alleinerziehende Mütter kommen auf eine durchschnittliche Wochenarbeitszeit von 75 Stunden. Betrachtet man also unsere gesamte Zeit, so zeigt sich, dass der massive Zustrom von Frauen in die bezahlte Erwerbsbevölkerung zwar das BIP erhöht hat, aber um den Preis eines erheblichen Verlustes an Freizeit, insbesondere für Frauen, die trotz ihrer erhöhten bezahlten Arbeitszeit immer noch den größten Teil der unbezahlten Hausarbeit leisten.[112]

Gerade weil unbezahlte Hausarbeit ein wesentlicher Bestandteil der tatsächlichen Produktion ist, bestand der Wirtschaftsnobelpreisträger Simon Kuznets, Hauptarchitekt der BIP-Rechnung, darauf, dass ihr Wert in die BIP-Berechnungen einbezogen wird. Das ist auch der Grund, warum er sich in den späten 1940er Jahren mit dem US-Handelsministerium überwarf, als dieses sich weigerte, seiner Forderung zu entsprechen.[113]

Die diskriminierenden Auswirkungen auf Frauen gehen jedoch weit über solche Buchungsfehler hinaus. Nehmen wir die Lohndiskriminierung, die – wenn die unbezahlte Arbeit nicht gewürdigt wird – weit über die übliche Assoziation mit Frauen hinausgeht, die für die gleiche Arbeit weniger Lohn erhalten als Männer.[114] So werden Arbeiten, die im Haushalt traditionell unentgeltlich verrichtet werden – wie Kinderbetreuung, Putzen, Kochen und andere häusliche Arbeiten – in der Marktwirtschaft, wo Frauen in diesen Berufen immer noch dominieren, extrem niedrig entlohnt. Die meisten Kinderbetreuer verdienen kaum den Mindestlohn für eine Tätigkeit, die wohl ein höheres Maß an Geschick, Verantwortung und ständiger Wachsamkeit erfordert als viele andere.

Die mangelnde Wertschätzung unbezahlter Kinderbetreuung und Hausarbeit führt auch zu einem Mangel an angemessener sozialer Unterstützung, was insbesondere alleinerziehende Mütter benachteiligt, die die gesamte Last der unbezahlten Hausarbeit tragen. In Kanada geben alleinerziehende Mütter mit Arbeit einen dreimal höheren Anteil ihres Einkommens für bezahlte Kinderbetreuung aus als ihre verheirateten Kolleginnen und leiden häufig unter extremem Zeitstress und Zeitarmut, was ihnen wiederum deutlich weniger Zeit für ihre eigenen Kinder lässt.[115] Es überrascht nicht, dass alleinerziehende Mütter in den Vereinigten Staaten zu den Ärmsten der Armen gehören: Sie leben fünfmal häufiger (28,2 %) in Armut als Familien mit zwei Elternteilen (5,4 %).[116] In Kanada liegt die Quote für alleinerziehende Mütter bei 23 % (2016 waren es noch 29 %), verglichen mit 7 % für Familien mit zwei Elternteilen.[117] Auch in Deutschland ist die Lage ähnlich, wie aus einer Studie von Anne Lenze[118] von der Universität Darmstadt hervorgeht: 90 % aller Alleinerziehenden sind hierzulande Frauen. Rund 40 % dieser Alleinerziehenden sind auf staatliche Grundsicherungsleistungen angewiesen, um sich selbst und ihre Kinder versorgen zu können: »Bei den Paarfamilien sind es ›nur‹ 7 %. Von den etwa 1,9 Millionen Kindern unter 18 Jahren im SGB II-Bezug (Hartz IV) lebt die Hälfte (952.000) in Alleinerziehenden-Haushalten. Kinderarmut in Deutschland ist damit zur Hälfte auf Kinder in Ein-Eltern-Familien zurückzuführen. Dieser hohe Anteil ist – anders als die Armutsbetroffenheit anderer Bevölkerungsgruppen – nicht rückläufig, sondern verweilt seit Jahren auf diesem extrem hohen Niveau. Dabei sind alleinerziehende Mütter sogar häufiger Vollzeit erwerbstätig als Mütter in Paarfamilien (45 % im Vergleich zu 30 %). Zudem ist das Armutsrisiko Alleinerziehender über alle Bundesländer hinweg sehr hoch.« Aus dieser Doppelbelastung ergibt sich vor allem bei Frauen zwangsläufig Zeitarmut.[119]

Die Anerkennung und Wertschätzung dieser unbezahlten Arbeit könnte politische Maßnahmen fördern, die sich mit Themen wie dem anhaltenden Lohngefälle zwischen den Geschlechtern, den niedrigen Einkommens- und hohen Armutsraten unter alleinerziehenden Müttern und ihren Kindern, der abnehmenden Zeit, die viele Eltern mit ihren Kindern verbringen können, und dem zunehmenden Zeitstress befassen, der auf den Konflikt zwischen bezahlter Arbeit und Haushaltspflichten zurückzuführen ist.

Die nordischen Länder sind Vorbilder dafür, was getan werden könnte. In Norwegen beispielsweise erhält eine alleinerziehende Mutter doppelt so viel Kindergeld wie ein verheirateter Elternteil, und die Kinderarmutsquote in dänischen, schwedischen und norwegischen Nur-Mutter-Familien ist nur etwa ein Fünftel so hoch wie in den Vereinigten Staaten.[120] Doch die größere Unterstützung für unbezahlte Kindererziehung hält die Frauen nicht im Haus. Im Gegenteil: 68 % der norwegischen Frauen sind erwerbstätig, verglichen mit 57 % der amerikanischen Frauen.[121] Gleichzeitig stehen norwegische Frauen weniger unter Zeitstress als amerikanische Frauen, die bezahlte und unbezahlte Arbeitspflichten unter einen Hut bringen müssen, weil die Arbeitszeiten in den nordischen Ländern kürzer sind: Norwegische Arbeitnehmer arbeiten im Durchschnitt sieben Stunden weniger pro Woche gegen Bezahlung als amerikanische Arbeitnehmer.[122]

Abgesehen von den diskriminierenden Auswirkungen auf Frauen verhindert die mangelnde Wertschätzung unbezahlter Arbeit, dass die Politik einer der wichtigsten Komponenten moderner Lebensqualität Aufmerksamkeit schenkt: der Notwendigkeit, eine zufriedenstellende *Work-Life-Balance* zu erreichen. Dies wiederum ist nachweislich ein entscheidender Faktor für die körperliche und geistige Gesundheit, für persönliche Beziehungen, für die Produktivität am Arbeitsplatz und für die Verringerung von Stress und Fehlzeiten.[123] Trotz dieser zahlreichen Belege zögern die politischen Entscheidungsträger in Nordamerika weiterhin, dem Beispiel der Niederlande und der skandinavischen Länder zu folgen und die Arbeitszeiten und -bedingungen anzupassen, um die Arbeitsplätze familienfreundlicher zu gestalten.

Ich gebe zu, dass ich erst durch die Messung und die damit verbundene Forschung zur unbezahlten Arbeit im Haushalt ihre tiefgreifenden Auswirkungen auf das soziale, persönliche und wirtschaftliche Wohlergehen erkannt habe. Und ich glaube nicht, dass es uns gelungen ist, dies der Öffentlichkeit und den politischen Entscheidungsträgern wirksam zu vermitteln. Die Feinheiten und politischen Implikationen in diesem zweiten GPI-Bericht waren einfach nicht so klar wie in unserem ersten Bericht zur ehrenamtlichen Arbeit und dementsprechend schwieriger zu vermitteln.

DIE TATSÄCHLICHEN KOSTEN DER KRIMINALITÄT

Während ich die Bewertung der unbezahlten Arbeit erforschte, war Colin Dodds, einer meiner ehemaligen Studenten, damit beschäftigt, die wahren Kosten der Kriminalität in Nova Scotia zu ermitteln. Wir befanden uns noch im Lernprozess und hatten dies als unseren dritten Bericht aus einem praktischen Grund ausgewählt: Viele verbrechensbezogene Kosten – für Polizei, Gerichte, Gefängnisse, Alarmanlagen, Wachpersonal, Krankenhauskosten und Opferverluste – sind Marktkosten, von denen wir annahmen, dass sie nicht allzu schwer zu berechnen wären.

Dennoch stießen wir nun auf einige echte Herausforderungen bei der Umfassenden Kostenrechnung. Wir untersuchten Polizeistatistiken, um kriminalitätsbezogene Aufgaben von der Verkehrskontrolle und anderen Polizeifunktionen zu trennen. Wir durchforsteten Erhebungen zur Viktimisierung, um die Verluste zu schätzen, die den Opfern durch Straftaten entstehen – einschließlich Bagatelldiebstahl, Vandalismus, Körperverletzung und insbesondere häusliche Gewalt. Solche Straftaten werden der Polizei nur selten gemeldet und fehlen daher in den offiziellen polizeilichen Kriminalitätsstatistiken. Anschließend reduzierten wir die Schätzungen der Kosten für nicht gemeldete Straftaten auf der Grundlage der Annahme, dass nicht gemeldete Straftaten im Allgemeinen weniger schwerwiegend sind als gemeldete. Wir untersuchten die Berichte des Einzelhandels und der Versicherungsgesellschaften, um die Verluste durch Ladendiebstahl und Versicherungsbetrug zu schätzen. Und um den Wert eines durch Mord verlorenen Lebens zu ermitteln, fragten wir uns, wie Statistiker Produktivitätsverluste nach Alter schätzen.

Am schwierigsten war es, schwerwiegende Schäden wie das Trauma von gewalttätigen Übergriffen und Vergewaltigungen zu berücksichtigen, die weit über marktübliche Kosten wie Krankenhaus, Produktivitäts-, Einkommens- und Vermögensverluste hinausgehen. Kanadas Generalstaatsanwalt Robert Philip Kaplan hat dieses Dilemma vor drei Jahrzehnten sehr treffend beschrieben:

> »Viele der wichtigsten Kosten der Kriminalität – das psychologische und emotionale Leiden der Opfer, die Angst und Unsicherheit derjenigen, die sich gefährdet glauben, der Schmerz und oft auch die Wut der Familien der Opfer, der Verlust der Freiheit [...], den die Inhaftierung für den gefassten Kriminellen bedeutet –, lassen sich nicht in Dollar messen. Aber diese größtenteils nicht messbaren Kosten müssen ein wesentlicher Bestandteil jeder Kosten-Nutzen-Abwägung sein.«[124]

Wir fanden Studien, die Ersatzgrößen in Form gerichtlicher Entschädigungen für Trauer und Leid verwendeten, um den Wert von nicht messbaren Kosten wie »zerstörte Leben« (»shattered lives«) aufgrund von Verbrechen zu erfassen.[125]

Als wir im April 1999 *The Cost of Crime in Nova Scotia* [Die Kosten der Kriminalität in Nova Scotia][126] veröffentlichten, gaben wir eine Reihe von Schätzungen an, die von sehr konservativen bis hin zu eher breit angelegten Schätzungen reichten. Diese Berichtsmethode sollten wir auch in den nächsten zehn Jahren für Kostenschätzungen von Treibhausgasemissionen, Luftverschmutzung, Gesundheit und anderen Schätzungen anwenden, die auf einer Vielzahl von wissenschaftlichen, epidemiologischen Studien, Klimamodellen und unsicheren Vorhersagen basieren.

Kriminalität kostete die Einwohner von Nova Scotia jährlich schätzungsweise 550 Millionen C$ an wirtschaftlichen Verlusten, was 600 Dollar pro Person oder 1650 Dollar pro Haushalt entspricht. Dieser Betrag setzt sich in erster Linie aus den öffentlichen Ausgaben für Polizei, Gerichte und Gefängnisse und den privaten Ausgaben für Alarmanlagen, Wachpersonal, elektronische Überwachung und Diebstahlversicherungen zusammen. Rechnet man die Verluste durch nicht gemeldete Straftaten, Versicherungsbetrug und Ladendiebstahl sowie die Kosten für durch Straftaten zerstörte Leben hinzu, die anhand von Gerichtsurteilen geschätzt wurden, belief sich der Verlust auf fast 1,2 Milliarden Dollar pro Jahr oder 1250 Dollar pro Person (3500 Dollar pro Haushalt).

Wir fanden heraus, dass die Haushalte aufgrund von Ladendiebstählen und kriminalitätsvorbeugenden Ausrüstungen im Einzelhandel 800 C$ pro Jahr mehr an höheren Preisen (2,6 % der jährlichen Konsumausgaben) zahlen mussten und dass Versicherungsbetrug sie zusätzlich 200 C$ pro Jahr an höheren Prämien kostete. In diesen Kosten nicht enthalten waren Todesfälle, Verletzungen und Sachschäden aufgrund von Trunkenheit am Steuer, medizinische Kosten außerhalb des Krankenhauses, private Ausgaben für Strafverteidiger und eine Vielzahl anderer kriminalitätsbezogener Kosten, die wir nicht schätzen konnten.

Aber die eigentliche Bedeutung dieser *GPI-Atlantic*-Veröffentlichung lag darin, dass sie ein konkretes Beispiel dafür lieferte, warum wir neue Messgrößen brauchen, um zwischen Ausgaben zu unterscheiden, die einen direkten Nutzen schaffen, und solchen, die aus einem Schaden resultieren. Das BIP eignet sich nicht dafür, gesellschaftliche Stärken und Schwächen oder präventive Investitionen zu ermitteln, die den Schaden und die künftigen Kosten verringern können. Die Zahlen zeigen deutlich, dass höhere Kriminalitätsraten das BIP wachsen lassen, weil sie mehr Ausgaben für Gefängnisse, Polizei, Gerichtsverhandlungen, Einbruchsalarmanlagen und Wachpersonal verursachen, die daher fälschlicherweise als Beitrag zum wirtschaftlichen Wohlstand gezählt werden. Im Gegensatz dazu zeigt der GPI, dass die Kriminalitätskosten eher einen Verlust als einen Gewinn darstellen und dass weniger Kriminalität zu Kosteneinsparungen führt, die in produktivere Aktivitäten zur Steigerung des Wohlstands investiert werden können.

Mit der Fertigstellung unserer Kriminalitätsstudie waren wir in der Lage, politischen Entscheidungsträgern, der Presse und der Öffentlichkeit diesen wichtigen Zweck des GPI klar und deutlich zu vermitteln. Damit konnten wir sie auch auf künftige Arbeiten zu Gesundheitsrisiken, Umweltverschmutzung und Treibhausgasemissionen vorbereiten, die ebenfalls zeigen würden, wie Beeinträchtigungen der Lebensqualität in den BIP-Berechnungen als Zuwachs erscheinen und warum weniger manchmal besser ist.

Wie bei den Ergebnissen zur unbezahlten Arbeit im Haushalt waren die politischen Implikationen jedoch weniger leicht zu vermitteln. Unser Bericht hatte sich auf die sozialen Determinanten der Kriminalität konzentriert, wie z. B. ihre enge Korrelation mit den Arbeitslosenquoten. So stellten wir beispielsweise fest, dass nur 22 % der Gefängnisinsassen in Nova Scotia vor ihrer Inhaftierung einen Vollzeitjob hatten, während ganze 58 % arbeitslos waren. Doch anstatt sich mit den sozialen Ursachen zu befassen, nutzten einige Leute die Ergebnisse der Verbrechenskosten, um für längere Haftstrafen zur Abschreckung von Verbrechen zu plädieren – obwohl dies die Kosten erhöht.

Wir hatten außerdem hervorgehoben, der soziale und wirtschaftliche Vorteil Nova Scotias bestehe darin, dass es die niedrigste Inhaftierungsrate in Kanada habe – nur einer von 1600 Bürgern saß im Gefängnis, verglichen mit einem von 900 in Kanada insgesamt und einem von 150 in den Vereinigten Staaten. Und wir warnten davor, den amerikanischen Weg einzuschlagen, wo der Strafvollzug einer der am schnellsten wachsenden Sektoren der US-Wirtschaft war, mit einer durchschnittlichen Wachstumsrate von 6,2 % pro Jahr in den 1990er Jahren, die deutlich über dem Wachstum des gesamten BIP lag. In den USA hatten sich die Pro-Kopf-Ausgaben für den Strafvollzug in weniger als zehn Jahren mehr als verdreifacht. Wir machten auf die Ironie aufmerksam, die darin lag, dass ein solches Wachstum dazu beitrug, die sogenannte stabile, dynamische US-Wirtschaft anzukurbeln, die den Kanadiern häufig als Vorbild dient. So versicherten wir den Kanadiern, dass unser weniger stabiles und dynamisches Wachstum im Strafvollzug es ermöglichte, wertvolle Ressourcen für Gesundheit, Bildung, Umweltschutz und andere Aktivitäten zu verwenden, die das menschliche und soziale Wohlergehen verbessern. Für die 44.000 Dollar pro Jahr, die es kostete, einen Häftling in Nova Scotia hinter Gittern zu halten, konnte man damals zum Beispiel einen Studenten drei Jahre lang an eine kanadische Universität schicken, einschließlich Vollzeitunterricht, Unterkunft und Verpflegung.

Die sozialen Implikationen unserer Ergebnisse waren zwar komplex und schwierig zu vermitteln, aber lokale und nationale Presse informierten im Allgemeinen so gut und prominent über unsere frühen Berichte, dass wir bis Mitte 1999 in Nova Scotia weithin bekannt wurden. Politische Entscheidungsträger, Journalisten und die gebildete Öffentlichkeit begannen, die Unzulänglichkeiten von BIP-basierten Fortschrittsmessungen zu verstehen und die Notwendigkeit besserer Messungen zu akzeptieren. Innerhalb eines Jahres nach unserem ersten Bericht und zwei Jahre nach der Gründung von *GPI Atlantic* als gemeinnütziges Forschungsinstitut erhielten wir Anfragen für Präsentationen sowohl von Regierungs- als auch von Nichtregierungsgruppen, und die Botschaft verbreitete sich. In der Zwischenzeit arbeiteten zwei unserer Forscher an unserer ersten Studie zur Berechnung von natürlichen Ressourcen und Umwelt: Landwirtschaft und Wasserqualität.

Der GPI schlug Wurzeln. Die Arbeit war in vollem Gange. Die Zukunft sah vielversprechend aus. Und wir waren guter Dinge.

5
Im größeren Maßstab

Ich war völlig unvorbereitet auf den Ansturm, der durch die Veröffentlichung unserer ersten Berichte ausgelöst wurde. Die Welle des Interesses brachte eine Flut von Anfragen für weitere GPI-Arbeiten mit sich. Anfang 1999 wurden wir zum Beispiel gebeten, mit lokalen Gemeinden zusammenzuarbeiten, um ganzheitliche Fortschrittsmessungen zu entwickeln, die sie für die Gestaltung einer guten Entwicklungspolitik nutzen konnten. Regierungsbehörden und gemeinnützige Organisationen baten um Kostenstudien für ihre Interessengebiete. Und die Wahl einer neuen Provinzregierung im Juli 1999 bot die unerwartete Gelegenheit, unsere Arbeit direkt in innovative Politik umzusetzen.

Es war unsere Flitterwochen-Phase, wir wurden von Anerkennung überschwemmt. Wie bei allen Flitterwochen war es ein ambivalenter Segen. Unabhängig davon, ob wir eine Vergütung erhielten oder nicht, boten all diese Anfragen einerseits eine großartige Gelegenheit, den GPI-Ansatz in der Praxis anzuwenden, neue Partnerschaften aufzubauen und unsere Wirtschaftsphilosophie und unseren Ansatz zu verbreiten. Auf der anderen Seite lenkten sie uns von unserer Kernaufgabe ab. Unser kleines GPI-Team war so sehr damit beschäftigt, das neue Terrain zu erkunden, die Sicht des GPI bei jeder Gelegenheit zu präsentieren, sich in die zusätzliche Arbeit zu vergraben und unsere neuen Verbündeten zu umgarnen, dass wir mehr als ein Jahr lang keine weitere Kernkomponente des *Nova Scotia Genuine Progress Index* fertigstellten.

Im Herbst 1998 trat Leonard Poetschke von *Nova Scotia Citizens for Community Development* [Bürger von Nova Scotia für die Gemeindeentwicklung] an mich heran, um Gemeinden bei der Entwicklung lokaler GPIs zu unterstützen. Poetschkes Misstrauen gegenüber der großen Regierung veranlasste ihn, die Bemühungen der lokalen Gemeinschaften um mehr Eigenständigkeit zu fördern. Er hatte gute Verbindungen zu lokalen Entwicklungsagenturen und war außerdem ein nationales Vorstandsmitglied der populistischen konservativen Reformpartei und ihr wichtigster Vertreter für Ostkanada. Die Tatsache, dass jemand von den Rechtskonservativen unsere Arbeit mit so viel Enthusiasmus begrüßte, machte uns Hoffnung, dass man uns wegen der GPI-Berichte zu Umwelt- und Gerechtigkeitsfragen nicht als einseitig links abstempeln würde.

Einige Zeit später lud Leonard mich zu einem Mittagessen mit Stockwell Day ein, dem nationalen Führer der *Canadian Alliance* (der Nachfolgepartei der Reformpartei), an dessen Ende Herr Day überzeugt schien, dass die Internalisierung von Sozial- und Umweltkosten die Marktwirtschaft effizienter machen und die Notwendigkeit kostspieliger und schwerfälliger staatlicher Eingriffe verringern würde. Ohne das Verursacherprinzip, räumte Day beispielsweise ein, werde die Last der Beseitigung von Umweltverschmutzungen dem Staat, der Gesellschaft und den Steuerzahlern aufgebürdet und nicht den Produzenten, Verbrauchern und Marktkräften. Die Entdeckung, dass der GPI über konventionelle politische Grenzen hinweg kommunizieren konnte, ermutigte mich.

Was mich jedoch dazu veranlasste, die Gelegenheit zu ergreifen und auf lokaler Ebene zu arbeiten, war das unmittelbare, direkte

Verständnis, das Gemeindeentwickler und Bürgerinitiativen für den praktischen Nutzen und die Relevanz des GPI zum Ausdruck brachten. Wie bereits erwähnt, ist es die kommunale Ebene, auf der sich die Lebensqualität wirklich bemerkbar macht und wo das Wohlergehen am unmittelbarsten zu spüren ist. Auf lokaler Ebene ist ein Stadtviertel sicher und ein anderes kriminell, sind die Schulen in einem Bezirk ausgezeichnet und in einem anderen miserabel, sind Luft und Wasser in einem Gebiet sauber und in einem anderen verschmutzt. Die Gemeinden hatten jedoch keine verlässlichen Daten, um diese gefühlte Erfahrung zu bestätigen, und keine harten Fakten, an denen sie sich orientieren konnten, um auf die tatsächlichen Bedürfnisse zu reagieren.

Die Stichproben der Erhebungen von Statistics Canada sind selten groß genug, um Daten auf Gemeindeebene zu liefern. Leider können nationale und regionale Durchschnittswerte sehr trügerisch in dem sein, was sie über das Leben und die tatsächlichen Erfahrungen der Menschen offenbaren und verbergen, einfach weil es Durchschnittswerte sind.

In der kleinen Provinz Nova Scotia florierte 1999 beispielsweise Halifax, während in Cape Breton die Arbeitslosenquote um ein Vielfaches höher und das Pro-Kopf-Einkommen deutlich niedriger war. In Teilen von Nova Scotia waren Luft- und Wasserqualität hervorragend, aber in Boat Harbour spuckten die Abwässer der Zellstofffabriken Dioxine, Furane, Chlor und andere Schadstoffe in die ehemaligen Fischerei- und Muschelgründe, und in Cape Breton trugen die giftigen Abfälle in den berüchtigten Sydney Tar Ponds zu den höchsten Krebsraten und der kürzesten Lebenserwartung in Kanada bei. Die GPI-Arbeit auf Gemeindeebene, die sich direkt mit Gesundheit, Sicherheit, wirtschaftlicher Stabilität, Umweltfragen und anderen Problemen auf lokaler Ebene befassen konnte, traf daher den Nerv der Planer für Gemeindeentwicklung.

Wir wählten zwei Gemeinden aus, die ein besonderes Interesse und großen Enthusiasmus zeigten, GPIs zu entwickeln, welche dann auf andere Gemeinden übertragen werden konnten: Kings County, eine relativ wohlhabende ländliche Region mit Nova Scotias fruchtbarstem Agrarland, und Glace Bay, eine sich abrackernde, wirtschaftlich angeschlagene ehemalige Kohlebergbaustadt mit hoher Arbeitslosigkeit im industriellen Cape Breton. Den Planern von Kings County ging es darum, ihre Lebensqualität zu schützen und zu verbessern; die Planer von Glace Bay hingegen wussten, dass das BIP, die Wirtschaftswachstumsstatistiken und die Durchschnittswerte der Provinzen nicht annähernd den tatsächlichen Lebensbedingungen entsprachen. Beide Gemeinden sehnten sich nach Maßnahmen, mit denen die für sie wichtigen Probleme angegangen werden konnten, und keine von ihnen verfügte über Daten auf lokaler Ebene, um dies effektiv zu tun.

Aber um welche Themen ging es in den einzelnen Gebieten? Zwischen 1999 und 2000 trafen wir uns über ein Jahr lang mit mehr als 40 Gemeinschaftsorganisationen in den beiden Kommunen, um herauszufinden, was für sie wichtig war, und auf dieser Grundlage unsere eigene Umfrage zu entwickeln. Die Treffen waren dynamisch, oft ausgelöst durch unsere provokanten Fragen wie: »Was für ein Kings County sollen Ihre Kinder in 20 Jahren vorfinden?«

Dieser rege Austausch ermöglichte es uns, gemeinsam mit den Teilnehmern aus den Gemeinden geeignete Indikatoren für den Fortschritt zu ermitteln, die den lokalen Bedürfnissen und Bestrebungen entsprachen. Dann konnten wir, wiederum unter aktiver Beteiligung der Gemeinden, einen detaillierten Fragebogen zu den Themen Beschäftigung, Sicherheit, ehrenamtliche Arbeit, körperliche und geistige Gesundheit, Landwirtschaft, Auswirkungen auf die Umwelt, Grundwerte, soziale Unterstützung und vieles mehr entwickeln.

Experten von Statistics Canada überprüften die Fragebögen für uns und empfahlen einige Änderungen, um Unklarheiten zu beseitigen und die Formulierung der Fragen mit denjenigen in Einklang zu bringen, die für die Erstellung vergleichbarer provinzieller und nationaler Statistiken verwendet werden. Anschließend führten wir Feldtests mit den Fragebögen durch, schulten Dutzende von Einwohnern in der Verwaltung der Fragebögen und der Eingabe in die Datenbank und führten im darauffolgenden Jahr 3600 Umfragen in den beiden Pilotgemeinden durch.[127]

Die Rücklaufquote bei unserer freiwilligen zweistündigen Erhebung war erstaunlich hoch: 82 % in Glace Bay und 70 % in Kings County. Unsere Partner an den Universitäten Dalhousie, St. Mary's und Cape Breton halfen uns bei der Erstellung der Datenbanken, der Analyse und der Aufbereitung der Resultate. Die Ergebnisse zu Beschäftigung, Gesundheit, Sicherheit, unbezahlter Arbeit und anderen Themen veröffentlichten wir in den folgenden Jahren in einer Reihe von gut besuchten Gemeindeversammlungen, an denen auch einschlägige Behörden und nichtstaatliche Gruppen teilnahmen, die sich mit den entsprechenden Themen befassten.[128]

Während dieser intensiven Arbeit erhielten wir außerdem Anfragen für Arbeiten auf Provinzebene. Anfang 1999 baten uns die Regierungen Kanadas und Nova Scotias, die Vorteile und Kosten einer Verlagerung von 10 % des Güterverkehrs vom Lkw auf die Schiene zu kalkulieren, was unter anderem erforderte, die Treibhausgas- und Schadstoffemissionen zu bewerten. Einige Wochen später gab das *Maritime Centre for Excellence in Women's Health* [Maritimes Kompetenzzentrum für Frauengesundheit] zwei Studien in Auftrag, eine über die Gesundheit von Frauen im atlantischen Kanada und die andere über die Fähigkeit der allgemeineren GPI-Indikatoren, Fragen der Geschlechtergerechtigkeit aufzuzeigen. Die Organisation *Environment Canada* [Umwelt Kanada] und die *Halifax Municipality and Water Commission* [Gemeinde- und Wasserkommission Halifax] finanzierten eine Studie über den Nutzen und die Kosten einer Abwasserbehandlung, mit der der Hafen von Halifax, in den täglich 187 Millionen Liter Rohabwasser eingeleitet werden, endlich sauberer werden sollte. Die staatliche *Cancer Care Nova Scotia* [Krebsfürsorge Nova Scotia] beauftragte uns, die Kosten der Fettleibigkeit in Nova Scotia zu berechnen, und die Organisation *Recreation and Sport Nova Scotia* [Erholung und Sport Nova Scotia] bat uns, den gesundheitlichen Nutzen von körperlicher Betätigung und die Kosten eines sitzenden Lebensstils zu bewerten.

Innerhalb eines Jahres nach der Veröffentlichung unseres Berichts über die Kosten von Straftaten hatten wir Studien in all diesen und weiteren Bereichen erstellt. Die Auftraggeber nutzten unsere Ergebnisse, um für ihre Agenden und Programme zu werben, und veröffentlichten unsere Berichte oft auf ihren eigenen Webseiten.[129] Einerseits brachten diese Aufträge, um die wir nie gebeten hatten, ein bescheidenes Einkommen, das wir dringend brauchten, um unsere zentralen GPI-Studien zu finanzieren. Sie verschafften uns eine gute öffentliche Aufmerksamkeit und führten uns in die politische Arena, wo unser Ansatz und unsere Zahlen in der Praxis Anwendung fanden.

Andererseits verfolgte uns das Dilemma der Prioritätensetzung auch im nächsten Jahrzehnt, als wir uns abmühten, Geld für unser eigenes Kernprojekt aufzutreiben und Zeit für die Arbeit daran zu finden. Jeder dieser spezialisierten Geldgeber hatte seine eigene (wenn auch lohnenswerte) Agenda, doch unsere Mission war eine ganzheitliche: Wir wollten die inneren Zusammenhänge zwischen ökologischen, sozialen und wirtschaftlichen Gegebenheiten aufzeigen und erreichen, dass die Provinz den GPI als Ganzes übernimmt und anwendet. Da wir keine Geldgeber für diese große, integrative Mission finden konnten, blieben wir weiterhin auf die Einkünfte aus Aufträgen von Agenturen angewiesen, die darauf aus waren, solche Teile des GPI abzubeißen, die mit ihren eigenen Mandaten und Budgets übereinstimmten.

In jenem Jahr gab es jedoch eine Ablenkung, die wir genüsslich nutzten, denn sie bot eine hervorragende Gelegenheit, den direkten politischen Nutzen dessen, woran wir gerade gearbeitet hatten, zu demonstrieren und Nova Scotia sogar als Vorreiter in der Entwicklung innovativer Politik zu positionieren. Im Jahr 1999 kündigte die neu gewählte Regierung von Nova Scotia angesichts einer ernsten Schuldenkrise massive Entlassungen im öffentlichen Dienst an, um Schulden abzubauen und den Haushalt auszugleichen. Unsere Studien über unbezahlte Arbeit hatten gezeigt, wie wichtig es ist, Zeit in vollem Umfang zu würdigen, nicht nur als bezahlte Arbeitszeit. Das öffnete die Tür für eine breite Palette praktischer und kreativer Maßnahmen zur Verbesserung der Vereinbarkeit von Beruf und Familie, die auf den aktuellen politischen Tagesordnungen nicht vorkamen.

Im selben Jahr wurde ich durch ein neues Buch von Anders Hayden inspiriert, dem Forschungs- und Politikkoordinator von *32 Hours: Action for Full Employment* [32 Stunden: Initiative für Vollbeschäftigung], einer in Toronto ansässigen Bewegung, die sich für eine Verkürzung und Umverteilung der Arbeitszeit einsetzt. Das Buch mit dem Titel *Sharing the Work, Sparing the Planet* [Die Arbeit teilen, den Planeten schonen] zeigt, wie eine Verkürzung der Arbeitszeit nicht nur mehr Arbeitsplätze schaffen und die Vereinbarkeit von Beruf und Familie verbessern, sondern auch den übermäßigen Verbrauch reduzieren, Ressourcen sparen und die ökologische Belastung des

Planeten verringern würde.[130] Ich setzte mich sofort mit Anders in Verbindung, und wir schrieben gemeinsam einen detaillierten Vorschlag für die Regierung von Nova Scotia, in dem gezeigt wurde, dass sie die für ihren Entlassungsplan vorgesehenen Einsparungen zum Abbau der Schulden in Höhe von zehn Milliarden Dollar und des Defizits in Höhe von 500 Millionen Dollar erzielen konnte, ohne jemanden zu entlassen, und zwar, indem sie den Beamten Optionen zur freiwilligen Arbeitszeitverkürzung anbot.

Wir argumentierten, dass viele Arbeitnehmer gerne sechs statt acht Stunden pro Tag arbeiten würden, damit sie zu Hause sein können, wenn ihre Kinder wochentags von der Schule zurückkommen. Andere würden eine Vier-Tage-Woche mit einem Drei-Tage-Wochenende begrüßen. Wieder andere wären dankbar für ein neun- oder zehnmonatiges Arbeitsjahr, das es ihnen ermöglichen würde, die Ferien mit ihren Kindern zu verbringen. Befragt, ob sie lieber mehr Geld verdienen würden, indem sie länger arbeiten, oder mehr Zeit für sich und ihre Familie hätten, gaben 75 % der Kanadier an, dass sie die Zeit dem Geld vorzögen.[131]

Wir untermauerten diese Behauptungen mit überzeugenden europäischen Beweisen für wirksame Initiativen zur Arbeitszeitverkürzung. Indem sie die Teilzeitarbeit durch gleiche Stundenlöhne für Teilzeitbeschäftigte, anteilige Sozialleistungen und gleiche Aufstiegschancen attraktiv machten, gelang es den Niederlanden, die Arbeit auf viele Schultern zu verteilen, Arbeitsplätze zu retten und die Arbeitslosigkeit erheblich zu reduzieren. Noch heute (Stand 2021) haben die Niederlande die mit Abstand höchste Teilzeitquote in der OECD (36 %), eine der kürzesten Arbeitszeiten pro Arbeitnehmer (1417 Std./Jahr) und 20 % weniger Arbeitsstunden als die Vereinigten Staaten (1791 Std./Jahr). Deutschland belegte 2021 in der EU mit einer Teilzeitquote von 22,2 % den sechsten Rang, lag aber bei den Arbeitsstunden mit 1349 Std./Jahr an der Spitze, gefolgt von Dänemark mit 1363 Stunden.[132] Die belgische Regierung hatte Arbeitsplätze geschaffen und Entlassungen vermieden, indem sie Beamten eine 20-prozentige Verringerung der Arbeitszeit bei 90 % ihres früheren Gehalts anbot.[133]

Besonders die deutsche Arbeitspolitik ist ein gutes Beispiel für einen sinnvollen Umgang mit Krisensituationen. Während der globalen Finanzkrise von 2008/2009 wurde in deutschen Unternehmen auf breiter Basis Kurzarbeit eingeführt. Dadurch konnte der Arbeitsmarkt stabil gehalten werden. In der Folge war Deutschland das einzige G7-Land, das während des Crashs keinen Beschäftigungsrückgang erlebte, obwohl das BIP durch den Einbruch der Exportaufträge um 6 % schrumpfte. Das Kurzarbeitsprogramm sieht vor, dass ein Arbeitnehmer 60 % seines Lohns für die nicht gearbeiteten Stunden erhält, für die geleisteten Stunden aber den vollen Lohn. So würde beispielsweise ein Arbeiter bei einer 30-prozentigen Arbeitszeitverkürzung nur 10 % Gehaltsverlust erleiden. Auf diese Weise wird firmenspezifisches Humankapital behalten und gleichzeitig der kostspielige Prozess der Trennung, Wiedereinstellung und Schulung vermieden.[134]

Wir zogen die höheren Kosten, die dem Staat durch die Zahlung von Arbeitslosenunterstützung und Abfindungspaketen entstehen, in Betracht und zitierten kanadische Unternehmen, die bestehende Arbeitsteilungsprogramme effektiv genutzt hatten, um Entlassungen zu vermeiden. Anstatt in schwierigen Zeiten 20 von 100 Arbeitnehmern zu entlassen, könnten die Unternehmen beispielsweise die Arbeitszeit für alle 100 Arbeitnehmer um 20 % reduzieren, wobei die Arbeitslosenunterstützung, die den 20 entlassenen Arbeitnehmern zugestanden hätte, stattdessen unter den 100 Arbeitnehmern aufgeteilt würde, die weniger Stunden arbeiten würden. Ohne

Gewinn oder Verlust für die Regierung oder den Steuerzahler würden die Arbeitnehmer dann 20 % mehr Freizeit – oft in Form eines dreitägigen Wochenendes – im Austausch für weniger als eine zehnprozentige Lohnkürzung erhalten.

Es hat sich gezeigt, dass ein solcher Kompromiss zwischen Einkommen und Freizeit nicht nur die Work-Life-Balance der Arbeitnehmer und die freiwillige Beteiligung an der Gemeinschaft verbessert, sondern auch die Produktivität des Unternehmens. Die Unternehmen berichteten über geringere Fehlzeiten und Verspätungen (Arztbesuche und Besorgungen werden in die Freizeit und nicht in die Arbeitszeit gelegt), eine geringere Fluktuation, eine bessere Beibehaltung erlernter Fähigkeiten, eine geringere Ermüdung und weniger kostspielige Fehler. Außerdem verbesserten sich Arbeitsmoral und Arbeitsbeziehungen, weil die Arbeitnehmer sich gerechter behandelt und stärker im Unternehmen integriert fühlten.[135]

Abgesehen von diesen Vorteilen der Arbeitsreduzierung und Arbeitsteilung sind Entlassungen mit erheblichen Kosten verbunden. In einer separaten Studie berechnete *GPI Atlantic* die Kosten der Arbeitslosigkeit in Nova Scotia auf fast fünf Milliarden Dollar in Form von Produktions- und Steuerausfällen, Zahlungen von Arbeitslosenunterstützung und erhöhten Kosten für Krankheit, häusliche Gewalt, Scheidung und Kriminalität im Zusammenhang mit Arbeitslosigkeit.[136] Studien haben auch gezeigt, dass Arbeitslosigkeit das Selbstwertgefühl der entlassenen Arbeitnehmer stark beeinträchtigt, ihr Gefühl der Ausgrenzung verstärkt, ihre sozialen Beziehungen beschädigt und die Ungleichheit verstärkt.[137]

In den Jahren 1999/2000 legten wir diese Ergebnisse John Chataway vor, dem Minister für Humanressourcen von Nova Scotia, der seine Kabinettskollegen informierte. Gleichzeitig präsentierten wir sie den örtlichen Gewerkschaften und anderen Interessengruppen.

Sie waren alle sehr interessiert und eröffneten Diskussionsrunden, an denen ich teilnehmen sollte, um Fragen zu beantworten und bei Bedarf Belege zu präsentieren. Es herrschte eine offene und kooperative Atmosphäre. Sowohl die neue Regierung als auch die *Nova Scotia Government and General Employees Union*, NSGEU, [Gewerkschaft der Beamten und allgemeinen Angestellten] – die größte Gewerkschaft in der Provinz, die Regierungsangestellte vertritt –, zeigten sich gesprächsbereit. Beide sahen in der Arbeitsteilung und einer Reihe von freiwilligen Arbeitszeitverkürzungen eine kostensparende Alternative zu den vorgeschlagenen 1600 Entlassungen im öffentlichen Dienst, eine potenzielle Win-Win-Lösung: Arbeitsplätze würden gerettet, die neue Regierung stünde durch eine drastische Senkung des Defizits ohne Arbeitsplatzabbau gut da, Beruf und Privatleben wären leichter miteinander vereinbar, und die Lebensqualität vieler Arbeitnehmer würde sich verbessern.

Ich war erstaunt und ermutigt, wie schnell und bereitwillig Ansatz und Denkweise des GPI bislang unsichtbare Optionen auf den politischen Tisch bringen konnten, und wie offen und aufnahmebereit sowohl die Regierung als auch die Gewerkschaften waren. Aber in meinem Enthusiasmus hatte ich zwei wichtige Akteure vernachlässigt, welche die GPI-Vorschläge und die konstruktiven Verhandlungen, die bereits im Gange waren, schnell zunichte machten.

Der Minister für Humanressourcen teilte mir etwas bedauernd und fast entschuldigend mit, dass er und seine Kabinettskollegen zwar interessiert seien, seine ranghöchsten Bürokraten aus dem Bereich Humanressourcen unsere Vorschläge jedoch entschieden ablehnten. Deren Widerstand war vor allem auf die zusätzliche Arbeit und die Komplikationen zurückzuführen, die mit der Verwaltung einer Reihe von alternativen Arbeitszeitoptionen verbunden gewesen wären, denn sie passten nicht in die bestehende Gehaltsdatenbank der Abteilung. Einige Tage später tauchten dann neue Gesichter am Verhandlungstisch auf, an dem ich immer noch als wissenschaftliche Ressource anwesend war. Die Muttergewerkschaft der NSGEU, die *National Union of Public and General Employees*, NUPGE [Nationale Gewerkschaft öffentlicher und allgemeiner Angestellter] mit landesweit 340.000 Mitgliedern, hatte ihre führenden Vertreter aus Toronto eingeflogen, zusammen mit Spitzenvertretern des *Canadian Labour Congress*, ein Dachverband kanadischer Gewerkschaften. Diese nationalen Gewerkschaftsführer machten schnell klar, dass sie niemals mit der Regierung zusammenarbeiten würden, wenn es um Gehaltskürzungen ginge.

Unser Vorschlag wurde abgelehnt, die Entlassungen erfolgten, die Gewerkschaften erhoben ihr übliches Geschrei, es gab wütende Arbeiterproteste, und die Bürokraten mussten ihr Leben nicht erschweren oder eine Minute länger als bis 17.00 Uhr am Arbeitsplatz bleiben.[138] Ich hatte unterschätzt, wie schwierig es ist, eingefahrene Denkweisen, Strukturen und Besitzstände zu ändern. Wenn ich zurückblicke, erkenne ich jetzt den Keim für einige der hartnäckigeren Herausforderungen, mit denen wir später konfrontiert waren. Hätten wir die finanziellen und technischen Ressourcen gehabt (die wir als angeschlagene gemeinnützige Organisation nie aufbringen konnten), wären wir vielleicht besser vorbereitet gewesen und hätten nicht nur allgemeine politische Optionen, sondern auch praktische Umsetzungsdetails vorgelegt, etwa einen Vorschlag zur Errichtung einer neuen Datenbank für die Gehaltsabrechnung, die alternative Szenarien für die Arbeitszeitverkürzung enthalten hätte. In jedem Fall lernten wir, wie schwierig es ist, auf lokaler Ebene einen neuen Weg einzuschlagen, der sich gegen nationale und globale Interessen richtet, mit denen provinzielle Strukturen wie die Gewerkschaft NSGEU unweigerlich verbunden sind.

DIE LEISTUNGSFÄHIGKEIT DES GPI AUSLOTEN

Obwohl wir uns darauf konzentrierten, einen statistisch und wissenschaftlich exakten und glaubwürdigen GPI zu erstellen, unternahmen wir diese Arbeit nie aus akademischen Gründen. Wir taten es nur aus einem einzigen Antrieb heraus: um einen positiven Beitrag zur Neubewertung von Prioritäten seitens der Regierung zu leisten und zur Schaffung einer guten, wohlhabenden und nachhaltig wirtschaftenden menschlichen Gesellschaft auf dieser Erde. Die Ergebnisse unserer Untersuchungen überzeugten uns, dass der GPI alle erforderlichen Bestandteile enthielt, um den Grundstein für ein neues Wirtschaftsparadigma zu legen, das die Zukunft unserer Kinder sichern würde.

Im Laufe des nächsten Jahrzehnts wurde dieses Potenzial immer deutlicher. Wir erstellten 108 ausführliche Berichte zu verschiedenen Dimensionen des Wohlergehens und des Fortschritts, die Tausende von Tabellen, Grafiken und Diagrammen enthielten. Soweit es möglich war, stellten wir sowohl Indikatoren zur Bewertung des Fortschritts dar als auch Berechnungen mit wirtschaftlichen Bewertungen und fügten Zusammenfassungen und Pressemitteilungen bei, die die wichtigsten Ergebnisse hervorhoben. Diese Fülle an Daten lieferte der Provinz Nova Scotia mehr detaillierte, integrierte Informationen über ihren sozialen, wirtschaftlichen und ökologischen Status, als meines Wissens in irgendeinem anderen Land in Nordamerika und möglicherweise in der ganzen Welt verfügbar waren.

Die neuen Messgrößen boten Vorteile, die für politische Entscheidungsträger, die es mit ihrer Arbeit ernst meinten, unwiderstehlich sein mussten, was zwangsläufig zu einer Annahme und zur schrittweisen Anwendung des GPI führen würde. Die Indikatoren erwiesen sich als praktische, politisch relevante Instrumente, die den Regierungen helfen konnten, Ziele und Vorgaben festzulegen, politische Kompromisse zu klären, Programme zu bewerten und fundierte Entscheidungen zu treffen. Sie waren in der Lage, Frühwarnsignale auszusenden, um rechtzeitig Abhilfemaßnahmen einzuleiten. Mit ihrer Hilfe wurde es Bürgern möglich gemacht, Regierungen bei Wahlen zur Rechenschaft zu ziehen und ihre Stimmen entsprechend abzugeben. Gleichzeitig konnten Politiker die neuen Berechnungen nutzen, um die Gesundheit der Menschen, die natürlichen Ressourcen, die sozialen Netzwerke und die Bildung in ihre Haushalte, Bilanzen und Vermögenskonten einzubeziehen und eine fundierte Politik zum Schutz und zur Stärkung dieser Güter zu entwickeln. Langfristig sollten Regierungen damit in der Lage sein, finanzielle Anreize und Sanktionen zu setzen, die sich auf die Preise auswirken und das Verhalten ändern, um Nutzen zu belohnen und Schaden zu bestrafen.

Regierungen scheinen oft steuer- und visionslos zu sein, sie beugen sich Einzelinteressen, schauen auf die nächste Wahl, denken kurzfristig, stolpern blindlings in die Zukunft und treffen Entscheidungen, die fehlgeleitet und gefährlich sind. Die GPI-Indikatoren können ganz praktisch dazu verwendet werden, erreichbare Ziele und Vorgaben auf der Grundlage solider Fakten festzulegen.

Wenn wir die Kriminalitätsrate, den Tabakkonsum, die Armut, die Abfallentsorgung und die Treibhausgas- und Schadstoffemissionen regelmäßig und öffentlich verfolgen, können wir uns konkrete Ziele setzen, um diese Raten z. B. bis zu einem bestimmten Jahr um 20 % und bis zu einem späteren Zeitpunkt um 50 % zu senken. Zusammen mit anderen Trends können wir dann unsere Fortschritte beim Aufbau einer sichereren, gesünderen, nachhaltigeren und wirtschaftlich stabileren Gemeinschaft messen. Dies wiederum liefert den Politikern aussagekräftige Belege für ihre Entscheidungen und stichhaltige Kriterien für die Frage, welche Programme zur Erreichung der vereinbarten Ziele beitragen und welche nicht. So kann man dann auch Geld sparen, das derzeit für die Fortführung von Programmen verschwendet wird, die nicht funktionieren oder ihren Nutzen überlebt haben.

Solche gemeinsam vereinbarten Ziele und Vorgaben können darüber hinaus eine starke verbindende Kraft bei der Schaffung einer gemeinsamen gesellschaftlichen Vision sein. Da die GPI-Indikatoren Werte widerspiegeln, die über das gesamte politische Spektrum hinweg geteilt werden – Gesundheit, wirtschaftliche Stabilität, sichere Nachbarschaften, starke Gemeinschaften, gute Bildungsabschlüsse, saubere Luft und trinkbares Wasser sowie eine gesunde natürliche Umwelt –, hat keine politische Partei einen guten Grund, diese Ziele abzulehnen oder die Belege für den Fortschritt auf dem Weg zu ihrer Verwirklichung zu ignorieren. Natürlich werden sich die Parteien in ihren Strategien zur Erreichung dieser Ziele stark unterscheiden. Aber all das ist Wasser auf die Mühlen der demokratischen Debatte, solange die Parteien darin übereinstimmen, dass diese und andere Bestandteile des Wohlergehens und des »guten Lebens« gemeinsame Bestrebungen und übergreifende gesellschaftliche Ziele widerspiegeln. Solche Debatten können den sozialen Zusammenhalt sogar stärken, indem sie wichtige Fragen von gemeinsamem Interesse, die derzeit durch engstirnige wirtschaftliche Überlegungen verdrängt werden, in die politische Arena bringen.

Über Parteigrenzen hinweg können die neuen Maßnahmen gemeinsame gesellschaftliche Ziele formulieren. Vergleichbare Messmethoden dienen dazu, die tatsächliche Leistung systematisch zu bewerten, wenn es darum geht, was im Leben der Menschen wichtig ist – gesellschaftlich, wirtschaftlich und ökologisch. Wenn gewählte

Politiker wissen, dass ihre Erfolge und Misserfolge anhand konkreter Zahlen bewertet werden, können sie sich mehr auf eine wirksame Politik als auf Optik und Öffentlichkeitsarbeit konzentrieren.

Die erforderlichen Informationen zu allen wichtigen Fragen sind für hartnäckige Forscher, die entschlossen sind, sie zu suchen, sicherlich verfügbar. In der Tat geben die verschiedenen Interessengruppen – ob Wirtschaftsverbände, Handelskammern, Gewerkschaften, Umweltschützer oder Verfechter der sozialen Gerechtigkeit – zu Wahlzeiten oft ihre eigenen Wahlprüfsteine heraus. Aber die Informationen werden fast nie systematisch in einer integrierten, vergleichbaren und leicht verständlichen Weise präsentiert. Damit soll nicht naiv angenommen werden, dass charismatische Persönlichkeiten und griffige Slogans die Menschen nicht stärker beeinflussen können als seriöse Information; aber trotzdem sind Fakten, Belege und die Wahrheit für viele Menschen immer noch wichtig.

Die Belege, die wir nach und nach fanden, wiesen auf einen weiteren wichtigen politischen Vorteil unserer ganzheitlichen Maßnahmen hin: Gewöhnlich erarbeitet jedes Ministerium und jede Behörde relativ isoliert ihren eigenen Haushalt und ihre eigene Tagesordnung, ohne dabei viel Rücksicht auf die Prioritäten anderer Abteilungen zu nehmen. Die 20 integrierten sozialen, wirtschaftlichen und ökologischen Dimensionen des GPI (siehe Tabelle Seite 99) zeigen dagegen Zusammenhänge auf, die es den politischen Entscheidungsträgern ermöglichen, praktische Kompromisse zwischen alternativen politischen Entscheidungen zu erkennen. Wenn wir in einem Bereich Fortschritte erzielen, geht dies dann auf Kosten eines anderen Bereichs, oder können wir Maßnahmen ermitteln, die für alle Beteiligten von Vorteil sind und das Wohlergehen in Bezug auf Gesundheit, Lebensstandard, Umweltqualität und andere Ziele gleichzeitig und harmonisch fördern?

Nur ein Beispiel: Wir legten integrierte Datensätze vor, die den wirtschaftlichen Wert und den Nutzen von Investitionen in die ökologische Landwirtschaft überzeugend belegen, obwohl diese üblicherweise als ein marginales, umweltpolitisches Anliegen betrachtet wird. Die Daten zeigten nicht nur deutlich, dass der ökologische Landbau langfristig die Bodenqualität und -produktivität bewahrt und verbessert, sondern auch, dass er die Gesundheit der Bevölkerung fördert, das Einkommen der Landwirte steigert und der lokalen Wirtschaft erhebliche positive Nebeneffekte bringt.

Wissenschaftliche und epidemiologische Studien zeigen, dass ökologische Lebensmittel sicherer und gesünder sind als nichtökologische Lebensmittel, die laut dem Forschungsdienst des Europäischen Parlaments »sehr hohe Kosten für die Gesellschaft« verursachen, da die Verbraucher synthetischen Pestiziden mit neurotoxischen, endokrinschädigenden oder karzinogenen Eigenschaften ausgesetzt sind. Es gibt auch Hinweise auf gesundheitliche und sicherheitstechnische Vorteile für die Verbraucher von Biolebensmitteln, die sich aus der Beschränkung von Antibiotika bei Nutztieren, geringeren Cadmiumkonzentrationen in der Ernte und einem geringeren Risiko für fötale Missbildungen, Allergien bei Kindern, Fettleibigkeit bei Erwachsenen und Non-Hodgkin-Lymphomen ergeben.[139]

Auf der wirtschaftlichen Seite wird erwartet, dass sich der globale Biomarkt in nur zehn Jahren von 166 Milliarden Dollar im Jahr 2021 auf 680 Milliarden Dollar im Jahr 2026 mehr als vervierfachen wird.[140] In Kanada ist die Nachfrage nach Bioprodukten zwischen 2017 und 2020 um 14,9 % gestiegen, wobei das Angebot nicht mit der Nachfrage Schritt halten kann.[141] In den USA ist Bio seit 2015 der am schnellsten wachsende Sektor der Lebensmittelindustrie, 2022 kauften nur noch 15 % der Amerikaner keine Biolebensmittel, und diese Zahlen finden sich auch in vielen anderen Ländern.[142] In den 27 Staaten der Europäischen Union ist der ökologische Landbau seit zehn Jahren stetig um durchschnittlich 6 % pro Jahr gewachsen, und in den zwölf Staaten, die seit 2004 der EU beigetreten sind, sogar um 13 % pro Jahr.[143]

Derartige Belege können wiederum die staatliche Unterstützung für die Biobranche anspornen und gewohnheitsmäßige Denk- und Handlungsmuster durchbrechen, wie etwa die unzutreffende Behauptung, Menschen würden unabhängig von der Herkunft die billigsten Lebensmittel kaufen. Diese vielfältigen Vorteile, einschließlich der Wachstumsraten des Biosektors, können auch diejenigen beeinflussen, die Bio immer noch als ein Randthema der Umweltschützer betrachten und wirtschaftliche und ökologische Belange eher im Widerspruch als im Einklang sehen.

Das ist nur ein Beispiel für das Potenzial integrierter sozioökonomischer und ökologischer Datensätze zur Ermittlung von Win-Win-Lösungen, die mehrere Ziele gleichzeitig fördern. Durch die Verflechtung sozialer, wirtschaftlicher und ökologischer Faktoren können allerdings viele politische Entscheidungen schwierig und strittig werden und Kompromisse und Zugeständnisse hinsichtlich unseres Lebensstils erfordern. So kann zum Beispiel ein teurer Autobahnneubau, der einer vom Auto abhängigen Entwicklung in den Vorstädten dient, die Verkehrsbelastung im Berufsverkehr und die soziale Spaltung verstärken und Maßnahmen zur Verringerung des Energieverbrauchs, der Umweltverschmutzung und der Treibhausgasemissionen unterminieren. Aber nur wenn man solche Zusammenhänge versteht, kann man fundierte Entscheidungen treffen.

AUSLÖSER FÜR RECHTZEITIGE ABHILFEMASSNAHMEN?

Für den vielleicht überraschendsten politischen Nutzen des GPI-Ansatzes, den wir fanden, brauchten wir auch am längsten – zehn Jahre, um genau zu sein. Als wir damit begannen, Zeitreihen zu erstellen (d. h. vergleichbare Daten, die in regelmäßigen Abständen über mehrere Jahre hinweg erhoben wurden), zeigte der GPI eine bemerkenswerte Vorhersagekraft. Der Trick, mit dem diese Kraft freigesetzt werden konnte, bestand darin, zunächst die besten und wichtigsten Indikatoren zu ermitteln, was oft mehrere Jahre dauerte. Anschließend wandelten wir diese Ergebnisse in ein Netto- statt in ein Bruttorechnungssystem um.[144] In Verbindung mit Computermodellen, die ein breites Spektrum an Schlüsselvariablen berücksichtigen können, um der hohen Komplexität der menschlichen Gesellschaft gerecht zu werden, ist eine solche Vorhersagefähigkeit in der Lage, Frühwarnsignale für potenzielle Schwierigkeiten und Herausforderungen zu liefern. Diese politische Funktion ist so wertvoll, dass es sich lohnt, ein paar Beispiele anzuführen.

Mitte 2019 veröffentlichte das *Global Footprint Network* jährliche Zahlen, die in den BIP-Berechnungen nicht zu finden waren. Sie zeigen, dass die Menschheit bereits Ende Juli, also nach nur sieben Monaten, mehr Ressourcen der Natur verbraucht hat, als der Planet in einem ganzen Jahr erneuern kann. Für den Rest des Jahres haben wir durch Überfischung, Abholzung der Wälder, übermäßigen Konsum und den Ausstoß von mehr Treibhausgasen, als die Erde aufnehmen kann, die Zukunft unserer Kinder ausgebeutet und von ihnen gelebt. Aus diesem Grund wurde der 29. Juli 2019 zum Erdüberlastungstag (*Earth Overshoot Day*) erklärt. Wenn der Rest der Welt so gelebt, konsumiert und verschwendet hätte wie die Amerikaner,

Kanadier und Europäer, so die Zahlen, wäre der Erdüberlastungstag Mitte März ›gefeiert‹ worden.[145]

Die derzeitige Überlastungskrise war vorhersehbar und hätte vermieden werden können. Wie der GPI verwendet auch die Analyse des ökologischen Fußabdrucks ein Nettobuchhaltungssystem, das die Nutzung menschlicher Ressourcen mit der Produktionskapazität der Erde vergleicht. 20 Jahre zuvor war der *Erdüberlastungstag* am 1. Oktober, und schon damals standen die Zeichen auf Sturm. Leider wurde er ignoriert, und die Menschheit fuhr fort, in immer schnellerem Tempo zu viel zu verbrauchen. Solange wir uns weiterhin auf Bruttorechnungsmethoden wie das BIP verlassen, das nur zählt, was wir produzieren und ausgeben, wird unsere Gegenwart schnell zur »guten alten Zeit« werden. Wir werden zunehmend mit Erstaunen auf sie zurückblicken und uns fragen, wie unsere Generation wider besseres Wissen so verschwenderisch und ignorant sein konnte.

Angesichts der lebensbedrohlichen Krisen, mit denen die Menschheit heute konfrontiert ist, liegt es auf der Hand, dass die Vorhersagekraft und die Fähigkeit, Frühwarnsignale zu senden, eine wichtige politische Funktion der Nettobilanzierung und der ganzheitlichen Messsysteme ist. Unser Team entdeckte allmählich, dass dies sowohl für die Wirtschaft als auch für ökologische und soziale Fragen gilt. Im ersten Kapitel wies ich darauf hin, dass die massive globale Finanzkrise von 2008/2009 durch ein System der Nettorechnungslegung möglicherweise hätte vorhergesagt und vermieden werden können, weil es das Einkommenswachstum mit dem Schuldenwachstum und die Verbraucherausgaben mit den Bilanzen abgeglichen hätte, d. h. mit dem Nettowert von Vermögenswerten wie z. B Wohnungsbeständen. Wie wir dort feststellten, hatten die Brutto-BIP-Messungen die führenden Wirtschaftsexperten und politischen Entscheidungsträger so in die Irre geführt, dass sie den

Absturz überhaupt nicht vorhersagen konnten, sondern selbstgefällig den Ausgabenboom und das BIP-Wachstum bejubelten, ohne präventive Maßnahmen zu ergreifen. Eine ähnliche Erfahrung machten wir bei unserer GPI-Arbeit für Kanada.

Einen Monat vor Beginn des Wirtschaftseinbruchs 2008 veröffentlichte *GPI Atlantic* einen Bericht über Schulden und finanzielle Sicherheit. Darin wurde vor unhaltbaren Trends in der kanadischen Wirtschaft gewarnt – zum Beispiel vor der Tatsache, dass das Schuldenwachstum während der sogenannten Boomphase des vorangegangenen Jahrzehnts bei 80 % der kanadischen Haushalte weit über dem Einkommenswachstum lag, wodurch die Fähigkeit vieler Familien, ihre persönlichen Schulden zu verwalten und zu bedienen, gefährdet war. Nur bei den wohlhabendsten 20 % der Kanadier überstieg das Einkommenswachstum das Schuldenwachstum – eine viel zu schmale Basis für eine gesunde Wirtschaft.[146] In den vier atlantischen Provinzen Kanadas waren mehr als 77.000 Haushalte so hoch verschuldet, dass sie selbst dann nicht aus den Schulden herauskamen, wenn sie alles verkauften, was sie besaßen, einschließlich ihrer Häuser. Unsere Arbeit hatte nichts Hellseherisches an sich; wir erkannten lediglich, dass der Rückgriff auf Bruttoeinkommens- und Wachstumsstatistiken steigende Schuldenniveaus unweigerlich unterbewertet und somit die Gefahren des schuldengetriebenen Wachstums nicht aufzeigt.

Wir baten einen Topmanager der kanadischen Zentralbank *Bank of Canada*, unseren Bericht zu prüfen und vor seiner Veröffentlichung zu kommentieren. Dieser hoch angesehene Finanzexperte war mit unseren Schlussfolgerungen nicht einverstanden, wohl aber mit unseren Statistiken, Berechnungen und Methoden. Im Einklang mit der damals üblichen Weisheit versicherte er uns, dass die Finanzen der kanadischen Haushalte noch nie so gesund gewesen seien, dass die kanadischen Haushalte finanziell stabiler seien als je zuvor und dass unsere beunruhigenden Schlussfolgerungen daher falsch sein müssten. Er hatte jedoch weder unsere Zahlen bestritten noch die Schlussfolgerungen widerlegt, so dass wir unseren Bericht trotzdem veröffentlichten. Einige Wochen später kam der Absturz, die kanadische Wirtschaft fiel in die Rezession, die Exporte gingen um 16 % und die Investitionen um 22 % zurück, 400.000 Arbeitsplätze gingen verloren, der kanadische Dollar verlor 20 % seines Wertes, und die kanadischen Haushalte fanden ihre Finanzen alles andere als »gesund« und »sicher« vor.[147] Die zuversichtlichen Äußerungen des Bankmanagers sind nur ein Hinweis darauf, wie schwierig es ist, tief verwurzelte Denkweisen und Praktiken zu durchbrechen, selbst wenn man mit harten Fakten aufwarten kann.[148]

LOHNT SICH LANDWIRTSCHAFT?

Unter allen unseren Forschungsarbeiten demonstrierte diejenige über die Landwirtschaft am anschaulichsten die Vorhersagekraft des GPI, seine Fähigkeit, Frühwarnsignale auszusenden, und die Herausforderung, diesen eindeutigen politischen Nutzen in die Praxis umzusetzen.

In den späten 1990er Jahren befanden sich die Landwirte in Nova Scotia in ernsten wirtschaftlichen Schwierigkeiten. Jeder Schlüsselindikator für die Lebensfähigkeit der Landwirte war rückläufig – das landwirtschaftliche Nettoeinkommen war seit 1971 um 46 % gesunken, die landwirtschaftlichen Kosten stiegen viel schneller als die Lebensmittelpreise, die Verschuldung war in die Höhe geschnellt, die Kapitalrendite war rückläufig und die Verbindlichkeiten überstiegen die Vermögenswerte.[149] Unser GPI-Bericht warnte, dass die Landwirte bei einer Fortsetzung der bestehenden Entwicklungen vom Land vertrieben würden, weil sie sich die Landwirtschaft nicht mehr leisten konnten. Die Ergebnisse erhielten gute Presse, wurden aber von den politischen Entscheidungsträgern ignoriert, weil diese sich auf BIP-basierte Statistiken verließen, die einen Aufwärtstrend bei den Bruttoeinnahmen aus der Landwirtschaft zeigten. Wenn man die Kosten außer Acht lässt, gibt es natürlich kein Problem!

Im Jahr 2008 aktualisierten wir die Zahlen. Für viele Landwirte war es zu spät. In vier der sechs vorangegangenen Jahre war das landwirtschaftliche Nettoeinkommen in Nova Scotia unter null gesunken, was bedeutete, dass die Landwirte mehr Geld für ihre Arbeit ausgeben mussten, als sie einnahmen.[150] Viele waren bereits gezwungen, die Landwirtschaft aufzugeben und ihre Höfe an Bauträger zu verkaufen. Obwohl die im BIP berücksichtigten Bruttoeinnahmen der Landwirte seit 1971 um 6,7 % gestiegen waren, war das Nettoeinkommen der Landwirte im gleichen Zeitraum um 91 % gesunken und hatte 2007 den niedrigsten jemals verzeichneten Stand erreicht. Zu diesem Zeitpunkt lag das Verhältnis von Ausgaben zu Einnahmen bei 100 % und damit weit über dem Schwellenwert von 80 %, der für einen gesunden Agrarsektor erforderlich ist. Die Gesamtverschuldung der Landwirte war um 146 % gestiegen, und der Solvabilitätskoeffizient der Landwirte (Verbindlichkeiten im Verhältnis zu den Vermögenswerten) stieg um 106 %. Das bedeutete, dass viele Landwirte ihre Schulden selbst dann nicht mehr zurückzahlen konnten, wenn sie alles verkauften, was sie besaßen (Land, Gebäude und Maschinen).

Die Krise war völlig vorhersehbar: Die neuen Ergebnisse folgten einfach denselben Abwärtspfaden, die wir fast ein Jahrzehnt zuvor aufgedeckt hatten. Die Landwirte und der Landwirtschaftsverband von Nova Scotia waren ekstatisch in ihrer Dankbarkeit für unsere Arbeit, weil endlich die Wahrheit über ihr wirtschaftliches Leben gesagt wurde: »Ihr habt endlich mit Zahlen belegt, was wir Landwirte alle aus unserer harten Erfahrung wussten«, sagten sie uns. »Aber wir konnten es nicht beweisen, und wir wurden ignoriert, weil unsere Geschichten nur individuell und anekdotisch waren. Jetzt wird man uns endlich zuhören.«

Das war jedoch nicht der Fall, und wir mussten untersuchen, warum. Die Zahlen waren in der Presse so präsent und wurden vom Landwirtschaftsverband so lautstark verkündet, dass die politischen Entscheidungsträger nicht so tun konnten, als ob sie nichts wüssten. Aber wie der bereits erwähnte Bankenexperte waren sie so geblendet von ihrem Vertrauen in die Zahlen der Bruttobargeldeinnahmen des BIP, dass sie jenen Zahlen keine Beachtung schenkten, die auch die Kosten der Landwirtschaft berücksichtigten. Denn dort wurden die Produktpreise im Verhältnis zu den Preisen der landwirtschaftlichen Betriebsmittel aufgezeigt und offenbarten das Nettoeinkommen, die Ausgaben und die Verschuldung, die in der Praxis die Lebensfähigkeit der Betriebe bestimmen.

Im Nachhinein scheint es einen weiteren Grund für das Versagen der Politiker gegeben zu haben. Im bestehenden globalen System ist die Verdrängung kleinerer Familienbetriebe durch industrielle monokulturelle Megafarmen, die auf einen hohen Einsatz von Chemikalien, fossilen Brennstoffen und billigen Arbeitskräften angewiesen sind, als langfristiger und sich beschleunigender Trend akzeptiert worden. In diesem Sinne spiegeln unsere Zahlen aus Nova Scotia sowohl die Herausforderungen wider, mit denen kleine lokale Bauernhöfe weltweit konfrontiert sind, als auch die wachsende wirtschaftliche Konzentration in der gesamten Lebensmittelkette – vom Landbesitz über Saatgut und Herbizide bis hin zur Finanzierung der Landwirtschaft und dem Einzelhandel. Kanada hat zwischen 1991 und 2011 27 % seiner Farmen und 25 % seiner Landwirte verloren, während die durchschnittliche Betriebsgröße um 30 % zunahm.[151]

In den Vereinigten Staaten kontrollieren die größten 2 % der landwirtschaftlichen Betriebe inzwischen ein Drittel des gesamten Ackerlandes, und die größten 10 % kontrollieren mehr als 70 %. Das US-Landwirtschaftsministerium drückte es ganz unverblümt aus: »Die Farmen von heute sind weniger und größer«.[152] In Kanada kontrollieren drei Unternehmen mehr als 70 % des Düngerverkaufs, zwei Unternehmen kontrollieren mehr als 70 % der Rindfleischverpackung, und fünf Unternehmen beherrschen den Lebensmitteleinzelhandel.

Eine solche Konzentration ermöglicht es den Unternehmen der Agrarindustrie, höhere Preise für die von den Landwirten gekauften Betriebsmittel zu erzielen und niedrigere Preise für die von den Landwirten gekaufte Ernte anzubieten.[153] Da die Landwirtschaft weniger lukrativ ist, zieht sie auch weniger junge Landwirte an; mehr als 55 % aller kanadischen Betriebe werden von Landwirten geführt, die 55 Jahre und älter sind.[154] Warum sollte es die politischen Entscheidungsträger unter diesem Gesichtspunkt interessieren, dass kleine Betriebe eingehen? Die intensive Konzentration, die Größenvorteile und die Abhängigkeit von billigen Arbeitskräften halten die Lebensmittelpreise niedrig. Warum also sollte man sich über eine sich rasch verändernde Agrarstruktur Sorgen machen, die den Verbrauchern anscheinend zugutekommt?

Nach einem Dutzend Jahren, in denen unser Team Daten zu Landwirtschaft, Wäldern, Fischerei, Klimawandel, Gesundheit, Beschäftigung, Sicherheit und vielem mehr untersucht hatte, erkannten wir ein trauriges und erschreckendes Muster: Da die Gesellschaften zu selten auf Frühwarnsignale achten und den langsamen Niedergang wertvoller sozialer, wirtschaftlicher und ökologischer Ressourcen allzu oft nicht richtig verfolgen, werden viele Zusammenbrüche unserer Welt des *business as usual* wahrscheinlich eher mit einem leisen Wimmern als mit einem lauten Knall erfolgen. Wir gewöhnen uns allmählich an eine zunehmend schlechtere Welt – wir wissen nicht mehr, was ein natürlicher, alter Wald ist; wir vermissen keine Arten, Kulturen und Sprachen, die ausgestorben sind; und wir akzeptieren Umweltverschmutzung, extreme Wetterbedingungen, Fettleibigkeit, Unsicherheit und Angst als Normalität.

Doch gleichzeitig zeigten die GPI-Ergebnisse, dass die Umfassenden Kostenrechnungen, wenn sie von den politischen Entscheidungsträgern ernst genommen werden, fähig sind, die Preise zu beeinflussen und so unmittelbar auf die Gewohnheiten der Verbraucher einzuwirken. Einerseits sagten wir nichts, was Agronomen, Meteorologen, Biologen, Epidemiologen und andere Wissenschaftler nicht schon zuvor gesagt hatten. Andererseits übersetzten wir die Erkenntnisse dieser Wissenschaftler in die Sprache der Ökonomie und der Politik, schufen eine strategische Brücke zur Welt der konventionellen Wirtschaft und bewegten manchmal wichtige politische Zielgruppen, die normalerweise selbst durch die besten wissenschaftlichen Erkenntnisse nicht zu erreichen waren.

DER POTENZIELL GRÖSSTE POLITISCHE HEBEL

Um auf die Ergebnisse der Landwirtschaft zurückzukommen: Die unzureichende Datenlage erlaubt es uns noch nicht, den vollen wirtschaftlichen Nutzen und die Kosten der verschiedenen Lebensmittelsysteme zu bewerten und zu vergleichen. Es gibt jedoch bereits zahlreiche Belege für ihre Auswirkungen auf Gesundheit, Ernährung, Bodenqualität, Transport sowie Treibhausgas- und Schadstoffemissionen, die alle darauf hindeuten, dass frische, lokale, nachhaltig angebaute Lebensmittel viel billiger wären als chemisch angebaute Lebensmittel, die aus 2000 km Entfernung importiert werden.

Um das zu erkennen, muss man allerdings die gesamten Kosten für die Lebensmittelproduktion und -verteilung einbeziehen. Zurzeit ist das Gegenteil der Fall. Biologisch angebaute Lebensmittel etwa waren 2020 in Deutschland je nach Produkt zwischen 36 % und 175 % teurer als konventionell erzeugte Lebensmittel.[155] Ein Fast-Food-Cheeseburger kostete 2014 in Deutschland nur 1,19 Euro und in den USA einen Dollar, wobei die externen Kosten für Fettleibigkeit und CO_2 zwischen 68 Cent und 2,90 Dollar pro Burger geschätzt werden.[156] Durch diese Preisverzerrung werden die derzeitigen Lebensmittelpreise künstlich gedrückt – Preise, die zum Beispiel nicht berücksichtigen, dass das derzeitige globale Lebensmittelsystem für ein Drittel aller vom Menschen verursachten Treibhausgasemissionen verantwortlich ist.[157]

Umfassende Kostenrechnungen weisen auch auf subtilere wirtschaftliche Auswirkungen hin. So gibt es Hinweise darauf, dass kleine lokale Landwirtschaftsbetriebe in erheblichem Maß zur Beschäftigung und zum Einkommen in ländlichen Gebieten beitragen und einen viel höheren Multiplikatoreffekt für die lokale Wirtschaft haben als Megafarmen.[158] Das liegt vor allem daran, dass lokale Landwirte viel eher lokal einkaufen und ausgeben als große kapitalintensive Fabrikbetriebe, die viel weniger Arbeitskräfte pro Hektar beschäftigen und Ausrüstung, Vorräte und Futtermittel von denselben Agrarkonzernen kaufen, die auch ihre Produkte beziehen. Eine Studie der University of Minnesota hat beispielsweise ergeben, dass kleine Betriebe mit einem Bruttojahreseinkommen von 100.000 Dollar oder weniger fast 95 % der betriebsbezogenen Ausgaben in ihrer Gemeinde tätigen, während es bei großen Betrieben mit einem Bruttoeinkommen von über 900.000 Dollar weniger als 20 % sind.[159] Abgesehen von diesen grundlegenden wirtschaftlichen Vorteilen stärken kleine landwirtschaftliche Betriebe das soziale und kulturelle Gefüge ländlicher Gemeinden und bieten der lokalen Bevölkerung eine größere Lebensmittelsicherheit und Unabhängigkeit von möglichen Störungen der globalen Lebensmittelversorgung.[160]

Die gute Nachricht ist, dass solche Erkenntnisse, wenn sie systematisch in regionale oder nationale Umfassende Kostenrechnungen einfließen, einen tiefgreifenden politischen Einfluss haben können, sofern die Gesetzgeber sie beherzigen. Dieses außerordentliche Potenzial hat unser kleines Team in Schwung gehalten und unsere Hoffnungen während des gesamten Jahrzehnts nicht sinken lassen. Umfassende Kostenrechnungen vom Typ GPI, die den tatsächlichen wirtschaftlichen, sozialen und ökologischen Nutzen und die Kosten wirtschaftlicher Aktivitäten richtig bewerten, bieten eine relativ objektive Voraussetzung und einen faktischen Bezugspunkt, der es den politischen Entscheidungsträgern ermöglicht, den Umfang von Subventionen und Steuererleichterungen zur Förderung nachhaltiger und nützlicher Aktivitäten und von Abgaben und Steuern auf schädliche Aktivitäten genau zu bewerten. Solche finanziellen Anreize und Sanktionen wirken sich direkt auf die Senkung oder Erhöhung der Preise aus und fördern oder hemmen so bestimmte Käufe der Verbraucher.

Ein deutliches Beispiel für die Beziehung zwischen Preisen und Konsumverhalten ist der Anstieg und Rückgang des Zigarettenkonsums als direkte Reaktion auf die Erhöhung und Senkung der Tabaksteuer.[161] So sank der Anteil der rauchenden Jugendlichen in Nova Scotia drastisch von 30 % im Jahr 1999 auf 13 % im Jahr 2005, offenbar als direkte Reaktion auf die Verdoppelung der Zigarettensteuer in der Provinz und die damit verbundenen Preiserhöhungen.[162] Im Gegensatz dazu hatte die kanadische Regierung 1994 die Tabaksteuer gesenkt, um den Zigarettenschmuggel einzudämmen, da die Tabaksteuern und -preise in den kanadischen Provinzen stark voneinander abwichen.[163] Dies war ein anschauliches Beispiel dafür, wie schwierig es ist, einseitige Maßnahmen zu ergreifen, die nicht mit denen anderer Länder übereinstimmen.

Wenn sie jedoch auf koordinierte Weise umgesetzt werden, zeigen die Belege überzeugend, dass eine Erhöhung der Tabaksteuer den Konsum, die Prävalenz des Rauchens und die Krankheitslast vor allem in den ärmsten Bevölkerungsschichten verringert, während sie die öffentliche Gesundheit insgesamt verbessert und die Steuereinnahmen der Regierungen erhöht.[164] Die Weltgesundheitsorganisation schätzt, dass eine weltweite Steuererhöhung, die den realen Preis von Zigaretten um 10 % anhebt, 42 Millionen Raucher zum Aufhören bewegen und mindestens zehn Millionen tabakbedingte Todesfälle jährlich verhindern würde.[165] Das Verhältnis zwischen der Veränderung des Verbrauchs und der Preisänderung einer Ware oder Dienstleistung wird als »Preiselastizität der Nachfrage« bezeichnet. Für westliche Länder wie die Vereinigten Staaten, Kanada und Deutschland wurde errechnet, dass eine zehnprozentige Erhöhung des Zigarettenpreises den Konsum um 3 bis 5 % senken würde.[166]

Finanzielle Anreize und Sanktionen wirken sich nicht nur direkt auf die Preise und damit auf das Verbraucherverhalten aus, sondern haben auch weiterreichende wirtschaftliche Auswirkungen, die die gewünschten politischen Ergebnisse verstärken. Wenn also Anreize für ökologisch erzeugte lokale Lebensmittel geschaffen würden und diese finanziell rentabler wären, könnten sich auf natürliche Weise Größenvorteile entwickeln – zum Beispiel durch ökologische Bauernkooperativen –, die die Effizienz der Vermarktung verbessern und damit die Preise senken. Finanzielle Unterstützung für Landwirte, deren Praktiken die Wasserressourcen schonen, die Bodenqualität verbessern, die Kohlenstoffemissionen reduzieren und lokale Märkte beliefern, würde aus Steuern und Strafen auf importierte, chemisch angebaute Lebensmittel kommen, die hohe Kosten in Form von Bodenverarmung, Treibhausgasemissionen und gesundheitlichen Auswirkungen verursachen. Eine solche Politik würde wiederum dazu führen, dass die Preise für importierte Lebensmittel im Verhältnis zu den Preisen für lokale, nachhaltig erzeugte Lebensmittel steigen, wodurch die Nachfrage nach letzteren zunähme.

GPI-ähnliche Kalkulationen würden die Regierungen auch dazu ermutigen, erstklassige landwirtschaftliche Flächen vor der Erschließung zu schützen, indem sie Grunddienstbarkeiten für die besten und am stärksten bedrohten landwirtschaftlichen Nutzflächen erwerben. Der Kauf solcher Erschließungsrechte wäre ein geeignetes Mittel, um gutes Ackerland dem Immobilienmarkt zu entziehen und die weitere Nutzung des Landes für die Landwirtschaft zu garantieren, weil die Landwirte für die Verluste, die sie erleiden, wenn sie das Land nicht für andere Zwecke verkaufen können, entschädigt würden.[167]

Wo solche kreativen Lösungen erprobt wurden, haben sie die wirtschaftliche Lebensfähigkeit von Bauernhöfen effektiv verbessert, landwirtschaftliche Flächen erhalten und nachhaltige landwirtschaftliche Praktiken in Gegenden unterstützt, in denen die lokale Landwirtschaft in Schwierigkeiten steckte. Das *Agricultural Conservation Easement Program* ACEP [Programm zur Erhaltung der Landwirtschaft] der US-Regierung zahlt indigenen Stämmen, bundesstaatlichen und lokalen Regierungen sowie Schutzprogrammen von Nichtregierungsorganisationen bis zu 50 % des Marktwerts von Nutzungsrechten, die Landwirten helfen, produktives Land in der Landwirtschaft zu halten und die Umwandlung in nicht-landwirtschaftliche Nutzungen zu verhindern.[168] Andernorts wurden

Landwirte für nachhaltigere Bewirtschaftung zum Schutz von Ökosystemleistungen bezahlt. In Tansania und Honduras beispielsweise wurden flussaufwärts gelegene Landwirte von flussabwärts gelegenen Wassernutzern dafür bezahlt, dass sie ihre Anbaumethoden und die Wasserqualität verbessern, indem sie Abfluss, Bodenerosion, Abfälle und chemische Düngemittel reduzieren und Bewässerungsgräben und Terrassen anlegen.[169]

Da es keine nationalen Umfassenden Kostenrechnungen gibt, sind Programme wie diese immer noch sehr vereinzelt und in Umfang und Reichweite eher bescheiden. Systematisierte Umfassende Kostenrechnungen würden jedoch in Verbindung mit solchen nationalen Maßnahmen und den in Kapitel 15 vorgeschlagenen Programmen die kreativen politischen Optionen und finanziellen Hebel stark erweitern. Sie könnten so einen neuen Weg in die Zukunft ebnen und wirksam auf Frühwarnsignale für kommende größere Probleme reagieren. Ganz gleich, in welchem Bereich unser GPI-Team in der vorhandenen wissenschaftlichen Literatur recherchiert hat, stets fanden wir eine Fülle von Frühwarnungen und klaren politischen Optionen zur Schadensvermeidung. Ein Nettorechnungssystem kann diese wissenschaftlichen Erkenntnisse in eine wirtschaftliche Sprache übersetzen, die die politischen Entscheidungsträger erreicht.

So wurde beispielsweise vor 1992 eine Reihe von wissenschaftlichen Berichten über die Dezimierung der atlantischen Fischbestände weitgehend ignoriert, weil die BIP-basierten Messgrößen berichteten, die Fischereiindustrie floriere. Der Grund war wieder einmal, dass sie nur das zählten, was den Ozeanen entnommen wurde.[170] Im Gegensatz dazu hätte ein Nettorechnungssystem, das sowohl den Zähler (Fischanlandungen) als auch den Nenner (Fischbestände im Meer) zählt, drohende Probleme für die Branche signalisiert und die

Politiker dazu veranlasst, Regulierungsmaßnahmen zu ergreifen, um die Fänge zu begrenzen, damit eine Überfischung verhindert und die Erholung der Fischbestände ermöglicht würde. Wären solche Maßnahmen rechtzeitig ergriffen worden, hätte der katastrophale Zusammenbruch der atlantischen Bodenfischbestände im Jahr 1992 verhindert werden können. Auf globaler Ebene hätte man die Überfischung und Erschöpfung von mehr als 70 % der kommerziell wichtigen Fischbestände der Welt vermeiden können.[171]

Auch Wissenschaftler, die sich mit dem Klimawandel befassen, äußern inzwischen offen ihre Frustration darüber, dass ihre Belege und Warnungen ignoriert werden. Ende Dezember 2015 – dem wärmsten und feuchtesten Dezember im bis dahin wärmsten Jahr seit Beginn der Aufzeichnungen[172] – äußerte sich Myles Allen, Leiter der Klimaforschung an der Universität Oxford, entsprechend: »Als Wissenschaftler ist es ein wenig niederschmetternd, dass wir das seit 20 Jahren sagen und die Leute erst, wenn sie sehen, dass im Dezember Narzissen blühen, anfangen zu denken: ›Vielleicht haben sie recht‹.«[173]

Aber in die Sprache der Wirtschaft übersetzt, sind solche wissenschaftlichen Warnungen eher geeignet, wirksame politische Maßnahmen auszulösen. So können Schätzungen der durch den Klimawandel verursachten Kosten einen zuverlässigen Bezugspunkt für eine angemessene CO_2-Steuer liefern, die diese Kosten ausgleicht und die Abhängigkeit von fossilen Brennstoffen verringert. Trotz der Schwierigkeiten, die sich aus der vereinzelten und begrenzten Umsetzung ergeben, zeigen die bereits existierenden Strategien, wie stark solche staatlichen Maßnahmen Preise und Verhalten beeinflussen können. Die erfolgreiche CO_2-Steuer in Britisch-Kolumbien hat beispielsweise gezeigt, dass eine Erhöhung der Benzinpreise um fünf Cent pro Liter die Kraftstoffeffizienz ankurbeln und den

Benzinverbrauch um 5 bis 8 % senken kann. Im Gegensatz dazu hat die Untätigkeit der Regierung angesichts der fallenden Ölpreise zwischen 2015 und 2020 den Verkauf von großen benzinfressenden Fahrzeugen angekurbelt.[174]

Der politische Nutzen von Umfassenden Kostenrechnungen kann äußerst subtil und sehr genau auf eine Vielzahl nationaler Bedürfnisse abgestimmt sein. Da solche Kalkulationen soziale, ökonomische und ökologische Variablen miteinander verknüpfen, weisen sie automatisch auf politische Kompromisse und mögliche Win-Win-Lösungen in einem breiten Spektrum von Politikbereichen hin. Beispielsweise könnten die CO_2-Steuereinnahmen auf der Grundlage von Schätzungen der wirtschaftlichen und gesundheitlichen Kosten von Armut und Arbeitslosigkeit in die Armutsbekämpfung und die Schaffung von Arbeitsplätzen investiert werden. Ebenso könnten Gelder, die durch staatliche Abgaben und Strafen für nicht nachhaltige Geschäftsaktivitäten (z. B. Ölsandproduktion) eingenommen werden, als finanzielle Anreize für nachhaltige Investitionen (z. B. erneuerbare Energien, öffentlicher Nahverkehr) umgelenkt werden. Ein solches Gleichgewicht zwischen Strafen und Anreizen kann den Bürgern auch die Gewissheit geben, dass CO_2-, Zigaretten- und andere neue Steuern keine Geschenke an die Regierung sind, sondern in sozial, wirtschaftlich und ökologisch nützliche Aktivitäten investiert werden. Solche greifbaren sozialen Vorteile können Maßnahmen zur Steuerverlagerung sehr populär machen.

Kurz gesagt, trotz der Herausforderungen, denen wir uns gegenübersahen, als wir politische Maßnahmen in Nova Scotia anstießen, ohne jedoch die Umfassende Kostenrechnung einzuführen, bin ich nach wie vor davon überzeugt, dass ein solches Rechnungssystem letztendlich tiefgreifende politische Auswirkungen haben kann.

Es wird wichtige Frühwarnungen auf die politische Tagesordnung setzen, um rechtzeitige Abhilfemaßnahmen anzustoßen, die darauf abzielen, vermeidbare Schäden und wirtschaftliche Kosten zu verhindern. Und es kann die Struktur der Marktpreise so verändern, dass sie eine nachhaltige und sozial verantwortliche Produktion widerspiegeln und belohnen.

Am wichtigsten ist vielleicht, dass die in diesem Abschnitt beschriebenen politischen Vorteile letztendlich die Struktur der Wirtschaft selbst verändern könnten. Sobald die Preise für Waren ihren tatsächlichen Produktionskosten entsprechen, wird sich nicht nur das Verbraucherverhalten ändern, da die Menschen nach preiswerteren Waren suchen, sondern auch die Marktwirtschaft selbst wird an Effizienz gewinnen, weil verschwenderischer und verantwortungsloser Energieverbrauch bestraft wird und Belohnungen für Energieeinsparungen in die Preisstrukturen eingebaut werden. Obwohl die anfängliche Internalisierung externer Kosten und die damit verbundenen Durchsetzungsmechanismen eine staatliche Regulierung erfordern, werden die daraus resultierenden Markteffizienzen schließlich die Notwendigkeit staatlicher Eingriffe verringern. Wie bereits erwähnt, würde die Einbeziehung der Kosten für Umweltverschmutzung in die Marktpreise einen natürlichen Anreiz für die Hersteller darstellen, umweltschädliche Produktionsprozesse zu minimieren und damit den Bedarf an vom Steuerzahler finanzierten Sanierungskosten verringern.

Die Entdeckung dieser politischen Vorteile von Umfassenden Kostenrechnungen hat meine eigene Sichtweise und meine Präsentationen über den GPI drastisch verändert. In früheren Phasen unserer Arbeit war mir noch nicht klar, dass die neuen Methoden und das neue Paradigma auch die wirtschaftliche Effizienz erheblich steigern würden. Als sich diese Tatsache im Laufe unserer Forschung abzeichnete, verlagerte ich meine Hoffnungen und Argumente von den grundlegenden Werten auf eine eher nutzbringende Darstellung. Auch wenn keines der in Kapitel 3 dargelegten GPI-Prinzipien hartgesottene Ökonomen überzeugte, so würde die Entdeckung der wirtschaftlichen Effizienz dies sicherlich tun!

6
Herausforderungen hinter den Kulissen

Es war nicht leicht, einen glaubwürdigen, umfassenden GPI zu erstellen, den eine Regierung ohne Weiteres übernehmen und zur Gestaltung ihrer Politik nutzen konnte. Meine Kollegen und ich mussten auf dem Weg dorthin gewaltige Hindernisse überwinden – finanzieller, strategischer, methodischer und politischer Art. Wir überlassen die Politik dem nächsten Kapitel, geben aber hier einen Vorgeschmack auf andere Herausforderungen.

VON FINANZEN UND SILOS

Der finanzielle Kampf von *GPI Atlantic*, das Personal auch nur bescheiden zu bezahlen und die laufenden Kosten zu bewältigen, endete zu keinem Zeitpunkt, zumal wir die Integrität des GPI nicht gefährden wollten. Das wäre der Fall gewesen, hätten wir ihn ausschließlich auf Themen ausgerichtet, die für Geldgeber von Interesse sind. So blieben wir frei von staatlicher Einflussnahme oder dem Druck von Interessengruppen. Aus Angst vor dem Verlust von Spendern können selbst gemeinnützige Organisationen mit den nobelsten Aufträgen einem solchen Druck ausgesetzt sein, wenn sie ihre Bemühungen an finanzielle Unterstützung knüpfen. Hätten wir nach einem intelligenten Geschäftsmodell gearbeitet und unser Forschungsangebot an der Marktnachfrage ausgerichtet, wären wir wahrscheinlich ein Gesundheitsforschungsinstitut geworden. Sicherlich hätten wir jedoch nie einen umfassenden GPI erstellt, der notwendigerweise Komponenten enthält, die bei Geldgebern weniger beliebt sind.

Unsere Arbeit über die Gesundheitskosten vermeidbarer Risiken wie Tabakkonsum, Fettleibigkeit und Bewegungsmangel sowie über den wirtschaftlichen Nutzen der Gesundheitsförderung wurde vor allem deshalb mit öffentlichen Geldern unterstützt, weil die Regierung verzweifelt versuchte, die explodierenden Ausgaben im Gesundheitswesen einzudämmen. Wir konnten jedoch keine größeren Geldgeber finden, die bereit waren, unsere Arbeit zum ökologischen Fußabdruck, zu den Treibhausgasemissionen, zur Einkommensverteilung, zur wirtschaftlichen Stabilität und zu einer breiten Palette anderer Themen zu unterstützen, obwohl wir oft eine Teilunterstützung aus mehreren kleinen Beiträgen und Spenden zusammenkratzten. Am Ende blieben etwa 75 % unserer Arbeit am *Nova Scotia GPI* unbezahlt und wurden größtenteils ehrenamtlich geleistet. Letztendlich trug uns der Enthusiasmus, das Engagement und die gemeinsame Vision unserer wunderbaren Forscher, aber es war nie einfach, qualifizierte Mitarbeiter langfristig zu halten, wenn wir sie nicht angemessen bezahlen konnten. Und so konnten wir nichts dagegen unternehmen, dass ehemalige finanzstarke Kooperationspartner aus dem Mainstream wie Environment Canada und das Pembina Institute unsere Leute abwarben, indem sie ihnen viel höhere Gehälter anboten, als wir uns leisten konnten.

Obwohl wir unsere Arbeit nie aktiv vermarkteten, wuchs mit der Zeit die Nachfrage in bestimmten Bereichen (insbesondere im Gesundheitswesen), und wir erhielten viele Anfragen für Spin-off-Arbeiten. Die Einnahmen aus diesen Aufträgen verwendeten wir zur Unterstützung unserer zentralen GPI-Forschung und -Entwicklung auf Provinzebene. Nachdem wir etwa einen Bericht für Nova Scotia erstellt hatten, erhielten wir manchmal Anfragen, die gleiche Art von Analyse für andere Provinzen durchzuführen. So erstellten wir unseren ursprünglichen Bericht über die Kosten der Fettleibigkeit in Nova Scotia für sieben andere Provinzen, den Bericht über die Kosten des Tabakkonsums für vier andere Provinzen und den über die Kosten chronischer Krankheiten für ganz Kanada.

Insgesamt bestand etwa die Hälfte der Berichte von *GPI Atlantic* aus Auftragsarbeiten, der Rest war direkte Arbeit an den GPI-Kernkomponenten. Die uns zur Verfügung gestellte Finanzierung enthielt keine Infrastrukturunterstützung (Management, Buchhaltung und Finanzen, Büromiete und -material, Computer oder Gehälter), so dass wir unseren Aufwand schlank hielten und von zu Hause aus mit unseren eigenen Computern und nicht in einem Büro arbeiteten, was die Herausforderung unserer Forschungs- und Entwicklungsarbeit noch erhöhte. Die fehlende Finanzierung der Infrastruktur brachte uns außerdem in eine Zwickmühle, da wir weder über die Mittel verfügten, unsere Arbeit zu vermarkten, noch Fundraising betreiben konnten, um die benötigten Gelder zu beschaffen.

Ein Hauptgrund für die finanziellen Schwierigkeiten und Belastungen, mit denen wir von Anfang an konfrontiert waren, ist die Tatsache, dass Regierungen auf der ganzen Welt in der Regel in »Silos« strukturiert sind, d. h. in Abteilungen, jede mit ihrem eigenen Budget und Mandat. Es ist fast unmöglich, einer gesamten Regierung den GPI als ganzheitliches Konzept zu verkaufen, weil kein Regierungsressort dafür ausgerichtet ist, eine Aktivität zu unterstützen, die über seine Grenzen hinausgeht. Als wir beispielsweise unseren Bericht über die wachsende Einkommenskluft erstellten, fragte ein Reporter, ob wir ihn einem Minister oder einer Abteilung der Regierung übergeben hätten. Ich überlegte kurz und fragte den Reporter: »Wem sollten wir ihn geben? Dem Minister für Gerechtigkeit? Wer in der Regierung ist für die Verringerung der Kluft zwischen Arm und Reich zuständig?« Leider erfordern viele Fragen, die für das Wohlergehen und die Nachhaltigkeit von entscheidender Bedeutung sind, eine ressortübergreifende Antwort. In der Regel stehen sie einfach noch nicht ganz oben auf der Tagesordnung der Regierungen.

Im Laufe der Jahre erhielten wir von vielen Regierungsvertretern öffentlich und privat verbale Unterstützung, Anerkennung und Ermutigung. Genauso oft hörten wir aber auch, der GPI passe nicht zu ihrem jeweiligen Budget oder den Anforderungen ihrer jeweiligen Aufträge. Abteilungen wie Gesundheit, Umwelt, Energie und Verkehr pickten sich manchmal die GPI-Ergebnisse heraus, die für ihren eigenen Zuständigkeitsbereich besonders relevant waren, aber den GPI als Ganzes konnten sie nicht schlucken. Die spezialisierte, ressortbezogene Struktur der Regierungen widerspricht dem integrativen Geist des GPI, dessen Zweck es ja gerade ist, die Verbindungen zwischen sozialen, wirtschaftlichen und ökologischen Realitäten aufzuzeigen.[175]

Bei der Suche nach Stiftungsgeldern sahen wir uns mit einer anderen Herausforderung konfrontiert, da diese meist für Projekte mit greifbareren, direkteren Ergebnissen als den unseren bestimmt sind. Es ist viel schwieriger, Finanzmittel für Indikatoren und Messungen auf Infrastrukturebene zu erhalten als für Programme, die beispielsweise kranken Kindern helfen oder die Alphabetisierung fördern. Aus diesen und anderen Gründen konnten wir die finanziellen Herausforderungen, die unsere Arbeit erschwerten und manchmal verzögerten, nie hinter uns lassen.

EINE ZIELGRUPPE WÄHLEN UND EINE ANDERE VERFEHLEN

Diese finanziellen Schwierigkeiten beeinflussten die strategischen Entscheidungen, die wir treffen mussten. Um drei wichtige Zielgruppen zu erreichen – Fachleute, Politiker und die breite Öffentlichkeit –, brauchten wir sehr unterschiedliche Strategien und Kommunikationsmittel. Da wir nicht über die Ressourcen verfügten, um allen drei Zielgruppen die gebührende Aufmerksamkeit zu schenken, konzentrierten wir uns darauf, eine gut dokumentierte und integre Arbeit zu präsentieren, die die Experten zufriedenstellen würde. Nach der Lektüre von Hans Messingers Kritik am ursprünglichen US-GPI und anderen Materialien war ich schon früh davon überzeugt, dass unsere Arbeit bei politischen Entscheidungsträgern und der breiten Öffentlichkeit nicht ankommen würde, wenn wir nicht zuerst ein Fachpublikum von der Genauigkeit, Glaubwürdigkeit und Zuverlässigkeit unserer Daten, Methoden, Berechnungen und Ergebnisse überzeugten.

Und so bemühten wir uns, jede Forschungsarbeit in einem umfangreichen, detaillierten und mit vielen Fußnoten versehenen Bericht zu erfassen, die wichtigsten Ergebnisse in einer Pressemitteilung herauszugeben und eine Pressekonferenz einzuberufen, um sie bekanntzugeben. Die Presse kam, stürzte sich auf unsere Resultate und berichtete hervorragend über uns, was oft zu weiteren Meinungsbeiträgen, Leitartikeln, Radio- und Fernsehinterviews und Auftritten in Talkshows führte. Ich denke, die allgemein positive und interessierte öffentliche Reaktion war darauf zurückzuführen, dass die GPI-Ergebnisse mit der Erfahrung und der Realität der Menschen übereinstimmten. Sowohl die Erkenntnisse als auch die politischen Empfehlungen, die wir aus diesen Erkenntnissen ableiteten, waren intuitiv, leicht verständlich und ergaben für die breite Öffentlichkeit Sinn.

Sobald die Ergebnisse veröffentlicht waren, wandten wir uns jedoch sofort der nächsten Forschungsarbeit zu. Wir hielten uns nie damit auf, für die Ergebnisse zu werben, Lobbyarbeit zu betreiben, sie für wichtige Entscheidungsträger zu verpacken, oder mit öffentlichen Interessengruppen zusammenzuarbeiten, um das Thema in der Öffentlichkeit und in der politischen Arena zu halten. Wir hatten einfach nicht das Geld oder die Ressourcen für Öffentlichkeitsarbeit, was die Wirkung unserer Arbeit einschränkte.

Von Zeit zu Zeit hörten oder lasen wir in der Zeitung, dass die Regierung unsere Ergebnisse nutzte, z. B. wenn es um die Kosten des Tabakkonsums für die Provinz ging oder um die wirtschaftlichen Vorteile ihrer neuen Strategie für die Abfallwirtschaft, bei der Faktoren wie Energieeinsparungen, vermiedene Treibhausgasemissionen und eine verlängerte Lebensdauer der Deponien berücksichtigt wurden – alles Faktoren, die in herkömmlichen Rechnungen nicht vorkommen. Und manchmal hörten wir, wie eine Oppositionspartei oder eine gemeinnützige Gruppe die GPI-Zahlen nutzte, um die Regierungspolitik zu kritisieren. Aber wir hatten keine systematische Möglichkeit, die Verwendung unserer Ergebnisse in der Politik zu verfolgen oder sicherzustellen, dass unsere Erkenntnisse in die entsprechenden Kanäle der Legislative oder Exekutive gelangten.[176] Im Nachhinein frage ich mich, ob eine größere Gewichtung der Kommunikation nicht einen nachhaltigeren Einfluss auf die Politik und die Öffentlichkeit hätte bewirken können.

Im Gegensatz zu uns steckte die *New Economics Foundation*, NEF [Stiftung Neue Wirtschaft], eine britische Denkfabrik, die 1986 mit dem Ziel gegründet worden war, eine neue Wirtschaft aufzubauen, erhebliche Anstrengungen in die Kommunikation. Der *Happy Planet Index* der NEF, um nur ein Beispiel zu nennen, erzielte weit mehr Internet-Zugriffe als alle unsere umfangreichen GPI-Berichte zusammen. Ein einziger TED-Vortrag über den *Happy Planet Index* wurde mehr als eine Million Mal angesehen.[177]

Die Entscheidung, unsere äußerst begrenzten Ressourcen vorrangig für die Erstellung der besten, aussagekräftigsten und solidesten GPI-Berichte einzusetzen, führte allerdings zu äußerst glaubwürdigen Ergebnissen, die einer genauen Prüfung durch Experten standhielten und uns in die Lage versetzen, konventionelle Praktiken entschieden und fundiert in Frage zu stellen.

Die brisantesten Belege, die wir im Laufe des Jahrzehnts zusammentrugen, waren in unseren zweibändigen *GPI Forest Accounts* enthalten, die zu einer ziemlich düsteren Schlussfolgerung kamen: Ernten nach dem Prinzip des Kahlschlags (die in den späten 1990er Jahren 98 % der gesamten Holzernte in Nova Scotia ausmachten) und der Verlust der natürlichen Alters- und Artenvielfalt in den Wäldern Nova Scotias hatten folgende Konsequenzen:

- Rückgang der wesentlichen Ökosystemleistungen der Wälder
- Verlust wertvoller Arten
- Verlust von Breit- und Schnittholz, für das auf dem Markt höhere Preise erzielt werden können
- geringere Widerstandsfähigkeit und Resistenz gegen Insektenbefall
- Bodendegradation und Nährstoffauswaschung, was die künftige Holzproduktivität beeinträchtigt
- erheblicher Rückgang der Kohlenstoffspeicherkapazität und Anstieg des Kohlenstoffverlusts der Biomasse

- Verringerung des Lebensraums für Wildtiere und daraus resultierender Rückgang der Vogelpopulationen
- Rückgang des Erholungswerts der Wälder und damit eine Verringerung des Potenzials für den Naturtourismus
- Rückgang des Schutzes von bewaldeten Wassereinzugsgebieten, der zu einem 50-prozentigen Rückgang der schattenabhängigen Bachforellen beiträgt

Wir kamen zu dem Schluss, dass diese Verluste insgesamt eine erhebliche Wertminderung von wertvollem Naturkapital darstellten. Wir legten Fallstudien über nachhaltige und lebensfähige Forstwirtschaftspraktiken vor, die aufzeigten, dass eine ungleichmäßige Waldbewirtschaftung und eine selektive Entnahme von Bäumen große Vorteile hätte: Integrität, Vielfalt und Gesundheit des Bestandes blieben erhalten, der Wert des Waldes als Ganzes würde steigen, und es würden mehr Arbeitsplätze geschaffen als durch die gängigen Kahlschlagmethoden. Die Ergebnisse zeigten auch, dass die Verlagerung auf eine Produktion mit höherer Wertschöpfung, wie z. B. die Herstellung von Möbeln oder Fußböden, weitaus mehr Arbeitsplätze pro Einheit geernteter Biomasse schaffen und einen viermal höheren Wert pro geerntetem Kubikmeter erzielen würde, als dies bei der derzeitigen Konzentration auf die Zellstoff- und Papierproduktion der Fall ist.[178]

Unsere Analyse ergab zudem, dass forstwirtschaftliche Maßnahmen, die sowohl Erhaltung als auch aktive Eingriffe umfassen, wie z. B. das Pflanzen von Baumarten zur Wiederherstellung der biologischen Vielfalt und der ökologischen Funktionsfähigkeit, eine solide Investition in den Naturkapitalwert darstellen. Solche Verfahren erhöhen das Kronendach, verbessern die Bodenqualität, die Holzproduktivität sowie die Alters- und Artenvielfalt und steigern den

Anteil an wertvollem, breitem Schnittholz. Wir empfahlen insbesondere den Einsatz finanzieller Anreize, um die nachhaltige selektive Holzernte gegenüber dem Kahlschlag zu belohnen und zu fördern.[179]

Die Veröffentlichung unseres Berichts, die Pressekonferenz und die Berichterstattung in den Medien lösten einen Aufschrei aus. Einige, darunter Umweltschützer und die *Tourism Industry Association of Nova Scotia* [Verband der Tourismusindustrie von Nova Scotia] begrüßten unseren Bericht und unterstützten nachdrücklich unsere Empfehlungen für eine stärkere Erhaltung der Wälder und eine selektive Holzernte anstelle von Kahlschlägen. Die Holzindustrie fühlte sich jedoch durch unsere Empfehlungen bedroht, denn sie hatte mit ihren schweren Maschinen und ihren Zellstoff- und Papierfabriken so stark in den Kahlschlag investiert, dass sie von einer Fortführung des *business as usual* abhängig war. Die *Nova Scotia Forest Products Association* [Verband der Holzerzeugnisse von Nova Scotia, NSFPA], der wichtigste Branchenverband der Provinz, beauftragte KPMG, eine der vier größten und teuersten multinationalen Wirtschaftsprüfungsgesellschaften der Welt, mit einer argumentativen Revision unseres GPI-Berichts, um unsere Ergebnisse zu widerlegen.

KPMG rühmte sich seiner »tiefgreifenden Kenntnisse der kanadischen Forstindustrie« und seines Teams aus professionellen Förstern, Wirtschaftsprüfern und Finanzberatern, »die den Forstunternehmen helfen können, ihre strategischen Probleme zu erkennen und zu lösen«.[180] Hochrangige Wirtschaftsprüfer von KPMG und Experten aus der Abteilung Forstprodukte in Vancouver flogen nach Nova Scotia, um uns zu befragen und die Fakten zu prüfen. Wir beantworteten gewissenhaft jede Frage und kamen jeder Datenanfrage nach. Alle unsere GPI-Berichte waren mit ausführlichen Fußnoten und Bibliografien versehen und stellten sämtliche Datenquellen und Berechnungsmethoden zur Verfügung. Wir hatten nichts zu verbergen. Die Art und Weise, wie die Prüfer ihre Fragen stellten, machte allerdings deutlich, dass sie angeheuert worden waren, um unsere Ergebnisse zu diskreditieren.

Wir warteten mit großer Spannung auf ihren Gegenbericht oder zumindest auf eine Erklärung der *Nova Scotia Forest Products Association*, in der die KPMG-Prüfung zitiert würde. Nichts geschah – kein KPMG-Bericht über unsere GPI-Forstkonten wurde jemals veröffentlicht. In diesem Fall waren keine Nachrichten gute Nachrichten. Unsere GPI-Ergebnisse blieben unangefochten, und unsere konsequente Ausrichtung auf Genauigkeit, Glaubwürdigkeit und Zuverlässigkeit hatte sich bewährt.

Wir posaunten unseren Sieg nicht heraus. Stattdessen konzentrierten wir unsere begrenzten Ressourcen auf die Forschungen für den nächsten Bericht. Wir hatten einfach keine Kapazitäten, um das Thema in der Öffentlichkeit am Leben zu halten. Womöglich ist das der Grund, weshalb unsere Belege bis heute weder die zerstörerischen Praktiken der kommerziellen Forstwirtschaft noch die Regierungspolitik wesentlich verändert haben. Die Nachhaltigkeit der Wälder in Nova Scotia hat sich dementsprechend auch nicht verbessert. Fakten, Zahlen und Beweise allein haben eben nur begrenzte Wirkung.

DIE FRAGE DES WIE

Jeder, der versucht, den vollen Nutzen und die vollen Kosten wirtschaftlicher Aktivitäten zu bewerten, sieht sich mit den gewaltigen methodischen Herausforderungen konfrontiert, die mit Umfassenden Kostenrechnungen verbunden sind. Da es sich bei diesem Buch nicht um ein technisches Handbuch handelt, müssen einige anschauliche Beispiele aus unserer GPI-Arbeit genügen.

WO GELD NICHT FUNKTIONIERT
... UND ES DENNOCH MUSS

Vieles, was in der Regel nicht auf dem Markt gehandelt wird, wie Ökosystemleistungen, Gesundheit und das menschliche Leben selbst, hat einen bestimmten wirtschaftlichen Wert. Wie wir gesehen haben, regulieren Wälder das Klima, binden Kohlenstoff aus der Atmosphäre, schützen Wassereinzugsgebiete, verhindern Bodenerosion, sind Lebensraum für viele Arten, bieten ästhetischen Genuss, Erholungsmöglichkeiten usw. Wenn diese Werte beeinträchtigt werden, sinkt auch die Holzqualität.[181] Gesunde Böden sind die Voraussetzung für den Anbau gesunder Nutzpflanzen. Feuchtbiotope verhindern Überschwemmungen und Erosion, mindern die Stärke von Stürmen, reinigen das Wasser, speichern Kohlenstoff, recyceln Nährstoffe und Abfälle und bieten Lebensraum für Fische, Vögel und Wildtiere. All diese Funktionen haben einen wirtschaftlichen Wert. Umgekehrt verursachen Menschenleben, die durch Verbrechen oder Autounfälle verlorengehen, wirtschaftliche Kosten in Form von Produktionsausfällen, Familienunterstützung und vielem mehr.

Im ersten Kapitel haben wir gesehen, dass solche nicht-marktbezogenen Werte in BIP-Berechnungen als selbstverständlich bzw. als externe Effekte betrachtet und ignoriert werden und deshalb in der politischen Arena zu kurz kommen, obwohl ihre Funktionen die Marktwirtschaft antreiben und die menschliche Wirtschaft von ihren Gütern abhängig ist. Aus buchhalterischer Sicht wäre es allerdings nicht korrekt, ihnen einen willkürlichen Wert von null zuzuweisen. Wie also können wir ihren Wert beurteilen, um eine Umfassende Kostenrechnung zu erstellen? Wie kann man gesunden Böden, der Schönheit der Natur, der Gesundheit eines Kindes oder der Vitalität einer Gemeinschaft einen Geldwert zuweisen? Geld wurde nicht geschaffen, um etwas zu bewerten, was nicht auf dem Markt gehandelt wird. Es kann den eigentlichen Wert der natürlichen Umwelt oder einer gesunden und friedlichen Gesellschaft nicht angemessen erfassen.

Allerdings zahlen wir beispielsweise regelmäßig für die Schönheit der Natur, indem wir für eine Wohnung mit Blick auf einen Park oder ein natürliches Gewässer höhere Mieten akzeptieren als für eine Wohnung mit Blick auf eine umweltverschmutzende Fabrik oder eine Müllhalde. In ähnlicher Weise entschädigen Versicherungen für den Verlust von Leib und Leben, und Gerichte sprechen Geld für Trauer und Leid zu, auch wenn nicht behauptet wird, dass dieses Geld das Ausmaß und die Erfahrung des Verlustes vollständig ausgleicht.

Die Zuweisung von Geldwerten für nicht marktgängige Güter ist umstritten. Einige sind der Meinung, dass damit etwas kommerzialisiert und zu einer Ware gemacht wird, was nur nach seinen eigenen Bedingungen bewertet werden sollte, und Geld kann sicherlich niemals die gesamte Bandbreite der Natur mit ihren Ressourcen und Funktionen erfassen. Solange jedoch Preise, Steuern, Budgets, Ausgaben, Kosten und finanzielle Anreize weiterhin die wichtigsten Anhaltspunkte für das Verhalten von Einzelpersonen, Unternehmen und Regierungen darstellen, bin ich davon überzeugt, dass eine solche Monetarisierung, soweit möglich, aus strategischen Gründen notwendig ist, um die Aufmerksamkeit auf Werte zu lenken, die gemeinhin unter den Tisch fallen. Ohne ein Preisschild wird der Schutz wertvoller natürlicher und sozialer Güter leider nicht vollständig in die Wirtschaftspolitik einfließen. Dollarzahlen ziehen dagegen die Aufmerksamkeit von konventionellen Ökonomen, politischen Entscheidungsträgern und der Öffentlichkeit in einer Weise auf sich, wie es das leidenschaftlichste soziale Engagement und die solideste

Wissenschaft über Bodenqualität, Waldschutz und Kohlenstoffbindung nicht können.

DER WERT DES MENSCHLICHEN LEBENS

Es gibt zwar keinen formalen Marktwert für menschliches Leben, aber niemand wird bestreiten, dass es von unschätzbarem Wert ist – nicht nur für den Einzelnen, sondern auch für die Familie, die Freunde und die Gesellschaft. Daher kann es in Umfassenden Kostenrechnungen nicht ignoriert werden. Um die wahren Kosten von lebensbedrohenden Verbrechen, Krankheiten, Verkehrsunfällen oder Naturkatastrophen zu ermitteln – und den wirtschaftlichen Wert von Präventivinvestitionen zur Vermeidung von Lebensverlusten –, verwenden Statistiker das Konzept des Wertes eines statistischen Lebens (WSL). Dieser wird manchmal anhand des Wertes der wirtschaftlichen Produktivität eines Menschen geschätzt. Hierfür könnte der Durchschnittslohn über die produktive Lebensspanne hinweg ein Ersatzwert sein.

Diese Methode kann zu Verzerrungen führen. So sind beispielsweise die Schätzungen der WSL für reiche Länder mit hohen Löhnen oft höher als für arme Länder mit niedrigen Löhnen. Das kanadische, das neuseeländische und das US-amerikanische Verkehrsministerium veranschlagen jeden Verkehrstoten mit 4,05 Mio. C$ (2008), 4,53 Mio. NZ$ (2019) bzw. 11,8 Mio. US$ (2021), für Deutschland liegen derartige Zahlen nicht vor, doch aus statistisch signifikanten Schätzungen für das Risiko eines tödlichen Arbeitsunfalls ließ sich 2001 ein WSL von 3,5 Mio € ableiten.[182] Dagegen bewertet die Mehrheit der Krankenversicherungen weltweit ein Menschenleben mit 50.000 US$ oder weniger pro Jahr.[183] Tatsächlich messen die meisten WSL-Schätzungen dem Leben älterer Menschen und Menschen in armen Ländern einen geringeren Wert bei als dem Leben junger

Menschen in reichen Ländern. Daher können verkehrsbedingte, lohnbezogene WSLs höher ausfallen als bei chronischen Krankheiten, denn die Opfer von tödlichen Unfällen sind oft jung und gesund und gelten als produktiver.

Um solche altersbedingten Verzerrungen auszugleichen, stützen Ökonomen die WSL-Werte häufig auf subjektive Kriterien, z. B. auf die Frage, wie viel die Menschen bereit sind, für Maßnahmen zur Verringerung ihres Sterberisikos zu zahlen (Zahlungsbereitschaft, *Willingness To Pay*, WTP). Entsprechende Umfragen in den Vereinigten Staaten haben ergeben, dass sich die WTP von alten Menschen mit Krebs, Herz- oder Lungenkrankheiten nicht von denen junger Menschen bei bester Gesundheit unterscheidet. Niemand, ob alt oder jung, will sterben![184]

Diese Methode der Zahlungsbereitschaft wird manchmal auch als *kontingente Bewertung* bezeichnet, da sie von der hypothetischen Schaffung alternativer Märkte abhängig ist, die anhand der Umfrageergebnisse ermittelt werden – eine indirekte Methode, um zu bewerten, was den Menschen ein nicht marktbezogener Wert im Vergleich zu anderen Verwendungen ihres Geldes in der Marktwirtschaft wert ist. Wenn WTP zur Bewertung des Wertes von Naturleistungen herangezogen wird, wurden die Menschen beispielsweise gefragt, was sie bereit wären zu zahlen, um Wildnisgebiete und gefährdete Arten wie den Fleckenkauz zu schützen, oder um die Brandgefahr in alten Wäldern zu verringern usw. Solche Studien werden sogar dazu verwendet, die Höhe von Gebühren und Steuern festzulegen.[185] Umfragen in Halifax ergaben beispielsweise, dass die Einwohner bereit waren, für den Bau einer Kläranlage zur Sanierung ihres stark verschmutzten Hafens zwischen 100 und 235 C$ pro Jahr und Haushalt mehr zu zahlen als sie bereits für Wasser- und Grundsteuern entrichteten.[186]

Auch in der Umfassenden Kostenrechnung und der Kosten-Nutzen-Analyse werden objektivere Methoden eingesetzt, um soziale und ökologische Werte zu berücksichtigen. In Kapitel 2 wurde bereits eine Anwendung der Ersatzkostenanalyse beschrieben, und zwar anhand der geschätzten – sehr hohen – Kosten einer Wasserfilteranlage für New York City als Ersatz für die natürlichen Filterleistungen eines bewaldeten Wassereinzugsgebiets im Norden des Staates. Wir selbst wandten die Methode an, als wir den Marktwert der Löhne ermittelten, die erforderlich wären, um unbezahlte ehrenamtliche Arbeit und Hausarbeit zu ersetzen. Kritiker weisen darauf hin, dass diese Methode den Wert der tatsächlich erbrachten Leistungen unterschätzt, da sie nur einen Input (Arbeit) berücksichtigt und Kapitalinputs unberücksichtigt lässt. Dazu gehören z. B. die von den Freiwilligen Feuerwehren verwendete Brandbekämpfungsausrüstung, medizinische und andere Ausrüstung, die bei freiwilligen Such- und Rettungseinsätzen verwendet wird, sowie Gebäude und Transportmittel, die für die Erbringung ehrenamtlicher Leistungen erforderlich sind. Das stimmt, aber die für eine genaue Output-Analyse notwendigen Daten waren nicht aufzufinden. Alternativ dazu bewerten Opportunitätskostenmethoden den Wert dessen, was aufgegeben wird, wenn man sich für eine bestimmte Maßnahme entscheidet. Was hätten die Ehrenamtlichen beispielsweise verdient, wenn sie stattdessen ihrer regulären Arbeit nachgegangen wären, oder wie hoch ist der Immobilienwert der Büro-, Wohn- oder Grünfläche, wenn dasselbe Stück Land als Parkplatz genutzt wird.

KLIMAWANDEL IN DOLLAR UND CENT

Für unsere GPI-Treibhausgasrechnungen bestand die beste Methode der Preisbildung darin, die Schadenskosten, die voraussichtlich durch den Klimawandel entstehen, mit den Kontrollkosten zu vergleichen, die zur Reduzierung der Treibhausgasemissionen erforderlich sind. So konnten wir die Kosteneffizienz bestimmter Maßnahmen zur Emissionsreduzierung bewerten. Es gibt allerdings eine große Bandbreite von Klimawandelmodellen, die von konservativen (optimistischen) Schätzungen bis hin zu solchen reichen, die katastrophale Schäden in naher Zukunft vorhersagen. Für die Treibhausgasrechnungen, wie auch für unsere Rechnungen zu Luftverschmutzung, Kriminalität, Verkehr und anderen Bereichen, achteten wir darauf, dass unsere monetären Schätzungen die konservativsten Vorhersagen einbezogen, weil sie von Experten nicht angefochten werden konnten.

Unsere *GPI-Atlantik*-Analyse ergab, dass eine 25-prozentige Senkung der Treibhausgasemissionen Nova Scotias unter das Niveau von 1990 bis 2020 einen kumulativen Nettonutzen von mehr als 1,8 Milliarden C$ an vermiedenen Klimaschadenskosten bringen würde. Tatsächlich trüge jeder Dollar, der zwischen 2008 und 2020 in die Reduzierung der kanadischen Treibhausgasemissionen investiert würde, dazu bei, etwa 29 C$ an vermiedenen Klimaschäden einzusparen.

Selbst wenn wir die konservativsten Kostenannahmen zugrunde legten und die niedrigsten prognostizierten Kosten für Klimaschäden mit den teuersten prognostizierten Kosten der Emissionsreduzierung verglichen, überstieg der wirtschaftliche Nutzen der Emissionsreduzierung immer noch ihre tatsächlichen Kosten. Die Verringerung der Treibhausgasemissionen erwies sich bei jedem Preis im Vergleich zu den prognostizierten Kosten der Klimaschäden als kosteneffizient – und zwar in jedem Bereich der in der Literatur angegebenen Schätzungen![187]

Diese Ergebnisse sind ein starkes Gegenargument gegen das herkömmliche politische Argument, umfangreiche Senkungen der Treibhausgasemissionen seien zu kostspielig und würden die Wirtschaft schwächen. Der ehemalige US-Präsident Donald Trump erklärte im Juni 2017 beim Rückzug der Vereinigten Staaten aus dem Pariser Klimaabkommen, bei Einhaltung des Abkommens und des Ziels der Obama-Regierung, die Treibhausgasemissionen bis 2040 um 26 bis 28 % unter das Niveau von 2005 zu senken,

> »würden sich die Kosten für die Wirtschaft zu diesem Zeitpunkt auf fast drei Billionen Dollar in Form von verlorenem BIP und 6,5 Millionen Arbeitsplätzen in der Industrie belaufen, während die Haushalte 7000 Dollar weniger Einkommen hätten, in vielen Fällen sogar noch viel weniger.«[188]

Zur Untermauerung seiner Zahlen führte Trump die prognostizierten Produktionsverluste in den Bereichen Papier, Zement, Eisen und Stahl, Kohle und Erdgas an, erwähnte aber nicht die prognostizierten neuen Arbeitsplätze durch Investitionen in erneuerbare Energien, den öffentlichen Nahverkehr und andere energiesparende, kohlenstoffarme Branchen. Allein im Jahr 2016 wuchs die Zahl der Arbeitsplätze in den USA im Bereich der Solarenergie um 25 % und im Bereich der Windtechnologie um 32 %.[189]

Die konventionelle, auf dem BIP basierende Argumentation lautet im Klartext, dass Emissionssenkungen die Wirtschaft schwächen. Dabei werden jedoch nur die kurzfristigen Kosten von Maßnahmen betrachtet. Die langfristigen Kosten der vorhergesagten Umwelt- und Wirtschaftsschäden infolge des Klimawandels finden keinerlei Beachtung. Darin liegt das größte Versäumnis dieser Argumentation. Unsere GPI-Analyse betrachtet dagegen beide Seiten dieser Gleichung und kommt zu dem Ergebnis, dass die Vermeidung von Schäden bei Berücksichtigung aller Kosten langfristig erhebliche wirtschaftliche Vorteile bringt.

Die gründlichste und umfassendste Analyse, die jemals zu diesem Thema durchgeführt wurde, unterstützt nachdrücklich unsere Schlussfolgerung. Lord Nicholas Stern, ehemaliger Chefökonom und Senior-Vizepräsident der Weltbank, verglich die exaktesten und zuverlässigsten Schätzungen der Schadens- und Kontrollkosten und kam zu dem Ergebnis, dass eine ausreichende Reduzierung der Treibhausgasemissionen zur Stabilisierung der atmosphärischen Treibhausgaskonzentrationen mit hohen Kosten verbunden wäre – etwa 1 % des globalen BIP pro Jahr. Er stellte aber auch fest, dass Untätigkeit die Welt weitaus mehr kosten würde – ein Verlust von mindestens 5 % des BIP pro Jahr, »jetzt und für immer«, so das beste Szenario. Als Stern die Auswirkungen auf die menschliche Gesundheit und die Umwelt sowie Rückkopplungsmechanismen einbezog, die die Erwärmungsrate stark erhöhen können, stellte er fest, dass die wahrscheinlichen Kosten der globalen Erwärmung 20 % des globalen BIP betragen würden.[190]

Wie dieses Beispiel zeigt, könnten Umfassende Kostenrechnungen und ökonomische Kosten-Nutzen-Analysen großen Einfluss auf die Politik haben. Aus dieser Perspektive stellen die Kosten für den Klimawandel und die Umweltverschmutzung eine versteckte Subvention für die Unternehmen der fossilen Energieträger dar, da diese Schadenskosten von der Gesellschaft und nicht von den Öl- und Kohleproduzenten getragen werden. Eine Studie des *Internationalen* Währungsfonds (IWF) schätzte die weltweiten Subventionen für fossile Brennstoffe im Jahr 2015 auf 5,3 Billionen Dollar bzw. 6,5 % des weltweiten BIP, wenn man die Kosten des Klimawandels, der Luftverschmutzung und anderer externer Effekte einbezieht.[191] Und eine Studie der University of Cambridge zeigte, dass diese implizite Klimasubvention, die die Kosten der Schäden des Klimawandels auf die Allgemeinheit abwälzt, im Durchschnitt des Fünfjahreszeitraums von 2008 bis 2012 jährlich alle Gewinne der fossilen Brennstoffunternehmen und die Gesamteinnahmen der Kohleunternehmen überstieg.[192]

Eine Umfassende Kostenrechnung würde nicht nur zur raschen Abschaffung aller staatlichen Subventionen für Unternehmen führen, die fossile Brennstoffe herstellen, sondern auch zu einer drastischen Erhöhung der Steuern auf fossile Brennstoffe und zu Subventionen für erneuerbare Energien, wodurch gleichzeitig deren Preis gesenkt werden könnte. Alle derzeitigen Praktiken beruhen dagegen auf konventionellen Berechnungen, die Subventionen für fossile Brennstoffe als Beitrag zum Wirtschaftswachstum anrechnen. Kanada gewährt den Öl- und Gasproduzenten jährlich 3,3 Milliarden C$ an staatlichen Förderanreizen und Subventionen für Forschung und Entwicklung. Das entspricht einer Zahlung von 19 Dollar an die Verschmutzer für jede Tonne CO_2, die sie ausstoßen.[193] Die US-Regierung gibt jährlich 27 Milliarden US-Dollar für die Öl- und Gasförderung, die Erkundung fossiler Brennstoffe und andere Subventionen für fossile Energie aus.[194] Umfassende Kostenrechnungen würden die finanziellen Anreize und Sanktionen der Regierung erheblich verändern.[195]

WAS ZU TUN IST, WENN DOLLAR UND CENT WIRKLICH NICHT FUNKTIONIEREN

Manchmal konnten wir nicht-marktbestimmte Vermögenswerte trotz aller Bemühungen nicht mit Geldwerten versehen, weil uns angemessene Daten oder Fakten fehlten, um die Verbindung zwischen Ursache und Wirkung zu quantifizieren. Das bedeutet nicht, dass solche Werte als selbstverständlich angesehen und implizit mit null bewertet werden können, wie es in der konventionellen Rechnungslegung der Fall ist. Wir erstellten sowohl Rechnungen als auch

Indikatoren, also mussten wir andere, nicht-monetäre Wege finden, um diese wirtschaftlichen Werte zu identifizieren und zu beschreiben. Aber wie sollte das gehen?

Ausgangspunkt und Grundlage war immer die wissenschaftliche Literatur – die von Fachleuten überprüfte Arbeit von Epidemiologen, Biologen, Agrarwissenschaftlern, Hydrologen und anderen –, um mit deren Hilfe die Hauptfunktionen jeder untersuchten Ressource zu ermitteln. Auf dieser Basis bewerteten wir die Gesundheit jeder Ressource anhand ihrer Fähigkeit, ihre Funktionen optimal zu erfüllen. Mit diesen Indikatoren konnten wir feststellen, ob eine Ressource im Laufe der Zeit gesünder wurde oder nicht. Der folgende Schritt, die Bilanzierung, konnte auf einen Verlust der Ressourcenkapazität hinweisen – durch Erschöpfung (z. B. Überernte), Verschlechterung (z. B. Verschmutzung) oder Umwandlung (z. B. zu Entwicklungszwecken baulicher oder industrieller Art) –, und stellte somit eine Wertminderung des Naturkapitals dar. Umgekehrt wurden Maßnahmen wie die Wiederherstellung von Feuchtbiotopen und gute Bodenverfahren als Investitionen angesehen, weil sie die Fähigkeit der Ressource verbesserten, ihre lebenswichtigen Funktionen zu erfüllen.

Das ähnelt der Art und Weise, wie wir üblicherweise den wirtschaftlichen Wert von produziertem Kapital bewerten, z. B. Maschinen oder Anlagen, die repariert werden müssen, um optimal zu funktionieren. Es ist auch ein wesentlicher Schritt, um hohe zukünftige Kosten zu vermeiden und den sozialen und natürlichen Reichtum zu schützen, von dem unser wirtschaftlicher Wohlstand letztlich abhängig ist.

Um zu veranschaulichen, wie wir das praktisch umsetzten, kehren wir kurz zum Beispiel des Waldes zurück. Wie wir gesehen haben, bestand der erste Schritt darin, eine breite Palette von

Schlüsselfunktionen des Waldes zu ermitteln, die weit über den Wert des Holzes hinausgehen, das gewonnen, verkauft und in der herkömmlichen Buchführung gezählt wird. Der nächste Schritt bestand darin, Schlüsselindikatoren zu ermitteln, die die Fähigkeit zur Erfüllung dieser Funktionen anzeigen. Bei den Wäldern stellten wir fest, dass Alter und Artenstruktur der Schlüssel zu dieser Fähigkeit sind: Ältere, vielfältige Wälder sind weitaus effektiver als jüngere Wälder, wenn es darum geht, Bodenerosion zu verhindern, Wassereinzugsgebiete zu schützen, Kohlenstoff zu speichern, Lebensraum für eine Vielzahl von Arten zu bieten und Bäume zu produzieren, deren Holz höhere Preise erzielt. So bremst beispielsweise das dichte Kronendach älterer Wälder den Niederschlag, während Kahlschlagpraktiken den Waldböden keinen solchen Schutz bieten und daher die Erosion beschleunigen, was wiederum die künftige Holzproduktivität beeinträchtigt. Ebenso zeigen Studien, dass Artenvielfalt die Widerstandsfähigkeit des Waldes gegen Krankheiten und Schädlinge deutlich erhöht.

Wir durchforsteten im nächsten Schritt die unveröffentlichten historischen Waldinventare Nova Scotias, von denen viele in verstaubten Archiven vergraben sind, und stellten dabei einen schockierend starken Rückgang der Alters- und Artenstruktur sowie ihrer Vielfalt fest. Der Anteil der Wälder, die älter als achtzig Jahre sind, ging von 25 % aller Wälder im Jahr 1958 auf etwas mehr als 1 % in den späten 1990er Jahren zurück. Wirklich alte Wälder (mehr als 100 Jahre) waren praktisch verschwunden, ebenso wertvolle Arten wie Weißkiefer, östliche Hemlocktanne, Gelbbirke und Eiche. Sie waren durch sehr junge Wälder ersetzt worden, die im Durchschnitt mit jeder weiteren Waldinventur jünger wurden.[196]

Wir waren in der Lage, eine Waldfunktion – die CO_2-Speicherkapazität – mit einem Dollarwert zu bewerten, da für den CO_2-Handel und die prognostizierten Schäden durch den Klimawandel globale Preise festgelegt worden waren. Die Indikatoren und wissenschaftlichen Erkenntnisse hatten uns gezeigt, dass die Wälder von Nova Scotia im Jahr 1999 schätzungsweise 107 Millionen Tonnen CO_2 speicherten, und die wirtschaftlichen Bewertungen zeigten uns, dass diese CO_2-Speicherung auf der Grundlage konservativer Klimawandelmodelle geschätzte 2,2 Milliarden C$ an Klimaschadenskosten vermieden hat. Auf der Grundlage der Waldinventur von Nova Scotia aus dem Jahr 1958 wäre das in den Wäldern der Provinz gespeicherte CO_2 40 Jahre früher schätzungsweise 3,5 Milliarden C$ wert gewesen. Die zunehmende Abholzung und der Verlust alter und ausgewachsener Wälder seit 1958 haben die Speicherkapazität von CO_2 in Nova Scotia um 38 % reduziert, was einen Wertverlust von schätzungsweise 1,3 Milliarden C$ bedeutet. Tatsächlich trägt der Verlust von Kohlenstoff durch intensive Abholzung jetzt zum globalen Klimawandel bei.[197]

Anderen Waldfunktionen konnten wir keinen derartigen Geldwert zuordnen, wir verfügten jedoch über genügend wissenschaftliche Informationen hinsichtlich ihres Wertes und genügend harte Daten über ihren Rückgang aufgrund von Verlusten an Alter und Artenvielfalt. Deshalb konnten wir in der Sprache der Wirtschaft zu dem eindeutigen Schluss kommen, dass der Wert der Wälder von Nova Scotia stark abgenommen hat und dass dringend eine Reinvestition durch Wiederaufforstung sowie eine drastische Änderung der Erntemethoden erforderlich sind.

DIE GRÖSSTE HERAUSFORDERUNG: DIE ABZINSUNG DER ZUKUNFT UNSERER KINDER

Von allen methodischen Herausforderungen, mit denen wir uns im Laufe des Jahrzehnts konfrontiert sahen, war die schwierigste die allmähliche Erkenntnis, dass einige sogenannte objektive Methoden sich als zutiefst wertbeladen erwiesen, sobald wir unter ihre Oberfläche schauten. Als wir uns mit dem auseinandersetzten, was die Experten »Diskontierung« nennen, gelangten wir an einen Punkt, an dem wir immer wieder Kompromisse bei unseren Grundsätzen eingehen mussten.

Ausgehend von der Annahme, dass ein Dollar, den man jetzt in der Hand hält, mehr wert ist als ein Dollar, den man in der Zukunft erhält, diskontieren Wirtschaftswissenschaftler zukünftige Werte, wenn sie die wahrscheinlichen zukünftigen Vorteile und Kosten aktueller Maßnahmen in heutigen Dollars schätzen. Auf diese Weise werden die für künftige Jahre vorhergesagten ökologischen und sozialen Kosten und Nutzen in einen gemeinsamen aktuellen Wert umgerechnet, so dass sie zur Bewertung der wahrscheinlichen Kostenwirksamkeit alternativer Maßnahmen in der Gegenwart herangezogen werden können. Da die Treibhausgase jetzt reduziert werden müssen, um künftige Schäden durch den Klimawandel zu verhindern, werden die Kosten für künftige Schäden abgezinst, damit sie mit den derzeitigen Kontrollkosten verglichen werden können.

Die Wahl eines Abzinsungssatzes ist höchst umstritten, da er davon abhängt, wie die Zukunft von den Entscheidungsträgern in der Gegenwart bewertet wird, und somit die Bereitschaft der Gesellschaft ausdrückt, die Zukunft gegen die Gegenwart zu tauschen. Wenn die Bedürfnisse der jetzigen Generation als vorrangig angesehen werden, wird ein hoher Abzinsungssatz gewählt und der zukünftige Wert von Kosten und Nutzen als entsprechend niedrig angesehen. Wird den Kosten und dem Nutzen für künftige Generationen ein hoher Wert beigemessen, ist der Abzinsungssatz niedrig.

Der gewählte Abzinsungssatz hat einen enormen Einfluss auf das Ergebnis von Studien, insbesondere wenn der untersuchte Zeitraum

50 Jahre oder länger beträgt. Im Jahr 2007 senkte das kanadische Finanzministerium seinen empfohlenen Abzinsungssatz, der bei Zukunftsprognosen auf der Grundlage heutiger Kosten oder Nutzen anzuwenden ist, von 10 auf 8 %.[198] Echte Nachhaltigkeit hingegen erfordert, dass wir die Umweltressourcen für künftige Generationen in dem Zustand hinterlassen, in dem wir sie vorgefunden haben. Dann aber müsste der Abzinsungssatz bei null liegen.

Im Gegensatz zu industriellem Kapital, das sich auch dann verschlechtert, wenn es nicht genutzt wird, gibt es für natürliches Kapital keinen inhärenten Grund, sich zu vermindern. Wälder, Fischbestände und wild lebende Tiere erneuern sich in der Regel selbst, wenn sie nachhaltig genutzt werden oder unberührt bleiben, und nicht erneuerbare Ressourcen vermindern sich nicht, wenn sie nicht abgebaut, verarbeitet oder verbrannt werden. Im Gegensatz zu industriellem Kapital, das theoretisch so lange reproduziert werden kann, wie genügend Rohstoffe, Arbeit, Kapital und technologische Innovationen zur Verfügung stehen, ist die Kapazität natürlicher Ressourcen endlich und begrenzt. Unter beiden Gesichtspunkten – der Begrenztheit des Naturkapitals und seiner Fähigkeit, sich selbst zu erhalten – gibt es keinen Grund, warum wir das Recht künftiger Generationen, die Vorteile der Ökosystemleistungen der Erde zu genießen, geringer bewerten sollten als das Wohlergehen der heute Lebenden.

Wissenschaftler warnen z. B. davor, dass der Boden auf landwirtschaftlichen Flächen zehn- bis 40-mal schneller verlorengeht, als er sich neu bildet. Das gefährdet die künftige Ernährungssicherheit der Menschheit. Der Planet hat in den letzten 150 Jahren die Hälfte seines Mutterbodens verloren, wobei allein in den letzten 40 Jahren 30 % der Ackerflächen durch Erosion unproduktiv geworden sind.[199] Im Gegensatz zu Maschinen regeneriert sich der Boden bei nachhaltiger Nutzung, er verliert nicht von Natur aus an Wert und kann durch ökologische Anbaumethoden wie Kompostierung, Deckfruchtanbau und Fruchtfolge erhalten und sogar verbessert werden.[200]

Die oben erwähnte Definition der nachhaltigen Entwicklung impliziert, dass künftige Generationen ein Recht auf diese Ressource und auf eine gesunde, produktive Umwelt haben. Wenn das der Fall ist, und wenn die Rechte künftiger Generationen daher denen der jetzigen gleichwertig sind, dann kann es bei Umweltstudien überhaupt keine Diskontierung geben.

Trotz der philosophischen und wissenschaftlichen Argumente, die für einen Abzinsungssatz von null sprechen (und die mit der Sichtweise und dem Ansatz von *GPI Atlantic* übereinstimmen), besteht unter den Mainstream-Ökonomen praktisch ein Konsens darüber, dass bei monetären Bewertungen, bei denen der Wert natürlicher Ressourcen mit dem Wert des produzierten Kapitals verglichen wird, dennoch ein gewisser Abzinsungssatz verwendet werden muss. Ohne Abzinsung, so argumentieren sie, sei keine sinnvolle Bewertung von Kompromissen mit marktwirtschaftlich gehandelten Gütern und Dienstleistungen möglich, und Entscheidungen über künftige Investitionen könnten nicht angemessen mit dem aktuellen Bedarf verglichen werden.

Also beugten auch wir uns den Konventionen und nahmen eine Diskontierung vor, wenn wir die Auswirkungen von Treibhausgasemissionen, Umweltverschmutzung, Verkehr, gesundheitsgefährdendem Verhalten usw. bewerteten. Im Interesse der Transparenz zeigten wir jedoch auch, wie stark unterschiedliche Diskontierungssätze die Ergebnisse und Schlussfolgerungen beeinflussen. Ohne ein solches Verständnis könnten politische Entscheidungsträger irrtümlicherweise annehmen, ein hoher Abzinsungssatz rechtfertige ihre Überzeugung, Maßnahmen zur Vermeidung künftiger Schäden seien wirtschaftlich nicht vertretbar oder nicht kosteneffektiv.

Um solchen Einwänden entgegenzuwirken, haben einige Länder (Großbritannien 2003, Frankreich 2005, Norwegen 2012) degressive Abzinsungssätze eingeführt, bei denen der heute auf künftige Leistungen und Kosten angewendete Abzinsungssatz im Laufe der Zeit abnimmt, wobei davon ausgegangen wird, dass die politischen Entscheidungsträger in der fernen Zukunft größere Anstrengungen zur Verbesserung des sozialen Wohlergehens unternehmen werden als in der näheren Zukunft. So sieht beispielsweise der Zeitplan des britischen Finanzministeriums einen allmählich sinkenden Diskontsatz vor, der in 30 Jahren bei 3 %, in 125 Jahren bei 2 % und in 300 Jahren bei 1 % liegt. Dagegen legte das deutsche Umweltbundesamt 2012 einen degressiven Abzinsungssatz von 3 % für kurzfristige Zeiträume (bis ca. 20 Jahre) fest, für weiter in die Zukunft reichende Schäden 1,5 % und für generationenübergreifende Betrachtungen eine Diskontrate von null.[201]

Andere Entscheidungen sind ebenso wertbeladen. Ein konservatives Modell der Auswirkungen des Klimawandels, das katastrophale Konsequenzen, positive Rückkopplungsschleifen und Folgen für Gesundheit, Landwirtschaft, Wälder, Ökosysteme usw. ausschließt, wird beispielsweise zu wesentlich niedrigeren Ergebnissen führen als ein Modell, das solche Auswirkungen einbezieht.[202]

Unsere Erfahrungen mit Abzinsungssätzen und anderen Methoden haben mich zutiefst misstrauisch gegenüber allen Studienergebnissen gemacht, da sie von vermeintlich objektiven Methoden abhängig sind, jedoch keineswegs wertfrei sein können. Wie wir gesehen haben, können Anpassungen des Wertes eines statistischen Lebens (WSL), der Abzinsungssätze und der Klimawandelmodelle die Schätzungen der Schadenskosten für Klimawandel,

Umweltverschmutzung, Ressourcenerschöpfung, Unfälle und Gesundheitsrisiken drastisch verändern. Die Verwendung von Methoden, die unseren eigenen Interessen einen weitaus größeren Wert beimessen als denen unserer Kinder und anderer Weltbürger, wie es gemeinhin geschieht, lässt z. B. präventive politische Maßnahmen und Klimawandelhilfe für arme Länder weniger kosteneffizient erscheinen und hemmt so deren Umsetzung. Aufgrund unserer GPI-Erfahrung kann ich heute nur empfehlen, niemals Studienergebnisse, Schlussfolgerungen, Empfehlungen und politische Maßnahmen zu akzeptieren, ohne die Werte und Grundsätze zu berücksichtigen, die den methodischen Entscheidungen zugrunde liegen und die Ergebnisse beeinflusst haben könnten.[203]

7

Echter Fortschritt trifft auf Politik

Im Jahr 2009, nach fast 13 Jahren Arbeit, war der *Nova Scotia Genuine Progress Index* bereit für die Veröffentlichung.[204] Wir hatten alle Schlüsselergebnisse aktualisiert und alle 20 GPI-Komponenten (siehe Tabelle Seite 99) in einem einzigen integrierten *Genuine Progress Index*-Bericht dargestellt – ohne die Zahlen zu aggregieren. Stattdessen wollten wir Zusammenhänge zwischen den Ergebnissen aufzeigen, die Stärken und Schwächen von Nova Scotia hervorheben und auf politische Anwendungen hinweisen, die sich aus den Resultaten ergaben. Wir erstellten auch eine Zusammenfassung der Ergebnisse und ein Benutzerhandbuch für politische Entscheidungsträger und Beamte, wir führten Workshops zu deren Verwendung durch und übergaben der Provinz die GPI-Tabellen und die Datenbank, damit sie die Ergebnisse regelmäßig aktualisieren konnte.[205]

Es war ein Moment der nüchternen Betrachtung. Unsere Ergebnisse, Methoden und Datenquellen waren transparent und sehr gut belegt, und sie hielten einer genauen Prüfung stand. Aber es ging uns nicht darum, Prüfungen zu bestehen oder schulische Leistungen zu erbringen. Es ging nur um eines: dass die neuen Maßstäbe angenommen und von den Regierungen als Richtschnur für die Politik verwendet wurden. Wo standen wir nun, 13 Jahre nach Beginn unserer Arbeit?

AN DER GLOBALEN FRONT

Als ich mich Mitte der 1990er Jahre auf diese Suche begab, fühlte ich mich völlig am Rande der konventionellen Denkweise und Praxis. Meine Kollegen und ich waren eine Handvoll Wissenschaftler und Non-Profit-Organisationen, die aus der Wildnis schrien und mit erheblichem Misstrauen betrachtet wurden, weil wir versuchten, den wirtschaftlichen Karren aus dem Dreck zu ziehen. Zehn bis 15 Jahre später sangen hoch angesehene internationale Organisationen unser Lied und kritisierten offen die Unzulänglichkeiten des BIP. Sie waren nicht unbedingt von unserer Arbeit in Nova Scotia beeinflusst, sondern eher von den unbestreitbaren Beweisen für das Versagen von BIP-basierten Maßnahmen, wenn es darum ging, die spürbaren Bedrohungen für den natürlichen und sozialen Reichtum der Menschheit zu erfassen.

Anfang 2005 veröffentlichte die Organisation für wirtschaftliche Zusammenarbeit und Entwicklung (OECD) eine scharfe Kritik an den Grenzen des BIP: »Es misst das Einkommen, aber nicht die Gleichheit, es misst das Wachstum, aber nicht die Zerstörung, und es ignoriert Werte wie den sozialen Zusammenhalt und die Umwelt. Dennoch schwören Regierungen, Unternehmen und wahrscheinlich die meisten Menschen darauf.«[206] Im Mai 2011 stellte die OECD ihren *Better Life Index* vor, der Indikatoren für Einkommen, Arbeitsplätze, Bildung, Gesundheit, Umweltqualität und andere Messgrößen des Wohlergehens umfasst.[207]

Im November 2007 startete die Europäische Union die Initiative *Jenseits des BIP* (später umbenannt in *Über das BIP hinaus*, um besorgten Ökonomen und Politikern zu versichern, dass sie BIP und Wachstum nicht aufgeben werde) und veröffentlichte im August 2009 einen Fahrplan zur Entwicklung besserer Fortschrittsmessungen.[208]

Es gab bereits mehrere Vorläufer dieser Initiative, wie den Bericht der Europäischen Kommission über Indikatoren für nachhaltige Entwicklung aus dem Jahr 2005[209] und die Europäischen Benchmark-Indikatoren (EBI) der Niederlande aus dem Jahr 2006, die die Umweltleistung innerhalb der Europäischen Union maßen und verglichen.[210]

Im Jahr 2010 rief die Weltbank eine Partnerschaft zur Bilanzierung von Wohlstand und zur Bewertung von Ökosystemleistungen ins Leben[211] und wies in der Folge immer deutlicher auf die Unzulänglichkeiten der BIP-Rechnung hin:

> »Das Bruttoinlandsprodukt (BIP) betrachtet nur einen Teil der Wirtschaftsleistung – das Einkommen –, sagt aber nichts über den Wohlstand und die Vermögenswerte aus, die diesem Einkommen zugrunde liegen. Wenn ein Land z. B. seine Bodenschätze ausbeutet, verliert es in Wirklichkeit Wohlstand. Dasselbe gilt für die Überfischung der Fischbestände oder die Verschlechterung der Wasserressourcen. Diese schwindenden Vermögenswerte sind im BIP unsichtbar und werden daher nicht gemessen.«[212]

Im Gegensatz zum BIP, das nicht berücksichtigt, wie Einkommen und Vermögen verteilt sind, erfasst die Weltbank nun auch Ungleichheiten sowohl an den Einkommensextremen als auch über das gesamte Einkommensspektrum hinweg.[213]

Im Jahr 2012 verabschiedeten die Vereinten Nationen das *System of Environmental-Economic Accounting*, SEEA [System für Umweltökonomische Gesamtrechnung, UGR], das eine international vereinbarte Methode zur Bilanzierung natürlicher Ressourcen wie Mineralien, Holz und Fischerei enthält.[214] Obwohl diese Bemühungen bei weitem nicht ausreichen, um Ökosystemleistungen zu bewerten oder die ökologischen Kosten wirtschaftlicher Aktivitäten zu erfassen, war dies ein wichtiger Schritt, um zumindest den wirtschaftlichen Wert des Naturkapitals anzuerkennen, und nicht nur das Holz, den Fisch und die Mineralien, die abgebaut und auf den Markt gebracht werden.

Eine kleine Handvoll Länder begann ebenfalls, sich vorsichtig in die neue Richtung zu bewegen. Ein Vorreiter war Neuseeland, das 2001 mit der Veröffentlichung von Sozialberichten begann, um das gesellschaftliche Wohlergehen ganzheitlicher zu messen.[215] 2002 erkannte das Land an, dass »Nachhaltigkeit die Erhaltung oder Verbesserung des Bestands an natürlichem, physischem und finanziellem, menschlichem, sozialem und kulturellem Kapital erfordert«.[216] Im Jahr 2010 startete das Vereinigte Königreich sein Programm zur Messung des nationalen Wohlergehens (Measuring National Well-Being) und erstellte in der Folge Jahresberichte zu zehn Bereichen, darunter Gesundheit, wirtschaftliche Stabilität, Bildung und Umweltbedingungen.[217]

Vor einem halben Jahrhundert brach ich den Grundkurs Ökonomie ab. Wenn man bedenkt, wie sehr der Berufsstand der Wirtschaftswissenschaftler damals dem BIP-basierten Paradigma des Wirtschaftswachstums verhaftet war, dann ist es vielleicht von größter Bedeutung, welche bemerkenswerte Veränderung innerhalb der Disziplin selbst stattgefunden hat. Anerkannte Ökonomen äußern sich nun zunehmend kritisch über die Grenzen des BIP. Eine der bedeutendsten Aussagen der letzten Jahre ist der Bericht der Wirtschaftsnobelpreisträger Joseph Stiglitz und Amartya Sen aus dem Jahr 2009, die gemeinsam mit dem französischen Wirtschaftswissenschaftler Jean-Paul Fitoussi vom damaligen französischen Präsidenten Nicolas Sarkozy beauftragt wurden, die Grenzen des BIP zu untersuchen und bessere Messgrößen für den Fortschritt zu empfehlen. Sie schrieben:

»Was wir messen, beeinflusst unser Handeln; und wenn unsere Messungen fehlerhaft sind, können Entscheidungen verzerrt werden. Die Entscheidung zwischen der Förderung des BIP und dem Schutz der Umwelt kann eine falsche Entscheidung sein, wenn die Umweltzerstörung angemessen in die Messung der Wirtschaftsleistung einbezogen wird. [...] Wenn die Ungleichheit im Verhältnis zum Anstieg des durchschnittlichen Pro-Kopf-BIP stark zunimmt, kann es den meisten Menschen schlechter gehen, obwohl das Durchschnittseinkommen steigt. [...] Verkehrsstaus können das BIP aufgrund des erhöhten Benzinverbrauchs erhöhen, aber natürlich nicht die Lebensqualität. [...] Statistische Maßnahmen, die die Luftverschmutzung außer Acht lassen, liefern eine ungenaue Einschätzung dessen, was mit dem Wohlergehen der Bürger geschieht.«[218]

Ein Jahr später veröffentlichten die drei Wirtschaftswissenschaftler eine gestraffte Version ihres Berichts mit dem provokanten Titel *Mismeasuring Our Lives: Why GDP Doesn't Add Up* [Unser Leben falsch vermessen: Warum das BIP nicht aufgeht]. In einem Vorwort zu diesem Buch schrieb Präsident Sarkozy:

»Wir werden unser Verhalten nicht ändern, wenn wir nicht die Art und Weise ändern, wie wir unsere wirtschaftliche Leistung messen. Wenn wir nicht wollen, dass unsere Zukunft und die unserer Kinder und Enkelkinder von finanziellen, wirtschaftlichen, sozialen und ökologischen Katastrophen heimgesucht wird, die letztlich menschliche Katastrophen sind, müssen wir die Art und Weise ändern, wie wir leben, konsumieren und produzieren. [...] Unsere Statistiken und Berechnungen spiegeln unsere Bestrebungen wider.«[219]

Während wir unsere Arbeit am GPI für Nova Scotia von 1997 bis 2009 mühsam vorantrieben, gab es parallel dazu weltweit eine Reihe von Bemühungen, über das BIP hinauszugehen und es anzupassen, damit ökologische und soziale Vorteile und Kosten Berücksichtigung fanden. So führten Replikationen des ursprünglichen US-GPI für 16 andere Länder und Bemühungen, ein »grünes BIP«[220] zu konstruieren, zu einer einzigen alternativen Zahl, die stets niedriger als das BIP ausfiel.

Auch wenn diese Bemühungen nützlich sind, um zu zeigen, was dem BIP entgeht, so gingen sie doch von den Produktions- oder Konsumausgaben als Basis aus und behielten somit die grundlegende, auf dem BIP basierende Prämisse bei, dass mehr Produktion und Konsum ein Zeichen für positiven Fortschritt seien – aus der Perspektive von Nachhaltigkeit und ökologischem Fußabdruck eine höchst fragwürdige Annahme. Der Bericht von Stiglitz und seinen Co-Autoren kritisiert solche Bemühungen um ein angepasstes BIP sowohl konzeptionell als auch methodisch und stellt zu recht fest: »Keines dieser Maße charakterisiert Nachhaltigkeit per se.«[221]

So attraktiv die Ergebnisse in einer einzigen Zahl für Kommunikationszwecke und zur Vereinfachung der grundlegenden Botschaft über die Grenzen des BIP auch sein mögen, solche Kritikpunkte bestätigten unsere ursprüngliche Entscheidung, die Ergebnisse nicht in einer solchen Zahl zusammenzufassen. Im Gegensatz dazu bedarf das BIP, wie in Kapitel 1 erwähnt, keiner Korrektur oder Anpassung, wenn es auf seine ursprüngliche Rolle als Maß für die Größe der Marktwirtschaft zurückgeführt und von dem Anspruch befreit wird, Fortschritt und Wohlstand zu messen.

Die Bemühungen um ein grünes BIP auf nationaler Ebene waren auch aus politischen Gründen ins Stocken geraten, da die Ergebnisse die Rhetorik des nationalen Fortschritts nicht untermauerten. China beispielsweise begann 2004 mit der Erfassung des grünen BIP und schätzte in der Folge, dass die wirtschaftlichen Verluste aufgrund von Umweltzerstörung jährlich mehr als 3 % seines BIP ausmachen. Solche Berechnungen führten zu so niedrigen bereinigten Wachstumsraten, dass China die Maßnahme 2007 wieder aufgab. Im Jahr 2009 kündigte der indische Umweltminister Pläne an, bis 2015 ein grünes BIP für Indien zu erstellen. Dieses BIP sollte nicht nur um Umweltschäden bereinigt sein, sondern auch um Maßnahmen zur Korrektur dieser Schäden sowie um den Wert der durch das Wirtschaftswachstum verbrauchten natürlichen Ressourcen.[222] Die Absicht wurde nicht umgesetzt, wahrscheinlich weil die Ergebnisse nicht akzeptabel gewesen wären. So schätzte die Weltbank 2013, dass die Umweltzerstörung Indien jährlich 5,7 % seines BIP kostet, in erster Linie aufgrund der gesundheitlichen Auswirkungen der Luftverschmutzung, gefolgt von Verlusten aufgrund des Mangels an sauberem Wasser, schlechter Sanitärversorgung und Hygiene sowie der Erschöpfung natürlicher Ressourcen.[223]

Ich beobachtete diese und andere globale Bemühungen aus der Ferne, wobei ich im Stillen das wachsende Bewusstsein für die Notwendigkeit einer Veränderung begrüßte, aber auch die Grenzen der meisten Versuche kritisierte – insbesondere ihr Versagen, wenn es darum ging, über Indikatoren hinaus zu Berechnungen zu gelangen, die die Dominanz des BIP hätten in Frage stellen können. Ich war jedoch nach wie vor der festen Überzeugung, dass das, was auf globaler Ebene geschah, zwar von großer Bedeutung war, aber nicht unsere eigentliche Bewährungsprobe darstellte. *GPI Atlantic* hatte seine Arbeit bewusst auf ein Land konzentriert – Nova Scotia –, um den praktischen Nutzen des GPI zu demonstrieren und zu sehen, wie er dort als funktionierendes politisches Instrument und Modell für andere Regierungen angenommen und verwendet würde. Wo unsere GPI-Ergebnisse auf fruchtbaren politischen Boden stießen und wo nicht, würde uns viel über aktuelle und zukünftige Herausforderungen und Möglichkeiten lehren.

BESSERE GESUNDHEIT DURCH PRÄVENTION

Der kanadische Staatshaushalt war durch die rasant steigenden Ausgaben für Ärzte, Krankenhäuser und Medikamente im öffentlichen Gesundheitssystem so stark belastet, dass die politischen Entscheidungsträger zunehmend auf Analysen aufmerksam wurden, die zeigten, wie außerordentlich kosteneffektiv Präventionsausgaben sind. Die Bevölkerungsgesundheit war deshalb der Bereich unserer GPI-Arbeit, der auf sehr fruchtbaren Boden fiel und zügig in Politik umgesetzt wurde. Schneller als in allen anderen Bereichen hatte die Regierung hier die Unzulänglichkeiten herkömmlicher Maßnahmen erkannt.

Die konventionellen Statistiken und Abrechnungssysteme sind so wenig mit der Realität des öffentlichen Gesundheitswesens vereinbar, dass die politischen Entscheidungsträger in Nova Scotia den GPI-Ansatz und die Ergebnisse offen begrüßten. Endlich erhielten sie Informationen, die mit der ihnen bekannten Realität übereinstimmten. Und sie bekamen ein politisches Instrument an die Hand, das sie nutzen konnten, um wesentliche Veränderungen zu bewirken. Ein aktuelles Beispiel soll verdeutlichen, wie stark sich die politischen Botschaften der beiden Ansätze unterscheiden.

Wir haben bereits festgestellt, dass der Verkauf von Zigaretten und Junkfood die Wirtschaft auf der Grundlage des BIP wachsen lässt. Ähnlich sieht die Pharmaindustrie den rasanten Anstieg von Typ-2-Diabetes weltweit – von 108 Millionen im Jahr 1980 auf 422 Millionen im Jahr 2014 und mehr als 500 Millionen im Jahr 2018[224] – als Wachstumsbranche an. Nachdem der Markt für Typ-2-Diabetes sich bereits zwischen 2001 und 2011 verdoppelt hatte, wird er nach einer Studie des Marktforschungsinstituts Grand View Research von 2022 bis 2030 sogar um jährlich 8,2 % auf insgesamt 54,16 Milliarden

USD wachsen.[225] James Kappel, Vizepräsident des Pharmariesen *Eli Lilly and Company*, dessen Insulinverkäufe explosionsartig gestiegen sind, verkündete schon 2004: »Bei Diabetes muss man einfach dabei sein.«[226]

Doch diese Goldgrube für die Führungskräfte und Aktionäre der Industrie ist eine soziale Katastrophe, eine ausufernde Ausgabe für die Öffentlichkeit und den Einzelnen und eine Ursache für schweres Leid bei jenen, die an Typ-2-Diabetes erkranken. Allein in Deutschland kostet Diabetes rund 21 Milliarden Euro jährlich, wobei diese Zahl nur die direkten Krankheitskosten beziffert, nicht aber die indirekten Kosten, die etwa für Arbeitsunfähigkeit und Frühberentung anfallen.[227] Weltweit kostete Diabetes 2021 rund 966 Milliarden US-Dollar – ein Anstieg von 316 % im Laufe der vergangenen 15 Jahre –, und die Zahl der Erkrankten wird von derzeit 537 Millionen auf 783 Millionen im Jahr 2045 zunehmen.[228]

Mehr als 50 % der Typ-2-Diabetes-Erkrankungen sind auf Fettleibigkeit zurückzuführen.[229] Die medizinischen Kosten der Adipositas (die im BIP als Gewinne verbucht werden) sind astronomisch, sie belaufen sich laut einer Studie aus dem Jahr 2012 auf 190 Milliarden US-Dollar pro Jahr an Gesundheitskosten in den Vereinigten Staaten.[230] Eine Studie aus dem Jahr 2016 beziffert die geschätzten Adipositas-Kosten für die USA noch viel höher: 428 Milliarden US-Dollar an direkten medizinischen Kosten und weitere 989 Milliarden US-Dollar an indirekten Kosten aufgrund von Arbeitsausfällen und geringerer Produktivität; in Deutschland belaufen sich die jährlichen Kosten auf rund 63 Milliarden Euro, 2021 galten 17 Millionen Menschen hierzulande als adipös.[231] Neue Erkenntnisse zeigen außerdem, dass fettleibige Menschen eine weitaus höhere Rate an Krankenhausaufenthalten und Todesfällen aufgrund von COVID-19 aufweisen.[232]

Obwohl Adipositas durch gute Ernährung und Bewegung weitgehend vermeidbar ist, belaufen sich die Ausgaben des öffentlichen Gesundheitswesens für alle Formen des Wohlergehens und der Prävention in der Regel auf weniger als 3 % der Gesundheitsbudgets der USA und Kanadas und weniger als 4 % (rund 11 Milliarden Euro) der jährlichen Gesamtausgaben für Gesundheit in Deutschland. Das ist nur ein Bruchteil der Kosten für die medizinische Versorgung, die allein durch Adipositas entstehen. Rechnet man alle Formen der Primär- und Sekundärprävention, der Vorsorgeuntersuchungen und der Forschung hinzu, so beläuft sich die Gesamtsumme nach einer US-Schätzung auf nur 8,6 % der Gesundheitsbudgets.[233] Tatsächlich könnte man die meisten Gesundheitsabteilungen eher als »Abteilungen für Krankheitsbehandlung« bezeichnen. Zusammenfassend lässt sich sagen, dass sowohl die konventionelle Rechnungslegung, als auch die Geschäftspraktiken und die Regierungspolitik medizinische Kosten, die auf vermeidbare Krankheiten und Risikofaktoren zurückzuführen sind, als Beitrag zum BIP und zum Wirtschaftswachstum betrachten; außerdem sehen sie die Ausgaben für die Gesundheitsförderung eher als Kosten denn als Investitionen an und finanzieren daher Initiativen zur Krankheitsprävention nicht ausreichend.

In deutlichem Gegensatz dazu stellte eine *GPI-Atlantic*-Studie fest, dass vermeidbare chronische Krankheiten den Bundesstaat Nova Scotia (mit seinen 940.000 Einwohnern) im Jahr 2001 jährlich eine halbe Milliarde Dollar kosteten – 25 % der gesamten Gesundheitsausgaben –, und zwar in Form von übermäßigen Gesundheitskosten, die möglicherweise vermieden werden könnten, wenn die Einwohner Nova Scotias nicht rauchen, weniger wiegen und sich regelmäßig bewegen würden.[234] Der stellvertretende Gesundheitsminister sagte mir in einem Gespräch, zwar seien die Krankheitsraten und Risikofaktoren für die Gesundheitsbehörden von Interesse, es sei aber diese Dollar-Zahl im GPI gewesen, welche die Aufmerksamkeit des Finanzministers und des Kabinetts erregt habe, weil sie über den ständig steigenden Haushaltsanteil der nach oben kletternden Gesundheitskosten besorgt seien. Und so veranlassten unsere GPI-Ergebnisse die Regierung von Nova Scotia innerhalb weniger Monate, die neue Abteilung für Gesundheitsförderung und -schutz zu schaffen, die über einen eigenen Haushalt und einen Minister am Kabinettstisch verfügt.[235]

Die finanziellen Realitäten der eskalierenden Gesundheitskosten erklären, warum die kanadischen Bundes- und Provinzregierungen unseren Studien im Gesundheitsbereich so aufgeschlossen gegenüberstanden: Eine gesündere Bevölkerung stellt weniger kostspielige Anforderungen an ein vom Steuerzahler finanziertes Gesundheitssystem. Darüber hinaus haben unsere Untersuchungen gezeigt, dass Investitionen zur Verringerung vermeidbarer chronischer Krankheiten, Risikoverhaltensweisen und sozioökonomischer Krankheitsursachen eine beträchtliche Rendite und langfristige Vorteile in Form von geretteten Leben, besseren langfristigen Gesundheitsergebnissen und erheblichen Kosteneinsparungen bringen. So brachten beispielsweise Investitionen in kanadische Schulprogramme zur Prävention des Rauchens, in ärztliche Kurzberatung, Schwangerenberatung und Werbung in den Medien einen Nutzen von 15, 12, 10 bzw. 7 Dollar an vermiedenen Kosten für jeden in diese Maßnahmen investierten Dollar.[236]

Es ist daher wie gesagt keine Überraschung, dass unsere Arbeit zur Bevölkerungsgesundheit größtenteils von staatlichen Stellen finanziert wurde, während unsere Arbeit zur Einkommensverteilung, zum ökologischen Fußabdruck und zu anderen politisch weniger attraktiven Aspekten größtenteils selbst finanziert oder ehrenamtlich ohne staatliche Unterstützung durchgeführt wurde. Wenigstens konnten wir uns immer wieder darüber freuen, dass die Regierung unsere Forschungsergebnisse zur Förderung neuer Gesundheitsmaßnahmen übernahm und anpries.

Als die Regierung von Nova Scotia im Jahr 2001 ihre erste umfassende Strategie zur Eindämmung des Tabakkonsums einführte, zitierte sie regelmäßig unsere GPI-Ergebnisse aus dem Jahr 2000, wonach das Rauchen die Provinz jährlich 170 Millionen Dollar an direkten Gesundheitsausgaben kostete.[237] Die neue Strategie trug rasch dazu bei, die Raucherquote von 30 % im Jahr 2000 (der höchsten im Land) auf 22 % im Jahr 2006 zu senken und die Raucherquote bei Jugendlichen zu halbieren.[238] Die Provinz beauftragte uns daraufhin, die wirtschaftlichen Auswirkungen rauchfreier Arbeitsplätze zu untersuchen.[239] Unter Berufung auf hoch angesehene epidemiologische Erkenntnisse über die gesundheitlichen Auswirkungen des Passivrauchens wiesen die Ergebnisse erhebliche wirtschaftliche Vorteile auf. Sie wurden sowohl von Nova Scotia als auch von anderen kanadischen Gerichtsbarkeiten weithin zitiert, die daraufhin das Rauchen in Restaurants und Bars verboten.

Die Empfehlungen des GPI zum Wert erschwinglicher, zugänglicher und gesunder Lebensmittel, die in den Berichten über die Kosten der Fettleibigkeit zitiert werden, trugen auch zu den politischen Richt- und Leitlinien der Regierung von 2006 für die Lebensmittel- und Ernährungspolitik an Schulen in Nova Scotia bei.[240] Darin wurden Ernährungsstandards für Lebensmittel und Getränke in Schulkantinen festgelegt, gesunde Lebensmittel in Verkaufsautomaten zu erschwinglichen Preisen angeboten, die Ernährungserziehung im Lehrplan gefördert und die Eltern über gesunde Ernährung aufgeklärt. Die Richtlinien untersagten es Unternehmen, auf Sporttafeln, Automatenfassaden und anderen Einrichtungen für Produkte zu werben, die nicht den neuen Ernährungsstandards für Schulen entsprechen, und wiesen auf die Vorteile hin, die der Verzehr von lokal angebauten Produkten für die Provinz mit sich bringt:

> »Nova Scotia produziert eine Fülle von Produkten und Erzeugnissen. Der Kauf von Lebensmitteln, die in der Provinz angebaut und produziert werden, unterstützt die Landwirtschaft und die Unternehmen in Nova Scotia und bedeutet, dass mehr Geld in der Gemeinde bleibt. Lokal angebaute, frische Lebensmittel sind oft nahrhafter, wenn sie kurz nach der Ernte verwendet werden.«[241]

Um für mehr Geh- und Radwege zu werben, bezog sich Halifax auf unsere Provinzstudie über die Kosten der körperlichen Inaktivität und beauftragte uns 2004, sie für die Stadt zu wiederholen.[242] Regierungsbehörden auf Bundes- und Provinzebene sowie Nichtregierungsorganisationen wie die Heart and Stroke Foundation [Stiftung Herz und Schlaganfall], die Cancer Society [Krebs-Gesellschaft], die Lung Association [Lungen-Verband] und das Centre of Excellence for Women‘s Health [Kompetenzzentrum für Frauengesundheit] nutzten regelmäßig die bestehenden GPI-Gesundheitsberichte und gaben neue in Auftrag, um ihre Maßnahmen zur Gesundheitsförderung voranzutreiben.[243] Am erfreulichsten war das aufkeimende Interesse, etwas gegen die gesundheitlichen Auswirkungen von Armut, Ungleichheit, Analphabetismus und anderen sozioökonomischen Gesundheitsfaktoren zu unternehmen. Um diesem Interesse gerecht zu werden, übersetzten wir die zunehmenden epidemiologischen Erkenntnisse in Nutzen-Kosten-Studien, die einen wirtschaftlichen Nutzen für Interventionen zur Verringerung dieser subtileren Risikofaktoren erbrachten.[244]

ES LOHNT SICH, ABFÄLLE NICHT ZU VERSCHWENDEN

Ein weiterer Bereich, in dem Nova Scotia unsere Arbeit und sogar das Prinzip der Umfassenden Kostenrechnung übernahm, ist die Abfallwirtschaft, bei der die Provinz sowohl auf nationaler als auch auf internationaler Ebene führend in Kompostierung und Recycling wurde. Mitte der 1990er Jahre hatte Nova Scotia seine bestehenden Deponiekapazitäten so weit überschritten, dass es sich mit einer ernsthaften Abfallentsorgungskrise konfrontiert sah, da sich die Gemeinden vehement gegen den Bau neuer Deponien in ihren Hinterhöfen wehrten. Aus diesem Grund zeigte sich die Regierung plötzlich bemerkenswert offen für nachhaltige Alternativen und nutzte ausgiebig die vollständige Kosten-Nutzen-Analyse von *GPI Atlantic*, um das umweltfreundliche, aber scheinbar teurere neue System zu rechtfertigen, zu verteidigen und zu fördern, das 1996 eingeführt wurde.[245]

1995 wurden 95 % der Abfälle in Nova Scotia auf Deponien entsorgt. Fünf Jahre später waren es nur noch 58 %; die restlichen 42 % wurden kompostiert oder recycelt – die höchste Rate im Land und mehr als 70 % höher als der kanadische Durchschnitt.[246] Durch das Verbot der Provinz, kompostierbares organisches Material auf Deponien zu verbringen, wurden die Treibhausgasemissionen durch Methangas erheblich reduziert und Oberflächen- und Grundwasser vor Verunreinigungen durch Sickerwasser geschützt – Flüssigkeit, die aus einer Deponie abfließt oder versickert. Nahezu alle Einwohner von Nova Scotia haben inzwischen Zugang zum Recycling an der Straße, und 76 % haben Zugang zur Abholung von organischem Material an der Straße, die übrigen leben in entlegenen ländlichen Gebieten. Im Jahr 2011 nutzten 90 % der Einwohner von Halifax, der Hauptstadt Nova Scotias, die Möglichkeit der Kompostierung am

Straßenrand – mehr als das Doppelte des Durchschnitts aller kanadischen Städte (41 %) und weit mehr als in Montreal (30 %), Calgary (20 %) und anderen Städten.[247]

Aus Sicht der konventionellen Buchhaltung war das neue System in Nova Scotia kostspielig: Die Betriebs- und Kapitalkosten stiegen von 64 Millionen Dollar jährlich (69,00 Dollar pro Kopf) im Jahr 1995 für das alte System, das fast keine Abfälle von den Deponien fernhielt, auf 95 Millionen Dollar (101,00 Dollar pro Kopf) im Jahr 2001 für das neue System. Die zusätzlichen 31 Millionen Dollar pro Jahr wurden für Änderungen wie die Einführung von Recycling und Kompostabholung am Straßenrand, die Sortierung von Wertstoffen und organischen Stoffen, die Bereitstellung von Komposttonnen für alle Haushalte und Investitionen in Deponien der zweiten Generation verwendet. Die herkömmliche Kostenrechnung endet in der Regel an dieser Stelle und hält die Gesetzgeber davon ab, nachhaltigere Abfallbewirtschaftungssysteme einzuführen. Aus Sicht der Umfassenden Kostenrechnung des GPI führte das neue System jedoch zu einer Nettoeinsparung von mindestens 41 Millionen Dollar (43,00 Dollar pro Kopf) pro Jahr im Vergleich zum alten System, wobei ein konservatives (optimistisches) Modell der Kosten für Klimaschäden für die Treibhausgaskomponente der Gleichung verwendet wurde.[248]

Wie kommt es, dass das neue System sich mehr als bezahlt gemacht hat? Zu den Kosten, die in der GPI-Analyse berücksichtigt wurden, gehörten die Betriebskosten und die amortisierten Kapitalkosten, die Kosten für die Verwaltung der neuen Recyclingsysteme, die Ausbildung und sogar »lästige« Kosten für die Haushalte aufgrund des zusätzlichen Zeitaufwands für die Mülltrennung. Zu den Vorteilen gehörten die Verringerung der Treibhausgas- und Schadstoffemissionen, Energieeinsparungen durch das Recycling von

Materialien, die Verlängerung der Lebensdauer von Deponien, die Schaffung von mehr als 1000 neuen Arbeitsplätzen[249] und die Vermeidung von Verbindlichkeiten, wie z. B. Entschädigungszahlungen für deponiebedingte Verunreinigungen.[250]

Im Vergleich zur Produktion aus neuen Materialien wurden beispielsweise für jede Tonne recyceltes Glas 703,4 Kilowattstunden (kWh) an Energieeinsparungen nachgewiesen, für jede Tonne recyceltes Papier 2491 kWh, für jede Tonne recycelten Kunststoff 5890,7 kWh und für jede Tonne recycelter Aluminiumdosen rund 48.910 kWh. Wir fanden heraus, dass Nova Scotias neues Recyclingsystem insgesamt Energieeinsparungen in Höhe von 37 Millionen Dollar im Vergleich zu den Kosten für die Produktion aus neuen Materialien brachte. Darüber hinaus ergaben sich jährliche Einsparungen in Höhe von 25 Millionen Dollar allein dadurch, dass Abfälle von den Deponien ferngehalten wurden und sich somit die Lebensdauer der Deponien verlängerte.[251] Es überrascht nicht, dass die Regierung von Nova Scotia mit diesen Zahlen auftrumpfte, um Kritik abzuwehren und ihr neues System zu rechtfertigen. Mehrere kanadische Gemeinden nutzten daraufhin unsere Zahlen, um ihr eigenes nachhaltiges System einzuführen.

Natürlich freute es mich, dass unsere GPI-Ergebnisse so unmittelbar politisch genutzt wurden. Aber unser Team musste auch die weniger erfreuliche Tatsache anerkennen, dass diese besonderen Ergebnisse in den Bereichen Gesundheit und Abfallwirtschaft sehr gut zu den Prioritäten und Haushaltsbelangen der Regierung passten, die sich weitgehend darauf beschränkte, die bestehende Politik zu rechtfertigen und zu verteidigen. Ganz allgemein stießen wir immer dann auf tief verwurzelten Widerstand gegen politische Maßnahmen und Aktionen, wenn unsere Erkenntnisse – egal wie überzeugend oder gut dokumentiert sie waren – im Widerspruch zu aktuellen Trends und Interessen standen, oder wenn sie auf einen ganzheitlicheren Ansatz hindeuteten. Schauen wir uns ein konkretes Beispiel an und dann die allgemeine politische Reaktion.

SICH ANDERS FORTBEWEGEN

Eine der gründlichsten (und daher unserer Meinung nach auch überzeugendsten) Umfassenden Kostenrechnungen, die wir erstellt haben, betraf den Verkehr. Die Ergebnisse waren ein starkes Plädoyer für größere Investitionen in den öffentlichen Nahverkehr und eine Reihe anderer Lösungen, die den Autoverkehr reduzieren sollten. Wir veranstalteten umfangreiche Präsentationen bei verschiedenen Regierungsstellen, unter anderen im Verkehrsministerium von Nova Scotia, und arrangierten ein hochrangiges Treffen von *Transport Canada* in Ottawa, an dem sowohl Vertreter des Bundes als auch der Provinzen teilnahmen. Doch unsere Ergebnisse konnten die politische Agenda und das gewohnte Vertrauen der Kanadier in ihre Autos und in die stark vom Auto abhängige Infrastruktur kaum beeinflussen.

Es ist nicht so, dass die Regierungsvertreter unsere Ergebnisse, Schlussfolgerungen oder Empfehlungen abgelehnt hätten. Im Gegenteil, sie nickten zustimmend, stellten ausgezeichnete Fragen und unterstützten sowohl die Logik unseres Ansatzes als auch die damit erzielten Ergebnisse. In der Tat haben einige nordamerikanische Städte Fahrradspuren und Fahrspuren für Fahrzeuge mit hoher Beanspruchung – sogenannte *High-Occupancy Vehicle Lanes* für Fahrgemeinschaften – sowie andere Reformen eingeführt. Aber noch ist es nicht so weit, dass eine Umfassende Kostenrechnung des Verkehrs zu grundlegenderen strukturellen Veränderungen in der Art und Weise führt, wie sich die Menschen fortbewegen – Veränderungen, die tatsächlich die Nutzung des Autos reduzieren würden.

In der Regel berechnen wir die Kosten für das Autofahren aus den Ausgaben für Raten, Zulassung, Versicherung, Reparaturen, Kraftstoff und Parken zusammen. Aber es gibt noch viele andere Kosten, die Autofahrer nicht direkt bezahlen, z. B. den Beitrag ihrer Fahrzeuge zum Klimawandel, zur Luftverschmutzung, zur Ressourcennutzung, zum Bodenwert der Straßen, zu Verkehrsdienstleistungen, zur Straßeninstandhaltung, zu Unfällen (Verletzungen, Todesfälle und Sachschäden) und zu Staus. Unter Berücksichtigung der 19 wirtschaftlichen, sozialen und ökologischen Kosten schätzte *GPI Atlantic* die Gesamtkosten der privaten Pkw-Nutzung in Nova Scotia im Jahr 2007 konservativ auf 7,2 Milliarden Dollar pro Jahr oder 8500,00 Dollar pro Person, wovon mindestens ein Drittel von der Gesellschaft insgesamt und nicht direkt von den Autobesitzern getragen wird.[252]

Die Nichtberücksichtigung der wahren Kosten des Autofahrens hat zu Marktverzerrungen und wirtschaftlichen Ineffizienzen geführt, die den privaten Autoverkehr begünstigen. So sind die Preise für Straßen und Parkplätze zu niedrig, die gängigen Planungs- und Investitionspraktiken begünstigen Verbesserungen für den privaten Autoverkehr, und die konventionelle Flächennutzungspolitik fördert eine breitere Streuung der Bebauung, ohne den öffentlichen Nahverkehr anzubinden. Infolgedessen fahren die Menschen immer mehr Kilometer und geben immer mehr Geld für das Autofahren aus. In Nova Scotia zum Beispiel ist der gesamte Personenverkehr zwischen 1990 und 2011 um 32 % gestiegen, obwohl die Bevölkerung nur um 3 % gewachsen ist, und die Nutzung von kraftstoffaufwändigen SUVs, Minivans und Kleinlastern hat um 87 % zugenommen. Die meisten Einwohner Nova Scotias (85 %) pendeln mit dem Auto zur Arbeit. Insgesamt ist der Verkehr nach der Stromerzeugung der zweitgrößte Verursacher von Treibhausgasemissionen in der Provinz.

Auch in Deutschland ist der motorisierte Personenverkehr das dominante Verkehrsmittel. 2019 – also im Jahr vor der Coronapandemie – machte er rund 83 % des gesamten Personenverkehrs aus. Auf den Schienenpersonenverkehr entfielen 9 % und auf den öffentlichen Personennahverkehr 7 %.[253] Durch die Pandemie hat sich das Verhältnis sogar noch weiter verschoben: Wer unterwegs ist, nutzt seltener den öffentlichen Verkehr und steigt häufiger ins Auto.[254]

Diese Trends lassen sich weltweit beobachten. Die Fahrzeugverkäufe in den USA, in Kanada und in Deutschland erreichten 2016 ein Rekordniveau, wobei die überwiegende Mehrheit der Verkäufe auf SUVs und leichte Lkw entfiel.[255] Trotz Pandemie, Chip-Krise und Ukraine-Krieg hält dieser Trend an: 2021 erreichte der weltweite Absatz von SUVs ein neues Rekordhoch: 35,6 Millionen SUVs wurden neu zugelassen, das entspricht einem Marktanteil von rund 46 %.[256]

Die Zahl der Autos auf den Straßen der Welt wird sich bis zum Jahr 2030 auf mehr als zwei Milliarden verdoppeln. Die meisten von ihnen verbrennen Benzin- oder Dieselkraftstoffe.[257] Der Straßenverkehr verursacht schätzungsweise 27 % der Treibhausgasemissionen in den USA und ein Drittel der Luftverschmutzung, die in den Vereinigten Staaten Smog verursacht.[258] Nach Angaben der Weltgesundheitsorganisation ist der Straßenverkehr für bis zu 50 % der Partikelemissionen in den OECD-Ländern verantwortlich, in ärmeren Ländern mit älteren Fahrzeugen sogar noch mehr. Diese Emissionen sind wiederum der tödlichste Beitrag zur Luftverschmutzung: Jährlich sterben daran weltweit 4,5 Millionen Menschen, davon 10.000 bis 30.000 allein in Delhi.[259] Einem 2018 erschienenen Bericht zufolge kostet die Luftverschmutzung China 38 Milliarden Dollar pro Jahr in Form von 1,1 Millionen vorzeitigen Todesfällen und Produktionsausfällen bei Lebensmitteln.[260]

Solange wir es versäumen, Klimawandel, Umweltverschmutzung, Gesundheit, Unfälle, Staus und andere Kosten in den Verkehrskostenschätzungen zu berücksichtigen, werden die politischen Entscheidungsträger wenig oder gar nichts tun, um diese beunruhigenden Trends umzukehren. Würden dagegen alle Vorteile und Kosten der verschiedenen Verkehrsträger berücksichtigt, könnte man passende Preis- und Steueranreize entwickeln, was zu einem wesentlich effizienteren und gerechteren Markt führen würde. Auf diesem Markt könnten wir uns dafür entscheiden, viel weniger Auto zu fahren, mehr auf alternative Verkehrsträger zu setzen, Leben zu retten und eine bessere Zukunft für unsere Kinder zu sichern.

Bessere öffentliche Verkehrsdienste, bessere Bedingungen für Fußgänger und Radfahrer und eine effizientere Preisgestaltung könnten dazu beitragen, Verkehrsstaus, Straßen- und Parkkosten, Energieverbrauch und Schadstoffemissionen zu verringern, gleichzeitig aber die Fitness und Gesundheit der Bevölkerung zu verbessern sowie strategische Ziele der Flächennutzung zu unterstützen, wie die Eindämmung der Zersiedelung, die Sanierung städtischer Gebiete und sogar die Erhaltung des kulturellen Erbes.

Zu diesem Zweck enthielt unser GPI-Verkehrsbericht eine breite Palette praktischer, kosteneffektiver und bewährter politischer und planerischer Reformen, die geeignet waren, solche Vorteile zu erzielen.[261] Jede Maßnahme wurde so konzipiert, dass sie in wirtschaftlicher, sozialer und ökologischer Hinsicht mehrere Vorteile bringt. Hier ist nur eine Handvoll der Win-Win-Optionen, die wir aufführten:

- Integrierte Flächennutzungs- und Verkehrsplanung, die Büros, Dienstleistungen, Freizeiteinrichtungen und andere Annehmlichkeiten in fußläufiger, radgerechter und verkehrsgünstiger Entfernung zu den Wohnhäusern vorsieht
- Steuerverschiebungen, die zu einer Erhöhung der Kraftstoff- und anderer Kfz-Steuern führen, bei gleichzeitiger Senkung der Einkommenssteuer
- Verbesserungen im öffentlichen Nahverkehr und bei Mitfahrgelegenheiten, einschließlich der Vorfahrt für Fahrzeuge mit hoher Belegung, die die Nutzung von Verkehrsmitteln sowie von Lieferwagen und Fahrgemeinschaften fördern
- ein Netz von Fahrradspuren und Fußgängerwegen
- finanzielle Anreize für Pendler, die die Nutzung von Verkehrsmitteln, Fahrrädern und das Zufußgehen fördern
- vom Arbeitgeber erhobene Gebühren für das Parken am Arbeitsplatz, wobei Arbeitnehmer, die keine Parkplätze nutzen, den gleichen Betrag in bar erhalten

Gemeinden, die einige dieser Optionen eingeführt haben, berichten von hohen Erfolgsquoten. Aber im Großen und Ganzen bleibt das Auto König, und selbst unsere bescheidensten Vorschläge wurden in Nova Scotia nicht ernsthaft diskutiert. Der Widerstand gegen die Maßnahmen geht nicht nur von der Öl- und Gasindustrie aus. Vielmehr entwickelt sich unser Lebensstil insgesamt in die entgegengesetzte Richtung. Von Autobahnen und Supermärkten mit ihren riesigen Parkplätzen bis hin zu fehlender integrierter Verkehrsplanung in Vorstädten und Vororten – unsere gesamte gebaute Infrastruktur ist vom Auto abhängig geworden. Im Jahr 2011 warnte die Internationale Energieagentur (IEA), dass ohne drastische Sofortmaßnahmen bis 2017 alle CO_2-Emissionen durch die bestehende

Infrastruktur – Kraftwerke, Fabriken, Gebäude, Autobahnen – so stark gebunden sein werden, dass »der steigende Energieverbrauch durch fossile Brennstoffe zu einem unumkehrbaren und potenziell katastrophalen Klimawandel führen wird«.[262] Die Maßnahmen blieben aus, die Treibhausgasemissionen stiegen 2018 um fast 3 % und 2019 um weitere 1,3 %, und die Frist der IEA verstrich.

Wir sind so sehr in der Abhängigkeit von fossilen Brennstoffen und Autos gefangen, dass die politischen Entscheidungsträger unfähig scheinen, umfassende politische Ansätze für den Verkehr in Betracht zu ziehen, die wirklich nachhaltig und kosteneffizient sind. Trotz der ausgezeichneten Presse, die unsere GPI-Transportkostenergebnisse erhielten – es gab sogar Schlagzeilen auf Titelseiten –, hatten sie praktisch keinen Einfluss auf die allgemeine Verkehrspolitik in Nova Scotia.

Es gibt allerdings hervorragende praktische Beispiele für umfassende, nachhaltige und effiziente Verkehrssysteme. Curitiba, die Hauptstadt des brasilianischen Bundesstaates Paraná, mit 2,2 Millionen Einwohnern, hatte das Glück, dass der visionäre Stadtplaner und Architekt Jaime Lerner zwischen 1971 und 1992 dreimal Bürgermeister war. Dank einer integrierten Verkehrs- und Stadtplanung verfügt die Stadt über eines der am stärksten genutzten und kostengünstigsten Verkehrssysteme der Welt. Die Busse verkehren häufig und zuverlässig, werden nicht durch Verkehrssignale und Staus behindert, die Fahrpreise werden vor dem Einsteigen kassiert, um ein schnelles Ein- und Aussteigen der Fahrgäste zu ermöglichen, und die Busbahnhöfe sind bequem, gut gestaltet, komfortabel und attraktiv. Etwa 70 % der Pendler in Curitiba benutzen öffentliche Verkehrsmittel für ihren Arbeitsweg (im Vergleich zu 10 % in kanadischen Gemeinden[263]), was zu relativ staufreien Straßen und sauberer Luft führt.[264] Curitiba ist nicht das einzige Beispiel für ein innovatives und gut vernetztes öffentliches Verkehrsnetz: Hongkong, wo 90 % der täglichen Fahrten mit öffentlichen Verkehrsmitteln zurückgelegt werden, wurde anhand von 23 Indikatoren als die nachhaltigste Stadt der Welt eingestuft, gefolgt von Zürich, Paris, Seoul und Prag.[265]

Eine Umfassende Kostenrechnung wie der GPI liefert wirtschaftliche und geschäftliche Gründe für Investitionen in solche Lösungen. In vielen dieser Fälle können Marktmechanismen genutzt werden, um Strafen für ineffiziente, nicht nachhaltige Verkehrsträger mit Anreizen für effektive Lösungen auszugleichen. So ließen sich die Kosten für den Steuerzahler minimieren. Doch ganz gleich, wie solide die Daten, wie überzeugend die Kosten-Nutzen-Analysen sind oder wie sehr wir uns an die Hoffnung klammern, dass solche überzeugenden Beweise aktiv in die Entscheidungsfindung einfließen würden – unsere konventionellen Normen, Eigeninteressen und gewohnten Muster sind tief verankert und resistent gegen echte Veränderungen. Das haben wir auf die harte Tour gelernt.

INS REICH DER POLITIK

Obwohl solche Realitätsprüfungen sehr enttäuschend sein können, war unser kleines GPI-Team überzeugt, dass sich die Wahrheit durchsetzen und allmählich der politische Wille zu echten Maßnahmen entstehen würde. Wie wir gesehen haben, beruhte diese Überzeugung auf mehr als nur Wunschdenken. Die Zahlen waren da; wir produzierten Ergebnisse und kohärente Analysen zu Themen von entscheidender Bedeutung; sie bekamen eine bemerkenswert gute Presse und stießen auf Resonanz bei wichtigen Amtsträgern, Wissenschaftlern, kommunalen und nichtstaatlichen Gruppen. Wir belegten die von den Menschen erkannten, aber vernachlässigten Realitäten mit Zahlen, und wir lieferten klare Beweise, um das zu untermauern, was viele von ihnen bereits vom Hörensagen und durch eigene Erfahrung wussten.

All dies schürte unseren Enthusiasmus, unsere Entschlossenheit und unsere Erwartung, dass der Wille zu echtem Handeln unweigerlich folgen würde und dass Nova Scotia den *Genuine Progress Index* annehmen und nutzen würde, um gute Politik zu machen. Auch hier gab es Gründe, optimistisch zu sein. Bundes-, Provinz- und Kommunalregierungen baten uns zunehmend, verschiedene Aspekte der GPI-Ergebnisse zu präsentieren, sowie auch alle drei politischen Fraktionen der Provinz – Konservative, Liberale und Neue Demokraten. Das Statistikamt von Nova Scotia war sehr daran interessiert, die GPI-Ergebnisse jährlich zu aktualisieren, und so überließen wir ihm kostenlos unsere vollständige elektronische Datenbank mit allen Diagrammen, Tabellen und Tabellenkalkulationen.[266] Auf Einladung mehrerer Beamter hielten wir außerdem kostenlose Schulungen für Regierungsvertreter aus fast allen Abteilungen ab. Dort lernten sie, wie sie den GPI in ihren Interessen- und Zuständigkeitsbereichen nutzen können. Und wir verfassten ein leicht lesbares GPI-Handbuch mit dem Titel *New Policy Directions for Nova Scotia* [Neue politische Leitlinien für Nova Scotia], das den unmittelbaren Nutzen und die Anwendbarkeit des GPI bei der Formulierung einer innovativen, auf harten Fakten basierenden Politik aufzeigt.[267]

Diese positiven Signale in unserem Heimatland wurden durch breites Interesse und große Anerkennung verstärkt. Andere Provinzen baten uns, einige GPI-Forschungen zu wiederholen; Wir stellten den GPI verschiedenen Bundesbehörden vor und schlossen uns einer neuen nationalen Initiative für Nachhaltigkeitsmaßnahmen an; wir leiteten die Forschung für den *Canadian Index of Wellbeing* [Kanadischer Index des Wohlergehens] und produzierten dessen nationale Zeitschrift, *Reality Check: The Canadian*

Review of Wellbeing;[268] und wir erhielten Anfragen aus dem Ausland. Trotz erheblicher Arbeitsüberlastung sagte ich zu jeder Einladung und Anfrage Ja, weil ich hoffte, dass all dies ein Anzeichen für die zunehmende Bereitschaft war, die neuen Maßnahmen zu nutzen und Politik neu zu formulieren. Und das wiederum konnte dazu beitragen, den Weg für ein neues Wirtschaftsparadigma zu ebnen.

Im Juni 2009, als wir nach 13 Jahren Arbeit den GPI für Nova Scotia mit all seinen 20 Komponenten, der vollständigen Datenbank und den starken Referenzen fertiggestellt hatten, fanden in der Provinz Wahlen statt. Zum ersten Mal in der Geschichte Nova Scotias errang die New Democratic Party (NDP) eine absolute Mehrheit in der Legislative und versprach einen »historischen Wandel«.[269] Obwohl sie in Opposition zu den damaligen Regierungen standen, hatten die Neuen Demokraten unsere GPI-Arbeit mehr als ein Jahrzehnt lang nachdrücklich unterstützt, regelmäßig GPI-Ergebnisse in Parlamentsdebatten verwendet, waren häufig bei GPI-Präsentationen zugegen und luden GPI-Forscher ein, ihre Ergebnisse auf ihren Sitzungen vorzustellen – etwas, das wir für jede politische Partei taten, die uns darum bat. Besonders vielversprechend war, dass die NDP-Wahlplattform versprach, den GPI zu übernehmen und ihn für die Politik zu nutzen.

Und so boten wir der neuen NDP-Regierung gleich nach ihrem Amtsantritt im Juli 2009 an, Linda Pannozzo, eine unserer besten und erfahrensten leitenden GPI-Forscherinnen für die Atlantikküste, könne die Regierung bei der Einführung des GPI unterstützen und interne Unterlagen erstellen, um seinen Nutzen für die Politik aufzuzeigen. Wir wiesen darauf hin, dass wir unsere Datenbank in einem leicht aktualisierbaren Format an die Statistikbehörde von Nova Scotia übergeben hatten, und wir skizzierten eine behutsame, nicht bedrohliche Einführung des GPI, die schrittweise zu einer vollständigen Übernahme in vier Jahren führen könnte. Die einzigen Kosten für die Regierung bestanden in einem bescheidenen Halbtagsgehalt für eine GPI-Forscherin.

Das Schweigen war ohrenbetäubend. Unser Vorschlag wurde ignoriert, unsere Anrufe blieben unbeantwortet und unsere Anfragen für ein Treffen mit den neuen NDP-Kabinettsministern, die den GPI während ihrer Oppositionszeit so lautstark unterstützt hatten, wurden ignoriert. Rückblickend betrachtet hätte uns das nicht überraschen dürfen. Besitzstandswahrende Interessen, die Arbeitsplätze versprechen und mit der Abwanderung in wirtschaftsfreundlichere Länder drohen können, erwiesen sich als zu stark für einen wirklichen Wandel, und die neue Regierung war offenbar entschlossen, ihre Verantwortungsbereitschaft unter Beweis zu stellen, indem sie nichts unternahm, was das Boot ins Wanken bringen konnte. Armut, Ungerechtigkeit, umweltzerstörende Forstwirtschaft und vieles mehr gingen weiter wie bisher. Dreieinhalb Jahre später meldete die Presse »einen Chor von Beschwerden, dass sich kaum etwas geändert hat«,[270] und die NDP wurde bei den folgenden Wahlen im Oktober 2013 vernichtend geschlagen. Bis zum heutigen Tag liegt unsere Nova-Scotia-GPI-Datenbank unangetastet und ungenutzt in der Statistikbehörde der Provinz, ohne dass die zwei Nachfolgeregierungen sich für sie interessiert hätten.

Nichtsdestotrotz waren wir davon überzeugt, dass wir die wohl umfassendste ganzheitliche Evidenzbasis geschaffen hatten, die einem nordamerikanischen Staat zur Verfügung steht. Wir hatten sie nicht als akademische Übung erstellt, die in einem Bücherregal enden sollte, sondern als Ressource für die aktive Nutzung – und wir hatten fortlaufend und kontinuierlich Unterstützung und Ermutigung aus dem gesamten politischen und nichtstaatlichen Spektrum erhalten. Es war vielleicht töricht von uns, unsere Hoffnungen so hochzuschrauben, und wir waren dementsprechend frustriert und entmutigt, als unsere Absichten und Worte nicht ohne Weiteres in die Tat umgesetzt wurden.

Wir hatten unwissentlich an den weit verbreiteten demokratischen Mythos geglaubt, dass es die Regierung und ihre Politikgestaltung ist, die in erster Linie unser Leben und unsere Zukunft bestimmen. Dabei hatten wir schlicht übersehen, in welchem Ausmaß gewählte Politiker einerseits mächtigen wirtschaftlichen Kräften verpflichtet sind, die ein Interesse daran haben, dass alles so weiterläuft wie bisher, andererseits aber auch den Bürokratien, die eher von Verwaltung als von Veränderungen leben. Am deutlichsten zeigte sich der Verrat der NDP-Regierung in ihrer Unterstützung großer privater Bauunternehmen, in der Rettung einer von Abholzung abhängigen Zellstoff- und Papierindustrie, in Subventionen für Großunternehmen und in erlassbaren Darlehen für wohlhabende Unternehmen.

Diese Erfahrung brachte uns zu einer weiteren Frage: War der Widerstand gegen den GPI und seine Infragestellung der Doktrin des grenzenlosen Wachstums wirklich nur auf mächtige wirtschaftliche Kräfte zurückzuführen? Oder ging es hier um das Wesen und die innere Struktur des kapitalistischen Systems selbst, das für sein Überleben auf Wachstum angewiesen ist? Das ist eine wichtige Frage, auf die ich in Kapitel 14 zurückkommen werde. Sicher ist jedoch, dass die Umfassende Kostenrechnung des GPI und ihr ganzheitlicher langfristiger Ansatz eine Bedrohung für kurzfristige Geschäftsergebnisse und unmittelbare Aktionärsinteressen darstellt, die nicht nur unser Leben weitgehend prägen, sondern auch die politische Arena kontrollieren und unsere Zukunft bestimmen. Wir haben das während der globalen Finanzkrise 2008/2009 anschaulich vor

Augen geführt bekommen, als parteipolitische Differenzen bedeutungslos wurden und Klimawandel und Umweltschutz völlig von der politischen Agenda verschwanden. Stattdessen wurde alles von hektischen Bemühungen beherrscht, die Wirtschaft mit massiven Rettungsaktionen und Konjunkturpaketen wieder wachsen zu lassen.

Ich hatte nie die Illusion, dass unsere Bemühungen auf Provinzebene in einem winzigen Winkel der Welt einen wirklichen Unterschied machen könnten. Aber ich hatte geglaubt, dass die wachsende Bewegung für bessere Maßnahmen dies gemeinsam tun könnte. Leider aber haben sich selbst die eifrigsten Befürworter neuer Fortschrittsmaße nur selten in den Bereich der wirtschaftlichen Bewertung vorgewagt. Wie in Kapitel 2 erläutert, ist das BIP ein Buchhaltungs- und kein Indikatorensystem. Ohne Indikatoren und Berechnungen, die Daten über Indikatoren in wirtschaftliche Vorteile und Kosten umwandeln, werden wir die Dominanz des BIP niemals brechen. Obwohl die Indikatoren der Europäischen Union[271], der OECD[272] und Großbritanniens[273] sowie der Index zum Bruttonationalglück (BNG) von Bhutan, der kanadische Index des Wohlergehens[274] und viele andere den Anspruch erheben, über das BIP und seine Konzentration auf das Gesamtwachstum hinauszugehen, bleiben sie zutiefst konventionell, weil sie das bestehende Wirtschaftsparadigma nicht infrage stellen.

Auf der Grundlage von Gesprächen mit denjenigen, die an verschiedenen alternativen Messgrößen arbeiten, und anhand der Lektüre ihrer Materialien sehe ich drei Gründe für dieses Versagen. Erstens: Da das BIP so lange als Indikator für Wohlstand missbraucht wurde, erkennen die Befürworter der neuen Indikatorensysteme nur selten, dass das BIP an sich kein Indikator, sondern ein Buchhaltungssystem ist. Daher glauben sie fälschlicherweise, dass die

Hinzufügung einiger sozialer und ökologischer Indikatoren das BIP von seiner derzeitigen Vorherrschaft ablösen wird. Zweitens: Die wirtschaftliche Bewertung von nicht-marktbestimmten Gütern und Dienstleistungen ist aus den bereits erläuterten Gründen weitaus schwieriger und komplexer als die Erstellung von Indikatoren. Jede Rechnungslegungskomponente kann indirekte Extrapolationen der wahrscheinlichen wirtschaftlichen Vorteile und Kosten auf der Grundlage historischer Erkenntnisse erfordern, während die Ergebnisse von Indikatoren auf direkten physischen Messungen beruhen. Drittens: Da Umfassende Kostenrechnungen den gesamten Nutzen und die gesamten Kosten der Wirtschaftstätigkeit bewerten, stellen sie unweigerlich die derzeitigen Produktions-, Verteilungs- und Verbrauchssysteme infrage und kritisieren den Status quo weitaus radikaler als Daten zu Indikatoren allein. Diese grundsätzliche Infragestellung der bestehenden Wirtschaftsideologie mag erklären, warum sich die meisten Befürworter neuer Indikatoren immer noch nicht in den Bereich der Umfassenden Kostenrechnung wagen.

WAS ALSO FUNKTIONIERT?

Wenn ich auf die mehr als 20 Jahre zurückblicke, in denen ich versucht habe, die neuen Maßnahmen in die Politik einzubringen und einen strategischen Weg zu einem neuen Wirtschaftsparadigma zu finden, muss ich eine tiefe Enttäuschung eingestehen. Ich hatte keine Ahnung, wie schwer es sein würde, selbst mit verlässlichen Beweisen in der Sprache der Wirtschaft die dicke Haut der Bürokratie und den mächtigen Widerstand von Interessensvertretern zu durchdringen, deren Einfluss bis in höhere Regierungsebenen reicht. Von Zeit zu Zeit, wenn die ökologischen und sozialen Kosten der Wirtschaftstätigkeit vor Ort immer deutlicher zutage treten, freue ich mich, dass die Logik des GPI-Ansatzes in politischen Kreisen immer mehr Beachtung findet. Aber angesichts der nationalen und globalen Trends, die zeigen, dass die Treibhausgasemissionen zunehmen, die Ausbeutung der Ressourcen weiter voranschreitet, die Umweltverschmutzung überhandnimmt, die wirtschaftliche Unsicherheit wächst und ganz allgemein die Situation eher schlechter als besser wird, fällt es mir schwer, einen wirklichen strukturellen Wandel im Wirtschaftsparadigma oder eine Veränderung der politischen Prioritäten zu erkennen.

An der Basis, im Stillen und unterhalb des Radars, haben meine Kollegen und ich dagegen oft bemerkenswerte Erfolge erzielt, wenn es darum ging, Zahlen in praktische lokale Maßnahmen umzuwandeln, und zwar mit minimaler politischer Einmischung und auf eine Weise, dass sich mächtige Interessenvertreter nicht unmittelbar bedroht fühlten.

Auf einer Versammlung in Glace Bay, auf der wir unsere Ergebnisse zu Sicherheit und Viktimisierung vorstellten, berichteten wir, dass die Bewohner dieser Gemeinde Vandalismus als ihr größtes Problem bezeichneten. Der örtliche Polizeichef, der zusammen mit Bewährungs- und Strafvollzugsbeamten an der Versammlung teilnahm, rief:

> »Ich will verdammt sein! Wir werden regelmäßig zu Überfällen, Einbrüchen und Diebstählen gerufen. Aber Vandalismus war nicht einmal auf unserem Radarschirm. Bei der nächsten Dienstbesprechung, die ich mit unseren Beamten habe, werden wir anfangen, darauf zu achten und uns damit zu befassen.«

Die anwesenden Bürger äußerten daraufhin ihre Besorgnis über das schäbige Erscheinungsbild ihres Stadtzentrums, über verunstaltete Gebäude und zerbrochene Fenster. Der Polizeipräsident versprach:

»Wir werden das jetzt angehen. Wir werden eine Innenstadt haben, die gut aussieht und auf die wir wieder stolz sein können.«

Bei einem weiteren Treffen in Glace Bay, an dem Beamte des öffentlichen Gesundheitswesens, Suchtberater, Ärzte, Lehrer und Vertreter der Gemeinde teilnahmen, berichteten wir von überhöhten Raucherquoten unter Jugendlichen, die deutlich über den Raten in der Provinz und im Land lagen. Die Anwesenden beschlossen, sich mit den örtlichen Schulleitern zu treffen, um auf die Annahme eines ausgezeichneten Lehrplans zur Nikotinprävention in der Schule zu drängen, der zwar verfügbar war, aber nicht genutzt wurde.

Als wir den Landwirten in Kings County unsere Ergebnisse vorstellten, die einen weit verbreiteten Einsatz von Chemikalien aufzeigten, entwickelte sich das Treffen schnell zu einer bemerkenswert fruchtbaren Sitzung, in deren Verlauf die Landwirte Informationen über nachhaltige Anbaumethoden austauschten. Ein Landwirt beschrieb die herausragenden Verbesserungen der Bodenqualität und Produktivität, die er durch die Umstellung von chemischen Düngemitteln auf Kompost erzielt hatte. Andere Landwirte löcherten ihn daraufhin mit Fragen zu Kompostbestandteilen, Lagerungsverfahren, optimalen Ausbringungszeiten und -methoden usw. Einige schworen, dass sie die Kompostmethode sofort ausprobieren würden. Die anwesenden Landwirte waren sich nicht nur über die gesundheitlichen und ökologischen Vorteile solcher natürlichen Methoden einig, sondern auch über die erheblichen Kosteneinsparungen, die sich ergäben, wenn sie ihre Abhängigkeit von chemischen Mitteln reduzierten, was wiederum die Landwirtschaft rentabler machen würde.

Am Ende des Treffens bemerkte ein Landwirt unter großer Zustimmung:

»Wissen Sie, wir sind alle ziemlich isoliert auf unseren Höfen. Wir kommen nie dazu, uns zu treffen und gute Informationen wie diese auszutauschen. Das sollten wir öfters tun.«

In diesem Moment waren der GPI und seine Statistiken vergessen, aber das war mir egal. Sie hatten ihre Aufgabe erfüllt! Jetzt ging es darum, dass die Landwirte miteinander redeten. Bei diesem Treffen kamen mir die Tränen. Das war es, was unser GPI-Team immer gewollt hatte. Das war unser Traum und wir hatten immer daran geglaubt, dass gute, relevante Belege in der Lage waren, konstruktive Maßnahmen bei einer aufgeschlossenen Bevölkerung auszulösen. Und dies geschah auf lokaler, kommunaler Ebene.

Jedes Mal, wenn wir lokale Ergebnisse veröffentlichten, waren die Gemeindemitglieder sehr daran interessiert, mehr über sich selbst in Erfahrung zu bringen, Ursachen und Herausforderungen zu erörtern und die Erkenntnisse zu nutzen, um die Zukunft ihrer Gemeinden selbst in die Hand zu nehmen. Die Ergebnisse erzeugten ein leidenschaftliches Bewusstsein und entfachten ein erfreuliches Maß an Interaktion, Vitalität und Verantwortung innerhalb der Gemeinschaft.

Es mussten keine Gesetze verabschiedet werden, es musste keine komplexe Bürokratie aufgebaut oder eine bereits bestehende überredet werden, einen Gang zurückzuschalten. Die lokalen Gemeinschaften konnten evidenzbasierte Empfehlungen rasch und wirksam umsetzen, ohne dass ihnen politisches Getue im Weg stand. Unsere Empfehlungen halfen ihnen konkret, eine bessere Zukunft für ihre Kinder zu schaffen und ihre Fortschritte auf dem Weg zu diesem Ziel zu messen.

Zwei bemerkenswerte Bücher und eine Konferenz, die wir veranstalteten, haben meinen Glauben gestärkt, dass die Kraft von

Gemeinschaften einen echten Wandel in der Welt bewirken kann. Die Titel sprechen für sich:

Im Jahr 2002 veröffentlichten der bekannte kanadische Genetiker, Rundfunksprecher und Umweltschützer David Suzuki gemeinsam mit der Umweltwissenschaftlerin Holly Dressel das Buch *Good News for a Change: Hope for a Troubled Planet* [Zur Abwechslung einmal gute Neuigkeiten: Hoffnung für einen geplagten Planeten[275]], das in einer späteren Ausgabe den Untertitel *How Everyday People Are Helping the Planet* [Wie ganz normale Leute dem Planeten helfen] trägt. Das Buch stellte Gemeinden und kleine Unternehmen auf der ganzen Welt vor, die mit positiver Energie und innovativem Geist wirtschaftlich tragfähige und ökologisch nachhaltige Maßnahmen ergriffen hatten.[276] Beeindruckend war vor allem, dass diese Modelle zum Nutzen ihrer Länder und der ganzen Welt erweitert werden konnten.

Drei Jahre später, im Jahr 2005, veranstaltete *GPI Atlantic* in Nova Scotia eine Konferenz mit dem Titel *Rethinking Development: Local Pathways to Global Wellbeing* [Entwicklung neu denken: Lokale Wege zum globalen Wohlergehen].[277] Unter den 450 Delegierten aus 33 Ländern befanden sich nicht nur führende Persönlichkeiten aus Gemeinden und kleinen Unternehmen, die ihre Bemühungen vorstellten, sondern auch Koryphäen wie Ray Anderson, Gründer und Geschäftsführer von *Interface Inc.*, der geschworen hatte, sein multinationales Unternehmen (den weltweit größten Hersteller von Teppichfliesen) bis 2020 vollständig nachhaltig zu gestalten.

Zwei Jahre später, im Jahr 2007, veröffentlichte der amerikanische Unternehmer und Umweltaktivist Paul Hawken das Buch *Blessed Unrest: How the Largest Movement in the World Came Into Being and Why No One Saw It Coming* [Gesegnete Unruhe: Wie die größte Bewegung der Welt entstand und warum niemand sie kommen sah].[278] Für mich war das Buch die perfekte Ergänzung zu den inspirierenden Geschichten und Fallstudien, die ich zuvor gelesen hatte, denn es zeigte überzeugend, wie die verschiedenen gemeinnützigen Gruppen, Gemeinschaftsorganisationen und kleinen Unternehmen, die sich vielen verschiedenen Anliegen widmen, gemeinsam eine außerordentlich mächtige globale Bewegung bilden. Obwohl sie von den Regierungen, den Medien oder der Öffentlichkeit nicht anerkannt wird, und obwohl sie keinen erkennbaren Anführer hat und keine einheitliche Ideologie vertritt, hat diese Bewegung, so Hawken, ein enormes Potenzial, dem Planeten und seinen Lebewesen von Nutzen zu sein.

All dies und unsere eigenen GPI-Erfahrungen brachten mich dazu, neu darüber nachzudenken, was funktioniert und was nicht; warum manche Strategien erfolgreich sind und andere nicht; warum all unser kollektives Wissen und unsere Erfahrung manchmal auf fruchtbaren Boden fallen und manchmal nicht. Zu Beginn von *GPI Atlantic* waren wir davon ausgegangen, dass der Weg von der Messung zur Politik über die Annahme des Genuine Progress Index durch die Provinzregierung von Nova Scotia führen werde. Im Licht unserer GPI-Erfahrungen auf Gemeindeebene begann ich mich jedoch zu fragen, ob der Prozess nicht eher durch einen Trickle-up-Effekt zustande kommen könnte, bei dem viele GPI-inspirierte Analysen auf lokaler Ebene stattfinden, bis höhere Regierungsebenen weder die Maßnahmen noch die daraus resultierenden Aktionen auf lokaler Ebene länger ignorieren können. Das bleibt eine Hoffnung, die sich zwar noch nicht erfüllt hat, aber auch noch nicht zerschlagen ist.

GPI Atlantic verfügte nicht über das Geld oder die Ressourcen, um unsere beiden lokalen Pilotprojekte auf andere Gemeinden auszuweiten. Wir konnten nicht mehr tun, als Präsentationen abzuhalten, Handbücher zu verfassen und detaillierte Berichte über die Dynamik der Gemeinden bei der Auswahl der Indikatoren, der Erhebungsinstrumente, der Methodik, der Datenerhebung, der Ergebnisse und der für die Aufrechterhaltung solcher Projekte erforderlichen Infrastruktur zu erstellen.[279] Aber die von Suzuki, Hawken und vielen anderen geweckte Hoffnung unterstützte unsere Bemühungen auf Gemeindeebene und ermutigte uns, unsere Arbeit als einen kleinen Teil dieser viel größeren globalen Basisbewegung zu sehen, die großes Potenzial für positive Veränderungen birgt.

Doch bei aller Genugtuung darüber, dass einige unserer Ergebnisse auf Gemeindeebene rasch umgesetzt wurden, ist eine solche Arbeit eingeschränkt, da die Gemeinden kaum Kontrolle über die großen Themen haben, die unsere Maßnahmen ansprechen. Ob es um die Veränderung der Arbeit und ihrer Verteilung geht, um Bildungs- und Gesundheitsreformen, um Forst- und Fischereipolitik oder um entschlossene Maßnahmen gegen den Klimawandel – das alles sind größtenteils Aufgaben der Provinz- und Bundesregierungen und oft Themen von globaler Bedeutung.

Unsere GPI-Arbeit hat die Gemeinden in gewisser Weise noch mehr frustriert, als sie ohnehin schon waren. Durch die Entwicklung von Zielen, die Auswahl der Indikatoren und die Ergebnisse sahen sie klarer und artikulierten deutlicher als je zuvor, wo sie in zehn bis 20 Jahren sein wollten und wie sie gedachten, dorthin zu gelangen. Auf Provinz- und auf Bundesebene sahen sie sich gleichzeitig mit politischen Strukturen und Vorschriften konfrontiert, die ihren Visionen und Wünschen zuwiderliefen. Je mehr sie sich inspirieren ließen, desto mehr erkannten sie die Grenzen ihrer Möglichkeiten. Vielleicht können *Bottom-up* (von unten nach oben) und *Top-down* (von oben nach unten) nur im Zusammenspiel wirksam sein. Deshalb müssen wir weiterhin entschlossen daran festhalten, die ganzheitlichen Messmethoden, die Umfassende Kostenrechnung und das neue wirtschaftliche Paradigma auf höherer Ebene durchzusetzen. Dazu ist jedoch echter politischer Wille erforderlich.

Diesen politischen Willen habe ich weder in Nova Scotia noch in Kanada gefunden. Aber im Jahr 2003 geschah etwas, das mir sehr nahe ging und meinen Fokus zu verschieben begann, so dass sich meine Arbeit und mein Leben für die nächsten Jahre veränderten. Ich erhielt Einladungen aus zwei Ländern, die den Willen bekundeten, die neuen Messungen zu übernehmen und in die Praxis umzusetzen. Die erste Einladung kam aus Neuseeland. Ich wurde gebeten, den GPI vor nationalen Regierungsbehörden, Kommunalverwaltungen, Fraktionen politischer Parteien und Nichtregierungsgruppen vorzustellen. Trotz unseres mangelnden Marketings hatten einige Neuseeländer die Arbeit von *GPI Atlantic* entdeckt und konsultiert.

Im selben Jahr bat mich auch das winzige Himalaya-Königreich Bhutan, den GPI vorzustellen. Anschließend wurde ich eingeladen, bei der Entwicklung einer nationalen Erhebung und einer Datenbank für Bhutans eigene Fortschrittsmessungen zu helfen. Soziale, wirtschaftliche und ökologische Indikatoren sollten auf integrierte Weise verbunden werden und dazu beitragen, ein neues, auf Nachhaltigkeit basierendes Wirtschaftsparadigma zu entwickeln. Noch während wir unsere Arbeit in Nova Scotia vorantrieben, nahm ich beide Einladungen an. Zunächst begab ich mich nach Neuseeland und einige Monate später nach Bhutan.

8

Neuseeländisches Zwischenspiel

Als ich unsere Arbeit im Jahr 2003 in Neuseeland (*Aotearoa* in der Sprache der Maori) vorstellte, war ich sehr erfreut über die positive Aufnahme auf allen Regierungsebenen, von der kommunalen bis zur nationalen. Zu meiner großen Überraschung wurde ich nicht als außenstehender Nichtregierungsvertreter behandelt, der die Vorteile einer ganzheitlichen Messung und Umfassenden Kostenrechnung anpreist, sondern als aktive, praktische Ressource für die Arbeit, die bereits unter der Labour-Regierung von Helen Clark begonnen hatte. Clark war 1999 gewählt worden und blieb bis 2008 an der Spitze. Im Gegensatz zu anderen Ländern, in denen ich Vorträge gehalten hatte – darunter Kanada, die Vereinigten Staaten, Großbritannien und Thailand –, mussten in Neuseeland weder gewählte noch ernannte Beamte von der GPI-Idee überzeugt werden. Sie arbeiteten bereits auf unterschiedliche Weise an ganzheitlichen Indikatoren und wollten Ratschläge zu Methoden und zur Verbesserung ihrer Arbeit, um sie genauer, solider und politisch relevanter zu machen.

Im Laufe der nächsten sechs Jahre wurde ich mehrmals eingeladen, verfasste Berichte, gab Ratschläge und stellte Material zur Verfügung, sowohl vor Ort als auch aus der Ferne, wobei sich die gegenseitigen Beziehungen und die Zusammenarbeit zunehmend vertieften. Endlich arbeitete ich mit Partnern und nicht mehr mit Zuhörern.

DER ÜBERRASCHENDE NEUSEELÄNDISCHE KONTEXT

Die Überwindung der typischen Fixierung auf das BIP-Denken war in Neuseeland viel weiter fortgeschritten als in den meisten Industrieländern. Viele der führenden Politiker, Beamten, Bürgermeister und Stadträte des Landes waren bereits von GPI-ähnlichen Maßnahmen überzeugt. In Kanada hatte ich stets das Gefühl, dass wir unablässig an die Tür der Regierung klopfen und versuchen mussten, sie einen Zentimeter zu öffnen. Jedes Anzeichen von Aufgeschlossenheit gegenüber isolierten, herausgepickten Komponenten unserer Arbeit feierten wir. In Neuseeland dagegen waren integrierte Messsysteme und ihre tiefere ganzheitliche Bedeutung bereits in erstaunlichem Ausmaß in das Gewebe und die Strukturen der Regierung eingebettet.[280]

Die Beamten waren interessiert am GPI als Ganzes und insbesondere daran, was sie aus der wirtschaftlichen Bewertung und der Umfassenden Kostenrechnung lernen konnten, die noch nicht Teil ihrer Berichtssysteme waren. Im Nachhinein sehe ich, dass ich mich von der Welle der Offenheit und des Enthusiasmus, mit der die GPI-Arbeit in Neuseeland begrüßt wurde, zu sehr mitreißen ließ. Es kann eine fatale Schwäche bei der Umsetzung von Fortschrittsmaßnahmen sein, wenn sie zu eng mit einer bestimmten Regierung verbunden sind, anstatt die Bestrebungen der gesamten Gesellschaft jenseits parteipolitischer Bedenken widerzuspiegeln, wie in den Kapiteln 4 und 6 erörtert.

Doch trotz späterer Rückschläge sind die Fortschritte Neuseelands bei der Berichterstattung über Wohlergehen und Nachhaltigkeit nach wie vor bemerkenswert. Seit 2001 hat das neuseeländische

Ministerium für soziale Entwicklung elf Berichte mit breit gefächerten Indikatoren für das soziale Wohlergehen veröffentlicht.[281] Im Jahr 2002 übernahm das *Monitoring Progress Towards a Sustainable New Zealand* [Überwachung der Fortschritte auf dem Weg zu einem nachhaltigen Neuseeland] des neuseeländischen Statistikamtes genau die Art von erweitertem Kapitalmodell, die wir bei *GPI Atlantic* seit Langem befürwortet hatten. Zusätzlich zur Bewertung von Human-, Sozial-, Natur- und Baukapital schlug Neuseeland vor, auch »kulturelles Kapital« zu bewerten, das etwa auch die Stärke der einheimischen Maori-Sprache und -Traditionen einbezieht. Das neuseeländische Statistikamt erkannte außerdem eine sechste Art von Kapital an – das institutionelle Kapital, definiert als »das Spektrum der formellen und informellen zivilen, politischen und rechtlichen Vereinbarungen, die die Marktaktivität und das gesellschaftliche Leben untermauern«.[282] Obwohl dieser Rahmen in der Praxis noch nicht systematisch angewandt wurde, hatte das neuseeländische Statistikamt im Jahr 2002 zumindest theoretisch ein solides Modell der Nachhaltigkeit verabschiedet, das die Wirtschaft als Teil der Gesellschaft zeigt, die ihrerseits in ein umfassendes Ökosystem eingebettet ist.[283] In diesem Modell wird die menschliche Entwicklung (bestehend aus menschlichem, sozialem, wirtschaftlichem, kulturellem und institutionellem Kapital) letztlich als vollständig abhängig von den Leistungen des Naturkapitals betrachtet. Genau wie in unserem in Kapitel 3 dargestellten GPI-Ansatz sind die verschiedenen Kapitalformen auch in diesem Modell nicht gleichwertig. Vielmehr ist die menschliche Entwicklung mit den dazugehörigen Kapitalformen Teil der größeren Sphäre des Naturkapitals, das folgende Leistungen erbringt:

- Ressourcenströme zur Erzeugung der Nahrungsmittel, des Wassers, der Heilpflanzen, der Rohstoffe und der Energie, mit deren Hilfe die menschliche Wirtschaft und die Gesellschaft angetrieben werden
- lebenserhaltende Dienstleistungen wie Klimaregulierung, Nährstoffkreislauf und Bestäubung von Pflanzen, von denen das Überleben der Menschen abhängt
- die Fähigkeit, die von der menschlichen Gesellschaft erzeugten Abfälle zu absorbieren und zu verwerten

Auch in anderer Hinsicht weisen die neuseeländischen Messsysteme einige Grundsätze und Werte auf, die denen des *GPI Atlantic* ähneln: Überlegungen zur Gerechtigkeit stehen sowohl bei der nachhaltigen Entwicklung als auch bei den Ansätzen für soziale Indikatoren im Mittelpunkt; der Grad der Einkommensgleichheit ist ein Schlüsselindikator für Nachhaltigkeit und Wohlergehen im *Monitoring Progress Towards a Sustainable New Zealand* von Statistics New Zealand, aber ebenso in den Berichten des Ministeriums für soziale Entwicklung;[284] die neuseeländischen Sozialberichte erkannten den Wert unbezahlter Arbeit im Haushalt an und bewerteten die Stärke sozialer Netzwerke, sozialer Unterstützung, ehrenamtlicher Tätigkeiten und der Pflege von Angehörigen. Und ähnlich wie bei unserem GPI wurde in diesen Berichten – zumindest theoretisch – der Beziehung zwischen solchen sozialen Merkmalen und der Wirtschaft Rechnung getragen.[285]

Am meisten spornte mich vielleicht die Tatsache an, dass Neuseeland damit begonnen hatte, diese Grundsätze zumindest auf lokaler Ebene in die Gesetzgebung aufzunehmen. So wird im Kommunalverwaltungsgesetz von 2002 empfohlen, dass alle Gemeinden eine breite Palette von sozialen, wirtschaftlichen, ökologischen und kulturellen Indikatoren und Ergebnismessungen entwickeln und darüber berichten. Die lokalen Behörden sollen das soziale, wirtschaftliche, ökologische und kulturelle Wohlergehen der Gemeinden fördern und die Umsetzung langfristiger Nachhaltigkeit unterstützen, indem sie die wirtschaftlichen, sozialen, ökologischen und kulturellen Folgen ihrer Entscheidungen berücksichtigen.[286]

Dieses Gesetz forderte die Kommunen, beispielsweise auf, Umweltstandards für Luft- und Wasserqualität, Lärm und Abfall sowie einen Zeitplan für deren Umsetzung zu entwickeln und eine entsprechende Methodik zu erarbeiten. Gleichzeitig sollen sie sich zur Erhebung von Daten über den Zustand des sozialen und ökologischen Wohlergehens in städtischen Gebieten verpflichten. Die Stadtverwaltungen von Auckland, Christchurch, Wellington, Manukau, Waitakere und North Shore erstellten auf der Grundlage vorhandener Daten umfassende Berichte über Indikatoren für das Wohlergehen. Die wichtigsten Ergebnisse wurden gemeinsam in dem Bericht *The Quality of Life in New Zealand's Six Largest Cities* [Die Lebensqualität in den sechs größten Städten Neuseelands] veröffentlicht, der 2003 in einem Folgebericht auf acht Städte und 2005 auf zwölf Städte erweitert wurde.[287] Sicherlich deutete alles, was ich sah und hörte, auf die feste Absicht hin, diese neuen Ergebnisse für die Gestaltung der Politik zu nutzen. Aber die Messinitiativen waren in den frühen 2000er Jahren so neu, dass es noch keine Hinweise auf politische Maßnahmen gab, die tatsächlich durch diese ersten Ergebnisse beeinflusst waren.

Obwohl ich gebeten wurde, zu vielen Aspekten der Messung von Nachhaltigkeit und Wohlergehen beratend tätig zu sein, galt, wie bereits erwähnt, das Hauptinteresse der Neuseeländer unserer Arbeit im Bereich der wirtschaftlichen Bewertung und der Umfassenden Kostenrechnung sowie der Frage, wie sie im neuseeländischen

Kontext angewendet werden konnte. Unser Ansatz war vor allem deshalb von besonderem Interesse für sie, weil wir bereits Analysen durchgeführt hatten, die in vielen Aspekten mit dem Rahmen für die Kapitalbilanzierung der neuseeländischen Statistik übereinstimmten. Dieser Rahmen war zwar hervorragend konzipiert, aber noch nicht umgesetzt. Auf Ersuchen der Regierung erstellte ich daher 2004 einen detaillierten Bericht über den Nutzen und die Anwendbarkeit des *Genuine Progress Index* auf Neuseelands eigene Vorhaben.[288] Der Bericht bezog sich speziell auf die Messanstrengungen des Landes und darauf, wie deren Daten in einen neuseeländischen GPI einfließen könnten. Er nahm jedoch nicht die viel größere und längerfristige Aufgabe in Angriff, tatsächlich einen GPI für das Land auf der Grundlage neuseeländischer Daten zu erstellen.

DIE AFFINITÄT DER MAORI

Besonders inspirierend war die Arbeit mit den Maori, dem indigenen Volk, das vor mehr als 700 Jahren aus Ostpolynesien nach Neuseeland gekommen war und heute 15 % der Bevölkerung des Landes ausmacht. Ich habe mich oft gefragt, ob die allgemeine Aufgeschlossenheit Neuseelands für GPI-ähnliche Maßnahmen auf den kulturellen Einfluss der Maori zurückzuführen sei. Denn es kam praktisch auf Anhieb zu einem Einvernehmen der Geister, als ich im Jahr 2004 damit begann, Maori-Parlamentsmitglieder und andere Maori-Politiker, Pädagogen und Gemeindeleiter über den GPI und die dahinterstehende Philosophie zu informieren.

Wenn ich die Sichtweise und Praxis des *Genuine Progress Index* vorstellte, verstanden die Maori ihn auf eine Weise, wie ich es während meiner GPI-Arbeit bei keiner anderen Gemeinschaft erlebt hatte. Die ganzheitliche Perspektive des GPI, die auf den inneren Verbindungen zwischen den sozialen, wirtschaftlichen, kulturellen und ökologischen Bereichen des Lebens basiert, entsprach der Art und Weise, wie die Maori die Welt sehen: als eine vielschichtig miteinander verknüpfte Realität. Ich fühlte eine unmittelbare Verbindung mit der Gemeinschaft, die weit über die intellektuelle Dimension der GPI-Arbeit hinausging. Mit jedem Besuch und jeder Interaktion vertieften sich die Beziehungen in den weiteren Jahren und führten u. a. zu bewegenden zeremoniellen Empfängen bei Maori-Versammlungen.

Nach dem hochspezialisierten und fragmentierten Silo-Ansatz vieler Beamter und politischer Entscheidungsträger, wie ich ihn in Kanada erlebt hatte, war mein Besuch in Neuseeland und die ganz selbstverständliche Annahme des GPI durch die Maori wie eine frische Brise und eine herrliche Erleichterung. Und die Maori ihrerseits sagten mir, wie erleichtert sie waren, dass sie nun einen systematischen Rahmen hatten und über die Möglichkeit verfügten, das, was sie bereits aus Erfahrung wussten, mit harten Fakten und statistischen Belegen zu untermauern und zu präsentieren. Darauf hatten sie gewartet. Wo immer die Maori mich einluden, über den GPI zu sprechen und seine Erkenntnisse und Ergebnisse zu demonstrieren, empfingen sie mich und meine Familie, die mich bei einigen dieser Besuche begleitete, mit Wärme und Offenheit.

In Foren in Kanada und anderswo hatte ich übermäßig viel Zeit damit verbracht, grundlegende Prinzipien zu vermitteln, wie etwa die inhärente Verbindung zwischen lokalen und globalen Realitäten oder die Abhängigkeit des menschlichen Wohlergehens von der Gesundheit der Ökosysteme und von sozialen Bindungen. Die Maori erfassten solche Konzepte sofort. Und so dauerte es auch nicht lange, bis wir den GPI, seinen Nutzen und seine praktische Relevanz für ihre Bedürfnisse und Anliegen gemeinsam erkundeten.

Die Aufnahmebereitschaft der Maori für den GPI hing womöglich mit dem bemerkenswerten kulturellen und sprachlichen Wiederaufleben der indigenen Identität in jener Zeit zusammen. In Nordamerika verschwinden die Sprachen und Kulturen der Ureinwohner rapide, etwa die Hälfte von ihnen ist bereits ausgestorben. Und mit ihrem Verlust versiegt auch eine Quelle der Weisheit über die Art und Weise, wie man von Generation zu Generation in Harmonie mit der natürlichen Umwelt leben kann. In Kanada haben derzeit nur drei der mehr als 50 verbliebenen Eingeborenensprachen eine ausreichende Zahl an Sprechern, um als relativ sicher vor dem drohenden Aussterben zu gelten: Inuktitut, Cree und Ojibwe.[289] Und selbst bei diesen drei verbleibenden Sprachen gibt es Anzeichen für einen rapiden Rückgang, insbesondere unter jungen und gebildeten Menschen.

Im Gegensatz dazu hatten die Maori 1982 damit begonnen, ihre Sprache vor dem Aussterben zu bewahren und sogenannte »Sprachnester« eingerichtet, wo ältere Maori Säuglinge und Kleinkinder nach der Methode der Immersion unterrichteten, ihre Sprache also wie eine Muttersprache weitergaben. Durch diese Bemühungen stieg die Zahl der fließend sprechenden Maori von weniger als 20 % in den 1970er und 1980er Jahren auf 25 % im Zeitraum 1996-2001. In einer Zeit, da der Verlust der kulturellen Vielfalt weltweit die Geschwindigkeit des Rückgangs der biologischen Vielfalt noch übersteigt, ist die Wiederbelebung der Maori-Sprache und -Kultur eine der bemerkenswertesten Umkehrungen dieses globalen Trends. Leider aber weisen die jüngsten Zahlen der Volkszählung im Jahr 2021 mit 23 % wieder einen leichten Rückgang der fließend sprechenden Maori auf.[290]

In den Jahren 2006 und 2008 wurde ich eingeladen, den GPI-Ansatz, den Rahmen und die Methoden mit Beispielen kanadischer

Ergebnisse in Te Wānanga o Raukawa vorzustellen – einer Maori-Hochschule, die 1981 mit nur zwei Studenten in Otaki gegründet worden war. Te Wānanga o Raukawa ist ein herausragendes Zeugnis der kulturellen Wiederbelebung der Maori. Die Anzahl der Studenten war auf 2000 angewachsen, als ich die Universität besuchte. Heute sind dort 3500 junge Menschen eingeschrieben. Dort wurden meine Familie und ich von Whatarangi Winiata empfangen, Präsident der Maori-Partei, Gründer der Te Wānanga o Raukawa und wichtigster Architekt der kulturellen Wiederbelebung der Maori und ihrer Selbstbestimmungsbewegung. Bei den Fakultätsversammlungen kamen wir schnell überein, die GPI-Ideen in die Wirtschafts- und Buchhaltungskurse der Wānanga zu integrieren.

Als Whatarangi mich später auf einer großen Konferenz vorstellte, sagte er mit einem breiten Lächeln, dass ich seiner Einschätzung nach »risikoarm« sei. Er habe von Anfang an gewusst, dass *GPI Atlantic* nicht beabsichtige, die Maori für seine eigenen Forschungszwecke auszubeuten oder zu studieren, sondern dass ich gekommen sei, um mich mit ihnen auf Augenhöhe auszutauschen und ihnen mein Wissen anzubieten. Daraufhin organisierte Whatarangi eine ganztägige Konferenz über den GPI, an der neben seinen Kollegen, den Mitvorsitzenden der Maori-Partei, Tariana Turia und Pita Sharples, auch ihre Fraktionskollegen im Parlament und eine große Gruppe Maori-Pädagogen und Gemeindeleiter teilnahmen. In späteren Folgetreffen, die sich über einen Zeitraum von zwei Jahren erstreckten, erläuterte ich den GPI im Detail, beantwortete Fragen und nahm an vielen Gesprächen teil, bei denen die Übereinstimmung von Maori- und GPI-Prinzipien und -Ansätzen untersucht wurde. Zu meiner großen Freude nahm die Maori-Partei dann den GPI in ihr offizielles Parteiprogramm auf – als erste politische Partei der Welt.[291]

Die Maori-Partei begann unmittelbar danach, den GPI-Ansatz in den Parlamentsdebatten einzubringen. Ihre Parlamentarier kritisierten wirtschaftspolitische Maßnahmen, indem sie auf die versteckten ökologischen und sozialen Kosten hinwiesen, die der GPI aufzeigt. Als beispielsweise die neuseeländische Regierung zusätzliche Mittel für die Einstellung von mehr Polizisten bereitstellte, nutzte die Maori-Partei den GPI-Ansatz, um die Entscheidung als Kosten für eine erhöhte Kriminalität darzustellen. Die Parlamentarier benötigten weder externe Forscher noch das komplexe Handbuch, das wir für die Gesetzgeber und Bürokraten in Nova Scotia ausgearbeitet hatten (und das sie nie nutzten), sondern nur eine grundlegende Einführung in die GPI-Komponenten und -Methoden, um das Konzept mit großem Geschick und Verständnis anzuwenden.

Das Glück der Maori-Partei hat seitdem nachgelassen. Die 2004 für die Rechte der Ureinwohner gegründete Partei hatte 2008 noch fünf von 122 Parlamentssitzen inne und erreichte 2,4 % der nationalen Stimmen. Im Jahr 2014 gewann sie jedoch nur zwei Sitze und einen einzigen bei den Wahlen 2020, bei denen sie nicht mehr als 1 % der nationalen Stimmen erhielt.

Das Gefühl der Verbundenheit mit den Maori-Führungskräften und Pädagogen, denen ich begegnete, beruhte auf Gegenseitigkeit, und so lernte ich von meinen Gastgebern mindestens ebenso viel, wie ich ihnen anbieten konnte. Das ging weit über den formellen GPI-bezogenen Austausch und die Diskussionen hinaus. Unsere Gastgeber an der Wānanga in Otaki luden mich und meine Familie 2006 und 2008 ein, die Kapiti-Insel vor der Westküste der neuseeländischen Nordinsel zu besuchen. Die Hälfte von Kapiti Island ist ein staatliches Naturschutzgebiet, die andere Hälfte steht unter der Obhut des Stamms der Whatarangi iwi.

Die Insel ist frei von Raubtieren und beherbergt eine der größten verbliebenen Populationen der gefährdeten flugunfähigen Vögel Neuseelands, darunter den gefleckten Kiwi und den wunderschönen Takahe, von dem es weltweit nur noch 418 Exemplare gibt. Die Takahe galten bereits als ausgestorben, bis einige wenige verbliebene Exemplare in den neuseeländischen Murchison Mountains entdeckt und in einer Rettungsaktion nach Kapiti gebracht wurden. Die flugunfähigen Vögel Neuseelands hatten in einer für Vögel völlig raubtierfreien Umgebung gelebt, bis die Europäer mit Katzen, Hunden, Ratten und anderen Jägern nach Neuseeland kamen und so viele der neuseeländischen Arten dezimierten.

Ich hatte bis dahin noch nie eine bedrohte Tierart aus der Nähe gesehen. Es war eine lebensverändernde Erfahrung. Als ich den stattlichen Takahe sah, der zu unseren Füßen stolzierte, so würdevoll und doch so verletzlich, hatte ich das starke Gefühl, dass dieser wunderbare Vogel einfach ein Recht hat, auf diesem Planeten zu existieren, weil er so ist, wie er ist – ohne definierbaren wissenschaftlichen Grund und jenseits jeder rationalen Rechtfertigung, sondern einfach aufgrund seiner Einzigartigkeit. Diese Erfahrung vermittelte mir eine ganz neue Wertschätzung für die Begriffe Naturschutz und Artenvielfalt, die mich kein noch so umfangreiches wissenschaftliches Studium hätte lehren können.

Unsere Maori-Gastgeber führten uns anschließend über die Insel. Sie wiesen uns auf Pflanzen hin, die in ihrer Struktur und Konfiguration die soziale Organisation der Maori vollständig symbolisieren, und wir waren davon begeistert, wie hier menschliche und natürliche Existenz, physische und spirituelle Welt untrennbar miteinander verwoben sind. Unsere Gastgeber zeigten uns die braunen Buschpapageien in den Bäumen um uns herum – die vom Aussterben bedrohten Kākā-Vögel –, und erklärten uns, sie flögen jedes Jahr für einen Monat auf ihrer jährlichen Wanderung zu den Hawaiki-Inseln. Wo die denn lägen, fragte ich und stellte mir vor, da der Kākā ein Gleitflieger ist, dass es sich um Pazifikinseln handelte, die nicht weit von Neuseeland entfernt liegen konnten. Es sei das Land der Weisheit, antworten unsere Gastgeber, in das die Kākā einmal im Jahr fliegen, um das Wissen zurückzubringen, das die Maori für ihre Existenz brauchen.

Vielleicht gibt es für die Erhaltung der schwindenden Ressourcen unserer Welt keine stärkere Kraft als diese indigene Denkweise, die die menschliche Existenz als ganzheitlich und spirituell in das Netz der Natur integriert versteht. Dies wird durch das oft zitierte Prinzip der »siebten Generation« unterstrichen, von dem man annimmt, dass es auf das Große Gesetz der Irokesen-Konföderation aus dem 15. Jahrhundert zurückgeht. Es besagt: »Habt stets nicht nur die gegenwärtigen, sondern auch die kommenden Generationen im Blick.« In den Worten des Häuptlings der Onondaga Nation, Oren Lyons: »Wir schauen nach vorne [...], und beziehen jede Entscheidung [...] auf das Wohlergehen und den Wohlstand der kommenden siebten Generation.«[292]

Obwohl es Zweifel an der Historizität des Prinzips der siebten Generation gibt, wird seine Relevanz für die ökologische Verantwortung durch alle wissenschaftlichen Untersuchungen untermauert: Der Kohlenstoff, den wir heute ausstoßen, die Kunststoffe, die wir entsorgen, die Urwälder, die wir abholzen, und der Mutterboden, den wir abtragen, brauchen mehrere Generationen, wenn nicht Jahrhunderte, um sich aufzulösen oder wiederherzustellen. In dieser Hinsicht ignorieren wir die Weisheit der indigenen Völker auf eigene Gefahr. Wenn wir unsere Untrennbarkeit von der Natur und voneinander begriffen und nach dem Prinzip der siebten Generation gehandelt hätten, würden unsere Wälder nicht brennen, unsere

Gletscher nicht schmelzen, und der Meeresspiegel stiege nicht so rapide an, wie es derzeit der Fall ist.

Die ganzheitliche, ökozentrische Sichtweise der Maori stellt, wenn auch anders ausgedrückt, das Herzstück des GPI dar. Sie begegnete uns in ganz ähnlicher Weise bei den indigenen Mi'kmaq-Gruppen in Nova Scotia, und es war kein Wunder, dass unser atlantisches GPI-Team auch zu ihnen eine enge und intuitive Beziehung aufbaute. Der Unterschied zu den Maori besteht darin, dass die nordamerikanischen indigenen Gruppen einen viel geringeren Anteil der Bevölkerung ausmachen, seit Generationen einen rapiden Niedergang von Kultur und Sprache erleben, keine organisierte politische Präsenz haben und daher nicht über die Macht verfügen, Philosophie, Prinzipien und Methoden des GPI so systematisch zu übernehmen und anzuwenden, wie es die Maori in Neuseeland taten.

Die Stärke der kulturellen Wiederbelebung der Maori bedeutet nicht, dass für sie alles in Ordnung ist, und sie kann auch nicht über die enormen Herausforderungen hinwegtäuschen, denen sie im heutigen Neuseeland begegnen. Die überwältigende Dominanz der eurozentrischen Kultur, des materialistischen Ethos und der Silo-Struktur von Wissenschaft und Regierung, der schwindende Einfluss der Maori-Religion und der Rückgang der Zahl der Maori-Sprecher seit 2001 spiegeln insgesamt den harten Kampf wider, den die indigene Kultur weiterhin auszufechten hat. Statistiken des Gesundheitsministeriums aus dem Jahr 2015 zeigen, dass die Maori dreimal so häufig wie andere Menschen in Neuseeland in den Bereichen Gesundheitsversorgung, Wohnen und Arbeit ungerecht behandelt werden.[293] Die Arbeitslosenquote der Maori war 2018 mit 9,6 % mehr als doppelt so hoch wie die der europäischen Bevölkerung Neuseelands (3,8 %).[294] Im Vergleich zur Bevölkerungsmehrheit haben die Maori eine geringere Lebenserwartung und höhere Raten an

Diabetes, Kindersterblichkeit, Infektionskrankheiten, Sterblichkeit im mittleren Alter sowie verhaltensbedingte und sozioökonomische Risikofaktoren.[295] Obwohl die Maori nur 15 % der neuseeländischen Bevölkerung ausmachen, stellen sie 51 % aller Strafgefangenen.[296] Echte Gleichberechtigung bleibt ein weit entferntes Ziel, ebenso wie die nachhaltige Stärkung ihrer Kultur und Sprache.

VON DER VISION ZUR AKTION?

Die großen Herausforderungen, mit denen die Maori konfrontiert sind, deuten auf die gleichen dominanten, vom Materialismus angetriebenen Interessen hin, die verhindert haben, dass der GPI oder eine ähnliche Maßnahme als Instrument der nationalen Politik Neuseelands übernommen wurde. Dabei waren die Bedingungen und Umstände für die Einführung des GPI in Neuseeland viel günstiger als in den meisten anderen Ländern. Doch ebenso wie die Bemühungen der Maori, ihre Kultur wiederzubeleben und direkte politische Mitsprache zu erlangen, weiterhin auf große Hindernisse stoßen, sind auch die großen Visionen, die vor 15 Jahren von zahlreichen Regierungsvertretern so eloquent geäußert wurden, in der Praxis nicht angemessen umgesetzt worden.

Weit mehr als andere Länder hatte Neuseeland diese Vision von Wohlergehen und nachhaltiger Entwicklung sogar in Rechts-, Regulierungs- und Berichtsinstrumenten verankert. Aber einige dieser neuen Gesetze waren schwach und anfällig für politische Veränderungen. So stellte das neuseeländische Umweltministerium 2008 fest, dass der *Local Government Act* aus dem Jahr 2002 »im Grunde eine befähigende Gesetzgebung ist, die es ermöglicht – und nicht vorschreibt –, dass Statuten die Bedürfnisse der Gemeinden erfüllen«. »Trotz des Vorhandenseins von Mustersatzungen und Verfahrensweisen, die von Standards New Zealand entwickelt wurden, finden sie keine allgemeine Anwendung«, so das Ministerium.[297] Neuseelands ehrgeizige Strategie *Umwelt 2010*, verabschiedet im Jahr 1995, wurde bereits wenige Jahre später ad acta gelegt. Die OECD stellte dazu fest, dass die »Unverbindlichkeit« nationaler Strategien zum Schutz der Umwelt »ihre Umsetzung anfällig für Regierungswechsel macht«.[298] Genau das ist passiert. Im Jahr 2008 besiegte die konservative Nationale Partei die Labour-Partei, kürzte die Mittel für das Naturschutzministerium und die Kommunen und legte viele jener Kommunen zusammen, die intensiv über Wohlergehen und Nachhaltigkeit berichtet hatten.

Angesichts kommunaler Fusionen und knapper werdender Mittel wurde die ganzheitliche Fortschrittsberichterstattung, die im *Local Government Act* von 2002 befürwortet worden war, abrupt eingestellt – der letzte vollständige Bericht über die Lebensqualität in den Städten des Landes erschien 2007.[299] Mit dem Regierungswechsel und dem plötzlich gesunkenen Interesse an ganzheitlichen Fortschrittsmessungen geriet auch die nationale Berichterstattung ins Stocken. Die jährliche Veröffentlichung von Sozialberichten, die zehn Jahre lang (2001 bis 2010) ohne Unterbrechung erfolgt war, wurde eingestellt, seitdem ist nur noch der *Sozialbericht 2016* erschienen.

Aaron Packard aus der Region Greater Wellington erstellte eine wissenschaftliche Analyse der Bemühungen um die Anwendung unseres GPI-Ansatzes und beschrieb die Herausforderungen, mit denen die Kommunalverwaltungen Neuseelands konfrontiert sind, wie folgt:

> »Man fand eine synergetische Verbindung zwischen dem GPI-Rahmen in Nova Scotia und dem Rahmen, der durch den *Local Government Act* vorgegeben ist. Trotz dieser Synergie und dem Engagement der lokalen

Behörden für den GPI ergaben sich aus dem Kontext eine Reihe von Herausforderungen. Dazu gehören die unzureichende Integration der bestehenden kommunalen Ergebnisse in die institutionelle Entscheidungsfindung, ein schwaches institutionelles Engagement für das wirtschaftliche Bewertungsverfahren des GPI und der Wunsch des derzeitigen Ministers für Kommunalverwaltung, den Umfang der Kommunalverwaltung zu verringern.«[300]

Trotz dieser Herausforderungen sind die neuseeländischen Initiativen von vor 15 Jahren immer wieder aufgetaucht, insbesondere unter der Führung von Jacinda Ardern. Das zeugt von der Kraft der Idee und der Notwendigkeit, über Wohlergehen und Nachhaltigkeit Rechenschaft abzulegen. In den letzten Jahren haben einige Stadtverwaltungen die kommunale Berichterstattung zur Lebensqualität rehabilitiert, und weniger ehrgeizige Umfragen zur Zufriedenheit der Einwohner wurden alle zwei Jahre fortgesetzt.[301]

WELLINGTONS FRUCHTBARER BODEN

Zumindest in Neuseelands Hauptstadt fielen unsere Bemühungen auf fruchtbaren Boden. Im Jahr 2006 wurde ich eingeladen, das GPI-Konzept dem *Greater Wellington Regional Council* [Regionalrat für den Großraum Wellington] vorzustellen, wo es mit Begeisterung aufgenommen wurde. Nach und nach folgten vertiefende Konsultationen und Diskussionen über Methoden, Datenquellen und andere praktische Aspekte. Im Jahr 2007 kündigte der Rat in Zusammenarbeit mit den acht Gebiets- und Kommunalbehörden der Region offiziell an, dass sie einen echten Fortschrittsindex erarbeiten würden, um ihre Entwicklung durch eine übergreifende Wellington-Regionalstrategie zu steuern. In den Jahren 2011 und 2014 erstellten die Räte GPI-Ergebnisse für eine breite Palette von wirtschaftlichen, ökologischen, sozialen und kulturellen Variablen, die jährlich aktualisiert werden, um Trends von 2001 bis 2018 aufzuzeigen.[302]

Die Region schreckte auch nicht vor der entscheidenden wirtschaftlichen Bewertungsdimension des GPI zurück, vor der sich andere gefürchtet hatten. In einem GPI-Bericht von Wellington aus dem Jahr 2011 wurde offen die Absicht erklärt, Umfassende Kostenrechnungen einzuführen, »um konventionelle wirtschaftliche Richtungen in Frage zu stellen oder den Fortschritt in der Region Wellington erheblich umzugestalten«.[303] In einem ersten Schritt ging Wellington eine Partnerschaft mit den Stadtverwaltungen von Auckland und Waikato ein, um mithilfe unserer Umfassenden Kostenrechnung 2013 einen ausführlichen Bericht über die Kosten der körperlichen Inaktivität in Neuseeland (1,3 Mrd. NZ$ bzw. 0,7 % des BIP im Jahr 2010) und in ihren eigenen Regionen zu erstellen.[304]

Einen GPI in der Praxis einzuführen und durchzusetzen erfordert harte Arbeit und engagierte, langfristige Bemühungen, die auf einer starken Leidenschaft und einem tiefen Verständnis für die zugrundeliegende Bedeutung des neuen Wirtschaftsparadigmas beruhen. Ohne diese Voraussetzungen und das entsprechende Engagement kann vieles schiefgehen, sei es, dass Veränderungen sich nicht durchsetzen können, sei es, dass Initiativen, die mit den besten Absichten unternommen werden, sogar zu Rückschlägen und zur Diskreditierung ihrer Ziele führen.

Während ich mit den Vertretern von Wellington arbeitete, beauftragte der Rat von Auckland 2009 zwei andere Gruppen – Market Economics und das New Zealand Centre for Ecological Economics [Neuseeländisches Zentrum für Ökologische Ökonomie] – mit der Erstellung eines echten Fortschrittsindikators für die Region nach dem ursprünglichen Modell von *Redefining Progress* aus dem Jahr 1995, das diese Gruppen bereits zur Erstellung eines GPI für

Neuseeland verwendet hatten.[305] 2019 wurden dasselbe Modell und derselbe Ansatz erneut verwendet, um einen *Genuine Progress Indicator* zu erstellen, der den Fortschritt Neuseelands von 1970 bis 2016 nachzeichnet.[306] Wie in Kapitel 3 erwähnt, war der Ausgangspunkt für unsere eigene Arbeit am GPI die Kritik von Statistics Canada an diesem ursprünglichen GPI und seinen methodischen und konzeptionellen Problemen.

Viele Fehler des US-amerikanischen Vorbilds von 1995 wurden 2009 bei den für Auckland und 2019 für Neuseeland entwickelten Modellen wiederholt: Alle Messgrößen waren zu einer einzigen zusammengesetzten Zahl aggregiert und begannen mit dem Wert des gesamten privaten Konsums als größtem positiven Beitrag zum Indikator. Je mehr wir konsumieren, desto schneller wächst der aggregierte GPI – eine fehlerhafte Annahme in einer Zeit, in der übermäßiger Konsum in direktem Zusammenhang mit schwindenden Ressourcen, Klimawandel und der Zerstörung von Lebensräumen steht. So stieg der Pro-Kopf-Konsum der Neuseeländer von 1970 bis 2016 um 80 % – der größte Einzelbeitrag zum Anstieg des GPI um 53 %.[307] Während die neuseeländischen GPI-Autoren dieses Konsumwachstum als den »größten Nutzen« für das Wohlergehen der Neuseeländer bezeichnen, vermeidet unser GPI für Nova Scotia dieses Maß genau deshalb, weil der vermeintliche kurzfristige Nutzen viele der Einschränkungen widerspiegelt, die der BIP-Buchhaltung innewohnen, und höchstwahrscheinlich auf Kosten künftiger Generationen geht.

Angesichts der grundsätzlichen Übereinstimmung dieses Maßes mit den BIP-Prämissen ist es nicht überraschend, dass scharfe Kritik geübt wurde: »Der für die Region Auckland im Zeitraum 1990 bis 2006 gemessene GPI zeigte, dass es eine extrem enge Korrelation zwischen dem BIP-Wachstum und dem GPI-Wachstum gab.«[308] In ähnlicher Weise verweist der neuseeländische *Genuine Progress Indicator*-Bericht 2019 darauf, dass die Gesamtrate des GPI- und des BIP-Wachstums in den letzten 25 Jahren (214 % bzw. 202 %) fast identisch sind.[309] Im Gegensatz zu Wellingtons nachhaltigem Engagement für seine Komponenten des *Genuine Progress Index* war der GPI von Auckland 2009 ein einmaliger Bericht, der nicht wiederholt wurde.

Aaron Packard von der Victoria University in Wellington verglich die beiden Ansätze im Detail und befürwortete nachdrücklich den GPI-Ansatz von Nova Scotia, den Wellington übernommen hatte:

> »Die jüngsten Ergebnisse des von der französischen Regierung in Auftrag gegebenen Berichts der *Commission on the Measurement of Economic Performance and Social Progress* [Kommission zur Messung der Wirtschaftsleistung und des sozialen Fortschritts] (Stiglitz et al., 2009)[310] sprechen für pluralistische Ansätze wie den GPI von Nova Scotia. Der Nova-Scotia-GPI ist einer der wenigen bestehenden Indikatorensätze, der erfolgreich eine Mischung aus wirtschaftlicher Bewertung und physischen Indikatoren im Einklang mit den Empfehlungen von Stiglitz und seinen Kollegen integriert hat. [...] Der regionale GPI von Wellington ist eine der ersten Fallstudien außerhalb des *GPI Atlantic*, die die Methodik von Nova Scotia anwendet. Diese Interpretation des GPI spiegelt eine stärkere Abkehr von reduktionistischen, monistischen oder positivistischen Tendenzen wider als andere Formen des GPI. [...] Der GPI von Nova Scotia ist ein potenziell mächtiges Instrument, das die Möglichkeit bietet, das Denken über ›Fortschritt‹ und Wohlergehen zu verändern«.[311]

Obwohl Packard 2009 einräumte, dass es »noch zu früh sei, um zu beurteilen, ob sich die GPI-Initiative von Wellington als brauchbare Alternative zum BIP für die Region erweisen wird«, hat der *Wellington*

Genuine Progress Index begonnen, sich zu bewähren: Er wurde offiziell in die Entwicklungsstrategie der Region eingebettet, wobei die Ergebnisse »dem Greater Wellington Regional Council gehören«. Er wird regelmäßig aktualisiert und von einer umfassenderen Vision des Wohlergehens sowie einer starken Kritik an den Beschränkungen des BIP begleitet.[312]

All dies geht weit über das hinaus, was wir in Kanada erreicht haben, wo keine Regierungsstelle auf irgendeiner Ebene den GPI mit ganzem Herzen angenommen hat. Trotz dieses Sieges fehlt noch ein Schlüsselelement, das jeden Impuls zu verfrühter Freude dämpft, nämlich der Nachweis, dass die Ergebnisse des Wellington-GPI direkt in bedeutende politische Initiativen umgesetzt wurden. Zwar hat der *Greater Wellington Regional Council* ausdrücklich seine Absicht bekundet, die neuen Messgrößen zu nutzen, »um fundiertere Entscheidungen über die miteinander verbundenen Aktivitäten zu treffen, die das Wohlergehen in der Region Wellington fördern oder beeinträchtigen«,[313] wobei der Rat sagt:

> »Ein GPI wird uns in die Lage versetzen, jetzt und in Zukunft bessere Entscheidungen zu treffen. Die Bewertung wirtschaftlicher, sozialer, ökologischer, menschlicher und kultureller Werte bedeutet, dass Entscheidungen mit Blick auf unser gesamtes Wohlergehen getroffen werden können und in einer Weise, die unseren Kindern und Enkelkindern eine bessere Welt hinterlässt.«[314]

Aber es wird sich erst in der Zukunft zeigen, ob diese Absichten in die Praxis umgesetzt werden und standhalten, oder ob mächtige Einzelinteressen sie zunichte machten.

Ein kausaler Zusammenhang zwischen Messung und Politik ist nicht leicht zu beurteilen. Wellington hatte bereits ein starkes

Engagement für das allgemeine Wohlergehen. In einer neuseeländischen Umfrage zur Lebensqualität aus dem Jahr 2018 belegte die Stadt einen Spitzenplatz[315] und wurde 2017 wie auch 2018 von der Deutschen Bank als lebenswerteste Stadt der Welt mit der besten Lebensqualität aller Städte eingestuft.[316] Natürlich kann nichts davon auf die Verwendung des GPI durch Wellington zurückgeführt werden. Im Gegenteil, die Übernahme des GPI ist wahrscheinlich eine Folge des früheren Engagements der Region.

Aber was bedeutet es auf einer grundlegenderen Ebene, die Auswirkungen der GPI-Nutzung auf die politischen Ergebnisse zu bewerten oder den GPI sogar richtig für politische Zwecke einzusetzen? Wie in Kapitel 2 und an anderer Stelle erläutert, sollen die GPI-Kalkulationen einen grundlegenden Strukturwandel auslösen. Sie sollen die konkreten Wirtschaftsdaten liefern, die für die Einführung neuer finanzieller Anreize und Sanktionen erforderlich sind. Auf diese Weise können beispielsweise Ungerechtigkeit, ökologische Fußabdrücke und Abhängigkeit von fossilen Brennstoffen und Autos verringert werden – Indikatoren, die von der Deutschen Bank gerade nicht für die Bestimmung der Lebensqualität einer Stadt benutzt werden. Obwohl der GPI in erster Linie ein wirtschaftliches Bewertungsinstrument ist, hat die Region Wellington bisher nur eine einzige kleinere Studie zur Umfassenden Kostenrechnung durchgeführt (zu den Kosten der körperlichen Inaktivität), es wurde aber noch keine Studie zu Verkehr, unbezahlter Arbeit, Kriminalität, Treibhausgas- und Schadstoffemissionen oder anderen Themen in Auftrag gegeben. Wellington hat sich bisher fast ausschließlich auf Indikatoren statt auf Kostenrechnungen gestützt. Letztere aber hätten eine viel stärkere Wirkung auf die Politik, weil sie die wahren wirtschaftlichen Vorteile und Kosten eben genau jener Entwicklungsoptionen aufzeigen würden, die Wellington zur Verfügung stehen.

Mit anderen Worten, Wellington muss zunächst einmal die buchhalterische Dimension des GPI richtig einsetzen. Dann erst können wir anfangen, über die Auswirkungen des GPI auf die Politik zu spekulieren.

DAS ERSTE »WOHLFÜHLBUDGET« DER WELT

Trotz dieser Vorbehalte gibt es im Zusammenhang mit Neuseeland etwas, das mir Hoffnung macht und das ich in meinen Beschreibungen hoffentlich vermitteln konnte. Ich kann nicht genau sagen, ob es an der Abgeschiedenheit dieses Landes liegt, an der außergewöhnlichen Schönheit seiner Natur, der unberechenbaren geologischen Aktivität, der spürbaren Stärke und Dynamik seiner Ureinwohner, die die europäischen Eindringlinge bis zum vertraglichen Unentschieden bekämpft hatten, oder an etwas anderem. Offensichtlich jedoch schienen die Neuseeländer eher als die meisten anderen bereit zu sein, die umfassendere Bedeutung von Wohlergehen anzunehmen, die wahre Bedeutung von Nachhaltigkeit zu begreifen und sogar die Notwendigkeit eines neuen, auf Nachhaltigkeit basierenden Wirtschaftsparadigmas zu akzeptieren.

Dies ist nicht nur meine Beobachtung. Auf der dritten internationalen Konferenz über Wohlergehen und öffentliche Politik, die im September 2018 in Wellington stattfand, lobten internationale Experten das bemerkenswerte Maß an Beteiligung und Engagement der neuseeländischen Regierung. Das neuseeländische Finanzministerium war Mitveranstalter der Konferenz, drei hochrangige Minister hielten Reden, und viele Staatsbedienstete nahmen aktiv teil. Der Oxford-Politologe Jan-Emmanuel De Neve sagte, Neuseeland könne die erste OECD-Nation sein, die eine umfassende Wohlfahrtspolitik umsetzt, und so »in den kommenden Jahren als Richtschnur und Bezugspunkt für die Zukunft dient«.[317]

Besonders ermutigend sind vielleicht die »Wellbeing Budgets« der neuseeländischen Premierministerin Jacinda Ardern für 2019 und 2020, die das Ziel des Wohlergehens in der neuseeländischen Politik verankern. Diese Politik verwendet neue, umfassendere Maßstäbe mit Schätzungen natürlicher, sozialer und menschlicher Werte sowie neuen Indikatoren für das Wohlergehen der Bürgerinnen und Bürger, die über die traditionellen Maßstäbe für Einkommen und Wachstum hinausgehen. Auf dem Weltwirtschaftsforum in Davos im Januar 2019 sagte Ardern: »Wir müssen uns um das gesellschaftliche Wohlergehen unserer Nation kümmern, nicht nur um das wirtschaftliche.« Sie forderte einen Perspektivwechsel von kurzfristigen Zyklen zu langfristigem Denken durch die Linse »der Freundlichkeit, der Empathie und des Wohlergehens«.[318]

Dass sich viele der Hoffnungen und Erwartungen der frühen 2000er Jahre nicht erfüllt haben, kann zumindest teilweise auf die Niederlage der Labour-Partei bei den Wahlen 2008 zurückgeführt werden. Ebenso ist das neue Engagement für das Wohlergehen zum Teil auf die Wahlen von 2017 zurückzuführen, bei denen die Labour-Partei erneut an die Macht kam – ein Zeichen dafür, wie anfällig Arderns neue Ausrichtung für politische Veränderungen ist. Fairerweise muss man sagen, dass dieses schwankende Interesse am Wohlergehen auch darauf verweist, dass versäumt wurde, den Wert und Nutzen der neuen Maßnahmen dem gesamten politischen Spektrum zu vermitteln. Theoretisch sollte der GPI, wie bereits angedeutet, auch für politische Parteien der Konservativen attraktiv sein, denn er kann die Markteffizienz verbessern, indem er die vollen Kosten der Produktion internalisiert und dadurch die Notwendigkeit staatlicher Regulierung und Intervention verringert. Bislang scheint diese Botschaft die Konservativen in Neuseeland nicht erreicht zu haben.

Jüngste Analysen haben festgestellt, dass Neuseeland unter Ardern zwar von einem »slow follower« zu einem »fast follower« in Sachen Klimawandel geworden ist, aber noch kein »leader«, und dass ihre Agenda zwar reformistisch, aber nicht transformativ ist.[319] Doch trotz der bisherigen harten Erfahrungen bin ich nach wie vor davon überzeugt, dass Neuseeland unter allen Industrieländern den fruchtbarsten Boden und das größte Potenzial für diesen Wandel in der Politik und im Handeln hat.

9
Einladung nach Bhutan

Umgeben von hohen Himalaya-Gipfeln, eingezwängt zwischen Indien und China und nie kolonisiert: das gebirgige, landumschlossene, unabhängige Königreich Bhutan. Das Land hat nur 760.000 Einwohner, die zu 75 % buddhistisch und zu 25 % hinduistisch sind, und ist seit 2008 eine konstitutionelle Monarchie. Bis vor Kurzem war es weitgehend isoliert. Diese Abgeschiedenheit half, Bhutans relativ unberührte Natur und seine uralte Kultur zu schützen und vor dem Ansturm des Konsumwahns zu bewahren, der die restliche Welt überrollt. Das Straßennetz in Bhutan wurde erst in den 1960er Jahren ausgebaut, und Fernsehen und Internet gibt es erst seit 1999. Selbst in den städtischen Zentren sind die meisten Bhutaner kaum eine Generation von ihren Dörfern auf dem Land entfernt.

Bhutan hat sich aus der Abgeschiedenheit gelöst und der Welt geöffnet. Die sich rasch verändernde Wirtschaft des Landes bringt nun große Herausforderungen sowohl in den schrumpfenden als auch in den wachsenden Sektoren mit sich. Mehr als zwei Drittel der Bevölkerung Bhutans leben nach wie vor auf dem Land und ernähren sich überwiegend von Subsistenzlandwirtschaft. Gleichzeitig verzeichnet das Land die höchste Rate an Land-Stadt-Wanderungen (6 % pro Jahr) in ganz Südasien. Der Anteil der Landwirtschaft am BIP ist in den letzten 30 Jahren von 55 % auf weniger als 20 % gesunken, und die Landwirte werden immer älter. Gleichzeitig verlieren junge Bhutaner, die in die Hauptstadt Thimphu ziehen, häufig ihr enges soziales Netz (Familie, Dorfgemeinschaft), sind mit Arbeitslosigkeit, hohen Lebenshaltungskosten und sozialer Isolation konfrontiert und geraten manchmal in die Abhängigkeit von Drogen oder werden kriminell. In Thimphu leben nur 16 % der Bevölkerung Bhutans, doch die Stadt verzeichnet 59 % der Kriminalität des Landes. In Anbetracht der Tatsache, dass Kriminalität in hohem Maße mit Jugendarbeitslosigkeit korreliert, spielt es eine Rolle, dass Thimphu bei weitem die höchste Jugendarbeitslosenquote des Landes aufweist – mehr als doppelt so hoch wie der nationale Durchschnitt (22,1 % gegenüber 10,6 %).[320] Außerdem ist die Selbstmordrate in den letzten Jahren landesweit stark angestiegen.[321]

Während der Anteil der Landwirtschaft am BIP stark zurückgegangen ist, liefern die Wasserkraftexporte nach Indien heute mehr als 40 % der Einnahmen Bhutans und machen 25 % des BIP aus. Trotz der klaren Vorteile einer mit grüner Energie betriebenen Wirtschaft hat die wirtschaftliche Abhängigkeit Bhutans von der Wasserkraft sowohl ökologische als auch finanzielle Bedenken aufgeworfen. Aller Voraussicht nach wird der Klimawandel den Abfluss des Gletscherwassers, von dem Bhutans Wasserkraft in der Trockenzeit abhängig ist, drastisch verringern.[322] Gleichzeitig haben die ausufernden Kosten für den Bau der Wasserkraftinfrastruktur, die weitere 25 % zum BIP des Landes beiträgt, die Regierung in Schulden gestürzt, die sich inzwischen auf 111 % des BIP belaufen. Bhutan ist bei weitem der größte Empfänger indischer Entwicklungshilfe. Indien finanziert die fünfjährigen Entwicklungspläne Bhutans, bestreitet fast ein Viertel des bhutanischen Staatshaushalts, hält 64 % der Schulden des Landes und übt einen dominierenden Einfluss auf die Wirtschaft und die Außenpolitik des Landes aus.[323]

Die Isolation hatte zwar ihre Vorteile, da sie Bhutan vor einigen Übeln der Industrialisierung, der Globalisierung und der Zerstörung von Umwelt und Kultur bewahrte, aber es gab auch einige entscheidende Nachteile. Im Jahr 1960, als die Kindersterblichkeit hoch und die medizinische Versorgung minimal war, lag die durchschnittliche Lebenserwartung in Bhutan bei nur 35 Jahren, der Hälfte des heutigen Wertes.[324] Die Alphabetisierungsrate ist sogar noch deutlicher gestiegen: von weniger als 20 % vor 30 Jahren – laut UN-Entwicklungsprogramm die niedrigste der Welt – auf heute 65 %, wobei 89 % der jungen Leute im Alter von 15 bis 24 Jahren inzwischen lesen und schreiben können.[325] Jigme Dorji Wangchuck, der dritte König von Bhutan, nahm die ersten Entwicklungsprojekte in den 1960er Jahren in Angriff, darunter auch den Straßenbau. Als er 1972 starb, folgte ihm sein Sohn Jigme Senge Wangchug im Alter von 17 Jahren auf den Thron. Unter seiner Herrschaft beschleunigte sich das Tempo, wobei sich die Projekte zunächst auf die ländliche Entwicklung konzentrierten und erst dann auf Kommunikationsnetze, Stromerzeugung, Gesundheitsfürsorge, sauberes Trinkwasser, Informationstechnologie usw. ausgeweitet wurden. Von Mitte der 1980er Jahre bis zum Ende der Regierungszeit des vierten Königs im Jahr 2006 wuchs das BIP Bhutans in nur 21 Jahren um das 15-Fache, die Zahl der Haushalte mit Stromanschluss stieg von 10.000 auf mehr als 65.000.[326]

Diese scheinbar konventionellen Entwicklungsstatistiken, so dramatisch sie auch sein mögen, erzählen jedoch nicht die ganze Geschichte des Entwicklungsweges von Bhutan. Das Land hat sich erst vor Kurzem für wirtschaftliche Entwicklung entschieden, nachdem es bereits die typischen Schäden in anderen Ländern miterlebt hatte, und wählte dann einen anderen Weg. Berühmt wurde dieser Weg 1979, als Seine Majestät Jigme Senge Wangchug auf die Frage eines Journalisten nach Bhutans Wirtschaftswachstum erklärte: »Das Bruttonationalglück ist wichtiger als das Bruttosozialprodukt.«[327]

In den folgenden zwei Jahrzehnten sah sich die bhutanische Regierung nicht veranlasst, das Bruttonationalglück, BNG [*Gross National Happiness*, GNH], zu definieren oder zu erklären, geschweige denn zu messen. Viele Bhutanerinnen und Bhutaner verstanden offenbar intuitiv, was ihr König meinte: dass Glück nicht allein durch Geld, Karriere und materielle Dinge entsteht. Diese Ansicht ist ein Kernstück des Buddhismus, der nach wie vor die offizielle Staatsreligion Bhutans ist und einen prägenden Einfluss auf Kultur und Identität des Landes hat. Bhutans alte Weisheitstraditionen, seine unberührte Natur, seine ausgedehnten Familiennetzwerke und seine eng verbundenen Gemeinschaften bilden eine solide nichtmaterielle Grundlage für das Wohlergehen der Menschen. Der vierte König wollte erreichen, dass die wirtschaftliche Entwicklung Bhutans diese Werte und Traditionen bewahrt und mit ihnen in Einklang steht. Er war ein leidenschaftlicher Umweltschützer, förderte aktiv Kunst und Kultur, legte großen Wert auf wirtschaftliche Autarkie und schränkte Tourismus und Einreisen von Besuchern strikt ein, um die Schattenseiten des ausländischen Einflusses in Schach zu halten.

Erst als sich Bhutan der Welt öffnete, seine Wirtschaft entwickelte, diplomatische Beziehungen zu anderen Ländern aufnahm und internationalen Organisationen beitrat, geriet das Land zunehmend unter Druck, sein *Bruttonationalglück* zu definieren und der Welt zu erklären. Obwohl der vierte König leidenschaftlich für Eigenständigkeit eintrat, erforderte die schnelle wirtschaftliche und infrastrukturelle Entwicklung Kapitalinvestitionen, ausländische Hilfe und Kredite. Und so begannen Außenstehende von der Weltbank und anderen ausländischen Hilfspartnern bis hin zu Journalisten und Akademikern zu fragen: »Wenn ihr, wie euer König sagt, euer Wohlergehen und euren Fortschritt nicht anhand des BIP bewertet, wie definiert und messt ihr sie dann?«

Diese Frage führte im Jahr 2003 dazu, dass ich eine Einladung nach Bhutan erhielt. Offenbar hatte dort jemand davon gehört, dass es in Kanada eine Gruppe von Wissenschaftlern gab, die versuchte, den Fortschritt ganzheitlich zu messen, mit Schwerpunkt auf Wohlergehen und Nachhaltigkeit, und dachte sich, dass wir vielleicht Ratschläge hätten, wie Bhutan den Fortschritt gemäß seiner BNG-Entwicklungsphilosophie messen könnte. Diese Einladung war eine große Überraschung – ich wusste nichts über Bhutan und hätte es nicht einmal auf einer Landkarte finden können.

Anfang Februar 2004 landete ich auf dem Flughafen von Paro, der weithin als »einer der gefährlichsten Flughäfen der Welt« bekannt ist, da er zwischen hohen Bergen liegt und nur acht Piloten weltweit für das Manövrieren zwischen den Bergen und die Landung auf der kurzen, schmalen Landebahn qualifiziert sind.[328] Ich wurde direkt vom Flughafen zu einer Audienz bei Ihrer Majestät Dorji Wangmo Wangchuck gebracht, der ältesten der vier Königinnen des Königs – vier Schwestern, die er 1988 in einer öffentlichen Zeremonie geheiratet hatte. Es war der Beginn einer 13-jährigen Odyssee.

Bei einer Tasse Tee erinnerte sich die Königin an die Schwierigkeiten, mit denen Bhutan in den vorangegangenen zwei Monaten konfrontiert war. Nach einem Jahrhundert des Friedens hatte das Land nur wenige Wochen zuvor seinen ersten Krieg erlebt. Separatistische Guerillas aus Assam hatten jahrelang bhutanisches Territorium als Rückzugsgebiet für Überfälle auf Indien und Angriffe auf indische Armeeeinheiten genutzt. Acht Jahre lang war verhandelt worden, ohne dass die Rebellen zum Abzug bewegt werden konnten, und Indien hatte gedroht, auf bhutanischem Boden militärisch gegen die Separatisten vorzugehen.

Um seine Souveränität aufrechtzuerhalten, schickte Bhutan seine wenigen kampfunerprobten Streitkräfte aus, um 3000 gut bewaffnete, erfahrene Aufständische aus 30 befestigten Guerillalagern im dichten Dschungel Südbhutans nahe der indischen Grenze zu vertreiben. Der König von Bhutan führte seine Truppen persönlich in den Kampf, was in der heutigen Zeit wohl einmalig sein dürfte. Die Militäroperation war ein Erfolg, die gefangenen Kämpfer wurden an Indien übergeben, die 30 Lager der assamesischen Separatistenguerilla auf bhutanischem Boden zerstört.

Das bhutanische Volk war sehr erleichtert und erwartete nun, die Rückkehr seiner siegreichen Armee zu feiern. Doch der König verbot jegliche Feier mit der Begründung, dass Krieg immer ein Symptom für gescheiterte Diplomatie und niemals ein Grund zur Freude sei. Stattdessen wurden in allen Klöstern des Landes Butterlampen angezündet – ein traditionelles tibetisch-buddhistisches Opfer, das die Umwandlung von Dunkelheit in Licht und Weisheit symbolisiert –, am Dochula-Pass oberhalb von Thimphu wurden 108 Stupas (Schreine) als Mahnmal errichtet.

Nur wenige Wochen später erinnerte sich die Königin mit großer Ergriffenheit an die Angst und Ungewissheit dieser schwierigen Zeit, in der es keine ordentlichen Nachrichten von der Front gab und das Volk nicht wusste, ob der König tot war oder nicht. »Vom Erwachen bis zum Einschlafen«, sagte die Königin über ihren Mann, »denkt er an nichts anderes als an das Wohl des Volkes von Bhutan.«

»BRUTTONATIONALGLÜCK« – GIBT ES DAS WIRKLICH?

In den folgenden Tagen stellte ich mit Erstaunen und Genugtuung fest, dass sich die Philosophie des *Genuine Progress Index* und die des bhutanischen *Bruttonationalglücks* auf einer sehr grundlegenden Ebene nicht unterscheiden: Beide erkennen an, dass Gesundheit, Wohlstand und Wohlergehen der Menschen von der effektiven Integration eines breiten Spektrums sozialer, wirtschaftlicher und ökologischer Faktoren abhängig sind. Und in beiden Systemen wird Reichtum nicht nur in materieller Hinsicht definiert, sondern auch durch gute Gesundheit, Wissen, starke gemeinschaftliche Bindungen, ausreichend freie Zeit, die man mit Freunden und Familie verbringen kann, und eine gesunde und reichhaltige natürliche Umwelt. Ein Mangel in einem dieser Bereiche lässt uns nicht nur verarmen, sondern der materielle Wohlstand selbst ist von ihrer Stärke abhängig.

Leider wird der Begriff »Glück«, wie die bhutanische Regierung ihn verwendet, im Westen grob missverstanden, für andere Zwecke verdreht und oft verspottet und herabgesetzt. Nach den Worten des ehemaligen Premierministers von Bhutan, Jigmi Y. Thinley, hat dieses »Glück« nichts mit dem üblichen Gebrauch dieses Wortes zu tun, der eine flüchtige Stimmung bezeichnet – heute glücklich und morgen unglücklich aufgrund einer vorübergehenden äußeren Bedingung wie Lob oder Tadel, Gewinn oder Verlust. Vielmehr bezieht es sich auf das tiefe, beständige Glück, das aus einem Leben in voller Harmonie mit der natürlichen Umwelt, unseren Mitmenschen, unserer Kultur und unserem spirituellen Erbe entsteht – kurz gesagt, aus dem Gefühl, mit unserer Welt vollkommen verbunden zu sein.[329]

Im allgemeinen Sprachgebrauch ist der Begriff »Wohlergehen« [well-being] vielleicht nicht in dem Maße falsch interpretiert worden, wie wir das bei der Verwendung des Wortes »Glück« [happiness] gesehen haben. Aber »Wohlergehen« selbst ist als Übersetzung etwas problematisch, da es eher in Bezug auf die äußeren Bedingungen des

Lebens als auf den daraus resultierenden Geisteszustand verwendet wird, auf den sich der König und der Premierminister beziehen, wenn sie das Wort »Glück« verwenden. Die Übersetzung hat hier ihre Grenzen, und kein deutsches oder englisches Wort vermittelt angemessen die beabsichtigte Bedeutung, die eigentlich aus dem Kern der buddhistischen Philosophie stammt.

Auf der äußeren politischen und gesellschaftlichen Ebene ist das *Bruttonationalglück* jedoch die Bezeichnung für die ausgewogene Entwicklungsphilosophie Bhutans, die darauf abzielt, soziale, wirtschaftliche und ökologische Ziele in das Streben nach allgemeinem Wohlergehen zu integrieren. In einer subtilen, aber wichtigen Unterscheidung zwischen Bedingungen und letztendlichen Zielen ist das Bruttonationalglück sogar in der Verfassung des Landes verankert, wo es in Artikel 9 heißt: »Der Staat ist bestrebt, die Bedingungen zu fördern, die ein erfolgreiches Streben nach dem Bruttonationalglück ermöglichen.« Als der vierte König das Bruttonationalglück 1979 zum ersten Mal erwähnte, gab er einen Hinweis auf die Bedeutung von »Glück«, denn er grenzte es scharf vom Bruttosozialprodukt ab und machte damit deutlich, dass er das BNG als Gegenpol zum weltweit vorherrschenden materialistischen Wirtschaftswachstumssyndrom verstand.

DIE VIER SÄULEN DES BNG

Nach der derzeitigen Definition steht das BNG auf vier integrierten Säulen:

- Erhaltung der Umwelt
- Förderung der Kultur
- nachhaltige und gerechte sozioökonomische Entwicklung
- gute Regierungsführung

Bevor man also den Begriff des Glücks leichtfertig abtut, sollte man anerkennen, dass diese Säulen oder Prinzipien nicht nur für Bhutan wichtig sind, sondern für die ganze Welt, die in ihrer Fixierung auf ungezügeltes Wirtschaftswachstum diese vielschichtige Grundlage offensichtlich verloren hat.

Landflucht, Entfremdung der Jugend, Trennung der Familien und Drogenmissbrauch – das sind die Herausforderungen, mit denen Bhutan konfrontiert ist. Es sind globale Trends, und das Land ist nicht immun gegen sie. Die vier Säulen des BNG sind daher wichtiger denn je. Wie andere Länder, die eine rasante wirtschaftliche Entwicklung durchlaufen, ist auch Bhutan einer neuen Flut von materialistischen Botschaften ausgesetzt. Seit 1999 Fernsehen und Internet eingeführt wurden, findet eine Neubestimmung von Erfolg statt, die geprägt ist von Geld, Karriere, Ruhm, Glamour und anderen Formen des individuellen Gewinns. Darüber hinaus ist Bhutan heute mit den potenziell verheerenden Auswirkungen des Klimawandels konfrontiert, die sich aus den Überschwemmungen der Gletscherseen und aus zunehmender Ungleichheit, Umweltverschmutzung und Abfallerzeugung ergeben. Die Welt ist nach Bhutan gekommen, zum Guten oder Schlechten, und Isolation ist nicht länger möglich.

Darüber hinaus herrscht in Bhutan eine tiefsitzende Unsicherheit in Bezug auf die eigene Souveränität, ein Gefühl, das unter der Oberfläche brodelt. Nachdem das Land mitansehen musste, wie Tibet an seiner Nordgrenze von China und Sikkim an seiner Westgrenze von Indien geschluckt wurde, gibt es auch eigene ethnische Spannungen, insbesondere in Bezug auf die nepalesischstämmigen Lhotshampas, die etwa 25 % der Bevölkerung Bhutans ausmachen und im Süden des Landes die Mehrheit bilden. In dieser Hinsicht sind die vier Säulen des BNG nicht einfach als abstrakte Prinzipien gedacht, sondern als praktische Instrumente, um den spaltenden

Tendenzen entgegenzuwirken, die häufig mit einer raschen Entwicklung einhergehen.

Je enger und intensiver ich im Laufe der Jahre mit den Bhutanern zusammengearbeitet habe, desto deutlicher wurde die tiefere Bedeutung dieser vier integrierten Säulen. Es gibt viele Interpretationen des BNG und eine breite Kontroverse darüber, ob und in welchem Umfang es in der Praxis verwirklicht ist, aber zumindest in Bhutan schien unstrittig zu sein, wie die vier Säulen idealerweise in Philosophie und Absicht aufgefasst werden können.

DIE ERHALTUNG DER UMWELT

Die Bhutaner scheinen zu akzeptieren, dass Respekt vor der natürlichen Umwelt – die erste Säule – sowohl einen achtsamen und vorsichtigen Umgang mit der Erde bedeutet als auch eine Wertschätzung und scharfe Beobachtung der Natur, ihrer Vorgänge und Wunder. Übersetzt in die Praxis bedeutet die Stärkung der ersten Säule des BNG daher: Schutz der Ökosystemfunktionen, sparsamer Umgang mit Ressourcen, Verzicht auf Müll, Lernen von der Natur, d. h. die Rolle lokaler Pflanzen, Böden, Wälder, Vögel und Tiere beobachten, studieren und verstehen. In Anbetracht der Tatsache, dass die menschliche Existenz auf eine gesunde natürliche Umwelt angewiesen ist, bildet diese Säule die wesentliche Grundlage des BNG.

Dies ist mehr als nur Theorie, es spiegelt sich in der Praxis des Landes wider. Im Jahr 2005 erhielt Bhutan die Auszeichnung »Champion of the Earth« der Vereinten Nationen, weil es die Umwelt in den Mittelpunkt seiner gesamten Entwicklungspolitik stellt. Mehr als 70 % der Landfläche Bhutans sind dank der Bemühungen noch immer bewaldet und 50 % sind vollständig unter Naturschutz gestellt; Bhutan unterhält Wildtierkorridore, die Lebensraum für gefährdete

Arten bieten; auf der Klimakonferenz in Kopenhagen im Dezember 2009 hat das Land versprochen, auf Dauer eine Netto-Kohlenstoffsenke zu bleiben.

Die bhutanische Sichtweise ist mit dem Ansatz der Maori vergleichbar: Beide Kulturen betrachten die menschliche Existenz als ganzheitlich und spirituell in das Netz der Natur integriert. Diese traditionelle Perspektive hat Bhutan dazu veranlasst, das Bergsteigen zu verbieten und Straßen oft von Gewässern oder anderen natürlichen Gegebenheiten wegzuleiten, weil sie in die Stätten der dort wohnenden Schutzgottheiten eingreifen würden. Solche magischen, uralten Überzeugungen haben dazu gedient, Seen, Berge und andere natürliche Heiligtümer – und die Lebewesen, die sie bewohnen – auf eine Art und Weise vor Übergriffen zu schützen, wie es mit unserem modernen säkularen, wissenschaftlichen Ansatz nicht möglich ist.

Bhutans Sorge um die Natur und den Lebensraum anderer Arten entspringt zum Teil einem Kernbestandteil der buddhistischen Philosophie, in deren Zentrum der Respekt vor dem Leben aller Wesen steht. Im Einklang mit diesem Wert hat etwa das bhutanische Landwirtschaftsministerium 2012 festgelegt, dass gewerblich gehaltene Hühner, Truthähne, Enten, Gänse und anderes Geflügel in ihren Gehegen genügend Platz haben müssen, um sich hinzulegen, aufzustehen, beide Flügel vollständig auszubreiten und sich im Kreis zu drehen, ohne die Seiten des Geheges oder andere Hühner zu berühren, und dass sie in der Lage sein müssen, ruhig zu sitzen, ohne wiederholt gestört zu werden. Bhutans oberster Viehzüchter zog einen impliziten Vergleich mit den in Nordamerika üblichen Praktiken: »Sie auf engstem Raum zusammenzudrängen und zu behandeln, als wären sie Eierproduktionsmaschinen, ist einfach nicht richtig!«

Wie ist aus bhutanischer Sicht die Erhaltung der Umwelt mit dem menschlichen Glück verbunden? Ganz einfach: Wenn man, wie im obigen Beispiel, das Wohlergehen der Hühner über kurzfristige wirtschaftliche Vorteile stellt und weiß, dass es ihnen dadurch besser geht und sie weniger leiden, dann, so die berechtigte Annahme, werden auch wir Menschen glücklicher. Dasselbe gilt für den Umgang mit allen anderen Tierarten.

FÖRDERUNG DER KULTUR

Der tiefe Respekt vor der natürlichen Welt leugnet nicht die Schlüsselrolle der menschlichen Gesellschaft, die sich in der kulturellen Säule des BNG widerspiegelt. Diese Säule wird mit starken Gemeinschaftsbanden und der Freude an Gesang, Tanz, Kunst, Musik, Poesie, Dorffesten usw. in Verbindung gebracht. Sie verkörpert die Ansicht, dass wir Menschen die Natur zwar schätzen und ihr Ehrfurcht entgegenbringen, aber auch inmitten dieser natürlichen Welt Platz nehmen und unser Menschsein als Teil dieser größeren Lebensgemeinschaft zum Ausdruck bringen.

Inwieweit vermittelt eine Gemeinschaft in Bhutan traditionelles Handwerk, Kunst, Geschichten, Bräuche und lokales Wissen weiter? Und inwieweit praktiziert die Jugend die dynamische Entwicklung dieser Traditionen? Die Antwort auf diese Fragen könnte ein Indikator für die Stärke der »Kulturförderung« im BNG sein. Das Wort »Förderung« bezieht sich auf die Absicht, diese Tendenzen auf innovative und zeitgemäße Weise zu pflegen, anstatt die traditionelle Kultur als totes Museumsstück inmitten scheinbar überwältigender globaler Einflüsse zu bewahren. Man könnte diese Grundsätze auf lokaler Ebene zur Wahrung des einheimischen Wissens anwenden: mithilfe von Dorfbewohnern und Ältesten, die ihre Weisheit an die Schulen bringen, oder indem der Zusammenhalt der Großfamilien gefördert und für bedürftige Gemeindemitglieder gesorgt wird.

Früher boten die traditionellen Familien- und Gemeinschaftsnetzwerke ihren Mitgliedern Sicherheit und gegenseitige Unterstützung. Durch die massive Landflucht sind diese Bindungen schwer belastet. Die Herausforderungen, denen sich die Jugend heute gegenübersieht, sind nur die Spitze des Eisbergs: Ich hörte häufig, wie Bhutans erster Premierminister Jigmi Y. Thinley den Zusammenbruch altehrwürdiger gesellschaftlicher Verhaltensweisen beklagte. Er sah diesen Zerfall in scheinbar kleinen Vorfällen, wie z. B. einem Autofahrer, der es eilig hatte und hupte, um an einem Trauerzug vorbeizukommen – eine Respektlosigkeit, die es, wie er betonte, in früheren Zeiten nie gegeben hätte.

Die Eröffnung des ersten bhutanischen Altersheims im März 2011 in Trashigang, Ostbhutan, hat das nationale Bewusstsein dafür geschärft, wie fragil der kulturelle Pfeiler des BNG ist, und eine nationale Debatte ausgelöst.[330] Altersheime werden »gerade jetzt gebraucht«, sagte der Premierminister auf Fragen der Presse, weil alte Menschen von ihren Familien, die in die Städte abwanderten, verlassen würden. Solche Heime seien jedoch keine langfristige »Lösung«, die nur aus der Tradition der Vergangenheit erwachsen könne, in der die Alten innerhalb der Familie verehrt und respektiert wurden. Der Oppositionsführer und künftige Premierminister Tshering Tobgay fragte: »Warum haben unsere älteren Bürger kein Zuhause? Versagen unsere Gemeinden? Lassen wir unsere Eltern im Stich? Und wenn ja, warum? Liegt es an der Verstädterung? Oder schwinden unsere Werte?«[331]

Ein Zeitungsartikel äußerte die Befürchtung, Altersheime könnten noch mehr Familien dazu veranlassen, ihre Alten im Stich zu lassen. Der Journalist wies darauf hin, dass es immer mehr ältere obdachlose Bettler in Thimphu gebe: »Auch wenn Bhutan Fortschritte macht, findet sich eine wachsende Zahl seiner Bürger am Rande der Gesellschaft wieder. [...] Es ist beunruhigend zu sehen, wie unsere Eltern und Großeltern an ihrem Lebensabend brutal beiseitegeschoben werden.«[332]

Diese Entwicklung hält an. Zwar beklagen die Bhutaner allgemein, dass die Kultur ihrer Gesellschaft gefährdet ist und dringend einer Erneuerung bedarf. Doch niemand bietet praktikable Lösungen an. Solange das Bildungswesen expandiert, die Jugend in die Städte abwandert und die Netzwerke der Großfamilien und Dörfer zerfallen, wird niemand sagen, Altersheime seien nicht notwendig oder sollten nicht gebaut werden.[333]

NACHHALTIGE UND GERECHTE SOZIOÖKONOMISCHE ENTWICKLUNG

Auf einer tieferen, philosophischen Ebene bedeutet diese dritte Säule eine Wirtschaft, die auf Zufriedenheit und gerechtem Teilen basiert und nicht auf Besitzgier und Habsucht – Impulse, die nach buddhistischer Auffassung eher von Unzufriedenheit und Unmut zeugen als von Wertschätzung des natürlichen Reichtums unserer Welt.

In dieser neuen Wirtschaft werden Konsum und materielle Anhäufung durch ein Konzept des Genügens oder der Suffizienz ersetzt – also durch das, was man braucht, und nicht so sehr durch das, was man begehrt –, um einen angemessenen Lebensstandard zu erreichen und sein menschliches Potenzial zu entfalten.

Der Begriff »Suffizienzwirtschaft« geht auf den verstorbenen thailändischen König Bhumibol zurück, der 1997 in einer landesweiten Fernsehansprache sein Volk aufforderte, »einen vorsichtigen Schritt zurück zu machen« und sich vom raschen, ungebremsten

Wachstum abzuwenden. Er erklärte: »Das Wichtigste für uns ist, eine ausreichende Wirtschaft zu haben. Eine ausreichende Wirtschaft bedeutet, dass wir genug haben, um uns selbst zu versorgen.« Der König räumte ein, dass »diejenigen, die die moderne Wirtschaft mögen, dies vielleicht nicht zu schätzen wissen«. Seitdem wird Suffizienzwirtschaft als nachhaltige Entwicklung, wirtschaftliche Stabilität und »gerechte Verteilung der Vorteile des wirtschaftlichen Wohlstands« definiert, mit dem Ziel, »den verschwenderischen Umgang mit natürlichen Ressourcen« zu vermeiden.[334]

Aus dieser Perspektive wird sich die neue Ökonomie viel stärker auf Verteilungsfragen konzentrieren – darauf, dass jeder das hat, was er für ein menschenwürdiges Leben braucht –, als darauf, einfach nur immer mehr Dinge zu produzieren, wie es unsere derzeitige, auf BIP-Wachstum ausgerichtete Wirtschaft fördert. In einer Welt, in der die Menschheit bereits 70 % der Ressourcen schneller verbraucht, als die Erde sie wieder auffüllen kann, erkennt die neue Wirtschaft an, dass wir insgesamt bereits genug haben. Der neue wirtschaftliche Schwerpunkt liegt also darauf, wie der vorhandene Reichtum gerechter verteilt werden kann, um sicherzustellen, dass niemand benachteiligt wird. Und das wiederum verschiebt die Perspektive auf jeden anderen Aspekt der neuen Wirtschaft.

Anstelle des individualistischen, wettbewerbs- und karriereorientierten Ansatzes in Bezug auf Beschäftigung könnte die wirtschaftliche Säule des BNG die Bürger beispielsweise dazu bringen, sich zu fragen, welche Art von Arbeit ein Land braucht; wie zufriedenstellende, würdige Arbeitsplätze geschaffen werden können, um diese Bedürfnisse zu erfüllen; wie die Arbeit der gesamten Gesellschaft dienen kann. Die Wirtschaft des BNG kann die vorherrschenden Ansichten über die Ausweitung des Handels in der globalisierten Wirtschaft verändern, und zwar nicht in Richtung eines engstirnigen protektionistischen Ansatzes, sondern dahingehend, dass Nationen und Völker ermutigt werden, in Würde auf eigenen Füßen zu stehen, anstatt sich nach externen Gütern zu sehnen und von Importen und ausländischer Hilfe abhängig zu sein. Der vierte König von Bhutan drückte es so aus: »Das Maß an wirtschaftlicher Eigenständigkeit, das eine Nation erreicht hat, ist einer der wichtigsten Gradmesser für ihren Status in der Welt als souveränes, unabhängiges Land.«[335]

GUTE REGIERUNGSFÜHRUNG

Die äußere Dimension dieser Säule wird vom Centre for Bhutan Studies [Zentrum für Bhutan-Studien] vor allem anhand von Indikatoren ermittelt, die die Leistung der Institutionen, die Rechte der Bürger, ihr Vertrauen und ihre Beteiligung an den entsprechenden Einrichtungen bewerten.[336] Bei meinen Gesprächen in Bhutan kam jedoch darüber hinaus eine tiefere innere Bedeutung zum Vorschein: die Weisheit der besten Führungskräfte, die Realität klar zu erkennen und genau zu wissen, wie sie in jeder Situation handeln müssen, um den größten Nutzen zu erzielen. Diese Eigenschaft erfordert die Fähigkeit, die Ursachen von Problemen und Herausforderungen zu verstehen und anzugehen, Stärken zu fördern und auszubauen, Schwächen anzuerkennen und zu überwinden und eine Politik zu entwickeln, die den Menschen und dem Land vor allem langfristig zugutekommt.

So zumindest habe ich die Philosophie verstanden, die den vier Säulen zugrunde liegt und deren Integration zum BNG führen soll. Es ist zweifellos eine noble Philosophie und meines Erachtens ein wichtiger Gegenpol zur weltweit vorherrschenden Konsumhaltung. Aber als ich die Einladung Bhutans annahm und für fast ein Jahrzehnt dorthin zog, wollte ich nicht philosophieren, sondern sehen, wie diese ehrenwerten Absichten in die Tat umgesetzt werden.

ENTWICKLUNG NEU DENKEN

Im Februar 2004 wurde eine Konferenz mit dem Titel *Operationalizing Gross National Happiness* [Das Bruttonationalglück in Zahlen fassen] veranstaltet, flankiert von einer Reihe von Konsultationen. Man lud eine Handvoll ausländischer Vertreter nach Bhutan ein, um Fachwissen auszutauschen. Zu den Teilnehmern gehörten ein Berater des Weißen Hauses zum Thema Nachhaltigkeit, ein Historiker aus Stanford, der die Argumente für und gegen den Beitritt Bhutans zur WHO analysierte, ein deutscher Bodenexperte für nachhaltige Landwirtschaft, eine thailändische Expertin für Geschäftsmodelle, die mit den Grundsätzen des Bruttonationalglücks vereinbar sind, und drei weitere Experten mit unterschiedlichen Erfahrungen bei der Messung von Wohlstand und nachhaltiger Entwicklung.[337] Unsere bhutanischen Gastgeber löcherten uns geradezu, um zu verstehen, wie ganzheitliche Messungen ihnen dabei helfen könnten, die Prinzipien der Nachhaltigkeit, der Erhaltung, der Gerechtigkeit und des Wohlergehens durch Gesetzgebung und Praxis in die wirtschaftliche Entwicklung zu integrieren.

Ich glaube, dass die Konferenz für die ausländischen Experten ebenso aufschlussreich war wie für die Bhutaner. Während die Arbeit, die meine Kollegen und ich in Bereichen wie der ganzheitlichen Messung und der nachhaltigen Entwicklung leisteten, in unseren Heimatländern weitgehend am Rande blieb, sprachen in Bhutan die höchsten Regierungsebenen – ein Premierminister, ein König und ein Kronprinz sowie Kabinettsminister – die gleiche Sprache. Die Bhutaner waren fest entschlossen, nicht den Weg des Wirtschaftswachstums um jeden Preis zu beschreiten, die Fallstricke der konventionellen Entwicklung zu vermeiden und die natürliche Umwelt, die alte Kultur und die starken Gemeinschaften des

Landes zu schützen. Bhutan wurde damals von den Vereinten Nationen offiziell als »am wenigsten entwickeltes Land« mit niedrigem Einkommen eingestuft, das »mit schwerwiegenden strukturellen Hindernissen für eine nachhaltige Entwicklung konfrontiert ist, [...] sehr anfällig für wirtschaftliche und ökologische Schocks und [mit] einem niedrigen Niveau an Humanvermögen«.[338] Das Land suchte nun nach einer praktischen und praktikablen Strategie, um die dringenden materiellen Bedürfnisse seiner Bürger zu befriedigen, ohne die umfassenderen Ziele des BNG zu gefährden. Wir Westler hatten zunächst keine Antworten, sondern vor allem Fragen.

Während unseres Aufenthalts hörten wir nicht ein einziges Mal, dass unsere bhutanischen Gastgeber Interesse am Export ihres BNG hätten. Sie wollten lediglich herausfinden, wie sie es zu Hause am besten umsetzen konnten. Die Bhutaner sprachen nicht einmal von einer »internationalen« Konferenz, geschweige denn von einer Auftaktveranstaltung für das BNG. Wir ausländischen Gäste, von denen die meisten zum ersten Mal in Bhutan waren, wurden nicht müde zu betonen, wie dringend die Welt ein solches ganzheitliches und ausgewogenes Entwicklungsmodell brauchte. Aus diesem Impuls heraus regte ich an, im folgenden Jahr eine zweite internationale BNG-Konferenz in Kanada abzuhalten. Bhutan stimmte zu, und auch andere ausländische Vertreter zeigten sich begeistert.

So versammelten sich im Juni 2005 insgesamt 450 internationale Vertreter aus 33 Ländern und sechs Kontinenten in der kleinen Universitätsstadt Antigonish, Nova Scotia, zur einwöchigen sogenannten zweiten internationalen Konferenz zum BNG. Ziel der Konferenz war es, weltweit erfolgreiche Initiativen auf unterschiedlichen Ebenen (kommunal, regional, national, privatwirtschaftlich) zu erkunden, die versuchen, nachhaltige und gerechte wirtschaftliche Entwicklung mit den vier Säulen des BNG (Umweltschutz, kultureller

Zusammenhalt, soziale und ökonomische Gerechtigkeit, gute Regierungsführung) zu verbinden.[339] Eine hochrangige Delegation von 21 Personen aus Bhutan, angeführt vom zukünftigen Premierminister Jigmi Y. Thinley, und führende Vertreter von Regierungen, Nichtregierungsorganisationen, Unternehmen, Gewerkschaften, Hochschulen, Gemeinden und Jugendlichen sowie Delegierte aus anderen Ländern nahmen teil. Sie begutachteten funktionierende Modelle für erneuerbare Energien, nachhaltiges Wirtschaften, ökologische Landwirtschaft, Wiederaufforstung, angepasste Technologien, Null-Abfall-Initiativen, genossenschaftliche Sozialunternehmen, fairen Handel, ganzheitliches Management, nachhaltiges Bauen und alternative Messmethoden, um sowohl ihre wirtschaftliche Tragfähigkeit als auch ihr Potenzial für eine Ausweitung auf die regionale und nationale Ebene zu erkunden.[340]

Alle Redner wurden gebeten zu berichten, wie sie ihre Bemühungen in die Praxis umgesetzt, Hindernisse überwunden, Erfolge erzielt und Herausforderungen bewältigt hatten. Ray Anderson beschrieb, wie seine Energie- und Treibhausgasreduzierung und die Umstellung auf wiederverwendete und recycelte Komponenten die Rentabilität seines multinationalen Teppichunternehmens erheblich verbessert hatte. Andere zeigten auf, dass Initiativen für fairen Handel und kommunale Entwicklung Arbeitsplätze vor Ort geschaffen hatten, die im Laufe der Zeit durch spezielle Märkte und Umweltschutzmaßnahmen erhalten werden konnten. Die kürzeren Arbeitszeiten in den Niederlanden und in Deutschland erwiesen sich als wirksame Strategie zur Schaffung von Arbeitsplätzen und zur Verbesserung der Work-Life-Balance. Bunker Roy beschrieb die Regenwassersammel- und Solarenergie-Initiativen seines *Barefoot College*, das Zehntausende von Analphabetinnen in Dörfern ausgebildet hatte und beschäftigte. Die Delegierten aus Afrika, Asien,

Europa und Amerika sahen sich bestätigt durch Berichte von effektiven Arbeitsmodellen und Lösungen, die es ermöglichen, die globale Entwicklung hin zu einer sozial und ökologisch verantwortlichen, den langfristigen Wohlstand sichernden Politik und Praxis zu steuern.

Doch die Bhutaner stahlen ihnen die Show, und sei es nur, weil sich kein anderer souveräner Staat dazu verpflichtet hatte, eine solche integrierte Entwicklung auf nationaler Ebene umzusetzen. Aber auch, weil sie darauf erpicht waren, bewährte Verfahren von den anderen Teilnehmern zu lernen. Sie machten keinen Hehl aus den großen Herausforderungen, mit denen sie sich bei der praktischen Umsetzung ihres BNG-Konzepts konfrontiert sahen. In nachdenklichen Momenten äußerten die bhutanischen Delegierten eine Mischung aus aufrichtiger Dankbarkeit für die bemerkenswerten Vernetzungsmöglichkeiten, die das Treffen bot, und Verlegenheit darüber, dass sie plötzlich auf die internationale Bühne gedrängt wurden. Die New York Times schickte einen Reporter nach Nova Scotia, um über die Konferenz zu berichten, und veröffentlichte anschließend einen ganzseitigen Artikel, der dazu beitrug, dass Bhutans BNG-Philosophie weltweit Aufmerksamkeit erhielt.[341]

Für *GPI Atlantic* selbst stellte die Gründung von *GPI Youth* einen wichtigen Aspekt der Konferenz dar. Meine Frau Gwen vertrat den von den Konferenzteilnehmern sehr geschätzten Standpunkt, dass jede Zusammenkunft über die Zukunft des Planeten die jungen Menschen, die die Erde erben werden, aktiv einbeziehen muss. 20 % der Konferenzteilnehmer waren unter 30 Jahre alt. Es war eine bemerkenswerte Veranstaltung.[342]

10

(Fehl-)Messung des *Bruttonationalglücks*

Bhutans Errungenschaften in Bereichen wie dem Umweltschutz sind sicherlich ein Vorbild für andere Länder, aber das Verständnis der BNG-Philosophie stößt sowohl im Inland als auch im Ausland auf ernste Schwierigkeiten. Unser eigenes Engagement in Bhutan hat uns unweigerlich in den Strudel dieser Missverständnisse und Schwierigkeiten gezogen. Hier sind einige der subtileren und hartnäckigeren Missverständnisse, denen ich begegnet bin.

DIE GLÜCKSBEWEGUNG

Wie ich bereits erwähnt habe, lässt sich der bhutanische Begriff von Glück nicht leicht übersetzen und wird nur allzu oft missverstanden oder sogar trivialisiert. Interessanterweise warnte der Buddha vor 2500 Jahren davor, dass zwar jeder nach Glück strebt, aber nur sehr wenige wissen, wie man es erreicht. Tatsächlich erklärte er, dass das Streben der meisten Menschen nach Glück durch äußere und materielle Mittel, das vergebliche Greifen nach vorübergehenden Vergnügungen, sowohl für sie selbst als auch für andere immer tiefer ins Elend führt. Wahres Glück, so der Buddha, sei dagegen durch Mitgefühl, Freundlichkeit und Fürsorge für andere zu erreichen und durch ein tiefes Verständnis der vernetzten Natur der Wirklichkeit.

Diese uralte Warnung ist besonders relevant für die heutige sogenannte Glücksbewegung, die Bhutans ursprünglich beabsichtigte Verwendung des Begriffs weitgehend missverstanden und häufig zweckentfremdet hat. Einige ihrer größten Verfechter sind heute in der *positiven Psychologie* zu finden, einem individualistischen Ansatz, der den Bezug zur natürlichen Umwelt und zur Sozial- und Wirtschaftspolitik weitgehend außer Acht lässt.[343]

Der sogenannte *World Happiness Report* [Welt-Glücks-Bericht] wurde erstmals 2012 für eine von Bhutan ausgerichtete Tagung der Vereinten Nationen erstellt. Seither ist er jährlich aktualisiert worden und nun (2022) in seiner zehnten Auflage erschienen. Er enthält Messwerte für eine Reihe von Aspekten: das Pro-Kopf-BIP, die gesunde Lebenserwartung, das subjektive Glücks- und Traurigkeitsempfinden, die soziale Unterstützung, die Wahrnehmung von Korruption, Spenden für wohltätige Zwecke, die Frage, ob die Menschen das Gefühl haben, frei entscheiden zu können, was sie mit ihrem Leben anfangen wollen. Aber in diesem Bericht gibt es keine einzige Umweltvariable.[344]

Es überrascht nicht, dass in den jährlichen Glücksrankings die reichen Länder an der Spitze und die ärmsten Länder (vor allem in Afrika) am Ende stehen.[345] Die Länder mit den weltweit größten ökologischen Fußabdrücken und den höchsten Raten an Energieverbrauch und Treibhausgasemissionen befinden sich im oberen Fünftel der »glücklichsten Länder«, darunter Australien, Kanada, die Vereinigten Staaten, das Vereinigte Königreich, Singapur, die Vereinigten Arabischen Emirate, Luxemburg, Belgien Schweden und Deutschland.[346] Das wird unsere Kinder, die unseren sich rasch erwärmenden Planeten erben, vielleicht nicht so glücklich machen. Am anderen Ende der Skala werden einkommensschwache Länder im *Welt-Glücks-Bericht* nicht dafür gewürdigt, dass sie im Rahmen der Tragfähigkeit der Erde leben. Obwohl dieser Bericht direkt auf die BNG-Initiative von Bhutan zurückgeht, haben die Autoren anscheinend vergessen, dass die Erhaltung der Umwelt eine der vier Hauptsäulen des *Bruttonationalglücks* und außerdem die Grundlage der anderen drei ist.

MESSUNG DES GLÜCKS ODER SEINER BEDINGUNGEN?

Die eigene Messarbeit von *GPI Atlantic* wird allzu oft als Versuch missverstanden, Glück zu messen, was sie definitiv nicht ist! Umfragen wie »Sind Sie glücklich?« unterscheiden weder zwischen vorübergehenden Stimmungen und dem dauerhaften Glücksgefühl, wie es Bhutans ehemaliger Premierminister definiert hat, noch haben sie etwas mit dem ursprünglichen Konzept des BNG zu tun, das solche Fragen zur augenblicklichen Selbsteinschätzung nicht stellte.

Kurzum, es herrscht der weit verbreitete Irrglaube, wahres Glück sei direkt messbar. Leider hat Bhutans eigener Versuch, die Ergebnisse in einer einzigen Zahl zusammenzufassen und eine Frage zum selbst empfundenen Glück in seine BNG-Erhebung aufzunehmen, diesem Missverständnis Vorschub geleistet. Infolgedessen wurde die Aufmerksamkeit der Politik und der Öffentlichkeit in Bhutan von wichtigen Informationen über den sozialen, wirtschaftlichen und ökologischen Zustand des Landes abgelenkt und richtete sich stattdessen auf eher oberflächliche Aussagen darüber, welche Regionen angeblich glücklicher sind als andere.

Tatsächlich aber können wir mit einer gewissen Genauigkeit einzig die Bedingungen messen, die empirisch mit Wohlergehen verbunden sind und damit korrelieren. Es gibt z. B. zahlreiche statistische Belege dafür, dass ein gesunder, gebildeter und wirtschaftlich abgesicherter Mensch, der saubere Luft zum Atmen und sauberes Wasser zum Trinken hat und der in einer sicheren Gemeinschaft lebt, größere Chancen auf Wohlergehen hat als ein kranker, ungebildeter und verarmter Mensch in einer von Kriminalität und Verschmutzung geprägten Umgebung.

All diese und viele andere Bedingungen des Wohlergehens, die weit über die stark eingeschränkten Kriterien des *Welt-Glücks-Berichts* hinausgehen, können zuverlässig gemessen werden und liefern ein weitaus umfassenderes Bild des Wohlergehens als unsere derzeitigen eng gefassten Maße für das Wirtschaftswachstum. Je nach dem Gemütszustand einer Person kann jemand mit allen Bedingungen leben, die dem Wohlergehen förderlich sind, und trotzdem unglücklich sein, oder er hat keine davon und ist dennoch glücklich.

Wenn es uns wirklich darum geht, eine glaubwürdige, verlässliche und solide Alternative zu den derzeitigen BIP-basierten Messgrößen zu schaffen, tun wir gut daran, uns auf die bescheidenere Aufgabe zu beschränken, die eminent messbaren Bedingungen des Wohlergehens so umfassend wie möglich zu bewerten. Außerdem können nur objektivere, messbare Bedingungen beurteilen, ob das subjektiv empfundene sogenannte Glück von heute auch das Glück künftiger Generationen sein wird. So können Personen mit hohem Einkommen, die im Jetset leben, SUVs fahren und viel Geld ausgeben, heute über eine große Lebenszufriedenheit berichten, auch wenn dies die katastrophalen Folgen der globalen Erwärmung nach sich zieht und auf Kosten ihrer Kinder und Enkel geht. Die Entwicklung der Treibhausgasemissionen ist wahrscheinlich ein weitaus genaueres Maß für die potenzielle Lebenszufriedenheit künftiger Generationen.

Bedauerlicherweise wird die Popularität der subjektiven Glücksmessung nicht nur von positiven Psychologen und dem ökologiefreien *Welt-Glücks-Bericht*, sondern auch von den wissenschaftlichen Werken ihrer Mitautoren gefördert. Damit sollen nützliche

Informationen, die solche subjektiven Glücksberichte liefern, nicht abgetan werden, insbesondere wenn sie z. B. zeigen, dass die Menschen in den reichen Ländern heute nicht glücklicher sind als vor 50 Jahren, obwohl sich ihr Einkommen mehr als verdoppelt hat.[347] Es soll hier lediglich vor ihren schwerwiegenden Limitierungen gewarnt werden, da sie ökologische Bedingungen und generationenübergreifende Ergebnisse ignorieren und von einer Analyse der grundlegenden Ursachen und Bedingungen ablenken. Auch deshalb sind sie für politische Entscheidungsträger nur von geringem Nutzen.

IST BHUTAN EIN VORBILDLICHES BNG-LAND?

Ein weiteres Missverständnis besteht in der Annahme, nur weil sich Bhutan das Bruttonationalglück als Ziel und politischen Handlungsrahmen gesetzt hat, sei es bereits ein glückliches Land oder gar ein lebendes Modell für BNG in der Praxis. Jigmi Y. Thinley, damals Premierminister von Bhutan, sagte 2012 vor den Vereinten Nationen: »Anders, als viele fälschlicherweise glauben, hat Bhutan das Bruttonationalglück nicht erreicht. [...] Wie die meisten Entwicklungsländer kämpfen wir mit der Herausforderung, die Grundbedürfnisse unserer Bevölkerung zu befriedigen.«

Doch die Herausforderung geht tiefer, denn selbst die bestgemeinten BNG-Initiativen stoßen im eigenen Land manchmal auf heftigen Widerstand. Ein anschauliches Beispiel war die Einführung eines wöchentlichen »Fußgängertags« durch die Regierung am Weltumwelttag, dem 5. Juni 2012. An jedem Dienstag durften in den städtischen Zentren Bhutans keine Autos fahren. Der König selbst fuhr am ersten Fußgängertag mit dem Fahrrad durch die Straßen von Thimphu, und der Premierminister fuhr nicht nur dienstags, sondern täglich mit dem Rad zur Arbeit. Das Ziel war nicht nur eine sauberere Luft, sondern auch eine bessere Gesundheit und ein aktiveres Leben sowie die Förderung des Gemeinschaftsgefühls und der Gleichberechtigung, indem die Menschen ermutigt wurden, zu Fuß zu gehen und Kontakte zu knüpfen, frei von der physischen Enge eines Autos und dem Status, den sein Besitz vermittelt.

Starke Einwände von Geschäftsleuten wegen möglicher kommerzieller Verluste veranlassten die Regierung jedoch, den Fußgängertag auf den ersten Sonntag eines jeden Monats zu verlegen. Als im Juli 2013 eine neue Regierung gewählt wurde, bestand ihre erste Amtshandlung darin, die Fußgängertage abzuschaffen und sie nur noch einmal im Jahr zu begehen. Mit anderen Worten, es gibt keine Garantie dafür, dass sich BNG-Werte und -Prinzipien gegen kommerzielle Interessen, Konsumneigungen und materielle Bequemlichkeit durchsetzen werden.

Bhutan ist in der Tat noch weit von einem BNG-Modellland entfernt. Das gilt für jeden Aspekt des *Bruttonationalglücks*. Die Kluft zwischen Arm und Reich wächst in Bhutan wie in den meisten Ländern. Die sozialen Herausforderungen der rasanten Landflucht wurden bereits erwähnt. Die Umweltverschmutzung und die Abhängigkeit von fossilen Brennstoffen haben zugenommen, da immer mehr Autos auf den Straßen unterwegs sind. Bhutans wachsende finanzielle Abhängigkeit von Indien geht einher mit seiner enormen Abhängigkeit von gelernten und ungelernten indischen Arbeitern im Baugewerbe, im Straßenbau und in anderen Bereichen. Diese Arbeiter haben nur minimale Rechte, leben oft in armseligen Hütten am Straßenrand und sind von wichtigen sozialen Leistungen wie der Schulbildung für ihre Kinder ausgeschlossen.

Auch die gute Regierungsführung bleibt ein ferner Traum. Die Bürger waren mit der Monarchie vertraut, verehrten das Königshaus. Das parlamentarische System halten sie dagegen für weit unterlegen, zumal sie ihre demokratisch gewählten Vertreter häufig als eigennützig ansehen und ihnen folglich misstrauen. Obwohl Bhutan mit seinen Wahlen, seinem Parlament und seinen Gerichten durchaus demokratische Formen aufweist, hat sich eine demokratische Kultur mit freier Meinungsäußerung und aktiver Bürgerbeteiligung nicht fest etablieren können.

WERDEN EINIGE AUSGESCHLOSSEN?

Bhutans BNG-Philosophie wird oft kritisiert, weil sie nicht für alle Bürger des Landes gilt, insbesondere nicht für die ethnische Minderheit der Nepalesen (Lhotshampas). Kritikern zufolge wurden bis zu 100.000 ethnische Nepalesen, die in Bhutan lebten, Anfang der 1990er Jahre in einer Kampagne der ethnischen Säuberung gewaltsam vertrieben. Viele von ihnen harrten 20 Jahre lang in Flüchtlingslagern in Nepal aus, bevor sie in die Vereinigten Staaten, Kanada, Australien und andere Länder umgesiedelt wurden. Von bhutanischer Seite wird behauptet, dass es sich bei der überwiegenden Mehrheit der Vertriebenen um illegale Einwanderer gehandelt habe und dass die Unruhen der frühen 1990er Jahre durch regierungsfeindliche Agitation und Gewalt ausgelöst worden seien, die die Souveränität des Landes bedroht hätten. Offenbar befürchteten die ethnischen Ngalop- und Sharchop-Bhutaner, dass der wachsende nepalesische Bevölkerungsanteil und dessen zunehmender Einfluss sowohl ihre Kultur als auch die Unabhängigkeit des Landes gefährdete.

Leider wird die historische Komplexität des Themas von beiden Seiten selten anerkannt oder offen diskutiert. Tatsächlich reicht die Geschichte der nepalesischen Ostmigration bis weit ins 19. Jahrhundert zurück. In ihrem Verlauf ließen sich Nepalesen in Bhutan, aber auch in Sikkim und Westbengalen nieder. Diese Migrationsbewegungen waren ein Resultat von Überbevölkerung und Armut in

Nepal, wurden aber zugleich vom Britischen Imperium mit dem Ziel gefördert, die Landwirtschaft in den z. T. gering besiedelten Nachbarländern anzukurbeln.

Das Königreich Sikkim war zwar seit 1950 indisches Protektorat, hatte aber seine Selbstständigkeit in inneren Angelegenheiten gewahrt. Aufgrund der massenhaften Einwanderung wurden die Nepalesen in Sikkim schließlich so dominant, dass sie begannen, stärkere politische Teilnahme zu fordern und gegen die Monarchie zu agitieren. Antiroyalistische Unruhen im Jahr 1973 führten zuerst zu einer Intervention der indischen Regierung und dann zum Einmarsch indischer Truppen, was 1975 in einer Volksabstimmung gipfelte, in der die Einwohner für die Abschaffung der Monarchie stimmten. Im Mai desselben Jahres wurde Sikkim von Indien annektiert. Heute machen Nepalesen 67 % der Bevölkerung Sikkims aus, und Sikkimesisch ist längst von Nepali als vorherrschende Verkehrssprache in der Region abgelöst worden.

Nachdem die Bhutaner miterlebt hatten, wie Sikkim die Unabhängigkeit, die Kultur, die Religion und sogar die eigene Sprache verlor, fürchteten sie ein ähnliches Schicksal. Bhutans Staatsbürgerschaftsgesetz von 1985, mit dem die traditionelle bhutanische Kultur gestärkt werden sollte, wurde von der Regierung als Bollwerk gegen solche Verluste und als Schutz der eigenen Souveränität gesehen. Unter den Lhotshampa führte dieses Gesetz zu heftigem Widerstand, da es u. a. eine Anpassung an die nationale Kleidung, die Sprache und die Bräuche vorschreibt.

Ein Faktor, der die angemessene Erforschung und das Verständnis dieses Themas verhindert, ist die bhutanische Angst, Indien zu verärgern. Wie empfindlich Indien auf jede Diskussion über Sikkim reagiert, offenbarte sich, als es unmittelbar nach der Annexion den Dokumentarfilm des berühmten indischen Filmemachers Satyajit

Ray aus dem Jahr 1971 über Sikkim verbot. Der Film zeigt das Land als unabhängiges Königreich. Indische Behörden versuchten sogar, sämtliche Kopien zu zerstören. Auch die Nachfolgeregierungen hielten an dem Bann fest, erst 2010 wurde er aufgehoben.[348] Ein hoher Beamter der bhutanischen Regierung sagte mir unter vier Augen, dass diese Sensibilität und die faktische Oberhoheit Indiens über Bhutan die bhutanische Regierung daran hinderten, Sikkim in Diskussionen über das nepalesische Flüchtlingsproblem zu erwähnen, auch wenn dies die Erklärung dafür sei, warum sich Bhutan damals so bedroht gefühlt habe.

Da es keine wirkliche Diskussion und keine Lösung gibt, ist das Misstrauen, das durch die traumatischen Ereignisse der 1990er Jahre und die schwerwiegenden ethnischen Spannungen geschürt wurde, noch immer spürbar. Obwohl es keine offizielle Diskriminierung gibt und Bhutaner nepalesischer Herkunft in Kabinett, Parlament, öffentlichem Dienst und anderen hochrangigen Positionen zu finden sind, haben viele Lhotshampas auch heute noch keine vollen Staatsbürgerschaftsrechte und -dokumente, stoßen auf große bürokratische Hindernisse und fühlen sich auch sonst von der bhutanischen Gesellschaft ausgeschlossen.[349]

Dies sind keineswegs die einzigen Herausforderungen auf Bhutans Weg zum BNG, aber sie sind ein Beispiel für häufige Missverständnisse und große Stolpersteine bei dem Versuch, das BNG in der Praxis umzusetzen.

MESSUNG DES BNG IN BHUTAN

Von 2006 bis 2009 verbrachte ich jedes Jahr einige Zeit in Bhutan, während unser *GPI-Atlantic*-Team die Arbeit am *Nova Scotia Genuine Progress Index* abschloss. Ich arbeitete vor allem mit dem *Centre for Bhutan Studies* (CBS) zusammen, das die Indikatoren für die erste

Umfrage auswählte, die den Fortschritt Bhutans gemäß den BNG-Prinzipien messen sollte. Das CBS, ein Zweig der Regierung, ist die wichtigste bhutanische Denkfabrik und Forschungsorganisation im Land. Bei unserer Arbeit mit dem CBS waren wir besonders bemüht, die Fragen so zu formulieren, dass bhutanische und internationale Ergebnisse vergleichbar sein würden; gleichzeitig achteten die Forscher des CBS darauf, dass die Fragen kulturell angemessen und für den bhutanischen Kontext relevant waren.

Die acht Messbereiche des kanadischen Index des Wohlergehens wurden verwendet und modifiziert, um neun BNG-Bereiche zu erstellen: Lebensstandard, gute Regierungsführung, Gesundheit, Bildung, Vitalität der Gemeinschaft, kulturelle Vielfalt und Resilienz, Zeitnutzung, ökologische Vielfalt und Resilienz sowie psychisches Wohlergehen. Die BNG-Erhebung wurde inzwischen dreimal durchgeführt: 2007 anhand einer kleinen Stichprobe auf experimenteller Basis, dann 2010 und erneut 2015. Diese beiden letzten Erhebungen hatten eine solide Stichprobengröße von mehr als 7000 Personen und lieferten zuverlässige Ergebnisse über die Dzongkhags (Distrikte) Bhutans.

Der Rückgriff auf Daten aus einer einzigen umfassenden Erhebung unterscheidet sich deutlich von unseren GPI-Methoden in Nova Scotia. Dort hatten wir Daten auf Makroebene nach Quintilen[350] gesammelt und eine Vielzahl von Quellen genutzt: Waldinventare, epidemiologische Erkenntnisse, Alphabetisierungswerte, Schadstoffemissionen sowie Einkommens- und Vermögensdaten. Obwohl die BNG-Erhebung in Bhutan eine Fülle hilfreicher Informationen liefert, sind die Ergebnisse und die Berichte eher subjektiv, was insbesondere die Berichterstattung im Umweltbereich einschränkt, wo die Erhebungsdaten eindeutig nicht ausreichen.

Dennoch waren die Ergebnisse nützlich, um sowohl die positiven Auswirkungen der rasanten wirtschaftlichen Entwicklung als auch ihre Schattenseiten aufzuzeigen. Die Daten zeigen, dass sich der Lebensstandard, die Gesundheit, die Lese- und Schreibfähigkeit und die Anzahl der Schuljahre zwischen 2010 und 2015 verbessert hatten, während das psychische Wohlergehen (emotionale Gesundheit, Lebenszufriedenheit, Zugehörigkeitsgefühl), die spirituellen Praktiken, die Zufriedenheit mit der Leistung der Regierung, das Vertrauen in die Nachbarn und die Einhaltung des bhutanischen Verhaltenskodexes zurückgingen. Die Ergebnisse zeigten auch einen besorgniserregenden Anstieg der Viktimisierungsraten.[351] Das Gesamteinkommen, die Wohnsituation, das Vermögen und andere Dimensionen des materiellen Wohlstands stiegen erheblich, und viele Bhutaner erhielten besseren Zugang zu Elektrizität, sauberem Wasser, hygienischer Abfallentsorgung und Gesundheitsversorgung.

Selbst aus dieser kleinen Auswahl von Ergebnissen wird deutlich, dass die Messung des Wohlstands aus einer umfassenden BNG-Perspektive ein weitaus breiteres und differenzierteres Bild der Entwicklung Bhutans ergibt als die herkömmlichen BIP-basierten Statistiken.

Die Zusammenarbeit mit dem *Centre for Bhutan Studies* war für mich ein wichtiger Lernprozess, der einige unerwartete blinde Flecken und kulturelle Unterstellungen zutage förderte. Als wir z. B. an den Schlüsselindikatoren zur Gesundheit der Bevölkerung für die BNG-Erhebung arbeiteten, fragte CBS-Direktor Dasho Karma Ura, welche Fragen wir zum Thema »Gutes Sterben« verwenden würden. Ich war verblüfft. Die versteckte Annahme hinter allen westlichen Indikatoren für die Gesundheit der Bevölkerung lautet, dass der Tod etwas ist, das vermieden werden muss, da er als das Gegenteil von

Gesundheit aufgefasst wird, vielleicht sogar als letzte Kränkung des Lebens selbst.

Im Gegensatz dazu sehen die Bhutaner das Sterben als einen notwendigen und unvermeidlichen Teil des Lebens an, nicht nur als dessen Ende. Aus der buddhistischen Perspektive ist jeder Moment des Lebens auch ein Moment des Sterbens, da Veränderung und Unbeständigkeit wesentlich zum Dasein gehören. Das Ende des Lebens ist daher lediglich eine Phase auf einer fortlaufenden Reise, auf der das menschliche Bewusstsein, getrennt von diesem speziellen Körper, in einem neuen Körper wiedergeboren wird. Aus dieser Sicht ist gutes Sterben für viele Bhutaner nicht nur ein zentraler Bestandteil der Definition von Gesundheit, sondern hat auch großen Einfluss auf den weiteren Lebensweg eines Menschen.

Als wir dieses Thema gemeinsam mit CBS untersuchten, kristallisierten sich Schlüsselindikatoren heraus, wie z. B. die Frage, ob der Sterbende eine vertrauensvolle spirituelle Begleitung hat, ob die erforderlichen Rituale, Gebete und Zeremonien ordnungsgemäß durchgeführt werden, ob der Geisteszustand des Sterbenden ruhig und akzeptierend oder panisch und verwirrt ist, ob das Lebensgeschäft abgeschlossen ist oder ob der Sterbende stattdessen unbezahlte Schulden und ungelöste Konflikte hinterlässt, und ob der Sterbende von liebevollen und fürsorglichen Familienangehörigen und Freunden umgeben ist.

Es war klar, dass solche Erhebungsfragen auch den Kindern, Verwandten und Nachbarn der Sterbenden gestellt werden mussten. Nicht klar war dagegen, wie Fragen dieser Art in eine normale Erhebung passen würden, bei der die Ergebnisse das Wohlergehen der tatsächlich befragten Person widerspiegeln. Dies ist nur ein Beispiel dafür, wie unsere bestehenden, westlich orientierten Indikatoren und Messsysteme durch versteckte kulturelle Annahmen oder Unterstellungen, die wir nicht hinterfragen, eingeschränkt sein können.

Am wichtigsten war für uns jedoch zu lernen, wie die Bhutaner die BNG-Indikatoren und die Ergebnisse der BNG-Umfrage tatsächlich zur Gestaltung ihrer Politik nutzten. Abgesehen von den bereits erwähnten wenigen Ausnahmen, insbesondere im Bereich der Gesundheitsförderung, können wir nicht behaupten, dass unsere Messarbeit in Nova Scotia die Politik in signifikanter oder systematischer Weise beeinflusst hat. Aber in Bhutan, wo auf höchster Regierungsebene der politische Wille vorhanden war, die wirtschaftliche Entwicklung mit ökologischen, sozialen und kulturellen Erwägungen in Einklang zu bringen, arbeitete einer unserer GPI-Forscher, Mike Pennock, mit dem *Centre for Bhutan Studies* zusammen, um die BNG-Indikatoren in ein tatsächliches Screening-Instrument für die Politik umzuwandeln und sicherzustellen, dass alle wichtigen neuen politischen Maßnahmen den BNG-Test bestehen.[352] Die Regierung ordnete an, dass Politikvorschläge, die den Test nicht bestanden – also beispielsweise schädliche Auswirkungen auf die Umwelt oder die Gesellschaft hatten –, zur Überarbeitung an das Reißbrett zurückgeschickt werden mussten, bevor sie ins Parlament eingebracht werden durften.

Eines der bekanntesten Beispiele für die Anwendung dieses Screening-Instruments in der Praxis fand 2008 statt, als Bhutan über einen Beitritt zur Welthandelsorganisation nachdachte. Die große Mehrheit (19 von 24) der hochrangigen Mitglieder der BNG-Kommission (Bhutans Planungskommission) sprach sich zunächst für den Beitritt des Landes zur Organisation aus. Als die Beamten dann anhand von BNG-Kriterien die Auswirkungen einer WHO-Mitgliedschaft auf ein breites Spektrum sozialer, wirtschaftlicher und ökologischer Dimensionen untersuchten, sahen sie die Sache ganz anders und lehnten den WHO-Beitritt mit 19 von 24 Stimmen ab.[353] Die BNG-Kriterien offenbarten besonders nachteilige Auswirkungen auf die lokalen Gemeinschaften, die Bhutans Bemühungen um größere Eigenständigkeit gefährdeten, und die Macht der WHO-Tribunale bedrohte die Autonomie des Landes. So konnte das völlige Verbot des Zigarettenverkaufs in Bhutan als Eingriff in den Handel mit einem legalen Produkt angefochten werden. Bis zum heutigen Tag ist Bhutan nicht Mitglied der WHO.

Dieses zehn Jahre alte Beispiel wird immer noch am häufigsten angeführt, um die Verwendung der neuen ganzheitlichen Maßnahmen zur Gestaltung der Politik in Bhutan zu demonstrieren. Auf die Frage, warum sie das BNG-Screening-Instrument heute nicht mehr regelmäßig anwenden, antworten die politischen Entscheidungsträger in Bhutan in der Regel, die Indikatoren seien schwer anzuwenden, das Instrument sei zu komplex und es mangele ihm an Klarheit und Transparenz. Die Anforderung, alle politischen Maßnahmen diesem BNG-Instrument zu unterziehen, bleibt offiziell im Protokoll der bhutanischen Regierung zur Formulierung von Politik verankert.[354] Darüber hinaus wird in Veröffentlichungen der Regierung behauptet, dass »jede Entwicklungspolitik das *BNG Policy Screening Tool* durchlaufen und eine Mindestpunktzahl erreichen muss, um von der Regierung gebilligt zu werden«.[355] Es gibt jedoch immer noch keine handfesten Beweise für Verbesserungen des Instruments oder für seine systematische Anwendung in der aktuellen Praxis. Selbst der politische Wille, neue ganzheitliche Maßnahmen zu ergreifen, reicht eindeutig nicht aus, um sie in die Politik einzubringen, wenn die gewohnten Muster tief verwurzelt sind und die vorgeschlagenen Maßnahmen den Interessen der Betroffenen zuwiderlaufen.

BUCHHALTUNG FÜR DAS BNG

Von Beginn an haben wir darauf hingewiesen, dass sich der *Genuine Progress Index* von der überwiegenden Mehrheit der Indikatorensysteme für das Wohlergehen dadurch unterscheidet, dass er seinen Fortschrittsindikatoren eine Buchhaltungs- und Bewertungsdimension hinzufügt. Wie in diesem Buch bereits mehrmals erwähnt, ist das BIP im Wesentlichen ein Buchhaltungs- und kein Indikatorensystem. Solange wir also die derzeit ignorierten externen Effekte wie Umwelt- und Sozialkosten nicht in unsere volkswirtschaftlichen Gesamtrechnungen einbeziehen, werden wir die Dominanz der BIP-basierten Messgrößen nie wirklich in Frage stellen.

Im Jahr 2010, drei Jahre nach dem Start der ersten BNG-Piloterhebung, nahm ich mit Freude die Einladung an, mit dem nationalen Statistikamt Bhutans zusammenzuarbeiten, um Faktoren des Natur-, Sozial- und Humankapitals in die volkswirtschaftlichen Gesamtrechnungen Bhutans einzubeziehen. Dies, so dachte ich, könnte wirklich eine Weltpremiere sein – ein volkswirtschaftliches Rechnungssystem, das über die engen Finanz- und Produktionskapitalkonten hinausgeht und Bewertungen des gesamten Vermögens eines Landes und dessen Entwicklung einschließt. In den konventionellen Buchhaltungssystemen werden die in den Bilanzen eines Landes verzeichneten Gewinne an materiellem Reichtum allzu oft durch nicht erfasste Verluste an natürlichem Reichtum aufgefressen, z. B. durch die Verschlechterung und Erschöpfung der Wasserquellen, der Luftqualität, der Wälder, der Böden und der Fischbestände.

Zu Beginn der Arbeit lud ich Robert Costanza, den renommierten Mitbegründer der Ökologischen Ökonomie, und zwei seiner engen Kollegen nach Bhutan ein, um mit 70 führenden Experten für Naturressourcen, Statistikern und Buchhaltern des Landes einen einwöchigen Workshop zum Thema Naturkapitalbilanzierung abzuhalten, an dem auch Vertreter aller relevanten Ministerien und Behörden teilnahmen. Sogar der Antikorruptionsbeauftragte war dabei.

Der Workshop befasste sich mit den wichtigsten Methoden der Naturkapitalbilanzierung. Wir führten praktische Übungen durch, damit sich die Teilnehmer mit den neuen Denkweisen und Bilanzierungsmethoden vertraut machen konnten. Es war ein vielversprechender und enthusiastischer Start für eine potenziell bahnbrechende Veränderung, die, wie ich hoffte, ein Beispiel für andere Nationen sein würde.

Bald darauf begannen die praktischen Messungen, was eine umfassende Zusammenarbeit zwischen verschiedenen Abteilungen erforderte. Costanza und sein Team sammelten eine große Datenmenge von verschiedenen Regierungsstellen und verwendeten eine kostengünstige Methode des Nutzentransfers. Auf diese Weise entwickelten sie eine erste Bewertung des Gesamtbeitrags der bhutanischen Ökosystemleistungen zum menschlichen Wohlergehen. Die Methode bestand darin, verfügbare Informationen aus Studien, die bereits an anderen Orten und in anderen Zusammenhängen durchgeführt wurden, zu übertragen und diese Werte anhand der vor Ort verfügbaren Informationen an die lokalen Bedingungen anzupassen.[356] Bei der Schätzung des jährlichen Wertes von 22 Ökosystemleistungen kam das Team zu dem Schluss, dass sich der Gesamtwert auf etwa 15,5 Milliarden US-Dollar pro Jahr beläuft.

Diese Zahl war deutlich höher als das BIP des Landes von 1,5 Milliarden Dollar pro Jahr zu Preisen von 2010 bzw. 3,5 Milliarden Dollar pro Jahr zu Kaufkraftparitäten (KKP).[357] Der größte Teil des Wertes der bhutanischen Ökosystemleistungen entfällt auf Wälder, die schätzungsweise 74,5 % der Fläche des Landes bedecken und

93,8 % des geschätzten Gesamtwertes ausmachen. An zweiter Stelle steht Ackerland mit 3,7 % des Gesamtwerts, obwohl Ackerland nur 8,0 % der Landfläche Bhutans bedeckt.[358]

Costanzas Team schätzte auch, wer von den Ökosystemleistungen Bhutans profitiert. Interessanterweise kamen 53 % der gesamten Ökosystemleistungen Menschen außerhalb Bhutans zugute, und zwar hauptsächlich durch eine Kombination aus Klimaregulierung und Kohlenstoffspeicherung (3,5 Milliarden Dollar pro Jahr) und Tourismus/Erholung (2,4 Milliarden Dollar pro Jahr). Obwohl nicht für alle Leistungen separate Werte ermittelt werden konnten, ist der Schutz von Wassereinzugsgebieten und die Verhinderung von Überschwemmungen durch die alten Himalaya-Wälder in Bhutan für Hunderte Millionen Süd- und Südostasiaten, die von den in Bhutan entspringenden Himalaya-Flüssen abhängig sind, lebenswichtig. Die Ergebnisse der Studie zeigen, dass die Natur der bei weitem größte (wenn auch kostenlose) Exportartikel Bhutans ist.

Die verbleibenden 47 % der Ökosystemleistungen kamen den Menschen innerhalb des Landes zugute, vor allem durch die Regulierung der Luftqualität (2,5 Milliarden Dollar), gefolgt von Bestäubung (1,1 Milliarden Dollar) und Nahrungsmitteln (740 Millionen Dollar).[359] Von diesen internen Leistungen entfielen schätzungsweise ein Drittel auf die nationale Ebene und zwei Drittel auf die lokale Ebene. Auf der Grundlage dieser Ergebnisse und der damaligen Bevölkerung von rund 700.000 Menschen schätzte das Team den Nutzen der Ökosystemleistungen für die Einwohner Bhutans auf 10.400 Dollar pro Kopf und Jahr.

Dennoch ist dies nur eine unvollständige Schätzung, sie lässt viele andere Vorteile der Natur für die Menschen und ihre sozialen und kulturellen Werte außer Acht. Costanza und sein Team merkten beispielsweise an, dass sie den Wert der hochgelegenen nördlichen

»Gletscher/Schnee- und Ödlandflächen in Bhutan nicht einbeziehen konnten, eine Landnutzungsart, deren Werte für Ökosystemleistungen noch nicht gut erforscht sind. Solche Ökosysteme haben wahrscheinlich einen bedeutenden Wert sowohl als Wasserquellen als auch aufgrund ihres hohen Tourismus- und Erholungswertes in Ländern wie Bhutan. [...] Aus diesem und vielen anderen Gründen ist der geschätzte Wert der Ökosystemleistungen Bhutans in Höhe von 15,5 Milliarden Dollar mit ziemlicher Sicherheit zu niedrig angesetzt.«[360]

Die Bedeutung einer solchen Studie liegt nicht nur darin, den enormen, aber versteckten wirtschaftlichen Wert der Leistungen der Natur aufzuzeigen. Sie offenbart auch den Wert des verantwortungsvollen Umgangs mit diesen Ressourcen, den Bhutan bisher praktiziert hat. Aber sie ist auch ein warnendes Beispiel für die enormen Kosten, die sowohl Bhutan als auch den Menschen in vielen anderen Ländern entstehen würden, wenn dieser verantwortungsvolle Umgang mit den Ressourcen aufgegeben und der Umweltpfeiler des BNG vernachlässigt würde. Die Costanza-Studie plädiert außerdem nachdrücklich für globale und nationale Systeme der »Bezahlung für Ökosystemleistungen«. Sie würden sicherstellen, dass lokale Landwirte, Förster und andere für ihre ökologisch verantwortungsvollen Praktiken finanziell belohnt werden.

Gleichzeitig schätzten unsere *GPI-Atlantic*-Forscher den wirtschaftlichen Wert der ehrenamtlichen Arbeit in Bhutan, um ein Beispiel für die Bilanzierung von Sozialkapital zu liefern. Dabei fanden wir heraus, dass bhutanische Bürger, die ehrenamtlich ihren religiösen Einrichtungen dienen, Müll beseitigen, Jugendlichen mit Drogenproblemen helfen, sich in Schulen und Basisgesundheitseinrichtungen engagieren, kranken und älteren Nachbarn helfen usw., freiwillige Dienstleistungen im Wert von etwa sechs Millionen

US-Dollar pro Jahr erbringen. So viel würde es Bhutan kosten, diese kostenlosen Dienste durch bezahlte zu ersetzen.[361]

Aus strategischen Gründen hielten wir es für das Beste, unsere Sozialkapitalrechnung mit einem positiven Wert, wie z. B. ehrenamtlicher Arbeit, zu beginnen und nicht mit negativen Kosten, wie z. B. der Kriminalität. Um die Berechnung des Humankapitals zu veranschaulichen und unsere Kostenberechnungsmethoden zu testen, führte das Nationale Statistikbüro von Bhutan im selben Jahr eine Studie über die Gesundheitskosten des Alkoholismus durch.[362] Alle drei Studien wurden 2011/2012 gleichzeitig als Bestandteile der neuen volkswirtschaftlichen Gesamtrechnungen Bhutans durchgeführt. 2012/2013 wurden sie veröffentlicht.

Als Premierminister Jigmi Y. Thinley 2012 die ersten vorläufigen BNG-Bilanzierungen des Natur-, Sozial- und Humankapitals ankündigte, sagte er:

> »BhutanwirddaseersteLandderWeltsein,dasumfassendeBNG-Berechnungen erstellt, die unsere wertvollen natürlichen, sozialen, kulturellen und menschlichen Ressourcen und die Kosten ihrer Entwertung zusammen mit den derzeit gezählten Produktions- und Finanzressourcen angemessen bewerten.
>
> Eine solche Umfassende Kostenrechnung ist die notwendige Grundlage für ein echtes, auf Wohlstand und Nachhaltigkeit basierendes Wirtschaftssystem und wird die wahren Vorteile und Kosten wirtschaftlicher Aktivitäten bewerten. Bhutans neue Kostenrechnung wird weit über das BIP hinausgehen, so wie es die Europäische Union, die OECD, die Stiglitz-Kommission und viele andere empfehlen. Bisher ist noch kein Land dieser Empfehlung gefolgt.«[363]

Stellen Sie sich unsere Freude darüber vor, dass ein souveräner Nationalstaat diesen gewaltigen Schritt unternahm und der

Premierminister eines Landes die Absicht erklärte, »weit über das BIP hinauszugehen« und damit zu beginnen, diese Absicht in die Praxis umzusetzen. Aber das war nur der Anfang dessen, was Thinley im Sinn hatte und was er uns zu tun gab. Der Premierminister fühlte sich der Vision, die der neuen Buchführung zugrunde lag, so sehr verpflichtet, dass er entschlossen war, die Werte und Grundsätze des Bruttonationalglücks in das Bildungssystem und andere soziale Strukturen des Landes einzubetten und diese Vision dann der Weltgemeinschaft als Grundlage eines neuen nachhaltigen und gerechten Wirtschaftsparadigmas vorzustellen.

11

Bildung – der goldene Schlüssel

Im Jahr 2008 kam die Demokratie nach Bhutan. Im Unterschied zu praktisch jedem anderen demokratischen Übergang, den die Welt gesehen hat, wurde sie jedoch von der lokalen Bevölkerung nicht allgemein begrüßt, und sie war sicherlich nicht das Ergebnis eines Volkskampfes gegen Tyrannei, Kolonialismus und Ausbeutung. Das Gegenteil ist der Fall. Bhutan hatte ein Jahrhundert lang eine im Allgemeinen wohlwollende, wenn auch absolute Monarchie erlebt und die große Mehrheit der Bhutaner war nicht daran interessiert, das zu ändern. Es war der vierte König von Bhutan, Jigme Senge Wangchug, der die Notwendigkeit eines Übergangs zur Demokratie erkannte, eine neue Verfassung verkündete und vor den ersten Wahlen im Jahr 2008 zwei Jahre lang persönlich durch das Land reiste, um dem Volk den Übergang zu erklären.

Womöglich haben die öffentlichen Treffen des vierten Königs mit den Bürgern nicht die ganze Geschichte über die Notwendigkeit der Demokratie in dieser modernen Ära erzählt. Ein langjähriger Adjutant und Vertrauter Ihrer Majestät gestand mir eines Abends bei einem Essen, der König selbst sei nicht von der Demokratie als dem besten System für die Bedürfnisse des Volkes und des Landes begeistert. Vielmehr sehe er die Demokratie als eine Art notwendige Versicherungspolice an, da es keine Garantie dafür gebe, dass die künftigen Erben einer Monarchie immer weise und wohlwollend regieren würden. Die private Sichtweise des Königs erinnert stark an Winston Churchill, der 1909 sagte: »Wenn ich die unmittelbare Zukunft der demokratischen Politik in einem einzigen Wort zusammenfassen müsste, würde ich ‚Versicherung' sagen - Versicherung gegen Gefahren aus dem Ausland, Versicherung gegen kaum weniger schwerwiegende und viel näher liegende ständige Gefahren, die uns hier zu Hause bedrohen.« Und 1947 sagte Churchill vor dem Unterhaus: »Es hat fürwahr geheißen, die Demokratie sei die schlechteste Regierungsform, abgesehen von all den anderen Formen, die ausprobiert worden sind.«[364] Kurzum, so der Berater, der vierte König von Bhutan habe sich keine Illusionen darüber gemacht, ob die Demokratie eine gute Regierung hervorbringen werde, und sei dennoch entschlossen gewesen, sie als alternativlose Notwendigkeit einzuführen.

Jigme Senge Wangchug war jedoch sehr beliebt, und deshalb hätte das bhutanische Volk die Demokratie höchstwahrscheinlich nicht akzeptiert, solange er auch nur eine repräsentative Rolle innehatte. Daher dankte er 2006 im Alter von 51 Jahren nach 34 Jahren an der Macht ab und überließ den Thron seinem ältesten Sohn, Jigme Gesar Namgyal Wangchug. Sein Sohn wurde der erste konstitutionelle Monarch Bhutans, mit einer offiziellen Rolle, die der des Monarchen im Vereinigten Königreich, in den Niederlanden, in Dänemark und in Schweden ähnelt, obwohl er in der Praxis heute weitaus mehr Autorität und Einfluss hat als diese konstitutionellen Monarchen. Im Jahr 2007 hob ein königliches Edikt das Verbot politischer Parteien auf und ordnete deren Gründung an, damit alle fünf Jahre Wahlen mit mehreren Parteien abgehalten werden können. Seit seiner Abdankung lebt der vierte König in einer bescheidenen Blockhütte. Er fährt regelmäßig mit dem Fahrrad und ist nach wie vor ein leidenschaftlicher Umweltschützer, mischt sich aber nicht mehr in die Staatsgeschäfte ein. Angesichts seiner enormen Popularität ist es kein Wunder, dass seine Abdankung ein tiefer Schock für die Bevölkerung war.

EINLADUNG IN EINE SCHATZHÖHLE

Kurz nach den ersten demokratischen Wahlen in Bhutan im Jahr 2008 lud der neu gewählte Premierminister Jigmi Y. Thinley (der drei Jahre zuvor die bhutanische Delegation auf der BNG-Konferenz in Nova Scotia geleitet hatte) meine Frau Gwen und mich in sein Büro ein. Er vertraute mir an, er habe sich stets als Protegé des vierten Königs betrachtet und nie in die demokratische Politik einsteigen wollen. Nun sei er bestürzt darüber, dass eine endlose Reihe von Sitzungen und Aktivitäten ihn von morgens bis abends beschäftigte. Diese Verpflichtungen hinderten ihn daran, seine lang gehegten Träume für das Land zu verwirklichen. Es erschien uns zunächst seltsam, dass ein Regierungschef, der die Zügel der Macht in der Hand hielt, seine Unfähigkeit, für das Land so zu handeln, wie er es wollte, auf eben diese Tatsache zurückführte – bis er es weiter ausführte.

Der Premierminister sprach darüber, wie sehr er die BNG-Philosophie des vierten Königs, die ökologische, wirtschaftliche und soziale Ziele ausbalanciert, als rettende Gnade nicht nur für Bhutan, sondern möglicherweise für die ganze Welt empfindet, während die Natur so schnell zerstört wird, dass das Leben insgesamt bedroht ist. Er sprach auch von den Gefahren für Bhutan, nicht nur, weil sich der Materialismus ausbreite und es immer mehr Autos und Kunststoffe gebe, sondern auch, weil die Landjugend in die Städte abwandere und in der Folge Familien- und Gemeinschaftsbande ausfransten, und weil Karriere, Einkommen und persönlicher Ehrgeiz alte spirituelle Werte und kulturelle Traditionen ersetzten. »Ich sehe das auch an der Eile, der Schnelligkeit, der Nachlässigkeit, der mangelnden Präzision und vor allem an der Selbstbezogenheit und Selbstbefriedigung, die zunehmend so viele kleine Facetten unserer sozialen Interaktion und unseres Lebensstils durchdringen«, bedauerte er. In dem Maße, wie sich das Land modernisiere und zunehmend unter den Einfluss von Fernsehen, Mobiltelefonen, Internet, Werbung und der kommerziellen Kultur der Welt gerate, so der Premierminister, könnten die Werte, Prinzipien und Praktiken des BNG nicht bis zur nächsten Generation überleben. Und wenn dies nicht der Fall wäre, könnte Bhutan seine Orientierung verlieren und den Weg jeder anderen Nation einschlagen – zum eigenen Schaden und zum Schaden der Welt.

Daraufhin offenbarte der Premierminister, warum er uns in sein Büro gerufen hatte. Seit vielen Jahren hege er zwei Träume. Erstens: Um die Ideale des Bruttonationalglücks für künftige Generationen zu bewahren und ihre Aushöhlung zu verhindern, müsste der BNG-Ansatz samt seiner Philosophie und seinen Prinzipien das Bildungssystem durchdringen. Dies zu erreichen, sei eine Angelegenheit von »äußerster Dringlichkeit«. Gegenwärtig sei der Lehrplan in Bhutan rein konventionell (der übliche trockene, uninspirierte Unterricht in Sprache, Mathematik, Naturwissenschaften, Geografie usw.), der vor allem aus dem britischen Kolonialerbe in Indien übernommen worden sei, wobei die Lehrbücher größtenteils importiert würden. Außerdem dominiere das konventionelle Prüfungs- und Benotungssystem. Die gegenwärtigen Lehrpläne hätten nicht viel mit dem BNG zu tun und spiegelten auch nicht die Kultur Bhutans wider. Im Gegenteil, die subtilen Werte, die sie vermittelten, seien eher geeignet, die BNG-Prinzipien zu untergraben.

Thinley machte deutlich, dass er nicht daran interessiert war, über das Bruttonationalglück zu lehren oder Kurse über das BNG abzuhalten. Stattdessen wollte er, dass die dem BNG zugrundeliegenden Werte – Fürsorge, Mitgefühl, tiefer Respekt vor der Natur und der Kultur, Großzügigkeit, Umgangsformen, Selbstvertrauen usw. – die Atmosphäre und alles, was gelehrt wird, durchdringen. »Was ich als BNG-Prinzipien und -Werte betrachte«, schrieb er später, »ist eine Qualität von Heiligkeit, Ehrfurcht, Ehre und Respekt, die die Würde des Menschseins im allgemeinsten Sinne widerspiegelt.«[365] Das Bildungssystem in der von ihm angestrebten weitreichenden Weise zu verändern, wäre ein langfristiger Prozess, der die Art von Zeit, Energie und Aufmerksamkeit erfordern würde, die er in seiner derzeitigen Tätigkeit nicht mehr aufbringen könne.

Sein zweiter Traum sei es, einen realen Ort als Modell zu errichten, um zu demonstrieren, wie die BNG-Werte in die Praxis umgesetzt werden könnten und welche Art von Atmosphäre dies schaffen würde. Es wäre ein BNG-Inkubator, der die Essenz des BNG auf die praktischste Weise herausdestillieren könnte. Der Ort, der ihm vorschwebte, sollte kooperative Aktivitäten in einer gemeinschaftlichen Atmosphäre unterstützen, in vollem Einklang mit der Natur stehen, ein Zentrum für tiefgreifende Lernerfahrungen sein und in allen seinen Aktivitäten BNG atmen und leben. Er würde Bhutaner aus allen Gesellschaftsschichten einladen, ob Bauern, Beamte, Soldaten oder arbeitslose Jugendliche, die inspiriert und mit den erforderlichen Fähigkeiten in ihre Gemeinschaften zurückkehren würden, um einen BNG-kompatiblen Lebensstil in ihre Häuser, Arbeitsplätze, Dörfer und Städte zu bringen.

20 Jahre lang, nachdem der vierte König zum ersten Mal verkündet hatte, dass »das Bruttonationalglück wichtiger ist als das Bruttosozialprodukt«, sei der Begriff weitgehend intuitiv geblieben, erklärte uns der Premierminister. Dann habe Bhutan sich der Welt

geöffnet, und nun beginne eine dritte Phase der Entwicklung: die Einbindung der BNG-Praktiken in das Gefüge der bhutanischen Gesellschaft und die Erprobung des BNG in der Praxis. Wie er es später (2009) ausdrücken würde:

> »Wir müssen jetzt entschlossen und wirksam handeln, damit wir das verkörpern, was wir zum Ausdruck bringen, und damit unser Verhalten und unsere Taten – und nicht nur unsere Worte und guten Absichten – die Vision unserer aufgeklärten Monarchen verwirklichen und als echtes und würdiges Beispiel für eine Welt dienen, die verzweifelt nach Vernunft sucht.«[366]

Schließlich kam Premierminister Thinley darauf zu sprechen, warum er Gwen und mich in sein Büro gerufen hatte. In den vorherigen Jahren hatten wir jährlich einige Monate in Bhutan verbracht, während wir uns weiterhin auf die Fertigstellung des *Nova Scotia Genuine Progress Index* konzentrierten. Jetzt, so sagte der Premierminister, wollte er unsere Hilfe bei der Verwirklichung seiner längerfristigen Träume. Er sagte uns, die Regierungsangestellten seien zu sehr mit ihren täglichen Aufgaben beschäftigt, um die notwendige Zeit und Energie für diese tiefgreifenden infrastrukturellen Veränderungen aufzubringen. Könnten wir nach Bhutan ziehen oder zumindest für längere Zeit in Bhutan bleiben?

Angesichts unserer GPI-Verantwortung in Kanada konnten wir keine sofortige Verpflichtung eingehen. Einerseits reizte uns die Möglichkeit sehr, unsere gemeinsame Vision auf gesellschaftlicher Ebene in die Praxis umzusetzen. Wir begannen sogar sofort mit der Arbeit an der Bildungsmission, die der Premierminister skizziert hatte, da sie sich gut mit unserer eigenen Bildungsforschung in Kanada zu jener Zeit deckte. Andererseits hofften wir in jenem Winter

2008/2009 immer noch, dass Nova Scotia unsere GPI-Arbeit anwenden würde. Als uns einige Monate später, im Juli 2009, klar wurde, dass die neu gewählte Regierung von Nova Scotia kein Interesse hatte, beschlossen wir, uns stärker für die Projekte von Premierminister Thinley zu engagieren. Im Oktober zog ich nach Bhutan. Gwen und unsere Tochter Hasta mussten aus verschiedenen Gründen in Nova Scotia bleiben, besuchten mich aber oft und arbeiteten in Bhutan an GPI-Projekten und einer Reihe von Jugendaktivitäten.

BILDUNG: GRÖSSTE HERAUSFORDERUNG – GRÖSSTES POTENZIAL

Tatsächlich war der Grundstein für dieses neue Engagement durch einen Rückschlag im Jahr 2008 gelegt worden, der mich dazu veranlasst hatte, den *Canadian Index of Wellbeing* (CIW) zu verlassen, dessen Forschungsleiter ich bis dahin war. Drei Jahre lang hatten die beiden Forscherinnen des *GPI Atlantic*, Karen Hayward und Linda Pannozzo, intensiv an der Bildungskomponente sowohl des GPI als auch des CIW gearbeitet. Überrascht stellten wir fest, dass dies die schwierigste Aufgabe der gesamten GPI-Arbeit war. Nirgendwo stießen wir auf größere Hindernisse, nirgendwo mussten wir mehr Zeit und Mühe aufwenden. Gleichzeitig aber hatten wir das Gefühl, einen Schatz zu heben, der den Schlüssel zu allem enthielt, was wir sehen und tun wollten, und der unsere Messarbeit nahtlos mit unserer gesellschaftlichen und wirtschaftlichen Vision verband. Diese Erfahrung sollte meine Arbeit in Bhutan stark beeinflussen.

Zunächst entdeckte das GPI-Team, dass fast alle damaligen Indikatoren für das Bildungsniveau implizit und fälschlicherweise Bildung mit Schulbildung gleichsetzten. Diese Indikatoren wurden verwendet, da die Daten zur Entwicklung von Einschulungs-, Abschluss- und Abbrecherquoten, zu Bevölkerungsanteilen mit höheren Abschlüssen usw. leicht verfügbar waren. Aber diese Messgrößen sagten nichts darüber aus, ob wir als Gesellschaft gebildeter, sachkundiger und klüger wurden, und sie berücksichtigten auch nicht das umfangreiche Lernen, das in außerschulischen Einrichtungen stattfand. In vielen Fällen erfassten diese Maßnahmen nicht einmal die Ergebnisse auf der formalen Schulebene richtig.

So sind beispielsweise in Kanada trotz höherer Abschlussquoten die Werte für die Grundbildung in den letzten 26 Jahren gleichgeblieben, während das Kompetenzniveau in Mathematik zurückgegangen ist. In den Vereinigten Staaten ist seit 1994 ein deutlicher Rückgang der Lesekompetenz zu verzeichnen, und australische Schüler haben in den Bereichen Mathematik, Naturwissenschaften und Lesen erheblich nachgelassen.[367] In Deutschland ist der Anteil leseschwacher Jugendlicher laut der PISA-Studie von 2018 vor allem an nicht-gymnasialen Schulen im Vergleich zu 2009 und 2015 deutlich angestiegen.[368]

Hinzu kommt, dass die herkömmlichen Bildungsindikatoren oft verwirrende und widersprüchliche Botschaften vermitteln. So fanden wir heraus, dass die kanadische Provinz mit der niedrigsten High-School-Abschlussquote (67 %) und der zweithöchsten Schulabbrecherquote (12 %) des Landes die höchsten standardisierten Testergebnisse und die niedrigste Arbeitslosenquote aufwies. Umgekehrt hatten die Provinzen mit den niedrigsten Abbrecherquoten (8 bis 9 %) und den höchsten Abschlussquoten (82 %) die niedrigsten standardisierten Testergebnisse und die höchsten Arbeitslosenquoten.[369] Eine genauere Analyse ergab, dass diese Abschluss- und Abbrecherquoten weniger das Bildungsniveau als vielmehr die Bedingungen auf dem Arbeitsmarkt widerspiegeln: Je nachdem, ob angemessene Arbeitsplätze verfügbar waren oder nicht, brachen die Schüler ihre Schullaufbahn früher ab oder blieben länger an der Schule.

Herkömmliche Indikatorensysteme orientieren sich zunehmend an standardisierten Testergebnissen, um den Bildungserfolg zu bewerten. In allen 32 Ländern, die an der OECD-Studie *Programme for International Student Assessment* (PISA) [Programm zur Internationalen Schülerbewertung] teilgenommen haben, wiesen Schüler aus höheren sozioökonomischen Schichten jedoch bessere Lese- und Schreibfähigkeiten auf und schnitten in Mathematik und Naturwissenschaften besser ab als Schüler aus ärmeren Familien.[370] Standardisierte Testergebnisse könnten also viel mehr über Einkommen, sozioökonomischen Status und den Wohlstand der Schulen aussagen, die die Schüler besuchen, als über die akademischen und intellektuellen Fähigkeiten der Schüler und ihre potenziellen Leistungen und Kenntnisse.

Außerdem fanden wir angesehene Pädagogen, die die standardisierten Testergebnisse als pädagogisch untauglich kritisierten. Die zunehmende Konzentration auf diese Tests hat dazu geführt, dass Mathematik, Lesen, Schreiben und Naturwissenschaften die Lehrpläne und den Unterricht dominieren, was zunehmend zu Lasten von Geschichte, Fremdsprachen, Sozialkunde, Musik, Kunst und anderen wichtigen Fächern geht. Schlechte Testergebnisse führen häufig zu Forderungen nach einer sogenannten Rückkehr zu den Grundlagen, während andere Fächer und die Fähigkeit, kritisch zu denken, vernachlässigt werden.[371]

Die Testergebnisse, die Einschreibe-, Abschluss- und Abbrecherquoten sind lediglich Ergebnisse des Schulsystems, und sie ignorieren im Grunde den Inhalt dessen, was gelehrt wird. Was ist, wenn unsere Schulsysteme nicht das lehren, was in der heutigen Welt notwendig und relevant ist, und wenn sie nicht die Fähigkeiten vermitteln, die für eine gesunde und gebildete Bevölkerung und eine nachhaltige Welt erforderlich sind? Was ist, wenn die Werte,

Inhalte und Methoden, die in den Schulen gelehrt werden, genau die Systeme bestätigen, die sich ändern müssen, weil sie den breiteren gesellschaftlichen Bewusstseinswandel behindern, der notwendig ist, um zu einer nachhaltigeren und gerechteren Gesellschaft zu gelangen? Und was ist mit der Bildung, die außerhalb der Schulmauern stattfindet – in der Gemeinde, in der Familie, am Arbeitsplatz und in den Medien?

Die spärlichen nicht-konventionellen Daten, die wir finden konnten, enthüllten einige beunruhigende Ergebnisse. In Kanada ist die staatsbürgerliche Kompetenz, zu der auch Grundkenntnisse der Politik gehören, trotz höherer Abschlussquoten im Zeitraum von 1984 bis 2000 geschrumpft. Bei den jüngeren Menschen, die von allen Altersgruppen die höchsten und am schnellsten wachsenden Abschlussquoten aufweisen, sanken die Werte für politisches Wissen bei den 18- bis 23-Jährigen um 20 %, bei den 24- bis 29-Jährigen um 17 %.[372] Diese Ergebnisse, die das Wissen über die grundlegenden Positionen der politischen Parteien, die Namen ihrer führenden Köpfe und Ähnliches widerspiegeln, sind nur die Spitze des Eisbergs. So liegen uns auch keine konsistenten, zuverlässigen Informationen über das Wissen der Kanadier zum Thema des Klimawandels vor, obwohl dies in der heutigen Zeit von Bedeutung wäre.[373]

In keinem anderen Bereich unserer mehrjährigen Untersuchung zur Messung des Fortschritts in Kanada haben wir so unzureichende, irreführende und tief verwurzelte Standardmaßnahmen gefunden wie im Bildungswesen. Und wir begegneten nirgendwo sonst einem so dichten Schleier an vorsätzlicher Ignoranz oder trafen auf so massiven Widerstand auf Seiten der Interessensvertreter.

Weitere Nachforschungen ergaben, dass wir mit unserer Wahrnehmung nicht allein standen. Bereits Anfang der 1990er Jahre führte ein vom US-Bildungsministerium einberufenes *Special Study*

Panel on Education Indicators [Sonderstudiengruppe für Bildungsindikatoren] aus, dass der Rückgriff auf herkömmliche Bildungsindikatoren »fehlgeleitet« sei, »der Komplexität des Bildungswesens nicht gerecht« werde und auf einem »fehlerhaften« Modell beruhe, das fälschlicherweise »die Ansicht fördere, das Bildungssystem stelle ›Produkte‹ her, indem es verschiedene Rohstoffe (z. B. Schüler und Ressourcen) nehme und sie in den Schulen verarbeite«.[374] In jüngerer Zeit wurde diese Kritik von verschiedenen Experten und schließlich im UNESCO-Bericht *Bildung für alle* aufgegriffen.[375] Da es jedoch keine brauchbaren alternativen Messgrößen gibt, haben die Standardschulbildungsmaßnahmen selbst bei vielen alternativen Fortschrittsmessungen wie dem kanadischen CIW noch immer die Oberhand.

Aber es genügte uns nicht, die bestehenden Bildungsindikatoren zu analysieren. Unser GPI-Team musste einen Weg nach vorn finden und praktikable Methoden vorschlagen, um zu beurteilen, wie gut informiert und gebildet eine Bevölkerung wirklich ist. Diese Suche nahm Jahre engagierter Arbeit in Anspruch – weit mehr Zeit als jeder andere Bereich des GPI –, was sich, ohne dass wir es damals hätten ahnen können, für unsere späteren Bemühungen in Bhutan als wegweisend herausstellte.

Unsere Entdeckungsreise in diesem Bereich hat uns davon überzeugt, dass Bildung nicht nur der Klebstoff ist, der alle unsere Fortschrittsmaßnahmen miteinander verbindet, sondern auch der Schlüssel zum Aufbau einer nachhaltigen und gerechten neuen Wirtschaft. Was uns heute offensichtlich erscheint, uns aber erst nach jahrelangem Rechnen bewusst wurde, ist die Tatsache, dass echter Fortschritt – egal ob im Umwelt-, Gesundheits-, Wirtschafts- oder Sozialbereich – ohne eine gebildete Bevölkerung nicht zu verwirklichen ist. Die Frage, ob die Menschen über das Wissen und das kritische Denken verfügen, die erforderlich sind, um das Wohlergehen für sich und ihre Kinder zu verbessern, ist daher ein wichtiges Bindeglied zwischen allen Komponenten des GPI.

Wenn die Menschen zum Beispiel nicht lernen, mit ihrem Budget auszukommen und im Rahmen ihrer Möglichkeiten zu leben, können sie in chronischer Verschuldung und wirtschaftlicher Unsicherheit enden. Wenn sie keine grundlegende Ernährungskompetenz haben, ihr Wissen über Lebensmittel aus der Fernsehwerbung beziehen und keinen Begriff davon haben, welche Auswirkungen ihr Konsumverhalten hat, können sie keinen gesunden Lebensstil führen. Wenn die Menschen nicht über ein Mindestmaß an staatsbürgerlicher Bildung verfügen und nicht wissen, wofür die verschiedenen politischen Gruppierungen stehen, wie können sie dann bei Wahlen ihre Stimme klug und verantwortungsbewusst einsetzen? Und wenn es keine ökologische Grundbildung gibt, wenn die Menschen die Auswirkungen ihrer Konsum- und Lebensgewohnheiten auf den Klimawandel, die Umweltverschmutzung, die Abfallentsorgung, den Energie- und Ressourcenverbrauch, die eigene Gesundheit und auf andere Lebewesen nicht verstehen, werden sie wahrscheinlich nicht umweltbewusst handeln und keine nachhaltigen Entscheidungen treffen.

So stießen wir auf keinen anderen Bereich, in dem das Potenzial für einen echten gesellschaftlichen Wandel größer war, als den der Bildung. Wir fanden heraus, dass das Wissen und die Mittel zur Schaffung der Veränderungen, die zur Sicherung der Zukunft unserer Kinder erforderlich sind, leicht zur Hand sind, wenn grundlegende Wahrheiten über unsere gelebte Realität geschickt und genau vermittelt werden. Aber was genau ist dieses Wissen? Solange wir nicht klar definieren können, was wir unter einer gebildeten Bevölkerung verstehen, werden wir uns weder über die Methoden zur

Vermittlung des erforderlichen Wissens noch über die Messung der Fortschritte auf dem Weg zu diesem Ziel einigen.

WAS IST EINE GEBILDETE BEVÖLKERUNG?

Anerkannte Pädagogen haben die Sichtweise auf den Bildungsstand bereits weit über die bestehenden konventionellen Normen und Maßstäbe hinaus ausgedehnt. Die Organisation der Vereinten Nationen für Bildung, Wissenschaft und Kultur zum Beispiel erklärte 1997:

> »Ziel der Bildung ist es, die Menschen klüger, kenntnisreicher, besser informiert, ethisch, verantwortungsbewusst, kritisch und lernfähig zu machen. Bildung dient auch der Gesellschaft, indem sie eine kritische Reflexion über die Welt, insbesondere über ihre Mängel und Ungerechtigkeiten, ermöglicht, ein größeres Bewusstsein fördert, neue Visionen und Konzepte erforscht und neue Techniken und Werkzeuge erfindet.
>
> Bildung ist auch das Mittel zur Verbreitung von Wissen und zur Entwicklung von Fähigkeiten, zur Herbeiführung der gewünschten Änderungen von Verhaltensweisen, Werten und Lebensstilen sowie zur Förderung der öffentlichen Unterstützung für die anhaltenden und grundlegenden Veränderungen, die erforderlich sind, wenn die Menschheit ihren Kurs ändern, den vertrauten Weg, der zu wachsenden Schwierigkeiten führt, verlassen und den Aufstieg zur Nachhaltigkeit beginnen soll. Kurz gesagt: Bildung ist die beste Hoffnung der Menschheit und das wirksamste Mittel auf dem Weg zu einer nachhaltigen Entwicklung.«[376]

Welche Arten von Wissen und kritischem Denken sind erforderlich, um eine gesunde und nachhaltige Gesellschaft zu schaffen? Das fragten wir. Bei einer Überprüfung der Forschung auf diesem Gebiet fanden wir breite Übereinstimmung darüber, dass eine gebildete Person über die folgenden Eigenschaften verfügen sollte:

- Offenheit, Interesse und Neugierde, sich zu engagieren und lebenslang zu lernen
- die Bereitschaft, sich auf persönliche und gesellschaftliche Veränderungen einzulassen
- Bewusstsein für kontextuelle Situationen und Systeme, soziale und wirtschaftliche Zusammenhänge sowie das aktuelle Weltgeschehen, die Prozesse der natürlichen Welt, den Einfluss der heutigen Lebensweise auf die Gesundheit der Bevölkerung, die Wahlmöglichkeiten und Lebensqualität künftiger Generationen
- die Fähigkeit, Ideen zu analysieren, zu kommunizieren und zu integrieren
- die Fähigkeit, Probleme in Zusammenarbeit zu lösen
- das erforderliche Wissen in Bereichen, die für die Verbesserung des gesellschaftlichen Wohlergehens relevant sind, und die Nutzung dieses Wissens für das Gemeinwohl

Wir haben elf spezifische Wissensbereiche oder »Literacies« [Bildungskompetenzen] identifiziert, die nach übereinstimmender Meinung von Analysten das abbilden, was eine gebildete Bevölkerung für ihr eigenes Wohlergehen und das künftiger Generationen wissen muss. Dabei handelt es sich um grundlegende Lese- und Schreibkenntnisse für Erwachsene sowie um Kenntnisse in den Bereichen Ökologie, Wissenschaft, Gesundheit, Lebensmittel und Ernährung, Staatsbürgerkunde, Medien, indigenes Wissen, Statistik, Multikulturalismus und Kunst.[377]

Das Material, das unser Team über mehrere Jahre hinweg zusammengetragen hatte, war in leicht zugängliche Zusammenfassungen, Ergebnisse, Schlussfolgerungen und Empfehlungen gegliedert, die durch umfangreiche Referenzen und Quellenmaterial gestützt wurden. 2008 waren wir der Meinung, dass wir dazu beitragen konnten, den Bildungsstand wirklich zu bewerten und zu messen. Wir nutzten diese Materialien und die elf im vorigen Absatz aufgeführten Kompetenzen und gaben unsere oben bereits erwähnte Empfehlung an Statistics Canada, einen neuen *Canadian Knowledge Survey* [Kanadische Wissenserhebung] zu erstellen und durchzuführen, damit der Bildungs- und Wissensstand der Kanadier ermittelt werden konnte.

Doch egal, an welche Tür wir in Kanada auch klopften, vom Bildungsministerium in Nova Scotia bis hin zu Statistics Canada und dem angeblich fortschrittlichen *Canadian Index of Wellbeing*, keine öffnete sich. Um alle Ergebnisse in einer einzigen fragwürdigen Zahl zusammenzufassen, zogen es die CIW-Leute vor, zutiefst mangelhafte konventionelle Indikatoren zu verwenden, anstatt das bestehende Paradigma in Frage zu stellen. Zur Bewertung der »allgemeinen akademischen Leistungen und Errungenschaften« verwendet der CIW auch heute noch völlig fehlerhafte Messgrößen wie etwa den Prozentsatz der Highschool- und Universitätsabsolventen. Die Tatsache, dass man unsere Bildungsarbeit, unsere Kritik und unsere Empfehlungen ablehnte, ohne sich kritisch mit unseren Daten und Ergebnissen auseinanderzusetzen, stattdessen aber das bestehende System aufrechterhielt, veranlasste mich damals, als CIW-Forschungsdirektor zurückzutreten und mich aus der weiteren Arbeit dieses Gremiums zurückzuziehen.

Seitdem habe ich oft darüber nachgedacht, warum ausgerechnet der Sektor der Bildung derjenige Bereich war, wo wir mit unserer Arbeit nicht vorankamen und wo sich die bestehenden Strukturen einfach nicht ändern wollten. Ich kann diese Frage immer noch nicht endgültig beantworten, vermute aber, dass hier mehrere Faktoren und ihre Wechselwirkung ausschlaggebend sind. Während der 20 Jahre meiner Lehrtätigkeit an der Universität wurde mir schmerzlich bewusst, dass subtile, sehr mächtige Eigeninteressen die Lehrpläne, die Texte und die in ihnen verankerten Werte prägen, und dass Bürokratien von der Verwaltung des Bestehenden leben und sich von jeder Veränderung bedroht fühlen, die ihre Abläufe in irgendeiner grundlegenden Weise ins Wanken bringt. Das gilt für den akademischen Bereich wie für Regierungen und Unternehmen. Gewohnheitsmäßige Muster, seien sie kollektiver oder individueller Natur, sind äußerst schwer zu durchbrechen!

Zugleich spielten aber auch, und das ist bitter genug, banale Motive eine ausschlaggebende Rolle. So wollten etwa die Forscher und die Geldgeber des CIW schnelle Ergebnisse, um ihren zusammengesetzten Index erstellen und möglichst zügig ihre einzige Zahl erhalten zu können. Die herkömmlichen Indikatoren mit ihren leicht verfügbaren Daten machten dies möglich. Es wäre ihnen einfach peinlich gewesen, zugeben zu müssen, dass ein Schlüsselsektor auf der Grundlage der vorhandenen Daten nicht messbar war und Kanada die Frage *Wie gebildet ist unsere Bevölkerung?* nicht beantworten konnte. Hierzu wäre eine zeit- und kostenaufwendige, völlig neu gestaltete Umfrage nötig gewesen, aus der schließlich die erforderlichen Datensätze hätten gewonnen werden können. Das System so grundlegend in Frage zu stellen, war meinen Kollegen jedoch zu mühsam und hätte eine zu radikale Kritik zum Ausdruck gebracht, als dass man es hätte in Betracht ziehen wollen.

Gerade als wir verzweifelt darüber waren, dass unsere jahrelangen Bemühungen auf Eis gelegt wurden, ohne auch nur eine Delle in Kanadas Bildungsbewertung zu hinterlassen, teilte uns der Premierminister von Bhutan plötzlich seine Absicht mit, das gesamte Bildungssystem seines Landes so umzugestalten, dass es die von uns bereits erarbeiteten Ziele und Grundsätze widerspiegelt.

ERZIEHEN FÜR DAS BNG

Der Premierminister beschränkte sich nicht auf großspurige Erklärungen von Visionen und Prinzipien, er war ein meisterhafter Stratege, der erkannte, dass diejenigen, die von der Erneuerung des Bildungssystems des Landes überzeugt werden mussten, nicht die Lehrer, Schüler oder Eltern waren, sondern die Bürokraten des Bildungsministeriums, die mit der Umsetzung des Wandels betraut werden sollten. Sie waren schließlich im herkömmlichen System ausgebildet worden (und sollten es weitergeben). Er sah daher einen klaren Ansatzpunkt: Könnten wir, so fragte er, einige der weltweit führenden innovativen Pädagogen, die Bhutans Vision und Philosophie teilen, nach Bhutan bringen, um mit Bhutans eigenen Spitzenpädagogen und -verwaltern zu diskutieren und daran zu arbeiten, wie das Bildungssystem praktisch umgestaltet werden kann?

Der Premierminister wollte damit der geografischen und kulturellen Isolation seines Landes entgegenwirken und seinen Leuten klarmachen, dass sie die neuen Lehrpläne nicht allein und ohne Expertise verfassen und umsetzen mussten. Stattdessen sollten die Pädagogen des Landes die Universalität der BNG-Prinzipien verstehen und zugleich erkennen, dass sie von führenden progressiven Pädagogen aus der ganzen Welt unterstützt würden. Dieser kollaborative Ansatz, der auf den Aufbau lokaler Kapazitäten und die Unterstützung der dem Land innewohnenden Ziele ausgerichtet ist, wurde in den kommenden Jahren zum zentralen Element unserer Arbeit. Und wie wir sehen werden, stand dieser Ansatz im krassen Gegensatz zu der verordneten externen Agenda, die mit hoher und konventioneller Auslandshilfe einhergeht.

Glücklicherweise hatten wir durch unsere Recherchen in den vorangegangenen drei Jahren einige weltweit anerkannte Innovatoren im Bereich der alternativen Bildung kennengelernt, deren Vision und Verständnis sich mit unserer GPI-Sichtweise und den Vorstellungen des Premierministers von Bhutan deckten. So luden wir Ende 2009 einige dieser Pädagogen nach Bhutan ein, um die ehrgeizige neue Initiative *Educating for GNH* [*Erziehen für das BNG*] zu starten. In der Zwischenzeit durchforstete unser Forschungsteam monatelang die Literatur, um die Dimensionen der Bildungstheorie und -praxis zu ermitteln, die am besten mit den BNG-Grundsätzen und -werten von Bhutan übereinstimmten.

Wir fanden fünf Schlüsselbereiche, die in hohem Maße zu den BNG-Prinzipien passten, aber in den bestehenden Lehrplänen und Schulbüchern nicht vorkamen:

- ganzheitliche Bildung, die kognitive Forschung mit Wissen verbindet, das durch Gefühle, Sinne und praktisches Tun gewonnen wird
- kontemplative Erziehung, die Erkenntnis mit Kontemplation und meditativer Einsicht verbindet
- kritisches Denken, das Argumentation und Analyse lehrt, damit die Schüler nicht einfach glauben, was man ihnen sagt, sondern Fakten selbstständig hinterfragen, überdenken und erforschen können
- indigenes Wissen, das alte Weisheit in die Kernlehrpläne einbringt
- Nachhaltigkeitserziehung, die den Respekt vor der Natur und ein Leben im Einklang mit den Naturprozessen lehrt

Allein im Hinblick auf den letzten Punkt hatte eine wachsende Gruppe von Pädagogen im Westen bereits erkannt, dass die Bildungssysteme nicht mit den wachsenden wissenschaftlichen Erkenntnissen über die natürliche Welt Schritt halten und, wenn überhaupt, nur wenig dazu beitragen, den menschlichen Fußabdruck auf dem Planeten zu verringern. Unsere eigene GPI-Forschung hatte deutlich gezeigt, dass die am besten ausgebildeten Bürger die größten und folgeschwersten ökologischen Fußabdrücke haben, vor allem weil sie tendenziell wohlhabender sind und mehr konsumieren.[378] Im Bereich der Nachhaltigkeitserziehung verfügten wir über eine Fülle guter Materialien der Vereinten Nationen, die 2005 die UN-Dekade Bildung für Nachhaltige Entwicklung (BNE) [*Decade of Education for Sustainable Development*, DESD] ins Leben gerufen hatten. BNE basiert auf den »Werten, Verhaltensweisen und Lebensstilen [...], die für eine nachhaltige Zukunft und einen positiven gesellschaftlichen Wandel erforderlich sind«.[379]

Wir stellten fest, dass es in allen fünf Schlüsselbereichen nicht nur eine hervorragende und wachsende Literatur mit scharfer Kritik an den konventionellen Systemen gab, sondern auch alternative Schulen in verschiedenen Teilen der Welt, die die neuen Prinzipien immer effektiver in die Praxis umsetzten. Was weltweit fehlte, war eine organisierte Anstrengung zur Errichtung eines neuen, umfassenden Bildungssystems auf nationaler Ebene. Bestehende Modelle neuer Bildungspraktiken waren meistens isoliert und lokal begrenzt. Häufig von den Innovatoren selbst gegründet, folgten sie vor allem deren Ideen. Außerdem beruhten sie in der Regel eher auf privaten als öffentlich finanzierten Bemühungen und wurden daher den Kindern einer wohlhabenden progressiven Elite gerecht.

Im Dezember 2009 brachten wir 30 hochkarätige Pädagogen aus den fünf oben genannten Bereichen nach Bhutan, darunter Gründer und Leiter führender alternativer Schulen in Indien, Nepal, Großbritannien, Kanada und den Vereinigten Staaten. Unter den Pädagogen waren Koryphäen wie John Miller, der »Vater« der ganzheitlichen Bildung, David W. Orr, ein Pionier der ökologischen Bildung, und Gregory Cajete, Autor zahlreicher Bücher über die Integration indigener Weisheit in die Lehrpläne.

Bei dem einwöchigen Dialog war Bhutan durch seinen Premierminister und seinen Bildungsminister sowie durch den Sekretär des Bildungsministeriums, die Leiter der Lehrplanentwicklung und der Evaluierungsabteilung, durch Professoren der Lehrerbildungseinrichtungen, durch ausgewählte Schuldirektoren und einige hervorragende Studenten vertreten. Führende Beamte aus anderen Ministerien nahmen als Beobachter teil, ebenso 50 internationale Delegierte, darunter auch Vertreter der Vereinten Nationen. Es war ein eindringlicher und dynamischer Austausch, der darauf abzielte, die neue Initiative Bhutans möglichst praxisorientiert auf den Weg zu bringen.

In seiner Eröffnungsrede brachte der Premierminister seine Überzeugung zum Ausdruck, dass Bildung der Schlüssel zu echtem Wandel und zur Umsetzung der »humanen und ökologischen Prinzipien und Werte des *Bruttonationalglücks*« ist:

> »Was wir uns hier vornehmen, ist beispiellos. Es gibt keine Fahrpläne. Zwar haben einzelne Schulen in verschiedenen Teilen der Welt – von denen mindestens elf hier in diesem Raum vertreten sind – brillante und transformative Lehrpläne und Lernumgebungen geschaffen, von denen wir in dieser Woche viel lernen werden, aber kein Land hat jemals versucht, sein gesamtes Bildungssystem nach den von uns vorgeschlagenen Grundsätzen zu verändern. Daher bin ich der festen Überzeugung, dass das, was Sie in dieser Woche großzügig für Bhutan beitragen, auch weit über unsere Grenzen hinaus eine transformative Wirkung auf die Bildungssysteme und damit auf die Gesellschaft insgesamt haben muss.«

Nach mehrtägigen Überlegungen zu den wichtigsten Aspekten der Bildungssysteme – Lehrpläne, Gestaltung von Schulen, Lehrerausbildung, Beurteilungsmethoden –, einigten sich die versammelten nationalen und internationalen Teilnehmer auf diese gemeinsame Vision:

WAS: Die Grundsätze und Werte des Bruttonationalglücks werden tief im Bewusstsein der bhutanischen Jugend verankert. Sie werden die vernetzte Natur der Wirklichkeit klar erkennen und den vollen Nutzen und die Kosten ihres Handelns verstehen. Sie werden sich nicht von den Verlockungen des Materialismus einfangen lassen und sich intensiv um Mitmenschen und die natürliche Umwelt kümmern.

WIE: Bhutans gesamtes Bildungssystem wird die folgenden BNG-Prinzipien und -Werte wirkungsvoll kultivieren: ein scharfsinniges kritisches und kreatives Denken, ökologische Kompetenz, die Anwendung der uralten, profunden Weisheit und Kultur des Landes, kontemplatives Lernen, ein ganzheitliches Verständnis der Welt, echte Fürsorge für die Natur und für andere, die Kompetenz, mit der modernen Welt erfolgreich umzugehen, die Vorbereitung auf einen angemessenen Lebensunterhalt und ein informiertes bürgerliches Engagement.

WANN: Fünf-Jahres-Ziel: Bhutans Schulsystem verfügt über BNG-orientierte Lehrkräfte und ein BNG-inspiriertes Lernumfeld, und alle Kinder und Jugendlichen des Landes haben Zugang dazu. Innerhalb von drei Jahren werden alle Lehrer eine effektive Ausbildung in diesen Bereichen und innerhalb eines Jahres alle Schulleiter eine BNG-inspirierte Ausbildung erhalten.

VON DER VISION ZUR AKTION

Am fünften Tag des Workshops hatte ein Aktionsplan Gestalt angenommen. Der Sekretär des Bildungsministeriums kündige für Ende Januar/Anfang Februar 2010 drei siebentätige Schulungen für jeweils 210 Pädagogen an. Das Ziel dieser Schulungen bestand darin, ihnen das BNG-basierte Bildungsparadigma zu vermitteln. Unter diesen Pädagogen waren alle Schulleiter der Grund- und Sekundarstufe, sowie die Bildungsbeauftragen der Lehrerkollegien, die Leiter der Universitätsabteilungen und die Beamten des Ministeriums. Diese Workshops sollten alle Schulen auf die bevorstehenden Veränderungen vorbereiten und ihnen praktische Anleitungen zur Verfügung stellen, wie die BNG-Prinzipien und -Praktiken eingeführt werden konnten, während die längerfristige Arbeit der Umgestaltung der Lehrpläne in Angriff genommen wurde. Die internationalen Pädagogen stellten Ressourcen, Lehrplanmaterialien, Ratschläge und praktische Anleitungen zur Verfügung, unter anderem zu der Frage, wie man herkömmliche Fächer wie Mathematik, Naturwissenschaften, Sprachen und Geschichte auf innovative und sinnvolle Weise unterrichtet, damit sie die BNG-Werte widerspiegeln.

Sobald die internationalen Besucher abgereist waren, begannen wir mit der Planung der Workshops, die zwischen dem 19. Januar und 12. Februar 2010 am Paro College of Education stattfanden. Der Premierminister und der Bildungsminister nahmen an allen drei Workshops aktiv teil, und jeder Schulleiter erhielt die Aufgabe, vor dem Ende des Workshops einen konkreten Plan zu erstellen, wie er die Prinzipien, Werte und Praktiken des Bruttonationalglücks an seiner Schule fördern würde. Teil ihrer Aufgabe war es, ihre Lehrer und Schüler in die Schaffung von BNG-basierten Schulen einzubinden. Die Schulleiter diskutierten täglich darüber, wie jeder Aspekt der Bildung die Werte des BNG widerspiegeln könnte, also Lehrpläne, Texte, Sport, gemeinnützige Arbeit, Management und Schulatmosphäre. Bemerkenswerterweise nahmen die Schulleiter die neue Initiative mit Begeisterung an, ohne besondere Meinungsverschiedenheiten über die grundlegenden Ziele und Prinzipien.

In jedem Workshop wurden täglich Meditationsübungen angeboten, viele Schulleiter erklärten zudem, dass sie jeden Schultag mit ein paar Minuten stiller Besinnung beginnen und beenden wollten. Einige bekundeten sogar die Absicht, jede einzelne Unterrichtsstunde auf diese Weise zu gestalten. Obwohl Bhutans staatliches Schulsystem säkular und von der religiösen Erziehung in den Klöstern völlig getrennt sein soll, ist der Buddhismus die offizielle Staatsreligion, so dass die Schulleiter problemlos die Einführung der Meditation als nicht-sektiererischen Bestandteil der alten Kultur des Landes akzeptierten. Außerdem wurden ihnen wissenschaftliche Belege präsentiert, die zeigen, dass Meditation den Fokus, die Konzentration und die akademischen Leistungen der Schüler verbessern kann.

Um praktische Möglichkeiten aufzuzeigen, wie sie die BNG-Werte schnell in ihre Schulen einbringen konnten, entwickelten wir Dutzende von Kleingruppenaktivitäten, die eine Vielzahl von Schul-, Klassen- und Lehrplanumgebungen simulierten. In einer Aussage, die typisch für die Reaktionen am Ende der Workshops ist, sagte ein Schulleiter, dass er nun endlich verstanden habe, was seine eigentliche Aufgabe sei. All die Jahre habe er gedacht, sie bestünde darin, die Schule zu leiten, sich mit unzähligen administrativen und personellen Details zu befassen, für Disziplin zu sorgen und dafür, dass seine Schüler bei den landesweiten Prüfungen gut abschneiden. Nach diesen sieben Tagen voller Diskussionen und Aktivitäten wurde ihm klar, dass seine Aufgabe tatsächlich darin bestand, die nächste Generation von Bürgern zu klugen, fürsorglichen und engagierten Menschen heranzuziehen, die ihr eigenes Leben leben und zugleich ihrem Land und ihren Mitbürgern nach Kräften dienen.

VISIONEN FÜR DEN NEUEN LEHRPLAN

Die Schulleiter-Workshops beschäftigten sich außerdem mit der Frage, welche Art von Lehrplan für eine echte BNG-Bildung erforderlich ist. Bhutans buddhistisches Erbe, das die wechselseitige Abhängigkeit aller Phänomene lehrt, wurde als geeigneter Boden für einen BNG-basierten Lehrplan angesehen, der die Schüler dazu veranlassen soll, die sozialen und ökologischen Bedingungen der Herstellung von Produkten zu erforschen und zugleich die Auswirkungen auf Gesellschaft und Umwelt, wenn diese Produkte weggeworfen werden. Wie nachhaltig und unter welchen Arbeitsbedingungen und Eigentumsverhältnissen werden Dinge hergestellt, transportiert, verteilt und entsorgt? Und nützen oder schaden sie der Natur und den Gemeinschaften?

Zu diesem Zweck zeigten wir den Schulleitern, wie sie diesen Lehrplanansatz einführen können, indem sie den Ursprung von Alltagsgegenständen im Leben ihrer Schüler erforschen. Anstatt beispielsweise eine Dose Coca-Cola einfach als ein 40-Rupien-Produkt zu betrachten, das den Durst löscht und Geschmacks- und andere Empfindungen vermittelt, könnten die Schüler den gesamten Produktionsprozess dieser Cola und seine Auswirkungen auf die Welt untersuchen. Die Untersuchung der sozialen, wirtschaftlichen und ökologischen Bedingungen der Cola-Produktion und ihrer Folgen für Gesundheit, Gemeinschaft, Wirtschaft und Umwelt würde alle vier Säulen des BNG einbeziehen, ohne dass das BNG als separates Thema behandelt werden müsste.

In diesem Fall würden die Schüler also erforschen, welche Nährstoffe die Cola enthält, wie viel Zucker, Koffein und andere Inhaltsstoffe, und woher diese Komponenten stammen. Wo wurde der Zucker angebaut, von wem und unter welchen sozialen, wirtschaftlichen und ökologischen Bedingungen; wie wurde er verarbeitet und transportiert; wem gehören die Plantagen und Fabriken; welche Chemikalien wurden für den Anbau und die Verarbeitung von Zucker verwendet; wo wurde die Coca-Cola verarbeitet und in Dosen abgefüllt; wie gelangte sie von dieser Fabrik in die Hände der Schüler; wie wirken sich die Inhaltsstoffe von Coca-Cola auf die Gesundheit aus; woraus besteht die Dose und wie wurde sie hergestellt; was geschieht mit ihr, wenn sie weggeworfen wird; und wo gehen die 40 Rupien hin – wie viel bringen sie der lokalen Wirtschaft ein, den Zuckerbauern, den Verarbeitern und Transporteuren, den Coca-Cola-Aktionären in den Vereinigten Staaten usw.?

Nachdem gängige Konsumgüter wie diese dekonstruiert worden sind, könnte ein BNG-Lehrplan eine Diskussion über potenziell vernünftigere ökologische und soziale Alternativen einleiten. Welche Ursachen, Bedingungen und Auswirkungen hat es beispielsweise, wenn man dieselben 40 Rupien für eine Flasche lokal hergestellten natürlichen Apfelsaft aus Bumthang in Zentralbhutan ausgibt? Was sind dessen Inhaltsstoffe und woher kommen sie; unter welchen Bedingungen werden sie angebaut; gibt es außer den Äpfeln noch andere Zusatzstoffe; wie wirken sie sich auf die Gesundheit aus; was passiert mit den wiederverwendbaren Flaschen; wie viel von den 40 Rupien bleibt in der lokalen Wirtschaft und verlässt nicht Bhutan, und so weiter. Wir integrierten auch mathematisches Lernen in diesen Kontext, indem wir epidemiologische Beweise verwendeten, um darzustellen, wie sich die Wahrscheinlichkeit erhöht, an Diabetes zu erkranken, wenn man zwei Dosen Cola am Tag trinkt, im Vergleich zur selben Menge natürlichen Apfelsafts, und die daraus resultierenden höheren Gesundheitskosten.

Durch die erzählerische Form, die sich mit den alltäglichen Dimensionen des realen Lebens der Schüler befasst, würde dieser Lehrplanansatz alle Elemente einer BNG-Gesellschaft einführen, die sowohl Achtsamkeit als auch Bewusstsein bei den Teilnehmern stärken und, so unsere Vermutung, auf natürliche Weise Verhaltensänderungen fördern. Zum Beispiel würden die Teilnehmer mit einem sehr guten (sogar glücklichen) Gefühl nach Hause gehen, sobald sie das nächste Mal, wenn sie durstig sind, ihre täglichen Konsumgewohnheiten von Coca-Cola auf lokal produzierten Apfelsaft umstellen, mit dem Wissen, dass sie gleichzeitig mithelfen, die wirtschaftlichen, sozialen und ökologischen Grundlagen einer BNG-Gesellschaft durch sehr einfache Handlungen aufzubauen.

Neben diesem anschaulichen Beispiel bereitete unser *GPI-Atlantic*-Forschungsteam für die bhutanischen Pädagogen Materialien vor, die Dutzende anderer Beispiele mit ökologischem Ansatz enthielten: Alltagsprodukte werden zerlegt, es wird untersucht, wie sie entstehen und entsorgt werden, die Auswirkungen unserer täglichen Handlungen und Verhaltensweisen werden aufzeigt.

In einer Atmosphäre, die vom Geist eines echten BNG-basierten Bildungsansatzes durchdrungen war, diskutierten Bhutans Schulleiter während der Workshops viele weitere potenzielle Optionen für die Gestaltung neuer Lehrpläne. So könnte etwa der Anbau von Gemüse in Schulgärten eng mit den naturwissenschaftlichen Lehrplänen verknüpft werden, Teamarbeit fördern und Gespräche mit den Schülern über eine Reihe von Themen anregen: die lokale Ernährungssicherheit, das globale Nahrungsmittelsystem, nachhaltige Landwirtschaft, Ernährung, die Bewahrung der traditionellen Kultur und der Gemeinschaftsbeziehungen. Wir überlegten uns sogar, wie wir die Struktur der formalen Bildung verändern könnten, um über die Klassenzimmer hinauszugehen und gemeinnützige Arbeit als Teil des Lehrplans einzubeziehen.

Während dieser Workshops befand sich die Welt noch immer in der schlimmsten Rezession und Finanzkrise seit der Großen Depression. Der wirtschaftliche Zusammenbruch in den Jahren 2008/2009 war teilweise durch spekulative Bankpraktiken ausgelöst worden, die zu einer übermäßigen Verschuldung privater Haushalte führte, so dass viele Hauseigentümer ihre Hypothekenschulden nicht mehr begleichen konnten. Den Schülern beizubringen, wie man mit einem ausgeglichenen Haushaltsbudget lebt, schien uns geeignet, eine nachhaltige wirtschaftliche Entwicklung zu fördern und dazu beizutragen, Überschuldung, finanziellen Stress und Konkurs zu vermeiden. Wir dachten sogar daran, eine Umfassende Kostenrechnung einzuführen, um die verschiedenen sozialen und ökologischen Vorteile und Kosten alternativer Verhaltensweisen in Haushalten aufzuzeigen.

Zur Einführung in BNG-basierte Mathematik zogen wir das Auto als Beispiel heran: In Bhutan wurde es immer mehr zu einem Symbol für Reichtum und Status, aber viele Familien verschuldeten sich durch den Kauf von Autos, die sie sich nicht leisten konnten. Wie sollten die Schüler lernen, nicht nur die Zins- und Abschreibungsraten zu berechnen, sondern auch die Tatsache zu berücksichtigen, dass die monatlichen Raten für ein Auto und die Kosten für Betrieb und Wartung Auswirkungen auf andere Prioritäten haben, wie z. B. auf die Möglichkeit, Geld aus der Stadt in ihr Heimatdorf zu schicken, um ihre alternden Eltern zu unterstützen? Wie wirkt sich die wachsende Zahl an Autos auf die Luftqualität in Thimphu aus, und wie lauten die versteckten Kosten dieser Verschmutzung? Kurz gesagt, kann jedes Thema so unterrichtet werden, dass es für das

Leben der Schüler relevant ist und gleichzeitig die Werte des BNG vermittelt.

Man mag einwenden, Bildung solle wertfrei sein. Ja, aber unsere gesamte GPI-Arbeit, insbesondere im Hinblick auf die vermeintliche Objektivität des BIP, hat uns zu der Überzeugung gebracht, dass das Versäumnis, relevante soziale und ökologische Realitäten anzusprechen, den Status quo samt seinen dominanten Interessen effektiv aufrechterhält. Es liegt auf der Hand, dass der GPI und eine BNG-basierte Gesellschaft Visionen und Werte aufzeigen, die das derzeit vorherrschende materialistische Ethos herausfordern. Wer aber mag abstreiten, dass es offener und ehrlicher ist, die Wertvorstellungen, die hinter einer Berechnung stehen, explizit zu machen, wie es der GPI tut, als sie hinter einer Fassade aus vermeintlicher Unparteilichkeit, Neutralität und Objektivität zu verbergen, wie es derzeit überall auf der Welt gang und gäbe ist?

Die BNG-basierte Bildung würde die konventionelle Schulbildung radikal herausfordern, was auch auf dem internationalen Treffen im Dezember 2009 und auf den anschließenden Schulleiter-Workshops anerkannt wurde: Sie würde die Struktur des Bildungswesens selbst verändern, um das umfangreiche Lernen, das außerhalb der Klassenzimmer stattfindet, zu integrieren. So schlug ein Teilnehmer vor, dass die Schulen jeden Mittwoch gemeinnützige Arbeit leisten könnten, was die Schulwoche auflockern und die übermäßige Zeit, die hinter der Schulbank verbracht wird, reduzieren würde. Ein radikalerer Vorschlag war, dass die Schüler der elften Klasse sieben bis acht Monate oder sogar ein ganzes Jahr im nationalen Dienst verbringen sollten, um an notwendigen landesweiten Infrastrukturen zu arbeiten.

Sie würden Pfadfinder-Disziplinen lernen, wie das Leben unter freiem Himmel, und sie hätten die Gelegenheit, die Würde jeglicher

Art von Beschäftigung schätzen zu lernen, auch solcher, die gemeinhin als niedere Arbeiten gelten, wie etwa das Reinigen öffentlicher Latrinen. Ein solcher gemeinschaftlicher und nationaler Dienst könnte die Forschungsfähigkeiten der Schüler fördern, indem sie statistische, historische Umfrage- und Datenanalyse lernen würden, um die zugrundeliegenden gemeinschaftlichen und nationalen Herausforderungen und Bedürfnisse zu verstehen und um sicherzustellen, dass ihre Interventionen geschickt, praktisch und nützlich sind.

Als alternatives Beispiel für einen nationalen Dienst schlug ein Pädagoge vor, dass Schüler angesichts der raschen Landflucht junger Menschen und des daraus resultierenden Mangels an Arbeitskräften in der Landwirtschaft ihre langen Winterferien damit verbringen könnten, infrastrukturelle Arbeiten auf örtlichen Bauernhöfen zu verrichten, die die alternde Landbevölkerung zunehmend nicht mehr leisten kann, wie z. B. Terrassierungen und den Bau von Bewässerungskanälen. Ein solches Programm würde dazu beitragen, die Verbundenheit der Schüler mit der Erde und mit ihren Gemeinden wiederherzustellen, die Arbeit auf den Bauernhöfen zu würdigen und den Schülern eine angenehme, gemeinschaftliche Arbeitserfahrung zu ermöglichen.

UNTERGANG UND MÖGLICHE WIEDERAUFERSTEHUNG?

Der Start von *Educating for GNH* [*Erziehen für das BNG*] in den Jahren 2009 und 2010 war ein enthusiastischer und vielversprechender Beginn und hatte das Potenzial, für viele Menschen in Bhutan und möglicherweise darüber hinaus eine lebensverändernde Erfahrung zu werden. Die internationalen Pädagogen boten reichlich Unterstützung, Materialien und Fachwissen an; der Premierminister freute sich, dass sein lang gehegter Traum im Begriff war, verwirklicht zu werden; und die bhutanischen Pädagogen selbst fühlten sich wertgeschätzt wie nie zuvor – und waren sich der Verantwortung bewusst, die man ihnen anvertraut hatte.

Und dann begann alles aus den Fugen zu geraten. Zum Teil, weil die bhutanische Bildungsbürokratie ein ureigenes Interesse an der Aufrechterhaltung des Status quo hatte und die Beamten sich durch die vorgeschlagenen weitreichenden Veränderungen bedroht fühlten. Obwohl die Schulleiter bei den Workshops anscheinend voll und ganz an Bord waren, schienen die Verwaltungsbeamten erst spät zu begreifen, wie radikal der geplante Wandel war und was das Umschreiben von Texten, die Umschulung von Lehrern und die Neugestaltung von Schulen mit sich bringen würde.

Und hier muss ich selbst eine gewisse Verantwortung für das Scheitern unseres Vorhabens übernehmen. Rückblickend betrachtet hätte ich die bestehende Machtstruktur analysieren, ihre Grenzen erkennen, den wahrscheinlichen Widerstand vorhersehen und viel geduldiger sein müssen. Zu diesem Zweck hätte ich, wenn Geld und Ressourcen zur Verfügung gestanden hätten, mit unserem GPI-Team und den ausländischen Pädagogen zusammenarbeiten müssen, um einen schrittweisen, sorgfältig abgestuften und risikoarmen Ausführungsplan zu entwerfen, der sich auf die Entwicklung altersgerechter Lehrpläne und konkreter Hilfsmittel für die Lehrer zum Einsatz im Unterricht konzentriert. Die Vision, die Ziele, der grobe Anstrich und die Bereitstellung von Ressourcen genügten nicht. Rückblickend stelle ich fest, dass sich unser Team zu sehr auf die Leitung, die Vision und den Enthusiasmus des Premierministers verließ. Wir gingen davon aus, dass ein Regierungschef etwas bewirken kann! Erst später wurde uns klar, dass der Premierminister nicht alle seine Ministerien im Griff hatte und sich bei der Umsetzung seiner Ziele vollkommen auf die bestehenden bürokratischen Strukturen verließ.

Nachdem ich viele Monate lang eng mit den Beamten des Bildungsministeriums zusammengearbeitet hatte, um die verschiedenen Workshops zu organisieren und die Initiative *Erziehen für das BNG* auf den Weg zu bringen, hatte ich eigentlich keine Hoffnung, dass sie die Vision voll und ganz verstehen und unterstützen würden. Daher empfahl ich dem Premierminister, die Ernennung eines vollwertigen »Zaren« für die Initiative in Betracht zu ziehen, der die Umsetzung leiten sollte. Ich schlug sogar eine Schulleiterin vor, die mir als besonders brillant, weitblickend, organisiert und praktisch veranlagt aufgefallen war. Ich war überzeugt, dass sie es schaffen würde. Aufgrund meiner Unkenntnis der bestehenden Machtdynamik wusste ich nicht, dass der Premierminister nicht über die Köpfe der führenden Ministerialbeamten hinweg einfach jemanden von außerhalb der bestehenden Machtstruktur einsetzen konnte.

Solange diese Beamten sich darauf konzentrierten, Workshops für die internationalen Pädagogen und anschließend für alle Schulleiter Bhutans zu organisieren, beschwerten sie sich nicht. Diese unmittelbaren Aufgaben waren so anspruchsvoll und zeitaufwendig, dass sie sich verständlicherweise keine Gedanken darüber machten, wie viel Arbeit die praktische Umsetzung des neuen Systems erfordern würde, von der Umgestaltung der Lehrpläne bis zur Ausbildung von Lehrern. Als sich diese Erkenntnis einstellte, vertraten die Beamten schnell die Ansicht, dass die Erziehung zum BNG in den guten Motivationen, Absichten und Praktiken von Lehrern, Schulleitern, Schulen und Bürokraten bereits existierte, aber bisher nur nicht so benannt worden war. Dies führte bald dazu, dass die bestehenden Systeme einfach als *Erziehen für das BNG* bezeichnet wurden.

Angesichts des Mangels an Ressourcen in Bhutan lag die künftige Ausrichtung von *Erziehen für das BNG* in den Händen derjenigen, die die finanziellen Fäden in der Hand hielten. Bhutan war vollständig von ausländischer Hilfe abhängig, und diese Hilfe war nur allzu oft an Bedingungen geknüpft, die nationale Bestrebungen verzerren und entgleisen lassen konnten. In diesem Fall sprang die UNICEF schnell ein und stellte beträchtliche Geldsummen für die Ausbildung von Bhutans Schulleitern und Lehrern zur Verfügung, damit diese den Traum von *Erziehen für das BNG* in ihren eigenen Schulen umsetzen konnten. Allerdings hatte die UNICEF ihre eigene Agenda und ihre eigene Version dieses Traums.

Auf Drängen ihres stellvertretenden thailändischen Direktors in Bhutan stellte die UNICEF rund 100.000 US-Dollar zur Verfügung, um zahlreiche bhutanische Schulleiter nach Thailand zu schicken, damit sie von Art-ong Jumsai geschult wurden, einem ehemaligen NASA-Wissenschaftler und thailändischen Politiker, der eine vom indischen Guru Sri Sathya Sai Baba inspirierte Schule gegründet hatte. Die UNICEF hatte Art-ong zu dem von uns organisierten internationalen Workshop im Jahr 2009 eingeladen, und die Agentur bestand darauf, dass ihm bei den nachfolgenden Schulleiter-Workshops, die ebenfalls von der UNICEF finanziert wurden, eine führende Rolle übertragen wurde. Doch Art-ong lehrte seine eigenen Meditationstechniken, die im Widerspruch zu den jahrtausendealten Traditionen Bhutans standen, verwarf den größten Teil der gesellschaftlichen Vision von Premierminister Thinley zugunsten der Prinzipien seiner eigenen Privatschule,[380] ignorierte die Beiträge der herausragenden Pädagogen, die wir eingeladen hatten, und pries sein eigenes Lebensbeispiel, seinen Stil, seine Methoden und seine üppige Finanzierung als Modell für die ressourcenarmen öffentlichen Schulen Bhutans an.

Obwohl seine Schule den Namen Sathya Sai nach dem indischen Guru Sri Sathya Sai Baba trug, schien die UNICEF nicht zu wissen, dass Art-ong diese Sekte in Thailand anführte, dass er behauptete,

Kontakt zu Außerirdischen zu haben, und dass er das zweite Kommen des 2011 verstorbenen Sektenführers prophezeite, des sogenannten »göttlichen, allmächtigen Schöpfers des Universums«, dem Betrug, sexueller Missbrauch, Pädophilie und Gewalt vorgeworfen worden waren.[381] Im September 2014 unterzeichneten mehr als 2500 Thais, angeführt von einem Wissenschaftler der Chulalongkorn-Universität, eine Petition, in der die Absetzung Art-ongs als Vorsitzender des Ausschusses zur Überarbeitung der nationalen Lehrpläne Thailands gefordert wurde.[382] Abgesehen von solch fragwürdigen Referenzen sagten die Schulleiter, mit denen ich nach ihrer Ausbildung an Art-ongs Schule sprach, dass sie diese einfach nicht für relevant oder auf Bhutan anwendbar hielten.

Es ist sicherlich nicht übertrieben, zu sagen, dass die UNICEF die Initiative *Erziehen für das BNG* gekapert und maßgeblich zu deren Untergang beigetragen hat. Zumindest hätten mit den UNICEF-Mitteln weitaus produktivere Schulungen und die Entwicklung geeigneter Lehrplanmaterialien finanziert werden können. Es war nicht das einzige Beispiel, das ich während meiner Zeit in Bhutan erlebte, wo ausländische Hilfe in fragwürdige Projekte und in Richtungen gelenkt wurde, die oft verschwenderisch erschienen, mehr Schaden anrichteten als Nutzen brachten und eher ausländischen als lokalen Zielen dienten. Trotz des beträchtlichen positiven Nutzens, den einige Hilfen zweifellos gebracht haben, glaube ich, dass es umso besser ist, je früher sich Bhutan aus der Abhängigkeit von ausländischer Hilfe löst. Das betrifft auch die Unterstützung durch *GPI Atlantic.*

Aus all diesen und weiteren Gründen wurde *Erziehen für das BNG* nie systematisch auf nationaler Ebene umgesetzt, die Lehrkräfte erhalten bis heute kein richtiges BNG-basiertes Lehrmaterial, und man kann mit Fug und Recht behaupten, dass die Initiative im Alltag der großen Mehrheit der bhutanischen Schulkinder keine wirkliche

Veränderung bewirkt hat. Die von den internationalen Pädagogen zur Verfügung gestellten Materialien wurden nicht verwendet, und die Pädagogen wurden in den elf Jahren seit ihrem Besuch 2009 weder konsultiert noch kontaktiert. Selbst die Idee, den Unterricht und den Schultag mit einer kurzen Zeit der stillen Meditation zu beginnen und zu beenden, wird allzu oft nur genutzt, um Stille und Disziplin zu erzwingen, anstatt Einsicht und Verständnis zu fördern, wie es wirkliche Meditation bewirken kann.

Der Ideenreichtum in den Jahren 2009/2010 lieferte immerhin einige echte Inspirationen, die zu lokalen Aktionen geführt haben. Einige Schulleiter führten traditionelles Handwerk, Recycling, Abfallvermeidung, Gemüsegärten und einen angemessenen Meditationsunterricht an ihren Schulen ein. Deshalb wäre es unfair, *Erziehen für das BNG* als klägliches Scheitern zu bezeichnen.

12

Die Kluft zwischen Worten und Taten

Premierminister Jigmi Y. Thinleys Entschlossenheit, das gesamte Bildungssystem umzugestalten, war geradezu heldenhaft in seiner Vision und seiner Bereitschaft, sich scheinbar unbezwingbaren Herausforderungen zu stellen. Aber das war keineswegs seine einzige Strategie, um das Bruttonationalglück in das Gefüge der bhutanischen Gesellschaft einzubinden, und es war auch nicht das einzige Unterfangen, bei dem er sich mit eingefahrenen Interessen anlegte. Mehrere andere große Projekte, mit denen er mich beauftragte, führten mich von abgelegenen Ackerflächen bis in die Hallen des UN-Hauptquartiers in New York und zogen mich in einen Strudel aus Hoffnung, Enttäuschung und harten Lektionen.

DAS ERSTE HUNDERTPROZENTIGE BIOLAND DER WELT?

Bei den ersten demokratischen Wahlen in Bhutan im Jahr 2008 verkündete das Wahlprogramm der siegreichen politischen Partei das Ziel, Bhutan zur ersten souveränen Nation der Welt zu machen, die ihre gesamte Lebensmittelproduktion zu 100 % ökologisch betreibt. Diese Absicht wurde vom neu gewählten Premierminister Thinley in seiner Rede zur Lage der Nation und in nachfolgenden Erklärungen bekräftigt. In seinen Reden argumentierte er, dass die Umstellung auf den ökologischen Landbau den bhutanischen Landwirten und dem Land bedeutende wirtschaftliche Möglichkeiten eröffnen würde. Außerdem sollte Bhutan sich als globales Ausbildungszentrum für ökologischen Landbau etablieren und dem ökologischen Anbau weltweit einen wichtigen Impuls geben.

Besonders interessant war die Art und Weise, wie der Premierminister diese Absicht direkt mit den BNG-Prinzipien und der dritten Aktionsphase in der Entwicklung des Bruttonationalglücks verknüpfte. Der ökologische Landbau wurde als praktischer Weg zur Stärkung aller vier Säulen des BNG angesehen. Im Hinblick auf die Umwelt sollten die Böden Bhutans auf Dauer gesund und fruchtbar bleiben, anstatt durch den Einsatz synthetischer Chemikalien degradiert und ausgebeutet zu werden. Grund- und Oberflächenwasser blieben sauber, und die Vergiftung von Pflanzen und Tieren würde vermieden. Die Kosten für die Landwirtschaft würden sinken, da die Landwirte nicht mehr für teure Pestizide, Düngemittel, Unkrautvernichtungsmittel und patentiertes Saatgut bezahlen müssten. Das alles zusammen brächte auf wirtschaftlicher Ebene neue Möglichkeiten für die Landwirte und die ländlichen Gemeinden: Sie würden ihre Erzeugnisse aufwerten und die schnell wachsende Nachfrage in Indien mit ökologischen Produkten decken.

Mit dem ökologischen Landbau wollte die neu gewählte Regierung auch die Säule der guten Regierungsführung des BNG stärken, indem sie die Landwirte unterstützte und ihre Eigenständigkeit förderte. Die Umstellung auf den ökologischen Landbau würde nicht nur die Abhängigkeit von ausländischen Betriebsmitteln verringern, sondern auch das Vertrauen in traditionelle Anbaumethoden und frei verfügbare lokale Materialien wie Dung, Biomasse und Blattkompost stärken, die den Boden bereichern. Der Premierminister schlug sogar vor, Bhutan solle seine eigenen organischen

Düngemittel und Schädlingsbekämpfungsmittel entwickeln. Dafür konnten natürliche Materialien verwendet werden, die auf dem reichhaltigen Vorkommen an Heilpflanzen in Bhutan basieren.

Darüber hinaus würde die Umstellung auf ökologischen Landbau die Kultur des Landes stärken, so die Regierung. Durch die Schaffung wirtschaftlicher Möglichkeiten für die gebildete bhutanische Jugend in den ländlichen Gebieten würde die massive Landflucht eingedämmt werden, die zu so schwerwiegenden demografischen, wirtschaftlichen und sozialen Problemen geführt hat. Dies wiederum könnte dazu beitragen, dass die ländlichen Gemeinden mit ihren sozialen Netzwerken, ihren Großfamilien und ihrer auf Gegenseitigkeit beruhenden Verlässlichkeit stark und lebendig blieben.

»Biologisch zu wirtschaften«, erklärte Premierminister Thinley im Jahr 2011, »ist gelebtes Bruttonationalglück. [...] Es ist der Schlüssel, um BNG vollständig in die Praxis und in die Tat umzusetzen.«[383] Mit einer solch unverblümten Haltung, die direkt mit dem erklärten BNG-Entwicklungsansatz der Regierung übereinstimmte, schien es für Bhutan möglich zu sein, zum Modell für die Welt zu werden, die sich derzeit in die entgegengesetzte Richtung bewegt – nämlich hin zu einer kommerzielleren, monokulturellen, chemieintensiven industriellen Landwirtschaft, die von gentechnisch veränderten Nutzpflanzen abhängig ist.

Die Regierung erkannte, dass das Haupthindernis für die angestrebte ökologische Politik nicht bei den Landwirten lag, sondern ironischerweise in den eigenen Reihen. Aufgrund seiner Abgeschiedenheit und seines gebirgigen Geländes war Bhutan bis vor Kurzem vom Ansturm der chemischen Revolution verschont geblieben, anders als andere Teile der Welt. In den entlegeneren Gebieten des Landes wurde die Landwirtschaft noch weitgehend traditionell biologisch betrieben, und selbst in weniger abgelegenen Gegenden waren die älteren Bauern noch mit den chemiefreien Anbaumethoden vertraut, die sie von ihren Eltern gelernt hatten.

Im Gegensatz dazu waren die meisten bhutanischen Wissenschaftler, Agronomen und Berater des Landwirtschaftsministeriums an den Landwirtschaftsschulen der sogenannten *Grünen Revolution* in Indien ausgebildet worden. Damit ist ein System der Mechanisierung, Bewässerung und Verteilung von ertragreichem Getreidesaatgut gemeint, das auf den massiven Einsatz von synthetischen Düngemitteln, Pestiziden und anderen Agrochemikalien angewiesen ist. Die *Grüne Revolution* hat die traditionellen Technologien in Indien seit den 1950er und 60er Jahren weitgehend ersetzt, denn sie galt als einzig wirksamer Weg, die Produktivität und das Einkommen in der Landwirtschaft zu steigern. Das gelang auch. Die landwirtschaftliche Produktion in den Entwicklungsländern konnte so stark verbessert werden, dass sie eine Milliarde Menschen vor dem Hungertod bewahrt haben soll. Es überrascht nicht, dass Indien immer noch stark an diesem System festhält.

Und doch sind dieselben »Wunder«-Chemikalien inzwischen für die Verschmutzung der Wasserquellen in den Dörfern und für die Verschlechterung der Böden verantwortlich. Die Folge ist ein aussichtsloser Kampf um die Aufrechterhaltung der Produktivität durch den Einsatz von immer mehr Chemikalien. Außerdem steigen die Kosten dieser Betriebsmittel und des importierten Hochertragssaatguts, das von großen multinationalen Konzernen wie Monsanto verkauft wird. Aufgrund dessen landeten viele indische Bauern in einer Schuldenspirale, aus der sie nicht mehr herauskamen, und die zum Verlust ihres Landes führte. Das hat in den letzten zwei Jahrzehnten zu schätzungsweise 250.000 Selbstmorden in der Landwirtschaft geführt.[384]

Hier könnten Umfassende Kostenrechnungen korrekt die längerfristigen wirtschaftlichen Kosten einer Politik aufzeigen, die scheinbar unmittelbare Vorteile in Form von Produktionssteigerungen bringt. Da solche Rechnungen aber nicht angestellt werden, ignorieren die offiziellen Kreise leider weitgehend die zunehmenden Belege für die langfristigen Schäden, die durch die Methoden der *Grünen Revolution* verursacht worden sind, und Theorie und Praxis der *Grünen Revolution* bleiben vor allem aufgrund des starken Einflusses der Industrie auf die Regierungspolitik allgemeiner Standard.

In Bhutan war der Widerstand der Ministerialbeamten gegen die Umstellung auf den ökologischen Landbau nicht böswillig, sondern vor allem durch den Wunsch motiviert, anhand einer raschen Steigerung der Produktion gemäß den Methoden der *Grünen Revolution* eine bessere Selbstversorgung zu erreichen. Trotz des begrenzten fruchtbaren Bodens ist Bhutan aufgrund seiner großen Höhenunterschiede, seiner klimatischen Bandbreite und des ökologischen Reichtums, der von subtropischen über gemäßigte bis hin zu alpinen Zonen reicht, in der Lage, eine ausreichende Vielfalt an Nutzpflanzen zu produzieren, um sich zu etwa 80 % selbst mit Lebensmitteln zu versorgen. Aber 2018 importierte Bhutan immer noch etwa dreimal so viele Lebensmittel wie es exportierte, darunter Reis im Wert von über 21 Millionen US-Dollar, sowie Milchprodukte, Zucker und Getränke im Wert von 15 Millionen US-Dollar. Das war besser als fünf Jahre zuvor, als die Lebensmittelimporte fast das Fünffache der Exporte betragen hatten.[385] Wie schon vor zehn Jahren führen Beamte auch heute noch den Fortschritt hin zu einer größeren Selbstversorgung zu einem großen Teil auf die verbesserte Produktivität von ertragreichem Hybridsaatgut zurück.

Die Herausforderung für Bhutans neu gewählte Regierung nach 2008 bestand daher darin, ihre eigenen Landwirtschaftsbeamten davon zu überzeugen, dass die Umstellung auf den ökologischen Landbau wirtschaftlich sinnvoll ist. Die Beamten waren weitgehend ungeschult in verbesserten Methoden der ökologischen Landwirtschaft. Sie wussten nicht, dass eine bessere Tierhaltung, hochwertiger Dünger und Kompost, stickstoffbindende Pflanzen und andere alternative Methoden die Produktivität nachweislich steigern. Stattdessen waren sie davon überzeugt, dass die ökologischen Erträge immer niedrig sein würden.[386] Außerdem hatten sie kaum Informationen über den Zugang zu Märkten mit ökologischen Preisaufschlägen und waren sich der negativen langfristigen Auswirkungen der *Grünen Revolution* auf die Boden- und Wasserqualität weitgehend nicht bewusst. Die Regierung hatte ein nationales ökologisches Programm ins Leben gerufen, das jedoch aufgrund mangelnder Unterstützung durch das Ministerium personell und finanziell völlig unterbesetzt war. Und auf den Feldern verteilten die Berater noch immer das neue ertragreiche Saatgut und die synthetischen Düngemittel und Pestizide – euphemistisch als »Pflanzenschutzmittel« bezeichnet –, die erforderlich sind, um die versprochenen Erträge zu erzielen.

Diese Herausforderung veranlasste den Premierminister, mich zu bitten, eine erste Schulungsveranstaltung für Wissenschaftler und Agronomen des Ministeriums zu organisieren. Da es eines Gelehrten mit handfesten Beweisen bedurfte, um die Wissenschaftler des Ministeriums von den Vorzügen des ökologischen Landbaus zu überzeugen, lud ich eine der weltweit führenden Befürworterinnen des ökologischen Landbaus nach Bhutan ein, Vandana Shiva, Autorin von 20 Büchern und Dutzenden von Fachartikeln, ausgezeichnet mit zahlreichen internationalen Preisen.

Dr. Shiva, die einen Abschluss in Wissenschaftsphilosophie hat, gründete 1984 Navdanya, Indiens größtes Fair-Trade-Bio-Marketing-Netzwerk, das mehr als 500.000 indische Landwirte in nachhaltigen und ökologischen Anbaumethoden geschult hat. Außerdem rief sie Bija Vidyapeeth [Universität der Erde] ins Leben, die 2001 in Dehradun im Bundesstaat Uttarakhand (Nordindien) als Versuchsfarm mit dem Ziel begann, ökologische Methoden nach strengen wissenschaftlichen Kriterien zu testen. Im Jahr 2003 nannte das Time Magazine Shiva eine »Umweltheldin«, und Asia Week bezeichnete sie als eine der fünf mächtigsten Kommunikatoren Asiens.

Mit Dr. Shiva brachten wir also nicht nur einen internationalen Umweltsuperstar nach Bhutan, sondern auch eine vielfach publizierte und oft zitierte Wissenschaftlerin, die Bhutans Agronomen und Agrarwissenschaftler in einen eingehenden Dialog über die Vorzüge des ökologischen Landbaus einbinden konnte. Shiva wusste, was von ihr erwartet wurde, und kam bewaffnet mit einer Fülle von Belegen, Unterlagen und Präsentationen für die geplante ganztägige Sitzung im August 2010, die wir systematisch nach den Kernthemen Bodenqualität, Produktivität, landwirtschaftliche Betriebsmittel und wirtschaftliche Lebensfähigkeit geordnet hatten.

GPI Atlantic übernahm die Reisekosten und traf alle Vorkehrungen für das Treffen, einschließlich persönlicher Begegnungen und Abendessen mit dem Premierminister und dem Landwirtschaftsminister. Shiva stellte ihre Zeit zur Verfügung, und das Landwirtschaftsministerium musste nur seine eigenen Leute zu der ganztägigen Sitzung einladen. Stellen Sie sich unsere Enttäuschung am Tag der Veranstaltung vor, als außer dem Minister selbst, den der Premierminister gebeten hatte, unseren Gast vorzustellen, kaum jemand aus dem Ministerium auftauchte. Die 35

Teilnehmer, die sich über den weitgehend leeren Hörsaal verteilten, waren zumeist interessierte Beobachter, die nicht aus der Regierung kamen.

Es war ein böses Erwachen, das sich in der Folgezeit immer wieder bestätigte: Die offizielle Biopolitik der Regierung fand innerhalb des Ministeriums selbst nur sehr begrenzte Unterstützung. Ein hochrangiger Regierungsbeamter erzählte mir später unter vier Augen, dass die indische Regierung, die enormen Einfluss in Bhutan hat und deren Landwirtschaftspolitik Vandana Shiva heftig kritisiert, Regierungsbeamte von einer Teilnahme abgehalten habe. Ich habe dafür keine konkreten Beweise außer dem Wort dieses Beamten, den ich für sehr zuverlässig halte. Die harte Lektion, die wir auch hier wieder gelernt haben, lautet, dass selbst die kreativsten Führungspersönlichkeiten bei der Umsetzung ihrer Visionen von den Bürokraten in ihren Ministerien abhängig sind. In diesem Fall schimpfte der Premierminister über die schockierend schlechte Beteiligung des Ministeriums und die vorsätzliche Ignoranz seiner Wissenschaftler, Experten und Beamten. Kurzfristig konnte er jedoch wenig gegen die beharrenden Kräfte seiner eigenen Bürokratie ausrichten.

Früher habe ich das Landwirtschaftsministerium und das Bildungsministerium für das Scheitern bei der Verwirklichung der hier und im vorangegangenen Kapitel beschriebenen Ziele verantwortlich gemacht. Im nüchternen Rückblick muss ich jedoch eingestehen, dass ich viel zu viel Hoffnung in die Kraft echter Visionen und Erkenntnisse gesetzt hatte, ohne die praktischen Strategien zu berücksichtigen, die es einfach braucht, damit die bürokratischen Realitäten die angestrebten Ziele nicht ersticken oder aushöhlen. Und ich gestehe, dass ich weder über das politische Know-how noch über die Geduld verfüge, mich geschickt auf dieses strategische

Spiel einzulassen. Im Nachhinein kann ich jedoch zumindest versuchen, die Haupthindernisse bei der Umstellung auf den ökologischen Landbau zu erkennen.

Nach meiner Erfahrung lag das Problem nicht bei den Landwirten. Hunderte Landwirte, die wir im Südosten Bhutans in biologischen Methoden schulten, schienen dem, was sie lernten, durchaus aufgeschlossen gegenüberzustehen, und zwar größtenteils aus den bereits genannten Gründen: Sie waren mehrheitlich, ebenso wie ihre Eltern und Großeltern, traditionell mit biologischem Anbau aufgewachsen. Das, was sie über die Verbesserung von Kompostierungsmethoden, biologische Schädlingsbekämpfung, Saatguteinsparung, Terrassierung und vieles mehr zur Steigerung der ökologischen Produktivität lernten, baute also auf dem bereits Bekannten auf und erweiterte es.

Auf Seiten der Industrie sah ich keinen größeren Widerstand gegen die Absicht Bhutans, auf ökologischen Landbau umzusteigen, wahrscheinlich weil das Land ein zu kleiner Markt ist, um das Interesse von Unternehmen wie Monsanto zu wecken. Es ist jedoch unmöglich zu sagen, welche Reaktionen die Initiative hervorgerufen hätte, wenn sie wirklich in Gang gekommen und zu einem Modell für andere Länder geworden wäre. Ich habe auch nicht erlebt, dass lokale Politiker die Absicht der Regierung in Frage gestellt hätten. Nach meiner Erfahrung kann ich das Scheitern der Bio-Initiative in Bhutan also nur auf festgefahrene bürokratische Interessen, die Ausbildung von Wissenschaftlern und Beamten des Ministeriums in indischen Landwirtschaftsschulen und den indischen Widerstand gegen die Arbeit von Vandana Shiva zurückführen, die die indische Landwirtschaftspolitik offen herausforderte. Damals kam es mir gar nicht in den Sinn, dass es strategisch ungeschickt sein könnte, sie nach Bhutan einzuladen.

Im Nachhinein wäre es vielleicht hilfreich gewesen, wenn unser GPI-Team vor dem Besuch von Vandana Shiva die wichtigsten Erkenntnisse aus unseren GPI-Landwirtschaftsberechnungen in Nova Scotia benutzt hätte, um eine Zusammenfassung für die bhutanischen Ministerialbeamten anzufertigen. Auf diese Weise hätten wir ihnen die langfristigen wirtschaftlichen Vorteile des ökologischen Landbaus bei der Verbesserung der Bodenqualität und -produktivität, der biologischen Vielfalt, der Krankheitsresistenz, der Vitalität ländlicher Gemeinden, der lokalen wirtschaftlichen Multiplikatoreffekte usw. aufzeigen können. Wir hatten für Kanada so aussagekräftige Belege zusammengetragen, dass sie eine nützliche Grundlage für Dr. Shivas Besuch hätten bilden können. Was auch immer die Gründe für das Scheitern waren, nicht zum ersten und vermutlich nicht zum letzten Mal wurde die Hoffnung auf einen großen Paradigmenwechsel entweder insgesamt oder in einem bestimmten Sektor im Keim erstickt. Bis heute ist ein 100-prozentig ökologisches Bhutan – oder auch nur ein großer Schritt in diese Richtung – ein weit entfernter Traum geblieben.

EIN ORT DES GELEBTEN BNG?

Ein weiteres Schlüsselelement von Premierminister Thinleys Traum, das Bruttonationalglück vollständig in die Struktur der bhutanischen Gesellschaft zu integrieren, war die Schaffung eines funktionierenden Zentrums für BNG, wie er es Gwen und mir beschrieben hatte. Auch davon waren wir begeistert und teilten seine Hoffnung, mithilfe eines lebendigen Modells der Vernunft, der Nachhaltigkeit und des Wohlergehens, die Umgestaltung der Gesellschaft voranzutreiben.

Im Mai 2010 lud *GPI Atlantic* den preisgekrönten US-Architekten Paul Murdoch, der die Gedenkstätte für die Opfer des 11. Septembers in Pennsylvania entworfen hatte, zusammen mit einigen wichtigen Experten für nachhaltiges Bauen nach Bhutan ein, um das geplante Zentrum zu entwerfen. In Begleitung des Premierministers, des Landwirtschaftsministers und anderer wichtiger Beamter machten wir uns auf den Weg nach Bumthang in Zentralbhutan, um das Potenzial des vom Premierminister ausgewählten Grundstücks zu erkunden. Die Fahrt sollte neun Stunden dauern. Nachdem wir bereits einige Stunden unterwegs waren, forderte der Premierminister seinen Fahrer auf, anzuhalten und sich auf den Rücksitz zu setzen. Er bat mich, auf dem Beifahrersitz Platz zu nehmen, setzte sich selbst ans Steuer, hocherfreut, endlich einmal nicht chauffiert zu werden, und fuhr uns den Rest des Weges nach Bumthang.

Der vorgeschlagene Standort für das *BNG-Zentrum* war atemberaubend: 46 Hektar bewaldetes Land am Rande eines reißenden Flusses am südlichen Eingang des Wangchug Centennial National Park. Der Standort befand sich im heiligen Chhökhor-Tal von Bumthang – dem spirituellen Kernland der Nation. Die Gruppe war sich sofort einig, dass es sich um einen außergewöhnlichen Ort handelte. Als wir durch die Wälder wanderten, war ich beeindruckt von den Kenntnissen des Premierministers über die Pflanzen und ihre heilenden Eigenschaften. Dieses traditionelle Wissen, das vom Aussterben bedroht war, musste in Bhutans neuen BNG-Lehrplan aufgenommen werden.

Ursprünglich sollte das Zentrum die BNG-Prinzipien in seiner Gestaltung und Funktionsweise, seinen Aktivitäten und seinen menschlichen Interaktionen verkörpern und fördern. Geplant waren eine Meditationshalle, Pavillons mit flexibel nutzbaren Klassenzimmern und Versammlungsräumen für Kleingruppen, Wohn- und Arbeitsräume, ein Biobauernhof, Landschaftsgärten sowie Wege und Brücken, die das Zentrum mit dem Nationalpark auf der anderen

Seite des Flusses verbinden. Es sollte Platz für etwa 300 Teilnehmer bieten und Bhutaner aus allen Gesellschaftsschichten anziehen. Indem sie ein einfaches und nachhaltiges Leben praktizieren, sollten sie die Werte und Praktiken des BNG am eigenen Leib erfahren und gleichzeitig lernen, wie sie diese Ideale in ihr tägliches Leben, an ihren Arbeitsplätzen und in ihren Gemeinden umsetzen können. Das Zentrum sollte also ein Modell für BNG in Aktion sein, das sich auch in anderen Teilen des Landes und darüber hinaus anwenden und wiederholen ließe.

Bis 2011 hatten wir ein detailliertes Programm und eine Lernstruktur für das vorgeschlagene Zentrum entwickelt. Jedes Programm – ob zu Landwirtschaft, Bildung, Abfallwirtschaft, Familie, Geschäftspraktiken oder anderen Themen – sollte mit einem kurzen Überblick darüber beginnen, wie sich BNG-Vision und -Praxis vom derzeitigen konventionellen System unterschieden. Dann sollte eine Einführung folgen, in deren Verlauf bewährte Praktiken und Methoden erkundet und Herausforderungen aufgezeigt würden, die den Teilnehmern bei der Umsetzung voraussichtlich bevorstünden. Die Teilnehmer sollten das Programm mit einem Plan für Veränderungen in ihren eigenen Gemeinden und an ihren Arbeitsplätzen verlassen, und die Mitarbeiter für weitere Telefonate und Besuche vor Ort zur Verfügung stehen. Eine vorgeschlagene Programmbeschreibung lautete:

> »Das BNG-Zentrum ist nicht als eine Blase für BNG-Leben und gute Praxis gedacht, die von der umgebenden Realität isoliert ist, oder als eine Art BNG-»Utopie«. Im Gegenteil, jedes angebotene Programm ist als Mittel für konkrete und praktische Veränderungen konzipiert, die darauf abzielen, im Sinne des BNG Familien, Gemeinschaften, Schulen, Arbeitsplätze, Gesellschaften und Nationen aufzubauen, deren Kompetenz es ihnen ermöglicht, die Welt, in der wir leben, zu verändern.«[387]

Es wurde vereinbart, dass vor dem Bau des BNG-Zentrums landesweite Programme an verschiedenen Orten angeboten werden sollten, die einen Vorgeschmack auf die Leistungen des Zentrums nach Abschluss des Baus geben sollten. Wir gingen davon aus, dass diese erste Betriebsphase, die 2012 begann, auch Unterstützung, Begeisterung und (wie wir hofften) Finanzierung für das geplante physische Zentrum in Bumthang bringen würde. Mit dieser Absicht begaben wir uns auf die internationale Suche nach einem Programmdirektor für das Zentrum.

Im Jahr 2012 stellten wir Dr. Havinh Tho ein, den Ausbildungsleiter des Internationalen Roten Kreuzes in Genf, dessen Qualifikationen hervorragend waren und dessen Werte und Einsichten mit den BNG-Prinzipien übereinstimmten. Aufgrund von Finanzierungsproblemen wurden die ursprünglichen architektonischen Entwürfe nicht verwendet. Eine stark verkleinerte Version des Bumthang-Zentrums mit einer Meditationshalle, einem Konferenzsaal, einem Verwaltungsgebäude, einem Speisesaal, einer Küche und Unterkünften für das Personal wurde 2014/2015 gebaut und am 18. Oktober 2015 offiziell eingeweiht.

Leider hat das Programm bis heute nur wenig Ähnlichkeit mit dem ursprünglichen Konzept, das gemeinschaftsorientiert und praxisnah war und sich an Bhutaner aus allen Gesellschaftsschichten richtete. Stattdessen werden episodische, einwöchige Programme in teuren Touristenorten für wohlhabende ausländische Besucher abgehalten. Der Betrieb des Zentrums wird durch hohe Gebühren finanziert. Die Teilnahme von Bhutanern ist gering. Typisch für die aktuellen Angebote des BNG-Zentrums ist das folgende Programm vom Juli 2016 in einem Touristenort:

»Begleiten Sie uns auf eine kraftvolle Transformationsreise für Führungskräfte, Gemeindeleiter und Unternehmer, die Einsicht, Weisheit und geschicktes Handeln in ihrem Leben und ihrer Arbeit suchen. Gemeinsam werden wir die Idee des Lebens als Pilgerreise erkunden – eine heilige Reise der Entdeckung und des Wachstums.«

Ende 2013 trat ich aus dem Verwaltungsrat des BNG-Zentrums aus, als ich sah, dass das Zentrum eine völlig andere Richtung einschlug als beabsichtigt. Auch der ehemalige Premierminister Thinley war inzwischen zurückgetreten. Und hier habe ich eine weitere Lektion gelernt, die neben unserer eigenen GPI- und BNG-Arbeit auch andere noble Bestrebungen beeinträchtigt hat. Im konkreten Fall des BNG-Zentrums hatten die drei leitenden Mitarbeiter, unter ihnen der Programmdirektor, ihre eigenen Pläne, Netzwerke, Ambitionen und Vorgehensweisen mit entsprechenden Verpflichtungen zu Unternehmungen und Präsentationen in den Vereinigten Staaten, Europa und Asien. Es überrascht nicht, dass der beabsichtigte Schwerpunkt des BNG-Zentrums, die Umsetzung von BNG in Bhutan zu moderieren, vernachlässigt wurde.[388] In anderen Fällen habe ich erlebt, dass Wissenschaftler, Politiker, Reiseveranstalter, ausländische Hilfsorganisationen und andere das BNG als Slogan für ihre eigenen Ziele und Interessen übernahmen, ohne die ganzheitliche Philosophie, auf der es basiert, und den damit verbundenen Paradigmenwechsel zu beachten.

VON DER VISION ZUM SLOGAN

Die Enttäuschungen in diesen drei Bereichen – Bildung, ökologische Landwirtschaft und BNG-Zentrum – sind beispielhaft für eine allgemeine Schwächung von Bhutans Engagement in Bezug auf die BNG-Prinzipien. Aufgrund der auffälligen Diskrepanz zwischen

Wort und Tat löst die Erwähnung des BNG bei den Bhutanern heute eher Stirnrunzeln als Begeisterung aus, und Zyniker bezeichnen es gar als bloßen Werbeslogan für den Tourismus.

Ein viertes Beispiel für die Nichtumsetzung des BNG ist die Bergbaupolitik in Bhutan. Im April 2011 schrieb der Antikorruptionsbeauftragte des Landes einen eindringlichen Brief an das Wirtschaftsministerium, in dem er in Frage stellte, »ob eine proaktive Bergbaupolitik mit all ihren bekannten ökologischen und gesundheitlichen Auswirkungen den tiefsten Werten und Prinzipien des Landes entspricht«.[389] Im August 2012 wurde der Regierungsentwurf zur Bergbaupolitik an die BNG-Kommission weitergeleitet, wo er den BNG-Screening-Test nicht bestand.[390] Vier Jahre später, 2016, beschrieb ein Bericht der Antikorruptionskommission die schwerwiegenden gesundheitlichen, ökologischen, kulturellen, wirtschaftlichen und durch Korruption verursachten Kosten des Bergbaus in Bhutan.[391] Und dennoch sind heute in Bhutan fast 70 Minen und Steinbrüche in Betrieb, viele davon ohne angemessene Kontrollen.[392] Die Erzentwicklungspolitik des Landes vom Mai 2017, die die Bergbauindustrie fördern und entwickeln sollte, wurde nicht mehr dem BNG-Screening unterzogen.[393] Ich kann nur spekulieren, dass sie wahrscheinlich an den BNG-Kriterien gescheitert wäre. Auch in anderen Fällen wurde das Screening in jüngster Zeit vermieden. Daher vermute ich, dass Bhutan sich allmählich von den BNG-Prinzipien abwendet.

Jenseits eines bestimmten Industriezweigs wie dem Bergbau stellt sich die Frage, welche Art von Entwicklung am ehesten mit den Grundsätzen des BNG vereinbar ist. Im Jahr 2008 stellte die Nationale Umweltkommission Bhutans fest:

»[D]as Konzept der groß angelegten industriellen Entwicklung steht in direktem Konflikt mit der Politik der umweltverträglichen Entwicklung des Landes, insbesondere wenn man das empfindliche Ökosystem der Berge und die begrenzte nutzbare Fläche berücksichtigt. Die größten Umweltprobleme, die sich aus der Industrie ergeben, sind Luft- und Wasserverschmutzung, Erzeugung gefährlicher Abfälle und Bodendegradation. [...] Das Potenzial für die künftige industrielle Entwicklung des Landes liegt in der Entwicklung eines Netzes von Kleinbetrieben und Handwerksbetrieben auf der Grundlage einer nachhaltigen Bewirtschaftung der kulturellen und natürlichen Ressourcen, wobei der Schwerpunkt auf Nischenprodukten wie handgewebten Textilien mit natürlichen Farbstoffen und biologisch erzeugten Lebens- und Arzneimitteln liegt.«[394]

Es gibt jedoch keine Anzeichen dafür, dass die Entwicklung Bhutans dieser klaren Empfehlung folgt. Der bei weitem am schnellsten wachsende Wirtschaftssektor in Bhutan ist der Bau von Wasserkraftwerken, der nicht nur das schnelle Wirtschaftswachstum antreibt (6,4 % im Jahr 2016), sondern das Land auch in immer höhere Schulden stürzt (2,3 Milliarden US-Dollar).[395] Auch hier gab es keine systematische Analyse des Sektors mithilfe des BNG-Screening-Tools, das längerfristige Probleme und andere Prioritäten hätte aufzeigen können. So warnte der frühere Finanzminister Bhutans, Lam Dorji, davor, der Klimawandel und die geringeren Schneefälle im Winter wirkten sich so negativ auf die von Gletschern gespeisten Flüsse aus, dass sie die Zukunft der Wasserkraft gefährdeten. Das Land müsse sich darauf einstellen, dass der künftige Wasserfluss »in einem Ausmaß reduziert wird, dass wir ihn möglicherweise nicht nutzen können«.[396]

Nach meiner eigenen langjährigen Beobachtung hat das Versagen bei der Umsetzung des Bruttonationalglücks auch politische

Ursachen. In Gesprächen und bei Besprechungen fiel mir immer wieder auf, dass die meisten engen Mitarbeiter von Premierminister Thinley, darunter hochrangige Kabinettsmitglieder, kein wirkliches Verständnis für das BNG zu haben schienen. Viele Minister und Politiker beherrschten zwar die Rhetorik und gaben in ihren Erklärungen und Reden Lippenbekenntnisse ab, aber die meisten interessierten sich kaum dafür, das BNG faktisch umzusetzen, geschweige denn das bestehende Wirtschaftsparadigma mit seinem konventionellen Wachstumsdogma in Frage zu stellen.

Obwohl ich mich hier auf inländische Handlungshindernisse konzentriert habe, werden wir im nächsten Kapitel sehen, dass die Schwierigkeiten, mit denen Bhutan bei der Verwirklichung des BNG im eigenen Land konfrontiert war, zum Großteil auf Probleme zurückzuführen sind, die weit außerhalb der eigenen Kontrolle liegen – Herausforderungen, die Bhutan zu bewältigen versuchte, indem es seine Vision global ausrichtete.

ZU EINEM ABGELEGENEN DORF IM SÜDOSTEN BHUTANS

Während die Bemühungen auf nationaler Ebene zunehmend torpediert wurden, war meine Erfahrung auf lokaler Ebene eine ganz andere. Wie bereits in Nova Scotia stieß ich auch in den bhutanischen Kommunen nur auf wenige Hindernisse, wenn es darum ging, konstruktive Maßnahmen zu ergreifen, die soziale, wirtschaftliche und ökologische Ziele miteinander verbinden sollten. Unter dem Radar verlaufende lokale Aktionen zur Anwendung des GPI oder zur Umsetzung des BNG stellten eine viel geringere Bedrohung für die Behörden dar, waren weitgehend frei von politischen und bürokratischen Zwängen und konnten Erkenntnisse und Empfehlungen mit Leichtigkeit in praktischen Nutzen umsetzen. Darüber hinaus fand die Arbeit zur Verbesserung des Wohlergehens auf lokaler Ebene die größte Resonanz, da die Menschen dort Fragen der Lebensqualität direkt am eigenen Leib erfahren und die Maßnahmen am effektivsten auf die lokalen Bedürfnisse und Bedingungen zugeschnitten werden können.

Hier muss vor allem die *Samdrup Jongkhar Initiative* (SJI) erwähnt werden. Nach 13 Jahren des Engagements von *GPI Atlantic* in Bhutan ist sie das vielversprechendste Projekt und hat den größten Erfolg bei der Verankerung des BNG in der Gesellschaft. Im Rahmen dieser regionalen Initiative werden bis heute der ökologische Landbau, die Abfallreduzierung, die Jugendarbeit, die Gesundheitsförderung und andere Schlüsselaspekte des BNG weiter vertieft. Allmählich breiten sie sich auch auf andere Gemeinden und Bezirke aus und dringen in das Bewusstsein der Dorfbewohner ein.

Die Initiative begann im März 2010, als ich zu einem kleinen Treffen führender Bürger von Samdrup Jongkhar eingeladen wurde, einer abgelegenen Gegend im Südosten Bhutans nahe der Grenze zu Assam. Dzongsar Khyentse Rinpoche, der bekannte bhutanische Meditationsmeister, Autor und Filmemacher, der das Chokyi Gyatso Institute for Buddhist Studies (CGI) in der kleinen Stadt Dewathang in Samdrup Jongkhar leitet, hatte die Einladung ausgesprochen. Dzongsar Khyentse Rinpoche hatte beschlossen, dass sein Institut der umliegenden Gemeinde einen greifbaren Nutzen bringen sollte, insbesondere durch die Förderung einer umweltfreundlichen und wirtschaftlich tragfähigen Entwicklung.

Die Region, in der die Subsistenzlandwirtschaft vorherrscht – die Lebensgrundlage für schätzungsweise 85 % der Bevölkerung –, ist unterentwickelt geblieben. Das liegt zum Teil daran, dass dieser Distrikt über eine sehr lange Zeit das Epizentrum des assamesischen Separatistenaufstands war, von dem die Königin bei unserem ersten Treffen Anfang 2004 gesprochen hatte. Diese langfristige Instabilität hatte Investitionen und Entwicklungen in der Region verhindert. Industrie, Dienstleistungen, Mechanisierung, Kommunikation und Infrastruktur waren weit hinter anderen Regionen zurückgeblieben, und die lokalen Regierungsbehörden verfügten weder über die Mittel noch über die Initiative, die Dinge zu ändern. Jetzt, da Frieden in der Region herrsche, erklärte Dzongsar Khyentse Rinpoche der kleinen Gruppe, sei es an der Zeit, das Los der Menschen vor Ort zu verbessern, aber so, dass die natürliche Umwelt geschützt und sowohl die lokalen Gemeinschaften als auch das soziale Gefüge gestärkt würden.

Er kam dann direkt zur Sache. Er forderte die Gruppe auf, etwas zu gründen, das er als »Samdrup Jongkhar Initiative« bezeichnete, wobei er das Wort »Initiative« betonte. Entscheidend bei dem Versuch, eine neue Demokratie auf eine traditionelle hierarchische Gesellschaft aufzupfropfen, so Dzongsar Khyentse Rinpoche, sei es, den Begriff der Bürgerinitiative von unten nach oben zu entwickeln – eine zentrale Herausforderung für Bhutan. In der von oben nach unten ausgerichteten wohlwollenden Monarchie der Vergangenheit hätten die Bürger erwartet, dass alle Vorteile von der Regierung kamen und seien deshalb nicht an den Gedanken gewöhnt, die Verantwortung für ihr Wohlergehen und ihre Zukunft selbst zu übernehmen. Demokratie bedeute weit mehr, als nur alle paar Jahre zu wählen, sie erfordere die aktive Beteiligung der Bürger an der Gestaltung ihrer eigenen Zukunft. Den einzelnen Entwicklungsmaßnahmen lag daher das längerfristige Ziel zugrunde, die Zivilgesellschaft aufzubauen und die Eigenverantwortung der Bürger zu fördern. Unsere Gruppe kam schnell zu dem Schluss, dass wir uns zu diesem Zweck zuerst über die Region und ihre Bedürfnisse informieren mussten.

In den folgenden sechs Monaten übernahm *GPI Atlantic* die Verantwortung für die Mittelbeschaffung, und ich erstellte einen

Finanzierungsvorschlag für das International Development Research Centre [Internationales Forschungszentrum für Entwicklung] in Kanada. Nach mehreren Gutachten und Überarbeitungen des Antrags wurde im November 2010 eine dreijährige Finanzierung in Höhe von rund 300.000 USD genehmigt und später bis März 2015 verlängert. So wurde im Dezember 2010 die SJI als erstes größeres Entwicklungsprojekt in Bhutan geboren, das die bhutanische Zivilgesellschaft selbst initiierte und organisierte.

Die SJI definierte folgende Ziele:[397]

- Erhöhung des Lebensstandards im Einklang mit der Natur
- Schaffung von Ernährungssicherheit und Selbstversorgung durch ökologischen Landbau
- Schutz der natürlichen Umwelt
- Stärkung der Gemeinschaften
- Förderung der lokalen Beteiligung an der Entscheidungsfindung
- Förderung von Kultur und traditionellem Wissen
- Eindämmung der Landflucht, indem der Jugend Möglichkeiten geboten werden
- Förderung eines kooperativen, produktiven, unternehmerischen und selbstständigen Geistes

Die Initiative wurde vom 18. bis 20. Dezember 2010 im Chokyi Gyatso Institut unter Beteiligung von mehr als 500 Beamten, lokalen Vertretern und Einwohnern öffentlich vorgestellt. Premierminister Jigmi Y. Thinley reiste zwei Tage lang auf dem Landweg nach Samdrup Jongkhar, um die Eröffnungsrede zu halten, die nationale Presse in Bhutan berichtete ausführlich über die Veranstaltung. Es gab Live-Übertragungen in Fernsehen und Radio durch den Bhutan

Broadcasting Service. Der Beginn des Projekts war verheißungsvoll und enthusiastisch.

Um zu demonstrieren, dass wir entschlossen waren, so schnell wie möglich den Worten Taten folgen zu lassen, verbrachten zwei Topausbilder für ökologische Landwirtschaft aus Vandana Shivas Navdanya-Bio-Netzwerk fünf Tage nach den Eröffnungszeremonien damit, 250 lokale Landwirte in verbesserten Methoden der Kompostierung, der biologischen Schädlingsbekämpfung, der Bodenkonservierung, der Terrassierung und der Produktivitätssteigerung zu unterrichten. Seitdem hat SJI Hunderte Landwirte und lokale Landwirtschaftsbeamte in den besten ökologischen Methoden geschult, wobei der Schwerpunkt derzeit auf dem Speichern und Lagern von Saatgut und der Erhaltung des lokalen Wissens liegt. SJI unterstützt auch den lokalen Einkauf durch einen wöchentlichen Markt für Bioprodukte, die Bildung von Bauerngruppen und Kooperativen sowie Sensibilisierungskampagnen. Lokale Ladenbesitzer verkaufen keinen synthetischen Dünger mehr.

Damit kehrt sich der Trend allmählich um, der vor der Samdrup Jongkhar Initiative vorgeherrscht hatte, als die lokalen Landwirte zunehmend auf Hybridsaatgut und Chemikalien angewiesen waren und die Bewohner importierte konventionelle Produkte aus Assam erwarben. Wie auch anderswo in Bhutan gab es in den ländlichen Regionen keine geeigneten Einrichtungen für die Abfallentsorgung, um den rasanten Zustrom von Plastik ins Land zu bewältigen. Die Zero-Waste-Initiativen von SJI haben den Abfall in der Region stark reduziert; in den Geschäften von Dewathang werden keine Plastiktüten mehr ausgegeben, und es wurden Mülltrennungsstationen eingerichtet. Die SJI hat Schulungshandbücher zum Thema Abfallvermeidung erstellt, Pilotprojekte für abfallfreie Dörfer durchgeführt, eine sehr erfolgreiche Genossenschaft für abfallfreies Kunsthandwerk gegründet und den Abfall bei Dorffesten, religiösen Zeremonien und anderen Veranstaltungen drastisch reduziert, indem kompostierbare Bananenblattteller und Bambusbecher verteilt wurden.

Solche vorbildlichen Praktiken beginnen allmählich Schule zu machen. Die Gemeinde Samdrup Jongkhar hat inzwischen wesentliche Elemente der SJI-Abfallwirtschaftsstrategie übernommen. Mehrere Klöster in anderen Teilen Bhutans sind dem Beispiel von Samdrup Jongkhar gefolgt, indem sie keine verpackten oder in Plastik eingewickelten Essensgaben mehr zulassen und rituelle Mahlzeiten auf Bananenblättern servieren.[398]

Eine der wichtigsten Errungenschaften der SJI ist die Gründung des Zentrums für angepasste Technologie an der örtlichen Ingenieurschule, das Solartrockner entwickelt hat, die Sonnenenergie zum hygienischen Trocknen von Gemüse und Obst nutzen, sowie Systeme zur Regenwassersammlung, Stationen zur Mülltrennung und ein Projekt zur Mikrobewässerung. SJI hat 125 Solartrockner in abgelegenen Dörfern installiert, die es den Dorfbewohnern ermöglichen, ihren Eigenbedarf an selbst angebauten Produkten weit über die Anbausaison hinaus zu decken und ihre landwirtschaftlichen Erzeugnisse durch die Herstellung von getrocknetem Obst und Gemüse für den Verkauf auf dem lokalen Markt aufzuwerten. SJI hat die Dorfbewohner in der Solartechnik sowie in der Wartung und Reparatur der Trockner geschult und in den örtlichen Schulen Mülltrennungsstationen und Regenwassersammelsysteme installiert, die die sanitären Verhältnisse in den Schulen erheblich verbessern, insbesondere während der Wasserknappheit im trockenen Winter.

Um Jugendliche anzusprechen, wurden Kunst- und Schreibcamps, Workshops, Praktika, Lesestationen, Ausbildungsprogramme, Diskussionsgruppen usw. eingerichtet. Außerdem arbeitete SJI mit den Dorfbewohnern zusammen, um die Gesundheit, die

Ernährung, die sanitären Einrichtungen und die Wohnverhältnisse zu verbessern, den hohen Anteil an Alkoholikern zu senken und die allgemeine Stimmung durch die Teilnahme an Gemeindeaktivitäten zu verbessern.

In enger Zusammenarbeit mit Vandana Shiva organisierte die Initiative außerdem eine dreiwöchige Biostudienreise nach Indien für 23 Bauern aus der Region und Landwirtschaftsbeamte der Regierung. Sie sollten mit eigenen Augen sehen, was funktioniert und was nicht. Sie erhielten ein intensives Training auf der Navdanya-Biofarm in Dehradun und besuchten Biokooperativen, die erfolgreich Biosauerkonserven, Biohonig, andere Bionaturprodukte, natürliche Obstkonserven und weitere Lebensmittel sowie handgestrickte Wolle vermarkten. Sie besuchten Selbsthilfegruppen, die die geschädigte lokale Umwelt wiederherstellten, Bäume pflanzten, die Wasserversorgung verbesserten und die lokale Jugend in Maurer- und Schreinerarbeiten und als sogenannte Barefoot-Engineers ausbildeten. Im Punjab beobachteten sie die Auswirkungen intensiver chemischer Landwirtschaft in Form von verschlechterter Bodenqualität und verringerter Produktivität, und sie trafen Familien von Landwirten, die Selbstmord begangen hatten, weil sie sich durch den Kauf von ertragreichem Saatgut und Chemikalien hoch verschuldet hatten.

Nach ihrer Rückkehr erzählten die Bauern, wie begeistert sie waren, als sie sahen, wie einfache Dorfbewohner in Uttarakhand die Initiative ergriffen hatten, um ihre Umwelt und ihr Leben zu verbessern, und wie die Dorfjugend eine interessante und sinnvolle Arbeit angenommen hatte, die sie kaum dazu verleitete, in die Städte abzuwandern. Sie konnten die Verzweiflung der Bauern aus Punjab nicht vergessen, und schworen sich, niemals diesen tödlichen chemischen Weg einzuschlagen.

Außerdem wurden sechs Analphabetinnen aus einem Dorf in Samdrup Jongkhar zu einem sechsmonatigen Lehrgang als »Solaringenieurinnen« ans Barefoot College im indischen Rajasthan geschickt.

Mit diesen Aktivitäten betrat SJI auf andere Weise Neuland. Für Bhutaner ist eine Ausbildung im Ausland ein Privileg, das normalerweise Beamten vorbehalten ist. Ein gewöhnlicher Bauer würde eine solche Chance niemals erwarten. Vor ihrem Studienaufenthalt in Indien hatte keiner dieser Dorfbewohner aus Samdrup Jongkhar jemals in einem Zug gesessen, und die meisten waren noch nicht einmal in der Hauptstadt ihres eigenen Landes gewesen, ganz zu schweigen von einer riesigen Stadt wie Delhi.

Jetzt sind sie stolz darauf, Botschafter ihres Landes im Ausland zu sein, und sie stehen selbstbewusst zu ihren traditionellen Anbaumethoden. Karma Tenzin, 44 Jahre alt, aus Phuntshothang, sagte: »Diese Ausbildung hat mich sehr darin bestätigt, Landwirtschaft zu betreiben, und jetzt bin ich wirklich und wahrhaftig stolz, ein Landwirt zu sein.« Auf subtile Weise überwindet SJI damit auch Klassenschranken und fördert die Würde der Arbeit auf dem Land.

Auch mit innovativen BNG-basierten Bildungs- und Jugendprogrammen macht die Initiative Fortschritte. Zum Thema Kompostierung entwickelte unser *GPI-Atlantic*-Team eine fünfstündige Unterrichtseinheit, die wissenschaftliche Analysen mit traditioneller Kultur, biologischer Landwirtschaft, ökologischer Kompetenz und tiefem Respekt für alle Lebensformen verbindet. Sie wurde in einigen Schulen erfolgreich getestet und als Hörspiel landesweit vom bhutanischen Rundfunk ausgestrahlt.

Im Jahr 2011 führte Dzongsar Khyentse Rinpoche ein BNG-basiertes Bildungsprogramm an seinem Chokyi Gyatso Institut ein. Er nannte es *Lhomon Education* (LME). »Lho« bedeutet auf Bhutanisch

Süden oder südlich, und »Mon« bezieht sich auf die Menschen in den südlichen Regionen von Bhutan und den umliegenden subtropischen Regionen von Assam und Birma. Er wählte diesen Namen, um darauf hinzuweisen, dass die Menschen nicht nur durch Landesgrenzen voneinander getrennt, sondern durch die natürliche Umgebung, in der sie leben, auch miteinander verbunden sind.[399] Er bestimmte 60 seiner Schüler im Alter zwischen neun und 14 Jahren als Teilnehmer für dieses Experiment. Ein erfahrener kanadischer Lehrplangestalter und ein bhutanischer Pädagoge mit einem Doktortitel in Transformationspädagogik von der University of Massachusetts, die beide von der Vision des Bruttonationalglücks zutiefst überzeugt sind, entwarfen einen BNG-Lehrplan für die Klassenstufen 4 und 5, der auf den im vorigen Kapitel beschriebenen Prinzipien basiert. Dieser Lehrplan wurde anfangs von drei erfahrenen bhutanischen Lehrern umgesetzt und unterrichtet. Inzwischen (Stand 2022) gibt es bereits 20 Lehrplaneinheiten, die in fünf Gruppen unterrichtet werden. Das entspricht der sechsten Klasse einer öffentlichen Schule. In jeder Klasse werden vier Einheiten pro Jahr gelehrt. Die erste Phase einer vollwertigen BNG-Bildung findet also doch statt, wenn auch auf lokaler Ebene.

In dieser entlegenen Gegend des Landes bringen die Lehrer die Natur in die Klassenzimmer der Jahrgangsstufen 4 bis 6. Sie bringen auch das Klassenzimmer in die Natur, indem sie einige naturwissenschaftliche Grundkurse auf den Feldern der benachbarten Landwirte abhalten, wo die Schüler lokale Pflanzen und Tiere studieren können und lernen, woher der Regen kommt und wie Gemüse wächst. Sie versuchen, die Lerneinheiten an der Lebenswelt ihrer Schüler auszurichten, damit das Lernen immer interessant, praktisch und relevant für ihre täglichen Erfahrungen ist. Zu den bisherigen Themen gehören zum Beispiel folgende:

- Identität und Gemeinschaft – wer lebt in den lokalen Gemeinschaften der Schüler, welche Geschichte haben sie; woraus bestehen lokale Flora, Fauna und Umwelt; wie sehen die lokalen Lebensbedingungen aus und wie stehen sie in Beziehung zu globalen Bedingungen? Zentral sind wie immer Mitgefühl und wechselseitige Abhängigkeit, die in der alten buddhistischen Weisheit Bhutans eine zentrale Rolle spielen.
- Luft – woher kommt sie, was steckt in ihr und was bewirkt sie? Im Rahmen dieser Einheit bauen die Schüler eine Wetterstation, ein Barometer und einen Regenmesser, lernen einige Grundlagen über den Klimawandel und führen Kunstprojekte zu den Themen Wind und Luft, Verschmutzung, Fliegerei und Atmung durch.
- Der menschliche Körper – grundlegende Anatomie, Ernährung, Gesundheit und Hygiene. Unter Anleitung von Ältesten (manchmal den Großmüttern der Schüler) gehen wir mit den Schülern auf die Suche nach traditionellen Heilpflanzen und -kräutern.
- Die Lebensmittel, die wir essen – woher kommen sie, wie bauen wir sie an, was essen Menschen anderer Kulturen? Biologischer und chemischer Anbau – was wuchs früher hier und heute nicht mehr, was können wir von unseren Großeltern darüber lernen? Die Schülerinnen und Schüler bewirtschaften ihren eigenen Biogarten und bauen 15 Gemüseparzellen mit gespendetem Saatgut und Kompost aus der Region an. Sie bauen eine Saatgutbank auf, die den örtlichen Landwirten dient.
- Abfall – verschiedene Arten (Luft, Wasser, Boden), ihre lokalen und globalen Auswirkungen und wie wir Abfallmaterialien reduzieren und wiederverwenden können. Die

Schülerinnen und Schüler übernehmen in ihren Gemeinden die Führung und sind Vorbilder für abfallfreies Verhalten.

Die Schüler haben kürzlich mitgeholfen, eine große örtliche Mülldeponie aufzuräumen, um zu verhindern, dass umweltschädliches Sickerwasser in den Fluss und die Wasserquellen gelangt. Diese Aktivitäten verbinden ihren Dienst mit dem Erlernen ökologischer Kenntnisse.

Die Lehrer verlassen sich nicht auf die strengen akademischen Tests, die so oft immensen Stress und das Gefühl des Versagens verursachen. Stattdessen beurteilen sie ihre Schüler individuell, wobei die Tests nur als Maßstab für das Verständnis und niemals als Grund für ein Versagen dienen. Jeder Schüler kann irgendetwas gut, daher fördern sie die besonderen Stärken und Talente jedes Einzelnen, sei es im schriftlichen, musikalischen, mechanischen, poetischen, mathematischen, künstlerischen oder einem anderen Bereich. Und diejenigen mit einer wissenschaftlichen Veranlagung, die weiterführende Studien betreiben wollen, werden ermutigt, geschult und ausgestattet, ohne dass man ihnen suggeriert, sie seien ihren Klassenkameraden in irgendeiner Weise überlegen.

In einer Zeit, in der überall indigene Sprachen und Kulturen aussterben, fördert die Schule der SJI den Gebrauch von Sharchokpa, der lokalen Sprache der Region, die im Osten Bhutans vorherrscht, aber nicht an staatlichen Schulen gelehrt wird. Dort ist Dzongkha – die Landessprache, die im Westen des Landes gesprochen wird – vorgeschrieben. Wir haben uns auch darauf konzentriert, die Englischkenntnisse der Schüler zu verbessern, da diese in der heutigen Welt von entscheidender Bedeutung sind: für jedes Studium auf mittlerer und höherer Ebene und für die Arbeit in der Regierung, wo Englisch der Landessprache gleichgestellt ist.

Vor allem versuchen die Lehrer, das Lernen mit Spaß und Freude zu gestalten und Möglichkeiten zu schaffen, damit die Schüler ihre Kreativität, ihr künstlerisches Talent, ihr kritisches Denken entwickeln und Fähigkeiten zur Lösung von Problemen erwerben.

Lhomon Education wird großzügig vom Alerce Trust finanziert, einer kleinen schottischen Familienstiftung, die unsere Vision teilt und auch unsere GPI-Arbeit in Nova Scotia, die nationale Initiative *Erziehen für das BNG* sowie die Erstellung dieses Buches unterstützt hat. Sollte diese Unterstützung in der Zukunft wegfallen, wird die Samdrup Jongkhar Bildungsinitiative mit ihren begrenzten Mitteln noch einen langen Weg vor sich haben, bevor sie den Lehrplan auf höhere Klassenstufen ausweiten, neue Lehrer einstellen und behaupten kann, dass sie den Traum vom BNG verwirklicht. Aber wir bewegen uns zumindest in die richtige Richtung. Die derzeitige Lehrplangestaltung und der Unterricht schaffen ein wichtiges Labor für die Entwicklung von BNG-Bildungsprototypen, wenn auch nur auf einer bescheidenen lokalen Ebene.

Wir hoffen, im Laufe von zwei Jahren so weit zu sein, dass wir dem Bildungsministerium und den Schulen im ganzen Land ausgezeichnete, im Unterricht erprobte, vielseitige BNG-basierte Lehrplaneinheiten und Unterrichtspläne anbieten können. Vor Ort weckten unsere Bemühungen bereits das Interesse vieler Lehrer und Schulleiter aus Samdrup Jongkhar, mit denen wir uns regelmäßig trafen und austauschten. Wir boten sechs erfolgreiche Achtsamkeits-Workshops an, die jeweils von etwa 50 Pädagogen aus dem ganzen Land gut besucht wurden.

Im Zuge der Bildungsreformen im allgemeinen Bildungswesen konnte Lhomon Education im Jahr 2021 Bildungsexperten, Schulleitern und Lehrern der Schulen in Thimphu die Arbeit des Bildungsprojekts vorstellen. Außerdem wurde LME vom Royal Education

Council (REC) [Königlicher Rat für Bildung], der für die Entwicklung von Lehrplänen für öffentliche Schulen in Bhutan zuständig ist, positiv aufgenommen. Die Lektionen und der Ansatz wurden in den Lehrplan für ortsbezogene Bildung integriert und werden nun an öffentlichen Schulen unterrichtet. Eines der Vorstandsmitglieder von LME präsentierte das Projekt mehrmals vor dem Bildungsministerium und dem REC. Das Achtsamkeits- und Meditationsprogramm von LME ist an vielen Schulen in Bhutan beliebt. Die Fachkräfte des Projekts haben inzwischen viele Schulleiter, Lehrer und Eltern in diesem Programm geschult.

In allen diesen Bereichen – von der Landwirtschaft über die Abfallvermeidung bis hin zur Bildung – erscheinen mir diese Fortschritte bemerkenswert, vor allem, wenn man bedenkt, dass die vorherrschenden Entwicklungen auf nationaler Ebene größtenteils in die entgegengesetzte Richtung gehen – weg vom BNG und nicht hin zu seiner Umsetzung. Thimphu, die am schnellsten wachsende Stadt Südasiens (obwohl sie im Vergleich zu anderen Städten immer noch klein ist), produziert heute mehr als 30 Tonnen Abfall pro Tag; die Kläranlage und die Mülldeponie sind überlastet, und auslaufende Giftstoffe fließen in den Thimphu Chhu, den Fluss, an dem die Hauptstadt liegt.[400] Die Bevölkerung von Thimphu ist von geschätzten 27.000 Einwohnern im Jahr 1990 auf 80.000 im Jahr 2005 und 115.000 im Jahr 2017 angewachsen. Sie wächst weiterhin um 7 bis 10 % pro Jahr.[401]

In einer kürzlich durchgeführten Studie wurde festgestellt, dass in Bhutan »die Inzidenz von Diabetes mellitus Typ 2 sehr hoch ist und mit alarmierender Geschwindigkeit zunimmt. Bhutan hat einen auffallend hohen Anteil an übergewichtigen und fettleibigen Menschen.«[402] Diese Herausforderungen wurden durch eine sitzende Lebensweise verstärkt, da die Landbevölkerung schrumpft, die

Zahl der Schreibtischjobs zunimmt und immer mehr Menschen mit dem Auto fahren anstatt zu Fuß zu gehen. Weitere Faktoren sind schlechte Ernährung und mangelndes Gesundheitsbewusstsein. Und während die Lebenserwartung und das Durchschnittseinkommen steigen, wird die Kluft zwischen Arm und Reich immer größer. Zusammenfassend lässt sich sagen, dass mehrere beunruhigende nationale Entwicklungen einen langen Schatten auf die Bemühungen zum Aufbau einer BNG-Gesellschaft in der Praxis werfen. In diesem größeren Zusammenhang ist die positive Dynamik der Samdrup Jongkhar Initiative beim Aufbau des BNG auf lokaler Ebene umso bemerkenswerter.

UND JETZT?

Ich mache mir allerdings nicht mehr vor, dass diese kleinen lokalen Schritte in absehbarer Zeit im großen, nationalen Maßstab umgesetzt werden können, wie es sich Bhutan vor einem Jahrzehnt erhofft hatte. Wir tun unser Bestes, um zumindest in Samdrup Jongkhar der Entvölkerung entgegenzuwirken, indem wir dort gute Möglichkeiten schaffen, aber ich hege keine Illusionen, dass wir die langfristige nationale Verlagerung vom Land in die Stadt, die sich auch weltweit abzeichnet, umkehren können. Obwohl unsere Erfolge zweifellos von großer Bedeutung sind, lassen sie sich nicht unbedingt auf Städte übertragen, auch nicht in Bhutan. Hierfür müsste man sich anderswo umsehen. Da jedoch die bestehenden nationalen und globalen Systeme zunehmend ins Wanken geraten, werden lokale Basisinitiativen wie die unsere und andere beispielhafte Modelle weltweit womöglich allmählich zu Katalysatoren für bedeutende Veränderungen auf höheren Ebenen.

Eine lokale und regionale Initiative zur Umsetzung des BNG wie die SJI ist vielleicht nicht so öffentlichkeitswirksam oder glamourös wie größere nationale Programme, aber die SJI hat das größte Potenzial, als Arbeitsmodell für eine breitere Anwendung in ländlichen Gebieten zu dienen. Sie bleibt ihrer ursprünglichen Absicht bis heute treu, und ihre Erfolge vor Ort übertreffen weiterhin alle unsere Erwartungen. Während Regierungswechsel auf nationaler Ebene viele wichtige Initiativen der Vorgängerregierungen zum Scheitern bringen können, sind lokale Projekte wie die SJI in der Lage, ihren Weg unbehelligt fortzusetzen. Der deutsch-britische Wirtschaftswissenschaftler Ernst Friedrich Schumacher hatte nicht ganz unrecht, als er behauptete, klein sei schön.

Auch wenn die Samdrup Jongkhar Initiative lokal und abgelegen ist, scheint sie alles andere als engstirnig zu sein und hat die bemerkenswerte Fähigkeit bewiesen, sich durch ihr simples Vorbild zu verbreiten. Wenn wir zeigen können, dass das BNG und eine integrierte Entwicklung mit wachsendem wirtschaftlichem Wohlstand umsetzbar sind, während gleichzeitig die natürliche Umwelt in vollem Umfang geschützt und die Gemeinschaften mit ihrer lokalen Kultur gestärkt werden, dann könnte Samdrup Jongkhar ein Vorzeigemodell für eine breitere Weltöffentlichkeit sein, die diese Werte im Allgemeinen als austauschbar und optional ansieht.

Eine solche Aussage mag übertrieben klingen. Schließlich nimmt der ökologische Landbau auch im Westen aufgrund der wachsenden Nachfrage rasch zu. Warum sollte also eine abgelegene Ecke im Südosten Bhutans etwas Besonderes sein, wenn sie ökologisch bewirtschaftet wird? Es gibt allerdings einen großen Unterschied: Im Westen ist die Entscheidung für den ökologischen Landbau fast immer eine persönliche Entscheidung der einzelnen Landwirte. Es ist äußerst selten, dass eine ganze Region aufgrund einer politischen oder kollektiven Entscheidung auf ökologischen Landbau umstellt. Wir haben das Ausmaß, die Fortschritte und die Auswirkungen der

Umstellung auf den ökologischen Landbau in Samdrup Jongkhar noch nicht systematisch nachvollzogen. Wenn wir dies jedoch tun könnten, insbesondere unter Verwendung unserer Umfassenden Kostenrechnung, wären wir in der Lage, die längerfristige Tragfähigkeit in Bezug auf Produktivität und Marktzugang sowie die Auswirkungen auf die Boden- und Wasserqualität und auf die Gemeinden nachzuweisen – insbesondere im Vergleich zu Regionen, die sich genau in die entgegengesetzte Richtung bewegen. Eine solche Dokumentation könnte möglicherweise weit über die Region hinaus Wirkung zeigen.

Die beste Analogie zu unserem ökologischen Samdrup Jongkhar ist Sikkim, das Ende 2016 nach einer 13-jährigen schrittweisen Umstellung von 75.000 Hektar landwirtschaftlicher Nutzfläche der erste vollständig ökologische Bundesstaat Indiens wurde. Im selben Jahr wurde Sikkim zum saubersten Staat Indiens mit der bestausgebildeten Bevölkerung erklärt.[403] Der große Unterschied besteht darin, dass es sich bei dem Experiment in Sikkim um eine staatliche Initiative handelt, die durch Gesetze und hohe Strafen für den Einsatz von Chemikalien unterstützt wurde, während die Samdrup Jongkhar Initiative ein freiwilliges Projekt der Zivilgesellschaft auf sehr viel kleinerer Fläche ist.

Das Beispiel Sikkim hat auch seine Tücken. Die von den 66.000 Bauern in Sikkim angebauten Produkte sind zwar frei von jeglichen Chemikalien oder gentechnischen Veränderungen, aber sie sind auch kleiner, weniger farbenfroh und teurer als die aus Siliguri im benachbarten Westbengalen importierten konventionellen Produkte, und die lokalen Verbraucher zögern, die höheren Preise zu zahlen.[404] Familien, die am Rande der Gesellschaft leben und um ihre Lebensgrundlage kämpfen, lassen sich nicht so leicht davon überzeugen, dass die langfristigen Kosten – Verschlechterung der

Bodenqualität, Verschmutzung des Grundwassers, Abhängigkeit von Saatgut, Verschuldung der Landwirte im benachbarten Westbengalen – ihre eigenen kurzfristigen Vorteile durch den Kauf von chemisch hergestellten Produkten zu niedrigeren Preisen aufwiegen. An der Grenze zu Assam mit seiner billigen, chemieintensiven Landwirtschaft stehen die Biobauern und Verbraucher von Samdrup Jongkhar vor der gleichen Herausforderung. Möglicherweise müssen sie sich auf die aufkeimenden Exportmärkte für Bioprodukte konzentrieren, um die wachsende Nachfrage der städtischen Mittelschicht Indiens zu bedienen. Eine solche Konzentration auf den Export statt auf die lokale Versorgung würde allerdings das Ziel der SJI untergraben, eine selbstständige lokale Wirtschaft aufzubauen. In unserer globalisierten, verbrauchergesteuerten Welt gibt es keine einfachen Antworten.

Dieses Dilemma veranschaulicht gut die Erfahrung, die zuvor in der Gemeinschaftsarbeit von *GPI Atlantic* in Nova Scotia beschrieben wurde: Gemeinschaften haben wenig bis gar keinen Einfluss auf nationale und globale Politik, obwohl diese ihr Leben direkt betreffen und die Wirkung lokaler Arbeit auf frustrierende Weise einschränken. Nichts, was Sikkim oder wir in Samdrup Jongkhar tun können, wird die örtlichen Biobauern vor dem grenzüberschreitenden Zustrom billiger, chemieintensiver Produkte schützen, die Auswirkungen des Klimawandels aufhalten, den Zustrom von Plastikmüll verhindern oder die Lehrpläne der öffentlichen Schulen ändern. Das Gleiche gilt umgekehrt. Wir können den bisherigen Erfolg der SJI nicht ausschließlich auf unsere eigenen lokalen Bemühungen zurückführen. Die Einwohner von Samdrup Jongkhar haben in den letzten zwei Jahrzehnten von der landesweiten Verbesserung des wirtschaftlichen Wohlstands profitiert. Das wiederum hat sicherlich dazu beigetragen, dass sie unseren lokalen

SJI-Bemühungen gegenüber aufgeschlossener sind, da diese nicht als Untergrabung der Verbesserung ihres Lebensstandards angesehen werden.

Solche Herausforderungen bedeuten nicht, dass wir unsere lokalen Bemühungen aufgeben sollten. Ganz im Gegenteil: Sie bedeuten, dass wir die gleichzeitigen Bemühungen auf höherer Ebene nicht aufgeben dürfen, um das neue Wirtschaftsparadigma durchzusetzen, das die Welt jetzt braucht. Alle Lehren aus der chemieintensiven *Grünen Revolution* mit ihren Auswirkungen auf die Bodenqualität, die Wasserverschmutzung und die Verschuldung der Landwirte sowie die klaren Beweise für den globalen Klimawandel, die Erschöpfung der Ressourcen, die Verschmutzung der Welt durch Abfall, das allgegenwärtige Artensterben usw. zeigen, dass wir neue Wege einschlagen müssen – dazu gehören auch wirksame lokale Experimente.

NACH DEWATHANG UND ZURÜCK

Als ich mich Ende 2011 verpflichtete, der Samdrup Jongkhar Initiative in Bhutan mehr Zeit zu widmen, räumte ich meine Wohnung in Bhutans Hauptstadt Thimphu, stopfte mein winziges Auto mit meinen Habseligkeiten voll und machte mich auf den Weg quer durchs Land, um in das kleine Dorf Dewathang zu ziehen. Ich hielt den Vordersitz für einheimische bhutanische Anhalter frei, die ich auf der dreimal zehnstündigen Fahrt über sieben Gebirgsketten mitnahm. Einige der Straßen und Bergpässe waren tückisch eng, mit steilen Abhängen ohne Leitplanken, und nicht immer gab es genug Platz, damit zwei Autos aneinander vorbeikamen. Trotz atemberaubender Aussichten zog ich es manchmal vor, meinen Blick auf die Straße zu heften. Besonders haarsträubend waren die letzten zwei Stunden des dritten Tages, als ich nach Einbruch der Dunkelheit im dichten

Nebel auf einer Schotterstraße fuhr, die entlang der Bergkanten führte und mit tiefen Schlaglöchern übersät war.

An einem Montagabend Anfang Dezember 2011 kam ich in Dewathang an. Erschöpft, aber dankbar, noch am Leben zu sein, begann ich fröhlich, meine Koffer in dem kleinen Zimmer auszupacken, das mir im Chokyi Gyatso Institut zur Verfügung gestellt wurde. Am nächsten Morgen läutete mein Mobiltelefon. Es war Premierminister Thinley. Ob ich so schnell wie möglich nach Thimphu zurückkehren könnte? Eine dringende Aufgabe habe sich ergeben, bei der er Hilfe brauche.

13

Ein »neues wirtschaftliches Paradigma« für die Welt

Während jenes Telefonats erklärte der Premierminister, dass Bhutan einige Monate zuvor zugesagt hatte, am 2. April 2012 ein Treffen am Sitz der Vereinten Nationen in New York auszurichten. Das Thema: ein neues nachhaltiges, globales Wirtschaftsparadigma, das soziale, wirtschaftliche und ökologische Ziele in Einklang bringt. Leider sei der renommierte Wirtschaftswissenschaftler und UN-Berater, der sich verpflichtet hatte, diese Großveranstaltung in weniger als vier Monaten zu organisieren, bisher nicht tätig geworden. Könnte ich stattdessen diese Bemühungen koordinieren und leiten? Es sei sehr dringend, denn die internationale Glaubwürdigkeit Bhutans stehe auf dem Spiel, fuhr der Premierminister fort, und ein solcher globaler Auftritt könne die Verwirklichung unserer gemeinsamen Träume sein. Schließlich sei es dem vierten König und ihm selbst beim Bruttonationalglück nie nur um Bhutan gegangen, sondern immer auch um die ganze Welt.

Darüber hinaus war sich der Premierminister darüber im Klaren, dass Bhutan nicht vom globalen Wirtschaftssystem isoliert war und daher seine ganzheitliche Entwicklungsvision nicht ohne Weiteres isoliert vom Rest der Welt umsetzen konnte. Wie kann irgendein Land, geschweige denn das winzige Bhutan, in einer globalisierten

Wirtschaft, die von kurzfristigen materiellen Vorteilen angetrieben wird, das BNG vollständig verwirklichen? Dieses Dilemma geht über die unmittelbare nationale Politik hinaus und betrifft die physische Realität des heutigen Lebens auf dem Planeten. Selbst wenn Bhutan auf ewig eine Netto-Kohlenstoffsenke bliebe und mehr Kohlenstoff aus der Atmosphäre aufnähme, als es ausstößt – wie es zwei Jahre zuvor auf dem Klimagipfel in Kopenhagen versprochen hatte –, würde die derzeitige Rate der Treibhausgasemissionen in Chicago, Peking, Sydney, London, Delhi und anderswo immer noch Gletscher schmelzen lassen, Gletscherseen zum Überlaufen bringen und schwere Überschwemmungen verursachen, die Städte zerstören und Dorfbewohner in Bhutan ertränken.

Solange Bhutan an den globalen energieintensiven Wachstumsimperativ gekoppelt ist, ausländische Investitionen, Handel, Dumpingimporte und billige Arbeitskräfte benötigt und an ein globales Buchhaltungssystem angeschlossen ist, das ökologische und soziale Kosten als externe Effekte ausklammert, hat Bhutan nur begrenzte Möglichkeiten, die BNG-Prinzipien innerhalb seiner eigenen Grenzen zu verwirklichen. Die im vorigen Kapitel beschriebene Kluft zwischen Wort und Tat ist zu einem großen Teil auf diese Realität zurückzuführen.

Premierminister Thinley hat einmal gesagt, Bhutans einzige Hoffnung für sich selbst und – im größeren Zusammenhang – für die ganze Welt bestehe darin, eine globale Vision zu verfolgen. Ein Nationalstaat, wie klein er auch sein mag, der bereit ist, bei der Einführung eines neuen Wirtschaftsparadigmas eine Vorreiterrolle zu übernehmen, könnte zweifellos einen großen Einfluss auf die Welt haben.

Ich hatte zwei Wochen lang Verpflichtungen in Dewathang, darunter eine zehntägige Schulung für Biobauern unter der Leitung des verantwortlichen Bodenwissenschaftlers von Navdanya, Vinod Bhatt. Außerdem stand ein Besuch mit dem Leiter und den leitenden Mitarbeitern des National Post-Harvest Centre [Nationales Nacherntezentrum], einer Behörde des Landwirtschaftsministeriums, auf dem Programm, in deren Gegenwart unser nagelneuer Prototyp eines Solartrockners getestet werden sollte. Aber danach würde ich wieder in die Hauptstadt kommen, sagte ich zu.

Kurz vor Weihnachten packte ich also erneut mein Auto voll und fuhr zurück nach Thimphu. Die Fahrt war noch beängstigender als die Reise in die entgegengesetzte Richtung – aus ganz anderen Gründen. Ich musste über Assam und Westbengalen fahren, weil die Bergpässe Bhutans inzwischen mit Schnee und Eis bedeckt und unpassierbar waren. Jeder, der schon einmal auf Indiens chaotischen Straßen unterwegs war, wird sofort verstehen, wie es ist, zwischen hupenden Hochgeschwindigkeits-Lkw, Bussen, Autos, Motorrollern, Fahrrädern, Fußgängern, Kindern, Ziegen, Kühen und Hühnern hindurchzusteuern, die aus allen Richtungen gleichzeitig zu kommen scheinen. Außerdem sind Assam und Westbengalen zwei der politisch unruhigsten Bundesstaaten Indiens, wo Straßen häufig wegen Streiks gesperrt sind. An der Grenze zwischen Assam und Westbengalen erpressen Beamte staatlicher und nichtstaatlicher Gruppierungen regelmäßig illegale Steuergelder.[405] Straßenbeschilderungen gibt es kaum, und ich hatte nur eine vage Wegbeschreibung.

Ich war so aufgeregt, dass ich in der Nacht zuvor kaum schlief. Als ich am nächsten Tag Assam erreichte, bog ich falsch ab und fuhr drei Stunden lang in die entgegengesetzte Richtung. Ein immer wiederkehrendes Erlebnis waren protzige neue Autobahnabschnitte, die zu einer Fahrt mit 100 Stundenkilometern einluden und ohne Vorwarnung abrupt endeten, so dass das Auto über den Fahrbahnrand hinaus in die mit Schlaglöchern übersäten Schotterpisten der Baustelle segelte. Aber zu meiner Überraschung liebte ich das Fahren in Indien, das Chaos war eine befreiende Abwechslung zu der an Regeln gebundenen Welt, die ich kannte. Vielleicht bereitete es mich auch ganz praktisch auf die anarchische, an keine durchsetzbaren Regeln gebundene Welt der internationalen Politik vor, in die ich mich nun begeben sollte.

VON THIMPHU ZU DEN VEREINTEN NATIONEN

Zurück in Thimphu machte der Premierminister deutlich, dass das neue Wirtschaftsparadigma, für das er auf der UN-Konferenz im April 2012 in New York weltweit werben wollte, der Absicht und Logik des Beitrags folgen sollte, den Bhutan im November 2011 für den Rio+20-Gipfel der UN eingereicht hatte. Dieses Treffen der Staats- und Regierungschefs der Welt sollte zwei Monate später, vom 20. bis 22. Juni 2012, in Rio de Janeiro stattfinden[406] und den 20. Jahrestag des bahnbrechenden Erdgipfels von Rio im Jahr 1992 begehen, sowie die Fortschritte seitdem bewerten. Bhutans Beitrag zu Rio+20, der weithin als der radikalste und weitreichendste aller nationalen Beiträge gilt, forderte ein »neues Bretton Woods«. Dies war eine Anspielung auf das Treffen von 730 Delegierten der 44 alliierten Nationen, die im Juli 1944 in Bretton Woods, New Hampshire, zusammengekommen waren, um ein neues globales Währungs- und Finanzsystem zu schaffen und neue Institutionen wie den Internationalen Währungsfonds und die Weltbank zu gründen.

Diese Delegierten, so die bhutanische Argumentation damals, hätten nicht über unsere modernen wissenschaftlichen Erkenntnisse hinsichtlich der Auswirkungen menschlicher Aktivitäten auf die natürliche Umwelt verfügt. Daher werde nun ein neues globales, auf Nachhaltigkeit basierendes Wirtschaftsparadigma gebraucht, das auf Respekt vor der Natur, Gerechtigkeit, fairer Verteilung und einer volkswirtschaftlichen Gesamtrechnung beruhe, deren Zweck darin bestehe, das aktuelle Gebot des Wirtschaftswachstums durch ein umfassenderes Streben nach allgemeinem Wohlergehen zu ersetzen.

Es ist ungewöhnlich, dass ein Regierungschef sich so weit aus dem Fenster lehnt und nicht nur die mehrheitlich akzeptierten konventionellen Dogmen und Institutionen der Wirtschaft infragestellt, sondern sogar die Grundlagen des bestehenden Wirtschaftssystems selbst. In der Tat hatte Premierminister Jigmi Y. Thinley mich etwa sechs Monate zuvor gebeten, bei der Recherche und Ausarbeitung des Beitrags für Rio+20 mitzuwirken. Natürlich sagte ich zu. Ich war erstaunt und erfreut darüber, dass eine führende Persönlichkeit den Mut besaß, eine solch radikale Veränderung auf globaler Ebene einzufordern. Im Licht der nachfolgenden Ereignisse ist er vielleicht zu weit gegangen. Aber als mir der Premierminister im Dezember 2011 fest versicherte, dass er den Vereinten Nationen im April 2012 denselben Vorschlag unterbreiten wolle, den er kürzlich für die bevorstehende Rio+20-Konferenz eingereicht hatte, war ich begeistert und steckte mein ganzes Herzblut in die Planung.

Der Premierminister betonte, es müsse sich um ein »hochrangiges Treffen« handeln, an dem u. a. Spitzenvertreter von Regierungen und internationalen Organisationen, führende Wirtschaftstheoretiker und Wissenschaftler, Repräsentanten der großen Religionen, sowie wichtige Persönlichkeiten der globalen Zivilgesellschaft teilnehmen sollten. Er stellte mir einen engagierten Assistenten, zwei Teilzeitmitarbeiter aus dem Außenministerium und ein Büro in seiner Nähe zur Verfügung. Unser winziges Team hatte etwas mehr als drei Monate Zeit, um aus dem Nichts ein Treffen auf die Beine zu stellen, bei dem ein Scheitern nicht infrage kam.

Im ersten Monat konzentrierten wir uns fast ausschließlich auf den Versand individuell gestalteter Einladungsschreiben an mehrere hundert Personen. In jedem Schreiben wurde das besondere Fachwissen genannt, das die betreffende Person einbringen konnte, und jedes Schreiben wurde vom Premierminister unterzeichnet. Dann lud ich ein hochkarätiges internationales Team unter der Leitung des Wirtschaftswissenschaftlers Robert Costanza nach Bhutan ein, das uns bei der Vorbereitung der Unterlagen half, ein vorläufiges Programm entwarf und geplante Folgeschritte skizzierte, um sicherzustellen, dass das Treffen die besten Chancen hätte, zu echten Maßnahmen zu führen. Wir bemühten uns um finanzielle Unterstützung für die Veranstaltung und kümmerten uns um eine Reihe von logistischen Fragen, darunter Reise, Veranstaltungsort, Unterkunft und Verpflegung. Unser kleines Team versuchte sogar, zusammen mit freiwilligen Partnern, die wir in New York gefunden hatten, sicherzustellen, dass das Treffen den Grundsätzen entsprach, die wir zu fördern versuchten: Minimierung des Plastikverbrauchs und Beschaffung lokaler und nachhaltig angebauter Produkte für das Mittagessen des Tages.

Es schien ein unmögliches Unterfangen zu sein, aber erstaunlicherweise gelang es uns! Am 2. April 2012, gut zwei Monate vor der großen Konferenz in Rio, fand im UN-Hauptquartier in New York ein bemerkenswertes, vielleicht historisches Ereignis statt.

Auf Einladung der königlichen Regierung von Bhutan versammelten sich 800 hochrangige Delegierte, um den Grundstein für ein neues Wirtschaftssystem zu legen, das das Wohlergehen allen Lebens auf der Erde auf der Grundlage eines gesunden Gleichgewichts zwischen natürlichen, menschlichen, sozialen, kulturellen und baulichen Werten fördern sollte. Ökologische Nachhaltigkeit sowie die gerechte Verteilung und effiziente Nutzung von

Ressourcen waren die wichtigsten Voraussetzungen für das neue Modell.

Zu den Teilnehmern gehörten der Präsident von Costa Rica, UN-Generalsekretär Ban Ki-Moon, die Präsidenten der UN-Generalversammlung und des Wirtschafts- und Sozialrats, der Leiter des UN-Entwicklungsprogramms und ehemalige Premierminister Neuseelands, die ehemalige Präsidentin Chiles, Kabinettsminister aus vielen Ländern und Botschafter bei den Vereinten Nationen, führende Wirtschaftswissenschaftler wie Joseph Stiglitz und Lord Richard Layard, renommierte Gelehrte und Wissenschaftler wie Richard Davidson und Jonathan Patz sowie prominente Vertreter der Zivilgesellschaft, der Wirtschaft und der Kirche. Prinz Charles schickte eine Videobotschaft an die Versammlung und lobte die Initiative Bhutans. Nach Angaben der bhutanischen Vertretung bei den Vereinten Nationen sagten mehrere Delegierte später, sie hätten so etwas in der Geschichte der UNO noch nie erlebt.

Die Delegierten kamen aus Dutzenden Ländern, ihre Hintergründe und Berufe waren äußerst verschieden – nüchterne Diplomaten, angesehene Wissenschaftler, radikale Aktivisten usw. Das sorgte für eine große Vielfalt an Ansichten und Programmen. Alle warben für die Politik und die Maßnahmen ihrer Länder und Organisationen, darunter Regierungsminister, Delegationsleiter und Vertreter aus Indien, China, Japan, der Europäischen Union, Australien, Großbritannien, Thailand und vielen anderen Ländern, sowie Leiter von UN-Organisationen. Religiöse Oberhäupter unterstrichen die Ablehnung des konsumorientierten Materialismus und die Übereinstimmung mit der humanistischen und spirituellen Vision von Bhutan. Martin Seligman, der Begründer der *positiven Psychologie*, vertrat einen eher individualistischen Ansatz zur Verwirklichung des menschlichen Glücks. Vandana Shiva und Robert Costanza konzentrierten sich auf Fragen der Nachhaltigkeit und sozialen Gerechtigkeit.[407]

Trotz dieser unterschiedlichen Ansätze gab es unter den 800 Delegierten eine bemerkenswerte Einigkeit über die Mängel des bestehenden Wirtschaftsparadigmas, die Grundprinzipien eines dringend benötigten neuen Systems und breite Unterstützung für die Initiative Bhutans. Den ganzen Tag über herrschte eine dynamische, lebhafte und kooperative Atmosphäre.

Der bhutanische Premierminister nahm in seiner Eröffnungserklärung kein Blatt vor den Mund:

> »Das BIP-gesteuerte Entwicklungsmodell, das ein grenzenloses Wachstum auf einem Planeten mit begrenzten Ressourcen erzwingt, ist wirtschaftlich nicht mehr sinnvoll. [...] Unser grundlegend fehlerhaftes Wirtschaftssystem hat seinen Nutzen weit überlebt und ist selbst zur Ursache aller Probleme geworden. In seinem Rahmen gibt es keine Lösung für die wirtschaftlichen, ökologischen, sozialen und sicherheitspolitischen Krisen, die die Welt heute plagen und die Menschheit zu verschlingen drohen. [...]
>
> Wir brauchen dringend eine Wirtschaft, die dem Wohlergehen aller Lebewesen auf der Erde dient und die das menschliche Glück fördert, das sich aus einem Leben in Harmonie mit der natürlichen Welt, mit unseren Gemeinschaften und mit unserem inneren Selbst ergibt. Wir brauchen eine Wirtschaft, die der Menschheit dient und sie nicht versklavt. Sie muss das drohende Scheitern der Zivilisation verhindern und innerhalb der natürlichen Grenzen unseres Planeten gedeihen, während sie eine nachhaltige, gerechte und sinnvolle Nutzung der wertvollen Ressourcen gewährleistet.
>
> So wie bisher kann es nicht weitergehen, und es genügt nicht, an dem bestehenden System herumzubasteln. Wir brauchen einen grundlegenden Wandel. [...] Unser heutiges Ziel ist es, einen solchen Übergang einzuleiten.

Damit dieses ehrgeizige Ziel erreicht wird, müssen aus diesem Treffen konkrete Ergebnisse und Aktionsschritte hervorgehen.«[408]

Um die Teilnehmer davon zu überzeugen, dass es sich bei dieser Vision nicht um ein bloßes Hirngespinst handelte, und um sicherzustellen, dass die Diskussionen des Tages über eine vage und hochtrabende Philosophie hinausgingen, hatte Bhutan den Teilnehmern im Vorfeld eine Fülle von Unterlagen zukommen lassen, an denen ich zusammen mit Premierminister Thinley, Robert Costanza und seinem Team sowie weiteren Wissenschaftlern gearbeitet hatte und in denen detailliert beschrieben wurde, welche konkreten Merkmale, Eigenschaften und politischen Ergebnisse eine nachhaltige und gerechte neue Wirtschaft haben könnte (Beispiele in Kapitel 15).[409]

In seiner Eröffnungsrede sprach sich Seine Königliche Hoheit der Prinz von Wales, der heutige britische König Charles III., sofort für eine Umfassende Kostenrechnung aus:

»Die düstere Realität ist, dass unser Planet einen Krisenpunkt erreicht hat. Die Zeit, in der wir noch handeln können, wird immer knapper. [...] Wir brauchen bessere Informationen über den Wert der Ökosysteme der Erde für die Wirtschaft und die Gesellschaft als Ganzes sowie über die sozialen, ökologischen und wirtschaftlichen Kosten unseres Handelns.«[410]

Laura Chinchilla, Präsidentin von Costa Rica, das einige der grünsten politischen Zielsetzungen der Welt verfolgt und regelmäßig den ersten Platz im *Happy Planet Index* belegt, bemerkte anschließend, Wohlergehen könne nur durch das Zusammenspiel wirtschaftlicher, sozialer, kultureller, ökologischer und spiritueller Faktoren erreicht werden. Die Untergeneralsekretärin der Vereinten Nationen und ehemalige chilenische Präsidentin Michelle Bachelet[411] zitierte Statistiken über weltweite Armut, Entbehrungen, fehlende sanitäre Einrichtungen und mehr. Sie argumentierte: »Wir brauchen ein neues Paradigma, das eine gerechte Verteilung in den Mittelpunkt stellt.«

Der Wirtschaftsnobelpreisträger Joseph Stiglitz analysierte ausführlich das Versagen des BIP als Maßstab für wirtschaftliche Gesundheit und Wohlstand und fasste die wichtigsten Ergebnisse und Empfehlungen seiner Kommission zur Entwicklung besserer Fortschrittsmessungen zusammen.[412] Der Wirtschaftswissenschaftler Jeffrey Sachs zitierte Studien, die zeigen, dass ein höheres Einkommen und mehr Wohlstand nicht zu einer größeren Lebenszufriedenheit führen, und Mathis Wackernagel, Mitbegründer des Ökologischen Fußabdrucks, warnte, die Menschheit befinde sich heute in einem ernsthaften »ökologischen Overshoot«. Er stellte fest, dass die Menschen 60 % mehr Ressourcen verbrauchen, als sie nachwachsen lassen können, eine Zahl, die inzwischen auf alarmierende 70 % angestiegen ist. Vandana Shiva merkte an, dass diese UN-Sitzung »gerade noch zur rechten Zeit« stattfinde und dass ein »neues Paradigma geschaffen werden muss, das die Wirtschaft zu ihren Wurzeln im natürlichen, sozialen und kulturellen Reichtum zurückführt.«

Enrico Giovannini, Wirtschaftsprofessor, Präsident des italienischen Statistikinstituts, ehemaliger italienischer Arbeitsminister und OECD-Chefstatistiker, sagte, dass die »gerechte Verteilung« im neuen Wirtschaftsparadigma sowohl die Ungleichheit »innerhalb der Generationen« als auch die Ungleichheit »zwischen den Generationen« berücksichtigen müsse. Der thailändische Vizeminister für auswärtige Angelegenheiten und Sonderbeauftragte des thailändischen Premierministers sprach von der »Suffizienzwirtschaft« seines Landes, die auf Mäßigung statt auf Gier und grenzenlosem

Konsum basiere, als einem »Konzept, das die Nachhaltigkeit verankern wird«. Der chinesische Botschafter bei der UNO sagte, das bestehende Entwicklungsmodell müsse durch ein Modell ersetzt werden, das »wirtschaftliche und soziale Entwicklung und den Umweltschutz in Einklang bringt«. Und die Delegierten anderer Länder überschlugen sich schier darin, Bhutan dafür zu loben, eine Bewegung angestoßen zu haben, die dringend umgesetzt werden müsse.

Diese Äußerungen bestätigten den Eindruck, dass das neue Wirtschaftsparadigma internationale Unterstützung finden und eine gewisse Dynamik entfalten konnte. Endlich, so schien es, setzte ein souveräner Nationalstaat in Wort und Tat um, was schon lange in den Herzen und Köpfen so vieler Menschen vorhanden war. Die große Frage lautete natürlich, ob auch Greifbares folgen würde.

Die Atmosphäre unter den mehr als 800 Delegierten war – vielleicht auch dank der großartigen Umgebung des UN-Hauptquartiers – von Optimismus und Aufbruchsstimmung geprägt. Das Treffen beflügelte die Phantasie der Teilnehmer, und die Hoffnung auf echte Maßnahmen zur Umgestaltung der Weltwirtschaft war groß. Der Premierminister von Bhutan ging auf die lebhafte Stimmung in der Versammlung ein und schloss die Beratungen mit der nüchternen Warnung, dass es zu früh zum Feiern sei. Das sei erst dann angesagt, wenn globale Maßnahmen zur praktischen Umsetzung eines solchen neuen Wirtschaftsparadigmas ergriffen würden. Die Erklärungen der Diplomaten enthielten keine konkreten Verpflichtungen.

AUSGESTALTUNG EINER NEUEN WIRTSCHAFT

Um die nächsten Schritte festzulegen und praktische Folgemaßnahmen zu entwickeln, wurden die Teilnehmer eingeladen, zwei weitere

Tage zu bleiben. Erstaunlicherweise kamen mehr als 200 dieser Aufforderung nach. Sie teilten sich in kleinere Gruppen auf und trafen sich am Abend des 4. April 2012 unter dem Vorsitz des Premierministers von Bhutan erneut, um ihre Empfehlungen auszutauschen. Es herrschte weitgehende Einigkeit darüber, dass der nächste Schritt die Einberufung einer Expertenkommission sein müsse, die die Dimensionen und Details des vorgeschlagenen neuen Wirtschaftsparadigmas ausarbeiten sollte, um zu gewährleisten, dass die neue Wirtschaft in der Praxis umgesetzt würde. Ein erster Vorschlag, so hoffte man, sollte auf der Herbsttagung 2012 der UN-Generalversammlung vorgelegt werden. Der Premierminister wurde gebeten, diese Aufgaben zu koordinieren und auch konkrete Schritte einzuleiten, die die Nationen unverzüglich unternehmen konnten, um eine nachhaltige und gerechte neue Wirtschaft zu schaffen, die zum Teil auf den Empfehlungen der dreitägigen UN-Sitzung basieren sollte.

Im Anschluss an unsere Rückkehr nach Bhutan führten wir intensive Korrespondenz mit den wichtigsten Teilnehmern und stellten eine erste Liste renommierter Wirtschaftswissenschaftler sowie anderer Experten zusammen, die zur Mitarbeit in der vorgeschlagenen Expertenkommission für ein neues Wirtschaftsparadigma eingeladen werden konnten. Wir hatten alle Folgeempfehlungen der Arbeitsgruppen vom 3. und 4. April sorgfältig geprüft und zwölf praktische Maßnahmen ermittelt, die die Welt rasch in Richtung einer neuen Wirtschaft bewegen würden.

Der Premierminister schrieb an alle Staatsoberhäupter der Welt und forderte sie auf, unverzüglich Maßnahmen zu ergreifen, um absurde Subventionen und Steuervergünstigungen für fossile Brennstoffe, Agrochemikalien, Werbung für Junkfood und andere schädliche Aktivitäten abzuschaffen. Er forderte sie auf, diese

Subventionen in grüne Technologien, erneuerbare Energien, Energieeffizienz, Armutsbekämpfung, Gesundheitsförderung, öffentlichen Nahverkehr, Schutz von Wassereinzugsgebieten und andere nützliche Maßnahmen zu investieren. Er forderte die Länder mit hohem Einkommen auf, grüne Technologien und Informationen an Länder mit niedrigem Einkommen weiterzugeben, damit Letztere rasch auf nachhaltige Produktionsmethoden umsteigen konnten, ohne ihre Wettbewerbsfähigkeit zu verlieren. Er forderte die Regierungen auf, neue Fortschrittsmaßnahmen, Umfassende Kostenrechnungen, Zahlungen für Ökosystemleistungen und ökologische Steuerreformen einzuführen und Waren aus lokalen, ökologischen und fair gehandelten Quellen zu beziehen. Er schlug eine Reihe von Maßnahmen zum Abbau systemischer Ungleichheiten vor, wie etwa Programme zur Arbeitsteilung, gerechten Zugang zu Krediten, Besteuerung unverdienter Einkünfte wie Land- und Währungsspekulationen und mehr Steuerprogressivität. Er versprach, die Expertenkommission innerhalb von drei Monaten und eine internationale Konferenz innerhalb von drei Jahren einzuberufen, um einen konkreten Plan zur Umsetzung des neuen Wirtschaftsparadigmas auszuarbeiten und offiziell zu verabschieden. Diese formelle Zusammenkunft sollte das neue Bretton Woods werden, auf das sich Bhutan in seinem Rio+20-Beitrag bezog.

Ein solches Schreiben an einflussreiche Staatschefs aus einem winzigen, äußerst gering entwickelten Land mag mehr als anmaßend erscheinen, und es überrascht nicht, dass es weitgehend ignoriert wurde. Die wenigen Regierungen, die antworteten, verwiesen lediglich auf die guten Dinge, die sie bereits taten, verpflichteten sich aber nicht, eine der spezifischen Empfehlungen des Premierministers umzusetzen. Dennoch war Premierminister Thinley entschlossen, den Schwung aufrechtzuerhalten und sich auf einen langen, schwierigen Kampf einzulassen, um das tief verwurzelte globale Wirtschaftssystem zu ersetzen. Er war nach wie vor davon überzeugt, dass die Zukunft des Planeten davon abhängt, und er war bereit, alles in seiner Macht Stehende zu tun, um dies zu erreichen. Und in der Tat gab es Grund für Optimismus.

In den Monaten nach dem bemerkenswerten Treffen in New York hallten Energie und Sprache des Treffens noch lange nach. Wie bereits erwähnt, erklärte UN-Generalsekretär Ban Ki-Moon, der auf der Tagung am 2. April 2012 eine Rede gehalten hatte, sechs Wochen später den Teilnehmern einer UN-Sitzung zur Lage der Weltwirtschaft unmissverständlich: »Das alte Modell ist kaputt. Wir müssen ein neues schaffen. [...] In dieser Zeit der globalen Herausforderungen, ja sogar der Krise, kann es nicht so weitergehen wie bisher.« Er forderte »eine gemeinsame Vision für die Zukunft« und »eine Revolution in unserem Denken« hin zu einem »neuen Paradigma«, in dem »Humankapital und Naturkapital genauso wichtig sind wie Finanzkapital«.[413]

Im Juni 2012, zwei Monate nach der UN-Tagung in New York, überbrachte ich gemeinsam mit dem Premierminister und anderen bhutanischen Regierungsvertretern die Botschaft an die UN-Konferenz für nachhaltige Entwicklung – den Rio+20-Gipfel, bei dem Repräsentanten von 192 Länder zusammenkamen, darunter 88 Staats- und Regierungschefs, um die globale Umweltpolitik zu gestalten.

Premierminister Thinleys Worte auf dem Gipfeltreffen waren möglicherweise die stärksten aller führenden Politiker. Er stellte freiheraus fest, dass die Menschheit seit dem bahnbrechenden Erdgipfel von Rio 1992 keine Fortschritte gemacht, sondern ihren zerstörerischen Kurs beschleunigt hatte:

> Die Gesellschaft zerfällt, das Klima verändert sich, die Ökosysteme brechen zusammen, die Ressourcen gehen zur Neige, und die Zivilisation ist eindeutig auf dem Rückzug. [...] Während die Arten in rascher Folge aussterben, rückt auch das Aussterben der Menschheit immer näher. [...] Nachhaltige Entwicklung ist keine Option. Sie ist eine absolute Notwendigkeit.[414]

In diesem Kontext beschrieb Thinley die miserable Bilanz der Welt seit der ursprünglichen Rio-Konferenz von 1992, die dringende Notwendigkeit einer neuen Wirtschaft und die Ergebnisse des Treffens vom 2. April im UN-Hauptquartier. Nachdem der Premierminister zu seinem Platz zurückgekehrt war, beugte sich die bolivianische Präsidentin Eva Morales, die im alphabetischen Sitzsystem der UNO neben Bhutan saß, zu ihm hinüber und sagte: »Das ist die erste Rede, der ich auf der ganzen Konferenz applaudiert habe.«[415]

Die kühnen Bemühungen Bhutans waren ein kurzer Lichtblick auf einem Gipfel, der weithin als »epischer Fehlschlag«[416] angesehen wurde, voller heißer Luft und ohne jede Leistung – eine Ansicht, die ich offenbar mit vielen teilte. Das dreitägige Treffen im Jahr 2012 brachte so wenig Konkretes, so wenige Ziele oder greifbare Entscheidungen hervor, dass man begann, es »Rio minus 20« zu nennen. Selbst der Generalsekretär von Rio+20, Sha Zukang aus China, nannte das 58-seitige Abschlussdokument der Konferenz »ein Ergebnis, das niemanden glücklich macht«, und der damalige Greenpeace-Direktor Kumi Naidoo bezeichnete es als »den längsten Abschiedsbrief der Geschichte« (»suicide note« im Englischen).[417] Die ehemalige irische Präsidentin Mary Robinson drückte es kurz und bündig aus: »Die Möglichkeit eines einmaligen Moments ist an uns vorbeigegangen, und wir werden es bedauern.« Sie fuhr fort: »Die hier versammelten Staats- und Regierungschefs kamen ohne eine generationenübergreifende Vision, und sie haben es versäumt, sich der Herausforderung zu stellen; sie haben sich nicht von den alten Gewohnheiten gelöst, die sich als unhaltbar und ungerecht erwiesen haben.«[418]

Neben dem Verfassen und Halten von Reden und dem Treffen mit anderen Staats- und Regierungschefs hatte unsere bhutanische Delegation in Rio noch ein weiteres Programm. Premierminister Thinley und ich nutzten die Gelegenheit, mit vielen der dort versammelten Topexperten zu sprechen – die wiederum andere Topwissenschaftler aus der ganzen Welt empfahlen. Wir wollten unsere Liste der Mitglieder der sogenannten internationalen Expertenarbeitsgruppe vervollständigen, die im April 2012 von Bhutan beauftragt worden war, die Merkmale eines neuen Wirtschaftsparadigmas auszuarbeiten.

In den folgenden Wochen wurden Einladungen an potenzielle Teilnehmer der Arbeitsgruppe verschickt, wir trafen eine Auswahl, und am 28. Juli 2012 erließ der König von Bhutan ein königliches Edikt, um die Gruppe formell einzuberufen. Die internationale Expertenarbeitsgruppe, die sich aus mehr als 70 internationalen Wirtschaftswissenschaftlern und Gelehrten zusammensetzte, sollte eine ausführliche Dokumentation erstellen, mit Literaturrecherchen und Untersuchungen bewährter Praktiken, um zu verdeutlichen, wie das von ihnen vorgeschlagene Modell tatsächlich funktionieren sollte. Die Zusammenstellung der Expertengruppe hatte ganze drei Monate gedauert, und es fehlte die Zeit, um die Ergebnisse auf der bevorstehenden UN-Generalversammlung im Herbst 2012 vorzulegen, wie auf der UN-Sitzung am 2. April angekündigt worden war. Durch die bevorstehende intensive Zusammenarbeit erwarteten die Experten jedoch vorläufige Schlussfolgerungen und Empfehlungen, die sie der Generalversammlung im folgenden Jahr (2013) vorlegen wollten.

Bhutans Konferenz im UN-Hauptquartier hatte einvernehmliche Grundsätze für die angestrebte neue Wirtschaft festgelegt. Ihr übergeordnetes Ziel sollte darin bestehen, das Glück der Menschen und das Wohlergehen allen Lebens zu fördern; sie sollte es vermeiden, die Natur zu schädigen und die begrenzten Ressourcen der Erde zu erschöpfen; und sie sollte dazu führen, dass die Ressourcen nicht nur effizient genutzt, sondern auch fair und gerecht verteilt werden. Diese Grundprinzipien werden in Kapitel 15 erläutert und umreißen die mögliche Struktur und die Mechanismen eines neuen Wirtschaftsparadigmas.

Die Aufgabe der neuen Arbeitsgruppe bestand darin, zu untersuchen, wie ein praktikables System zur Erreichung dieser Ziele aussehen konnte. Welche politischen Maßnahmen, Strukturen und Institutionen waren erforderlich, damit ein solches System wirklich funktionierte? Welche Arten von Messungen waren erforderlich, welche Rechnungslegungssysteme, welche Kontrollmechanismen, welche Mechanismen für Ressourcen, Investitionen, Finanzen, Handel und Regulierung? Erste Arbeiten begannen im Juli 2012, noch bevor die Gruppe offiziell vom König einberufen wurde. Premierminister Thinley, Mitglieder der bhutanischen UN-Delegation und ich trafen dann im Oktober desselben Jahres am Rande der UN-Generalversammlung in New York mit Mitgliedern der Gruppe zusammen, um uns auf die Ziele, die Struktur und die Arbeitsgrundsätze der Arbeitsgruppe zu einigen, einen Arbeits- und Zeitplan zu erstellen und Forschungsaufgaben zu vergeben. Diejenigen Experten, die nicht nach New York kommen konnten, nahmen per Video an den Diskussionen teil.

Die internationale Expertenarbeitsgruppe hatte nicht die Absicht, das Rad neu zu erfinden oder etwas zu erschaffen, was es bis dahin nicht gegeben hätte. Vielmehr war es unser Ziel, auf den besten Modellen, Beispielen und Praktiken aufzubauen, die bereits in verschiedenen Teilen der Welt in Ansätzen vorhanden waren. Führende Ökonomen, Ökologen und andere Wissenschaftler hatten bereits Schlüsselelemente eines neuen Paradigmas entwickelt, auch wenn sie noch nie in der Weise zusammengearbeitet hatten, wie es jetzt beabsichtigt war. Das Einzigartige an dem, was geschah, war vielleicht, dass ein souveräner, wenn auch kleiner Nationalstaat als Mitglied der Vereinten Nationen die Initiative ergriff.

DIE ENTRÄTSELUNG

Und dann geriet der gesamte Prozess allmählich ins Wanken. Wären Premierminister Thinley, die Mitglieder der Expertenarbeitsgruppe und ich nicht von unserer eigenen Welle der Begeisterung, Leidenschaft und Hoffnung mitgerissen worden, hätten wir die Warnzeichen früher erkannt.

Vielleicht gerade, weil Bhutan das derzeitige Wirtschaftssystem so unverblümt kritisierte und seine Initiative so vielversprechend war und so viel Anklang fand, stieß sie auch auf den Widerstand mächtiger Kräfte, die auch heute noch ein Interesse am Status quo haben.

Nicht lange, nachdem Bhutan im November 2011 öffentlich seine Rio+20-Erklärung für die Konferenz im Juni 2012 abgegeben hatte, standen drei hochrangige Vertreter der Weltbank vor der Tür des Premierministers und bestanden darauf, dass alle Verweise auf ein »neues Bretton Woods« aus den Unterlagen gestrichen werden. In seinem Rio-Beitrag lud Bhutan alle UN-Mitgliedsstaaten zu einem neuen Bretton Woods ein, das 2014 von Bhutan ausgerichtet werden sollte, um eine neue Wirtschaftsordnung auf der Grundlage von Nachhaltigkeitsprinzipien zu entwickeln. In Bhutans Rio-Beitrag heißt es:

»Als auf der Konferenz von Bretton Woods im Jahr 1944 Institutionen wie die Weltbank und der Internationale Währungsfonds gegründet wurden, um das heutige globale Wirtschaftssystem zu regulieren, dachten die Ökonomen nicht daran, dass die Kapazität der Natur, die menschliche Wirtschaftstätigkeit zu unterstützen, Grenzen haben könnte. [...] So wie in Bretton Woods 1944 die Weltbank und der IWF gegründet wurden, um das alte, auf Wachstum basierende Wirtschaftsparadigma zu verwalten, wird das neue Bretton Woods von uns verlangen, dass wir diese globalen Institutionen neu konzipieren und umgestalten, um das neue System zu verwalten und zu regulieren.«[419]

Es überrascht nicht, dass die Weltbank eine Initiative strikt ablehnte, die ihre Ersetzung oder Umgestaltung nach Kriterien der Nachhaltigkeit und nicht des Wachstums forderte. War Bhutan, ein von Entwicklungshilfe abhängiges Land, wirklich in der Lage, es mit der globalen Wirtschaftsordnung aufzunehmen? Es war zu spät, um den Rio-Beitrag Bhutans zurückzuziehen, den die UNO bereits veröffentlicht hatte. Aber Bhutan erhielt finanzielle Unterstützung von der Weltbank, und so wurden aus allen nachfolgenden Dokumenten sämtliche Verweise auf Bretton Woods und Bhutans Absicht, eine neue Bretton-Woods-Konferenz auszurichten, gestrichen.

Als Bhutans UN-Initiative in der zweiten Jahreshälfte 2012 in Fahrt kam und die Experten ihre Arbeit aufnahmen, mischte sich mit einem Male die Regierung Indiens ein. Solange das kleine Königreich nur harmlose Laute über Glück abgesondert hatte, hatte Indien wohlwollend zugesehen. Doch Bhutans globales Auftreten bei den Vereinten Nationen und in Rio, sowie die ausdrückliche Unterstützung durch den UN-Generalsekretär und zahlreiche angesehene Diplomaten, Wirtschaftswissenschaftler, Gelehrte und religiöse Führer, lösten das Land nicht nur aus der Sphäre von Indiens bisher unangefochtener Oberhoheit[420] heraus, sondern stellten auch die Grundlage von Indiens eigener Wirtschaftsstruktur in Frage.

Im Herbst 2012 übermittelte das indische Außenministerium der bhutanischen Regierung eine detaillierte und äußerst kritische Analyse ihrer zentralen Vorschläge für ein neues Paradigma und machte deutlich, dass es viele von ihnen nicht unterstützt, insbesondere diejenigen, die das eigene Wachstum untergraben könnten, wie etwa die Abkehr der wirtschaftlichen Entwicklung von fossilen Brennstoffen. Die vollständige wirtschaftliche und strategische Abhängigkeit Bhutans von Indien machte die Regierung sehr anfällig für Indiens Einfluss, und sie konnte das Memorandum des indischen Außenministeriums nicht ignorieren.

Dies waren nicht die einzigen Kräfte, die sich durch Bhutans neuen wirtschaftlichen Vorschlag herausgefordert fühlten. Das bhutanische Außenministerium bekam kalte Füße, da es sich zunehmend Sorgen machte, die Freunde, Verbündeten und Geber des Landes zu verprellen, darunter die europäischen Staaten, die Asiatische Entwicklungsbank und andere, die auch heute noch dem konventionellen System anhängen. Schritt für Schritt wurden die kühnen Pläne des Treffens vom 2. April 2012 verwässert und kompromittiert.

Der erste Schritt war die Entscheidung von Premierminister Thinley, auf Anraten und Drängen des Außenministeriums den Begriff »neues Wirtschaftsparadigma« (»new economic paradigm«), der als zu bedrohlich für die bestehenden Institutionen angesehen wurde, durch »neues Entwicklungsparadigma« (»new development paradigm«) zu ersetzen. Ende 2012 und Anfang 2013 wurde dann der sorgfältig durchdachte Rahmen für die neue Wirtschaft mit seinen Grundsätzen der Nachhaltigkeit, der gerechten Verteilung und der effizienten Ressourcennutzung schrittweise abgebaut und schließlich aufgegeben. Das Mandat der Expertenarbeitsgruppe wurde verwässert, ihr Zeitrahmen vage verlängert, ihre Arbeit an sensiblen Themen auf Eis gelegt und die Prämissen des UN-Treffens vom 2. April 2012 immer weiter ausgehöhlt. Diese Schritte zusammengenommen hätten ausreichen sollen, um das Ende der bhutanischen Initiative für ein neues Wirtschaftsparadigma einzuläuten, doch es bedurfte noch vieler weiterer Nägel im Sarg, bevor sie endgültig zu Grabe getragen wurde.

Um zu verstehen, wie es zu all dem kam, muss man wissen, dass unsere Arbeitsgruppe im Gegensatz zu anderen Expertengruppen nicht unabhängig war und einfach ihre Arbeit machen konnte. Sie stand unter der engen Leitung und Kontrolle der Regierung von Bhutan. Der König von Bhutan ernannte nicht nur die internationale Expertenarbeitsgruppe, die sich zumeist aus ausländischen Experten und Wissenschaftlern zusammensetzte, sondern auch einen Lenkungsausschuss, der das gesamte Vorhaben leitete. Diese Gruppe setzte sich aus dem Premierminister, dem Außenminister, drei weiteren hochrangigen bhutanischen Beamten und mir zusammen. Darüber hinaus wurde ein Sekretariat für die Verwaltung des Projekts eingesetzt, dem ich ebenfalls angehörte. Als drittes Mitglied wurde ich auch zum Forschungsleiter ernannt, der die Forschungsarbeiten der Arbeitsgruppe beaufsichtigte. Der allmähliche Niedergang der Initiative zeigte sich in den zunehmend wackeligen und angespannten Beziehungen zwischen diesen drei Gruppen.

Im Spätherbst 2012 wurden angesehene internationale Mitglieder der Expertenarbeitsgruppe von wichtigen Mitgliedern des Lenkungsausschusses und des Außenministeriums sowie von anderen Regierungsvertretern zu Unrecht beschuldigt, Bhutan für ihre eigene Agenda zu missbrauchen, die Interessen Bhutans zu untergraben und die einzigartige BNG-Philosophie Bhutans für ihre eigenen Zwecke zu vereinnahmen. Ich hatte den Eindruck, dass die Anschuldigungen auf starken Druck von außen zurückzuführen waren, verbunden mit einem ausgeprägten Konservatismus und der Angst, den Sprung in eine Zukunft zu wagen, die eine Herausforderung nach der anderen für die bestehenden Ideen, Lebensstile und wirtschaftlichen und sozialen Strukturen darstellen würde.

Was auch immer die Beweggründe waren, Ende 2012 hatte sich eine unangenehme Atmosphäre des Misstrauens über die Initiative gelegt, und die Beziehungen Bhutans zu den Mitgliedern der Arbeitsgruppe waren angeschlagen. Unter Bhutans Elite und den oberen Rängen der Bürokratie wuchs schnell der Konsens, dass das Land zu den sicheren Grenzen zurückkehren sollte, innerhalb derer das BNG zuvor definiert worden war. Das neue Entwicklungsparadigma, so sagten sie, solle sich fest auf das Ziel des Glücks konzentrieren, und sein Rahmen sollten die neun Bereiche des BNG sein, die in Bhutans BNG-Erhebung gemessen werden (gute Regierungsführung, Lebensstandard, Gesundheit, Bildung, Kultur, Zeitnutzung, psychologisches Wohlergehen, Wohlergehen der Gemeinschaft und ökologische Vielfalt), und nicht fremde Konzepte wie Leben innerhalb der planetarischen Grenzen, gerechte Verteilung und effiziente Ressourcennutzung, die nicht »bhutanisch« seien.

Nachdem ich eine Schlüsselrolle bei der Zusammenstellung der Mitglieder der Arbeitsgruppe gespielt hatte, fand ich meine Position in der Mitte zunehmend unhaltbar. Vergeblich versuchte ich, die Integrität der Experten zu verteidigen und argumentierte, dass das Bruttonationalglück ein viel größeres und umfassenderes Konzept sei als bestimmte Kategorien wie diese neun Bereiche. Auf jeden Fall waren diese Kategorien nicht besonders bhutanisch, sondern einfach passende Messgrößen, die ich größtenteils aus dem kanadischen Index of Wellbeing übernommen hatte.

Nach außen hin bemühte man sich, wie geplant weiterzumachen, zumal Bhutan auf der internationalen Bühne durchschlagende Zusagen über seine künftige Ausrichtung gemacht hatte, die nicht einfach zurückgenommen werden konnten, zumindest nicht öffentlich. Doch unter der Oberfläche wurde die Initiative für ein neues Wirtschaftsparadigma untergraben und ausgehöhlt. Der Premierminister versuchte, uns durch die stürmischen Gewässer zu navigieren, seine größere Vision aber wurde nicht einmal von vielen engen Kollegen geteilt. Er geriet unter enormen Druck, die Richtung der Initiative zu ändern und sich wieder mehr auf das Glück in Bhutan zu konzentrieren, wobei die psychologischen Aspekte gegenüber den wirtschaftlichen, ökologischen und sozialen Aspekten in den Vordergrund gestellt wurden. Glücklicherweise blieben die Experten der Arbeitsgruppe engagiert: Keiner zog sich zurück, auch wenn ihre Arbeit in den letzten Monaten des Jahres 2012 ins Stocken geriet. Tatsächlich arbeiten viele von ihnen bis heute weiter zusammen – wenn auch ohne Bhutan –, um die Arbeit voranzutreiben, die wir 2012 begonnen haben.

Die Konflikte spitzten sich bei einem einwöchigen Treffen der internationalen Expertenarbeitsgruppe im Januar 2013 in Thimphu zu. Die Mitglieder des Lenkungsausschusses und des Sekretariats bemühten sich nach Kräften, die Diskussionen ausschließlich auf die Bemessung des Glücks zu konzentrieren und die Arbeit an den Bereichen der Nachhaltigkeit, Gerechtigkeit und Ressourcennutzung kurzzuschließen. Da mir diese Absicht bereits vor dem Treffen bekannt war, brachte ich in den Sitzungen des Sekretariats und des Lenkungsausschusses meine große Besorgnis darüber zum Ausdruck, dass die meisten Mitglieder der internationalen Expertenarbeitsgruppe unter falschem Vorwand zu dem Treffen eingeladen worden waren – in der Annahme, dass sie ein Mandat hätten, ihre Arbeit wie zuvor definiert fortzusetzen, während es in Wirklichkeit eine versteckte Agenda gab, diese Arbeit einzustellen. Auf dem Treffen selbst versuchte ich, die Diskussionen wieder auf das ursprüngliche Mandat zu lenken, jedoch ohne Erfolg. Nach der Hälfte des Treffens, als mehrere Ökonomen und Umweltschützer ihre wachsende Besorgnis und Frustration über die offensichtliche Aushöhlung der größeren Vision zum Ausdruck brachten, schien das Unterfangen kurz vor dem Scheitern zu stehen.

Dass der Tag vorübergehend gerettet und eine ernsthafte Blamage vermieden werden konnte, ist vor allem dem diplomatischen Geschick des Mitglieds der Internationalen Expertenarbeitsgruppe Enrico Giovannini, des ehemaligen Chefstatistikers der OECD, zu verdanken. Außerhalb des Sitzungssaals zeichnete Enrico ein komplexes Flussdiagramm auf einen dunklen Flecken Erde, in dem er auf brillante Weise das ursprüngliche Mandat der Arbeitsgruppe mit Bhutans BNG-Formulierung (vier Säulen, neun Bereiche) verknüpfte, so dass alle zufrieden sein konnten! Es ist kein Zufall, dass Giovannini eine ähnliche Rolle dabei spielte, die berühmte Stiglitz-Sen-Fitoussi-Kommission vor dem Zusammenbruch zu retten. Die Kommission war vom französischen Präsidenten Sarkozy eingesetzt worden, um neue Fortschrittsmaßnahmen zu empfehlen, doch inhaltliche Differenzen unter ihren Mitgliedern hätte sie fast scheitern lassen. Giovanninis ausschlaggebende Rolle hat mich gelehrt, dass zu einem guten Team neben Experten zumindest einige Mitglieder gehören müssen, die in der Kunst der Diplomatie, des guten Zuhörens und des Verhandelns geübt sind. Später am selben Tag bezauberten der König und die Königin von Bhutan die Gäste unserer Arbeitsgruppe bei einem fröhlichen Empfang, und das Treffen fand einen herzlichen Abschluss.

Doch die Spaltung war nur kurzzeitig überdeckt worden, und der

Hoffnungsschimmer, den Enrico ausgelöst hatte, verblasste schnell. Der Premierminister wurde weiterhin von allen Seiten unter Druck gesetzt. Mir selbst erging es ähnlich. Einerseits hatte ich maßgeblich an der Rekrutierung der Arbeitsgruppe mitgewirkt, andererseits war ich als Mitglied des Lenkungsausschusses und des Sekretariats die wichtigste Verbindungsperson der Regierung Bhutans zu diesen Experten. Aber da ich den Experten nicht offen sagen konnte, dass verschiedene bhutanische Beamte ihren Motiven misstrauten, war ich einfach nicht mehr in der Lage, mit ihnen frei und im Geist der bestmöglichen Arbeit zu kommunizieren. Ich fand mich inmitten eines Netzes von Unehrlichkeit gefangen, wollte die Arbeit wie ursprünglich geplant fortsetzen, war aber nicht in der Lage, die von bhutanischen Beamten angezogenen Bremsen zu überwinden. Anfang 2013 war klar, dass wir das vereinbarte Mandat nicht erfüllen konnten und stattdessen den Vereinten Nationen einen eher faden als gehaltvollen Bericht vorlegen würden.

Ich geriet zunehmend in Konflikt mit meinen bhutanischen Arbeitskollegen im Sekretariat und im Lenkungsausschuss, die ihre Vorwürfe gegen die Mitglieder der Arbeitsgruppe immer hartnäckiger vorbrachten. Das war schlichtweg unwahr. Es waren hochintelligente und angesehene Wissenschaftler und Denker wie Enrico Giovannini, Richard Wilkinson, Herman Daly, Ernst von Weizsäcker, Jacqueline McGlade, Ashok Khosla, Frances Moore Lappe, Tim Jackson, David Suzuki, Gus Speth, Robert Costanza, Juliet Schor, William Rees, Mathis Wackernagel, Richard Heinberg und Jonathan Patz. Alle waren zutiefst besorgt um die Zukunft der Menschheit, teilten den Ansatz Bhutans, die soziale, wirtschaftliche und ökologische Dimension der Realität in ein praktikables System zu integrieren, und waren dankbar für das Beispiel und den anfänglichen Mut des kleinen Landes, das diese Themen auf die internationale Bühne gebracht hatte.

Auch wenn es zu diesem Zeitpunkt nicht offen ausgesprochen wurde, vermute ich, dass ich in den Augen meiner bhutanischen Arbeitskollegen viel zu viel Verständnis für unsere ausländischen Experten zeigte und mich nicht ausreichend loyal gegenüber den Interessen Bhutans verhielt, weil ich selbst Ausländer war. Einige Monate später wurde ich dann offen der Illoyalität gegenüber Bhutan bezichtigt, nachdem ich die Integrität der Mitglieder der Arbeitsgruppe gegen die Versuche einiger Beamter verteidigt hatte, ihre Motive zu verunglimpfen, und nachdem ich meinen Verdacht geäußert hatte, dass das Außenministerium die mutige Initiative Bhutans untergrub, indem es sich dem Druck von außen beugte. Da ich dem Land neun Jahre lang ehrenamtlich gedient hatte, wies ich den Vorwurf der Illoyalität natürlich energisch zurück und sagte diesen Kollegen unverblümt, dass wahre Loyalität gegenüber einer Vision, einem Land, einem Anführer oder einem nationalen Interesse intelligente Kritik und Mut erfordert. In dem hitzigen Wortwechsel argumentierte ich, dass blinder Gehorsam angesichts fehlgeleiteten und feigen bürokratischen Drucks die besten Interessen eines Landes untergraben könnte und weit mehr mit politischem Taktieren als mit Loyalität zu tun hat. Die Erinnerung erschüttert mich immer noch.

Als sich die internationalen Experten im Januar 2013 in Thimphu trafen, war die Sache bereits klar. Kurz nach diesem Treffen bat ich den Premierminister, mich von meinen Aufgaben als Forschungsleiter der Arbeitsgruppe zu entbinden. Außerdem wollte ich aus dem Sekretariat und dem Lenkungsausschuss zurücktreten. Unter den gegebenen Umständen könne ich die von ihm verlangte Aufgabe nicht erfüllen, und ich wolle nicht zu der offensichtlich wachsenden Disharmonie beitragen, so meine Erklärung. Der Premierminister weigerte sich, meinen Rücktritt zu akzeptieren, bestand darauf, dass ich weitermachte, und sagte, in diesen Gruppen sei ich sein Repräsentant. Ich tat mein Bestes und lavierte weiter, versuchte, gute Beziehungen zu allen zu pflegen, zuzuhören und zu reagieren, so gut ich konnte, und eine Sprache zu finden und Dokumente zu erarbeiten, die alle zufriedenstellten. Aber es war schmerzhaft, dieses bürokratische Spiel zu spielen, mir ständig auf die Zunge beißen und mitansehen zu müssen, wie sich eine noble und dringende Vision in Luft auflöste. Am Ende wahrte Bhutan sein Gesicht, indem es den Anschein des Mandats aufrechterhielt, das es auf der UN-Konferenz am 2. April 2012 festgelegt hatte, aber die Substanz war weg.

Das gesamte Projekt wurde durch die Wahlen in Bhutan im Juli 2013 torpediert, bei denen der Premierminister eine deutliche Niederlage erlitt, was zum Großteil auf die Intervention Indiens zurückzuführen war. Premierminister Thinleys Streben nach einer unabhängigen Außenpolitik und einer Ausweitung der diplomatischen Beziehungen Bhutans hatte die indische Regierung zunehmend verunsichert.

Indien war auch strikt gegen Thinleys Treffen mit dem chinesischen Premierminister Wen Jiabao am Rande des Rio+20-Gipfels im Juni 2012 und wünschte sich eine gefügigere Führung in Bhutan. Und so strich der große Nachbar wenige Tage vor der Wahl seine Subventionen für Kerosin und Propangas und setzte damit ein deutliches Zeichen des Unmuts gegenüber der amtierenden Regierung. Die Preise für diese Grunderzeugnisse verdoppelten und verdreifachten sich, und die Opposition griff das Thema mit dem Versprechen auf, die guten Beziehungen zu Indien wiederherzustellen und damit implizit auch die Subventionen wieder einzuführen, um die Preise zu senken.

Die Wahl wurde zudem durch andere wirtschaftliche Faktoren beeinflusst, wie etwa den erheblichen Abfluss von indischen Rupien, der die Kapitalinvestitionen dämpfte und zu Beschränkungen für Auto- und Industrieimporte führte. Die Opposition hatte versprochen, die Wirtschaft anzukurbeln, die Rupien-Krise zu lösen, die Importe wieder aufzunehmen, Arbeitsplätze zu schaffen und sich auf lokale wirtschaftliche Prioritäten zu konzentrieren, statt auf die eher global ausgerichtete Agenda der amtierenden Regierung. Obwohl diese Faktoren und die Intervention Indiens den Wahlausgang stärker beeinflussten als mangelnde Popularität, bedeutete das Ergebnis dennoch das Ende vieler Träume und Ziele von Premierminister Thinley. In der neuen Regierung trat das BNG in den Hintergrund, und Bhutan schlug offenkundig einen konventionelleren, auf Wirtschaftswachstum basierenden Weg ein.

Das abschließende Dokument zum neuen Entwicklungsparadigma, das Bhutan den Vereinten Nationen im Dezember 2013 vorlegte, gab sich weitgehend mit vagen Allgemeinplätzen zufrieden und enthielt keine konkreten Vorschläge für Maßnahmen und Mechanismen bezüglich guter Regierungsführung, Ressourcen, Investitionen, Finanzen, Handel und Regulierung, die notwendig gewesen wären, um die Struktur und Ausrichtung der Volkswirtschaften der Welt zu verändern. Die Ergebnisse und politischen Empfehlungen des UN-Treffens vom 2. April 2012 kamen darin nicht vor. Da dennoch ein Dokument vorgelegt wurde, konnte Bhutan sagen, dass es seine Verpflichtung erfüllt hatte. Nachdem die Initiative fast zwei Jahre zuvor mit großem Getöse ins Leben gerufen worden war, verblasste sie mit einem leisen Wimmern und ohne Anteilnahme der Öffentlichkeit.

Der vielleicht letzte Schlag war die Beseitigung jeglicher Erinnerung an die Initiative. Die Website der Regierung von Bhutan für das Treffen der Vereinten Nationen am 2. April 2012 (www.2apr.gov.bt) wurde gelöscht, der umfangreiche Schatz an Originalmaterialien, die sowohl von den Teilnehmern als auch von der Regierung von Bhutan selbst für das UN-Treffen vorbereitet worden waren, ging unwiederbringlich verloren. Auch die spätere (und viel zahmere) Website zum neuen Entwicklungsparadigma verschwand. Bhutans radikaler Beitrag zur Rio+20-Konferenz, in dem ein »neues Bretton Woods« gefordert wurde, ist auf keiner Website der Regierung oder der Vereinten Nationen mehr zu finden. Die bhutanische Initiative für ein neues Wirtschaftsparadigma hat sich in Luft aufgelöst. Die Geschichte ist praktisch umgeschrieben worden.

Tief enttäuscht schied ich schließlich im Dezember 2013 aus dem Lenkungsausschuss und dem Sekretariat des Projekts aus. Schweren Herzens und zugleich sehr erleichtert zog ich zurück nach Samdrup Jongkhar im abgelegenen Südosten Bhutans. Es war beglückend, in eine Umgebung zurückzukehren, die sich im Vergleich dazu so unbefleckt, bodenständig, einfach und unkompliziert anfühlte. Es war, als ob eine frische Brise eine unerträgliche persönliche Last hinweggefegt hätte. Ich nahm meine Arbeit mit der gemeindebasierten Samdrup Jongkhar Initiative wieder auf, die ihren ursprünglichen Auftrag, das BNG vor Ort in die Praxis umzusetzen, scheinbar unberührt von den dramatischen Ereignissen auf nationaler Ebene weiterverfolgte.

14

Ist echter Fortschritt wirklich möglich?

So süchtig ich nach Happy Ends bin, so klar ist doch, dass diese 20-jährige Reise von Nova Scotia über Neuseeland nach Bhutan auf der Suche nach einer neuen Wirtschaft ebenso große Hoffnungen wie Enttäuschungen mit sich gebracht hat. Im Laufe dieser Reise habe ich aus unseren Misserfolgen mindestens so viel gelernt wie aus unseren Erfolgen. Auf der Skala der Misserfolge rangiert das Scheitern von Bhutans Initiative für ein neues Wirtschaftsparadigma an oberster Stelle. Was können wir also lernen?

Ich habe festgestellt, dass auf den höheren Ebenen – auf der Ebene der Provinzen, der Länder und vor allem auf internationaler Ebene – immer wieder vier Dinge passieren:

Erstens bleiben Vorschläge in der Bürokratie stecken, die sich naturgemäß von Veränderungen bedroht fühlt, in der Regel den Status quo aufrechterhält und alles abwehrt, was sie ins Wanken bringt. Im Fall der Internationalen Expertenarbeitsgruppe war dies das Außenministerium von Bhutan. Bei anderen Initiativen in Bhutan, die in den vorangegangenen Kapiteln beschrieben wurden, waren es die Ministerien für Landwirtschaft und Bildung. In Nova Scotia war es das Ministerium für Humanressourcen der Provinz, als wir Lösungen zur Arbeitsteilung einführten.

Im Falle des bhutanischen Außenministeriums bestand die

Aufrechterhaltung des Status quo vor allem darin, die bestehenden Beziehungen zu Indien, den Geberorganisationen und anderen Ländern nicht zu gefährden, die alle ein Interesse am herkömmlichen Wirtschaftssystem hatten und potenziell wichtige Einnahmequellen Bhutans gefährden konnten. Für Wissenschaftler und Beamte des Landwirtschaftsministeriums, die mit den chemieintensiven Ansichten und Methoden der indischen *Grünen Revolution* vertraut waren, bedeutete die Aufrechterhaltung des Status quo, dass sie sich den Veränderungen widersetzen mussten, die erforderlich waren, damit Bhutan der erste zu 100 % ökologische Staat der Welt werden konnte. Für die Beamten des Bildungsministeriums war die Umschreibung des gesamten Lehrplans, die Erstellung neuer Texte und die radikale Umschulung der Lehrer eine zu gewaltige Aufgabe.

Wie wir gesehen haben, bedeutete die Beibehaltung des Status quo in Nova Scotia insgesamt, dass man an den konventionellen, auf dem BIP basierenden Fortschrittsmaßen festhielt, anstatt einen echten Fortschrittsindex einzuführen, der die politischen Prioritäten drastisch verändert hätte. Bei der in Kapitel 5 beschriebenen Initiative zur Arbeitsteilung bedeutete dies, dass die Personalbürokraten die Einfachheit massiver Entlassungen als Strategie zur Verringerung des Staatsdefizits vorzogen, anstatt ihre Personal- und Gehaltsdatenbank zu überarbeiten und ihre Bücher zu ändern, um freiwillige Arbeitszeitverkürzungen einzubeziehen, die Entlassungen hätten vermeiden können.

Diese bürokratische Realität aus nächster Nähe mitzuerleben, hat mich etwas über die Grenzen der politischen Macht gelehrt, selbst für einen Regierungschef mit einer starken parlamentarischen Mehrheit. Nach meiner Erfahrung war Premierminister Thinley eine außergewöhnliche Führungspersönlichkeit mit bemerkenswerter Intelligenz, einer praktikablen Vision und echter Sorge um die Welt.

Aber er konnte die Ausrichtung der Regierung nicht allein ändern. Einmal gestand er mir, er habe bereits zu sehr den Ruf eines Mikromanagers. Die Ministerien rebellierten auf subtile Weise gegen seine Interventionen in Detailfragen. Ohne die volle Unterstützung der Verwaltung konnte er seine Ministerien einfach nicht dazu bringen, die großen Veränderungen, die er einleiten wollte, durchzuführen. Bei zahlreichen Gelegenheiten beobachtete ich, wie Beamte die Kunst beherrschten, dem Premierminister das zu sagen, was er hören wollte, während sie bei ihrer täglichen Arbeit stillschweigend anders handelten. Allzu oft glaubte der Premierminister, was man ihm sagte, während in Wirklichkeit viele seiner Direktiven abgewürgt und übergangen wurden.

Das Problem lag natürlich nicht nur in der Verwaltung. Der Premierminister konnte auch seinen Kabinettskollegen, den Beratern und der eigenen Partei nicht ohne Weiteres seine eigene Vision und seinen Weitblick einimpfen. Gleichzeitig hielt ihn die persönliche Loyalität zu langjährigen Kollegen und Mitarbeitern davon ab, einige von ihnen durch Personen zu ersetzen, die seinen Bestrebungen mehr Sympathie entgegenbrachten. Darüber hinaus verfügte er über keine starke und aktive soziale Basis, galt weithin als Mitglied der privilegierten Aristokratie Bhutans und konnte die materiellen Bestrebungen einiger seiner Landsleute nicht ohne weiteres bremsen. Auch die großen Erfolge seiner Regierung bei der Ausweitung der Gesundheitsversorgung, der Bildung, der Elektrizität, des sauberen Trinkwassers und des Zugangs zum Mobilfunknetz für alle Bürger konnten den Zynismus derjenigen nicht überwinden, die eine Kluft zwischen der BNG-Philosophie auf der einen und den Taten auf der anderen Seite sahen.

Das Projekt *Erziehen für das BNG* wurde von den Medien im Allgemeinen gut dargestellt. Das Gleiche galt für die Absicht, ökologisch zu wirtschaften, ein lebendiges BNG-Zentrum in Übereinstimmung mit der Vision des Premierministers zu entwickeln, und – neben anderen Initiativen – die neuen BNG-Maßnahmen und -Berechnungen einzuführen. Und doch schienen diese Bemühungen nie in den Köpfen der breiten Bevölkerung anzukommen. Heute ist Bhutan keinen Schritt weiter auf dem Weg zu einem neuen Bildungskonzept, und das gilt ebenso für eine 100-prozentig ökologische Landwirtschaft oder ein neues Wirtschaftsparadigma. Gelegentliche Lippenbekenntnisse zum BNG werden weiterhin abgelegt, was auch notwendig ist, da es in Artikel 9 der bhutanischen Verfassung verankert ist.[421] Das Konzept stellt ein gewisses Gütesiegel dar, das sich jede Regierung zunutze machen möchte. Doch allzu oft habe ich erlebt (und war selbst daran beteiligt), dass auf noble Ideen und enthusiastische Reden keine Taten folgten. Die Tatsache, dass die BNG-Aktionen allein vom Premierminister abhängig waren, was anfangs so vielversprechend schien, weil ein Regierungschef an eine Vision glaubte, erwies sich als fatale Schwäche.

Eine zweite, fast selbstverständliche Beobachtung lautet, dass vorgeschlagene soziale und wirtschaftliche Veränderungen von Bedeutung unweigerlich auf den Widerstand mächtiger Interessenvertreter stoßen, die ihr *business as usual* mit allen Mitteln aufrechterhalten wollen. Die beiden Beispiele für solche mächtigen Akteure im Fall Bhutans – die Weltbank und die indische Regierung – waren bei weitem nicht die einzigen.

In Nova Scotia sahen wir, wie sehr sich die Forstindustrie angegriffen fühlte, als *GPI Atlantic* herausfand, dass der Zustand der Wälder durch die bestehenden Kahlschlagmethoden degradiert war. Bis heute werden konventionelle Abholzungspraktiken in Nova Scotia fortgesetzt, und das Ministerium für Naturressourcen ist weiterhin fest mit der Industrie verbandelt.

Drittens können die nobelsten Initiativen vereinnahmt und dadurch ausgeweidet und verwässert werden. Diese Strategie ist vielleicht am heimtückischsten, weil man sie nur sehr schwer entlarven und vereiteln kann. In Kapitel 10 habe ich beschrieben, wie dies mit der Glücksbewegung und dem World Happiness Report geschehen ist, der auf der bhutanischen UN-Konferenz am 2. April 2012 ins Leben gerufen wurde, aber keine einzige Umweltgröße enthielt.

Auch auf der Konferenz selbst konnte ich das Phänomen beobachten. Viele Botschafter und Kabinettsminister aus verschiedenen Ländern, die die Popularität von Bhutans Initiative erkannten, dachten vielleicht, sie hätten keine andere Wahl, als auf der Welle zu reiten, und versuchten deshalb, die richtigen Worte über die Notwendigkeit von Veränderungen, die Bedeutung der Umwelt und die Unzulänglichkeit des BIP zu finden. Aber ihre öffentlichen Äußerungen an jenem Tag verrieten ihren Mangel an Engagement und Sachkenntnis.

Echte Vereinnahmung jedoch geht über einen solchen Mangel an Engagement hinaus. Eine ihrer Strategien besteht im sogenannten »Mainstreaming« radikaler Initiativen, das heißt, sie werden zur Hauptströmung gemacht, aber so, dass sie bequem in die bestehenden Parameter und Vorstellungen passen. So können diejenigen, die daran interessiert sind, ihren gewohnten Geschäften nachzugehen, gleichzeitig unter dem Deckmantel hochtrabender Bezeichnungen wie »nachhaltige Entwicklung«, »Umweltschutz« und »Eingliederung« ungebremstes Wachstum fortsetzen. Am 2. April 2012 legte sich eine Reihe indischer, chinesischer, europäischer und anderer Diplomaten den Mantel des neuen Wirtschaftsparadigmas um, hegte jedoch zu keinem Zeitpunkt die Absicht, ihre Wachstumsagenda aufzugeben oder den ungezügelten Konsum zu reduzieren. (Die USA ignorierten die gesamte Initiative.)

Die Vereinnahmung guter Absichten geschieht allseits durch den Missbrauch des Wortes »Nachhaltigkeit«. Die *Irving Company* im Osten Kanadas bezeichnete sich selbst als »nachhaltiges Forstunternehmen« und posaunte ihre »Investition in eine nachhaltige Zukunft« hinaus, obwohl sie weiterhin in zunehmendem Maße Wälder abholzte. Ihre enge Definition von »Nachhaltigkeit« bedeutete, so viele Fasern zu ersetzen, wie sie entnommen hatte, selbst wenn sie einen alten, vielfältigen, mehrjährigen und artenreichen Wald durch eine einjährige und artenarme Monokultur-Plantage ersetzte.

»Greenwashing« ist ein anderer Name für diese Strategie, und sie ist zu einem Spezialgebiet der Werbeindustrie geworden. Im Wissen um die wachsende ökologische Besorgnis der Verbraucher werben Ölfirmen, die Öl in Naturschutzgebieten verschüttet haben, mit Mitarbeitern, die niedliche Tiere beschützen; die Atomindustrie wirbt für saubere Energie, während aus ihren Reaktoren radioaktives Material austritt; und die Flaschenwasser- und Eierindustrie zeigt Bilder von zerklüfteten Bergen, unberührten Seen und grünem Ackerland, während sie riesige Mengen Abfall produziert und Hühner in überfüllte Käfige stopft. Obwohl sie wissen, dass das Recycling von Kunststoffen wirtschaftlich nicht rentabel ist und 80 % der Kunststoffe nicht recycelt werden, werben Kunststoffindustrie, Chemieunternehmen und Einzelhändler für das Recycling, um mehr Kunststoffe zu verkaufen und die öffentliche Aufmerksamkeit vom Verkauf ihrer giftigen Produkte abzulenken.[422]

Eine weitere Strategie des Greenwashings besteht im Verkauf von CO_2-Zertifikaten.[423] Auf diese Art des Emissionshandels hat sich die Firma Verra spezialisiert. Sie wurde 2006 vom Weltwirtschaftsforum in Davos zusammen mit der Climate Group, dem Weltwirtschaftsrat für Nachhaltige Entwicklung WBCSD, dem Mineralölkonzern BP, dem Unternehmen Starbucks, der deutschen Allianz Group und mehreren Politikern gegründet. Ausgangspunkt für die Gründung war die Weigerung der UNO, Waldschutzprojekte für die Vergabe von Zertifikaten zuzulassen, da diese »zu riskant« seien, weil weder mit Sicherheit die zukünftige Gefahr, dass der Wald gerodet wird, eingeschätzt, noch bewiesen werden könne, dass der Wald ohne das Zertifikat zwingend gerodet und das CO_2 ausgestoßen werde. Hier besteht also großer Ermessensspielraum, den man nutzen kann, um Geschäfte zu machen. Die Firma Verra, heute Weltmarktführer bei der Vergabe von CO_2-Zertifikaten mit Kunden wie Volkswagen, Apple, Gazprom und Gucci, bietet fast ausschließlich Waldschutzprojekte an. Allerdings fanden investigative Journalisten gemeinsam mit Ökologen im Frühjahr 2023 heraus, dass 94 % der Zertifikate praktisch wertlos sind, da die ausgewiesenen Waldprojekte drastisch überbewertet wurden. Solche Zertifikate funktionieren wie Blanko-Schecks für den Ausstoß von CO_2-Emissionen durch die Unternehmen. Deshalb können sie das Klima sogar noch weiter schädigen. Das bestätigen auch von Ökologen angestellte Berechnungen: Knapp 89 Millionen Tonnen CO_2 der untersuchten Zertifikate wurden nicht eingespart.

Die Vereinnahmung von Initiativen, die auf ganzheitlichen Prinzipien beruhen, kann auch sehr viel subtiler erfolgen. Die Untergrabung von Bhutans UN-Initiative zeigte sich in der ausdrücklichen Unterstützung des neuen Wirtschaftsparadigmas, der Nachhaltigkeit und der Armutsbekämpfung. Denn gleichzeitig wurden Fragen der Gerechtigkeit gemieden und es wurde versäumt, das vorherrschende Wachstumssyndrom und den übermäßigen Konsum der Reichen infrage zu stellen. Diese Taktik bedient sich geschickt einer progressiven Sprache, um zu vermeiden, dass ein politisch heikles Thema auf den Tisch kommt.

Eine solche Vereinnahmung ist natürlich nicht auf das neue

wirtschaftliche Paradigma Bhutans beschränkt. Ausgehend von den späteren Handlungen der Nova Scotia New Democratic Party könnte man zum Beispiel sagen, dass sie die GPI-Sprache als bequemes politisches Instrument übernahm, solange sie in der Opposition war, nur um sie schnell wieder aufzugeben, als sie 2009 an die Macht kam. Teile des GPI wurden zu verschiedenen Zeiten übernommen, um bestimmte Tagespunkte zu unterstützen, aber der GPI als Ganzes enthält zu viele unbequeme Wahrheiten, als dass er geschluckt werden könnte.

Auf dem Weltwirtschaftsforum in Davos im Januar 2020 sezierte die damals 17-jährige schwedische Schülerin Greta Thunberg die subtilen Methoden, mit denen die führenden Politiker und Unternehmer der Welt den Anschein erwecken, etwas gegen den Klimawandel zu unternehmen, indem sie »schummeln und mit Zahlen herumspielen« und von »Netto-Null-Emissionen«, »Kohlenstoffneutralität«, einer »kohlenstoffarmen Wirtschaft« und »Emissionsausgleich« sprechen. »Leere Worte und Versprechungen, die den Eindruck erwecken, dass genügend Maßnahmen ergriffen werden«, sagte sie, »sind schlimmer als Schweigen.«[424]

Eine solche Vereinnahmung ist oft schwieriger zu überwinden als direkter Widerstand von Interessengruppen, weil sie gut getarnt daherkommt. Wenn noble Ideen übernommen, subtil verwässert oder nur teilweise integriert werden, klingt die Sprache richtig, der Anschein und die Absicht scheinen ehrenwert, und die wahre Gefahr kommt im Gewand eines Freundes und Verbündeten daher. Ich weiß nicht, ob es für dieses Dilemma eine Lösung gibt, die für alle Fälle geeignet ist. Ich selbst neige dazu, solche feindlichen Übernahmen und Ausweidungen anzusprechen, wenn ich sie erkenne, aber das kann dazu führen, dass man potenzielle Verbündete verprellt und isoliert bleibt.

Eine vierte Falle lauert in den großspurigen, oft gut gemeinten Reden und Fanfaren, die so oft Regierungsinitiativen, Konferenzen und Konsultationen begleiten. Bei der Abfassung von Reden und Erklärungen habe ich das oft miterlebt. Vielleicht schadet es mehr als es nützt, Erwartungen zu wecken und sie dann zu enttäuschen, anstatt überhaupt keine Hoffnungen zu schüren. Es kann dazu führen, dass die Menschen die Hoffnung aufgeben, sich nur noch ärgern und nicht mehr daran glauben, dass die Bitten um Beteiligung und Rat ehrlich gemeint sind.

Bei *GPI Atlantic* sind wir mehr als einmal in diese Falle getappt. In Nova Scotia haben wir uns zum Beispiel mit der Atlantic Canada Sustainability Initiative (ACSI) [Nachhaltigkeitsinitiative Atlantik-Kanada] zusammengetan, die die vier kanadischen Atlantikprovinzen als Modell und Vorbild für nachhaltige Initiativen etablieren sollte, von denen andere Bundesstaaten lernen konnten. Die Initiative begann mit großem Trara und einer beeindruckenden Reihe von Partnern, darunter die Stadtverwaltung von Halifax und verschiedene namhafte Unternehmen, die sich wortreich verpflichteten, nachhaltige Praktiken einzuführen. Wir hatten Schulungen durch externe Experten, die von The Natural Step, einer schwedischen Non-Profit-Organisation, eingeflogen wurden.

Aber Workshops, Schulungen, Treffen und Versprechen sind der einfache Teil. Etwas in die Praxis umzusetzen, ist eine andere Geschichte. In weniger als zwei Jahren hat sich ACSI in Luft aufgelöst, was zum Teil auf die schlechte Koordination und zum Teil auf die allgegenwärtige Kluft zwischen Wort und Tat zurückzuführen ist. Das Problem bei Initiativen wie dieser, die mit einer Enttäuschung enden, ist – wie wir von Nova Scotia bis Bhutan immer wieder erfahren haben –, dass sie Zynismus hervorrufen, weitere Bemühungen behindern und von künftigen Investitionen in Zeit und Ressourcen abhalten können. Gute Absichten und kurzlebige Unterstützungsbekundungen allein reichen nicht aus, wenn sie nicht von einer meisterhaften Umsetzungsstrategie, geschickten Mitteln, großem Engagement und Durchhaltevermögen begleitet werden.

In einem Brief an Arnold Ruge schrieb Karl Marx, eine echte Suche nach Wahrheit erfordere nur zwei wichtige Zutaten: Sie darf keine Angst vor ihren eigenen Schlussfolgerungen haben, und sie darf den Konflikt mit den Mächten der Welt nicht scheuen.[425] Das traurige Ergebnis von Bhutans unglaublicher Initiative im Jahr 2012 bei den Vereinten Nationen war ein überstürzter Rückzug sowohl vor den eigenen Schlussfolgerungen als auch vor dem Konflikt mit mächtigen Kräften im In- und Ausland. Die Schlussfolgerungen waren einfach zu radikal – viel radikaler als ursprünglich von den meisten gedacht – und die herrschenden Mächte einfach zu mächtig. Als die bhutanischen Beamten erkannten, worauf sie sich eingelassen hatten, zogen sie sich zurück, und das ist sogar nachvollziehbar.

Man kann es dem kleinen, von Entwicklungshilfe abhängigen Bhutan mit seinen 760.000 Einwohnern nicht verübeln, denn es liegt zwischen den beiden bevölkerungsreichsten Giganten der Erde. Mit seiner kühnen UN-Initiative ging das Land bei der Propagierung einer vernünftigen Zukunftsvision viel weiter als andere Länder, ganz im Gegensatz zu der feigen und kurzsichtigen Haltung weitaus größerer Länder mit stärkeren Ressourcen und Mitteln. Und die Hindernisse und Herausforderungen, mit denen Bhutan konfrontiert wurde, waren entmutigender, als irgendjemand in der Eile und dem Enthusiasmus des Anfangs erwartet hatte.

Die Rückschläge und Frustrationen, die ich in den 13 Jahren meiner Arbeit in Bhutan erlebte, haben mein Vertrauen nicht geschmälert. Dieses kleine Land besitzt die Fähigkeit, ein lebendiges Modell für das neue Paradigma zu sein, das die Welt zum Überleben braucht. Nach wie vor sind in Bhutan mehr als 70 % der Landfläche bewaldet und mehr als 50 % stehen unter vollständigem Umweltschutz; es gibt brauchbare Korridore für Wildtiere; das Land bleibt eine Netto-Kohlenstoffsenke, und seine alten Weisheitstraditionen pulsieren immer noch unter der Oberfläche. Es bleibt jedoch abzuwarten, ob sich diese Fähigkeit in umfassenderen Maßnahmen, Führungsqualitäten und Beispielen niederschlägt.

VORWÄRTSBEWEGUNG

Was können wir also rückblickend lernen? Und was könnte man in Zukunft anders machen, um die Hindernisse, mit denen wir konfrontiert waren, zu vermeiden oder zu überwinden? Oder gibt es etwa unüberwindbare Hindernisse, die künftige Bemühungen um ein neues Wirtschaftsparadigma erneut zum Scheitern bringen werden?

Ich habe bereits einige Lektionen gelernt und einige Strategien für ein effektiveres Vorgehen in der Zukunft aufgezeigt. Wie in Kapitel 6 erwähnt, unternahm *GPI Atlantic* aufgrund der sehr begrenzten Ressourcen große Anstrengungen, um solide Fortschrittsmessungen und Umfassende Kostenrechnungen zu entwickeln, die exakt, glaubwürdig und mit zahlreichen Verweisen versehen waren. Unsere Annahmen wurden vollkommen transparent vermittelt, beruhten auf den besten verfügbaren Datenquellen und Methoden und waren in allen Bereichen für Verbesserungen offen. 24 Jahre später kann ich mit einigem Stolz sagen, dass wir diesen Test bestanden und sogar einer genauen und intensiven Prüfung durch unsere Gegner standgehalten haben.

Versagt haben wir bei der Vermarktung und dem Verkauf des »Produkts«. Nachdem wir nun die Experten zufriedengestellt haben, müssen wir uns in Zukunft viel stärker um die Öffentlichkeitsarbeit auf den Ebenen der politischen Entscheidungsfindung und der ständigen öffentlichen Kommentare kümmern. Wir müssen von der Werbeindustrie lernen, wie man die GPI-Perspektive durch kreative Bilder, Branding und schiere Wiederholung so lange in den Nachrichten hält, bis sie vollständig in das öffentliche Bewusstsein und die politischen Reflexe eingesickert ist.

In dieser Hinsicht haben wir einige unserer größten Erfolge bei der Einbindung der Bürger auf lokaler, partizipativer Ebene erzielt. Die Samdrup Jongkhar Initiative hat sich durch ihr schieres Durchhaltevermögen, ihre kontinuierliche tägliche Arbeit in den Bereichen Gemeindeentwicklung, ökologischer Landbau, Abfallvermeidung, Jugendarbeit u. a., sowie durch ihre sichtbare Präsenz und ihren herzlichen, hilfsbereiten Umgang mit den Menschen vor Ort zu einer angesehenen Säule der Gemeinschaft und zu einem Teil der lokalen Kultur im Südosten Bhutans entwickelt. Sie hat das soziale Gefüge durchdrungen, Einstellungen verändert und ist zu einem Beispiel für positives bürgerschaftliches Engagement geworden. Weder *GPI Atlantic* noch Bhutan noch die Umfassende Kostenrechnung sind bisher auch nur annähernd so weit durchgedrungen.

Ich habe auch gelernt, wie naiv es ist, zu glauben, dass Visionen, harte Fakten und die Wahrheit zwangsläufig triumphieren werden. Wie ich bereits zu Beginn dieses Buches anmerkte, haben meine Kollegen aus Nova Scotia und ich nie daran gezweifelt, dass unsere neuen Maßnahmen die Politik beeinflussen würden. Die zutiefst beunruhigenden Trendlinien und die Dringlichkeit eines Wandels waren bereits aus zuverlässigen und sich rasch ansammelnden wissenschaftlichen Erkenntnissen ersichtlich. Das Problem, so glaubten wir, bestand einfach darin, dass Politik und Wirtschaft immer noch von BIP-basierten Maßstäben des Wirtschaftswachstums beherrscht und getäuscht wurden. Und weil diese an den ökologischen und sozialen Realitäten vorbeigingen, konnten sie den politischen Entscheidungsträgern nicht die Informationen liefern, die sie für eine gute Politik benötigten. Alles, so dachten wir, was man also brauchte, wären bessere und umfassendere Fortschrittsmessungen und -rechnungen, die die wahren Kosten der Wirtschaftspolitik beziffern würden, und schon müssten die politischen Entscheidungsträger unbedingt aufmerksam werden. Ja, wie könnten sie nicht wollen, dass die groben, veralteten bruttovolkswirtschaftlichen Gesamtrechnungen durch genaue Nettomessungen ersetzt werden, wo sie doch nachweislich zutreffende Vorhersagen machen können? Hatten wir das nicht am Beispiel des Finanzcrashs von 2008/2009 bewiesen? Und hatten wir nicht auch zutreffend vorhergesagt, dass die wirtschaftliche Lebensfähigkeit der Landwirtschaft zunehmend bedroht ist?

Wir und die vielen angesehenen Wissenschaftler, die immer eindringlicher vor dem Klimawandel, der Erschöpfung der Ressourcen, dem Verlust der biologischen Vielfalt, dem Artensterben usw. gewarnt haben, lagen offensichtlich falsch, als wir glaubten, dass die Regierungen auf solide und gut dokumentierte Beweise hören würden! Politische Entscheidungsträger, Wirtschaftswissenschaftler und ganze Gesellschaften glauben weiterhin an das Dogma des Wirtschaftswachstums, machen weiter wie bisher und ignorieren – zunehmend vorsätzlich – die Fakten und Zahlen. Viele Gelehrte sind nicht weniger schuldig. Ich bin immer noch entsetzt, wenn ich höre, wie ein Referent nach dem anderen auf akademischen und internationalen Konferenzen von seinen neuen Fortschrittsmaßnahmen und -methoden spricht, als ob diese unbedingt die Politik beeinflussen würden, während kaum einer von ihnen die nackten Tatsachen des letzten Jahrzehnts anerkennt.

Eine seltene Ausnahme ist Rutger Hoekstra, dessen kürzlich

erschienenes Buch *Replacing GDP by 2030* [Das BIP bis 2030 ersetzen] freimütig einräumt, dass die vielen alternativen Messgrößen nicht in der Lage sind, die anhaltende Dominanz des BIP zu brechen. Aufgrund meiner Erfahrungen mit Unternehmen wie dem kanadischen Index of Wellbeing bin ich jedoch weniger zuversichtlich als Hoekstra, der davon ausgeht, dass die bestehenden Spaltungen überwunden werden können, um eine institutionalisierte, wissenschaftlich fundierte Gemeinschaft für Wohlergehen und Nachhaltigkeit mit »einem klaren Ziel, einer kohärenten Struktur und einer gemeinsamen Sprache« zu schaffen.[426] Selbst auf höchster politischer Ebene habe ich die Grenzen der Macht eines Regierungschefs erlebt, der nicht genügend interne und öffentliche Unterstützung für seine Vision hatte, sowie den gewaltigen Einfluss der wirtschaftlichen Interessen und den Widerstand der Bürokratie gegen Veränderungen, die ihre bestehenden Betriebsannahmen und Verfahren in Frage stellen. Daher schlage ich im Folgenden einen anderen Weg vor, der sich auf ein neu entstehendes Bündnis stützt.

Rückblickend muss ich meinen eigenen, oft einfältigen Idealismus und meine Ungeduld eingestehen. Ich hatte die Illusion, dass sich sowohl in Kanada als auch in Bhutan der Wandel viel schneller und in größerem Umfang vollziehen würde, als es angesichts der Bedingungen und Umstände möglich war. Ich selbst habe darin versagt, die Stärke dieser Hindernisse – der festgefahrenen Denkweisen und der verteidigten Privilegien – klar zu erkennen, was mich zu unrealistischen Erwartungen verführte. Anstatt geschickte Wege zu finden, um diesen Widerstand zu umgehen und zu schwächen, rechnete ich weiter mit Zahlen und glaubte an die Macht der Beweise und der nackten Wahrheit.

Heute denke ich, dass man in Zukunft viel aufmerksamer als bisher die Schalthebel der Macht und die Zentren des Widerstands identifizieren muss. Man muss strategisch und geschickt arbeiten, wichtige Verbündete gewinnen und an den entscheidenden politischen und wirtschaftlichen Druckpunkten Einfluss ausüben. Ich kann nicht mehr so tun, als ob es möglich wäre, sich aus dem politischen Geschehen herauszuhalten, wenn eine Maßnahme wie der GPI tatsächlich von den Regierungen angenommen und für ihre Politik genutzt werden soll. In nüchterner Anerkennung der Tatsache, dass Verhandlungsgeschick mindestens ebenso wichtig ist wie Forschung und Fakten, um neue Ideen in der politischen Arena zu verankern, würde ich jetzt nicht mehr zögern, jemanden an Bord zu holen, der über diplomatische Fähigkeiten verfügt. Dies ist ein heikles Gleichgewicht. Ein Forschungsinstitut wie *GPI Atlantic* muss einerseits bei der Präsentation von Erkenntnissen über gesellschaftsweite Fortschrittsmaßnahmen völlig unparteiisch bleiben. Andererseits aber muss es Allianzen schmieden, mit deren Hilfe in der Öffentlichkeit und in der Politik die nötige Akzeptanz der aus den Erkenntnissen resultierenden Maßnahmen und Empfehlungen geschaffen wird.

Eine weitere Schlüsselstrategie für die Zukunft ist der Aufbau von Allianzen außerhalb des jeweiligen Zuständigkeitsbereichs, in dem wir tätig sind. Hier habe ich beträchtlichen Grund zur Hoffnung gefunden, einfach weil wir in unserem Bemühen nicht allein sind. Obwohl sich dieses Buch auf meine Erfahrungen in Kanada, Neuseeland und Bhutan konzentriert, wird die Suche nach einem neuen Wirtschaftsparadigma, das echte Maßnahmen des sozialen Fortschritts enthält, von mehr und mehr Menschen geteilt. Vor allem angesichts der Tatsache, dass das bestehende Wirtschaftsparadigma zunehmend scheitert, ist die neue Arbeit von den Rändern in den Mainstream vorgedrungen, und ich lasse mich weiterhin von der brillanten, aufrichtigen und bahnbrechenden Arbeit von Kollegen aus aller Welt inspirieren. Die Tatsache, dass sie angesichts so großer Enttäuschungen, wie sie auf diesen Seiten beschrieben werden, nicht aufgegeben haben, stärkt auch meine eigene Entschlossenheit und die meiner Kolleginnen und Kollegen.

Diese gemeinsamen Bestrebungen gehen weit über akademische Kreise hinaus. Wie in Kapitel 7 erwähnt, beschreibt Paul Hawken in seinem Buch *Blessed Unrest* die globale, mächtige und äußerst vielfältige zivilgesellschaftliche Bewegung, die sich – obwohl sie von Politikern und Medien kaum wahrgenommen wird – immer schneller und effektiver für die Belange der Natur, der Gerechtigkeit und vieler Aspekte eines neuen Wirtschaftsparadigmas einsetzt.[427] Zum Zeitpunkt der Abfassung dieses Kapitels machte Greta Thunberg mit ihren Auftritten in Davos und bei den Vereinten Nationen weltweit Schlagzeilen, führte sieben Millionen Streikende für den Klimawandel auf der ganzen Welt an und wurde vom *Time Magazine* zur »Person des Jahres« ernannt, weil sie »die lauteste Stimme für das größte Problem des Planeten« ist. Edward Felsenthal, Chefredakteur von *Time*, schrieb:

> »Weil sie Alarm geschlagen hat wegen der räuberischen Beziehung der Menschheit zu ihrem einzigen Zuhause, weil sie einer zersplitterten Welt eine Stimme gegeben hat, die Herkunft und Grenzen überschreitet, weil sie uns allen zeigt, wie es aussehen könnte, wenn eine neue Generation die Führung übernimmt, ist Greta Thunberg für die TIME die Person des Jahres 2019.«[428]

In Davos sagte Thunberg zu den Wirtschaftsführern der Welt: »Ich möchte, dass Sie in Panik geraten. [...] Ich möchte, dass Sie so tun, als ob unser Haus in Flammen stünde. Weil es brennt!« Bei den Vereinten Nationen erklärte sie den politischen Führern der Welt:

»Ganze Ökosysteme brechen zusammen. Wir stehen am Anfang eines Massensterbens, und alles, worüber Sie reden können, sind Geld und Märchen von ewigem Wirtschaftswachstum. Wie können Sie es wagen!« Und sie hat ausdrücklich die Notwendigkeit eines vollständigen Paradigmenwechsels unterstrichen, der in bemerkenswerter Weise in die Richtung geht, die im vorherigen und im nächsten Kapitel vorgeschlagen wurde:

> »Es gibt keine Lösungen innerhalb unserer derzeitigen Systeme. Wir brauchen eine ganz neue Art des Denkens. In dem politischen System, das Sie geschaffen haben, dreht sich alles um Wettbewerb. [...] Das muss ein Ende haben. Wir müssen anfangen zu kooperieren und die verbleibenden Ressourcen dieses Planeten gerecht aufzuteilen.«[429]

Wissenschaft und Wirtschaft sind mit anderen Worten nur ein – wenn auch wesentlicher – Teil des erforderlichen Wandels. Fakten und Zahlen, wissenschaftliche Erkenntnisse, umfassende Fortschrittsmessungen und Umfassende Kostenrechnungen verleihen den eigentlichen Akteuren des Wandels die notwendige Glaubwürdigkeit. Doch seit mehr als 30 Jahren werden die solidesten wissenschaftlichen Erkenntnisse in den Hallen der Macht ignoriert, ebenso wie unsere neuen Fortschritts- und Rechnungslegungsmaßnahmen. In einem Artikel in der New York Times vom Januar 2020 kam der Nobelpreisträger Paul Krugman zu dem Schluss, dass »die wissenschaftliche Überzeugungsarbeit immer weniger Früchte trägt. Nur sehr wenige derjenigen, die weiterhin die Realität des Klimawandels leugnen oder sich zumindest weigern, etwas dagegen zu unternehmen, werden sich durch eine weitere Anhäufung von Beweisen oder sogar durch eine Zunahme neuer Katastrophen bewegen lassen«, selbst wenn sie frühere wissenschaftliche Belege und Vorhersagen bestätigen.[430] Wir können uns also nicht mehr wie vor 20 Jahren vormachen, dass die Bereitstellung exakter Belege und das Aussprechen faktischer Wahrheit allein die politischen Entscheidungsträger davon überzeugen wird, auf vernünftige und sachkundige Weise zu handeln, um das Wohlergehen der Bürger zu verbessern und ihren zunehmend prekären Lebensraum zu schützen.

Vielleicht waren wir zu höflich und gelehrt, als wir behutsam und sorgfältig unsere gut dokumentierten Grafiken, Tabellen, Schlussfolgerungen und Empfehlungen präsentierten. Was auch immer die Gründe sein mögen, es ist an den Greta Thunbergs dieser Welt, die Schleier jahrzehntelanger vorsätzlicher Ignoranz zu durchbrechen und den Machthabern die Wahrheit ins Gesicht zu donnern: »Seit mehr als 30 Jahren sind die wissenschaftlichen Erkenntnisse glasklar. Wie können Sie es wagen, weiterhin wegzuschauen!«, brüllte Thunberg die führenden Politiker der Welt bei den Vereinten Nationen an. »Ich will nicht, dass Sie auf mich hören«, sagte sie vor dem US-Kongress. »Ich möchte, dass Sie auf die Wissenschaftler hören. Ich möchte, dass Sie sich hinter der Wissenschaft vereinen. Und dann möchte ich, dass Sie Maßnahmen ergreifen.«[431]

Dies könnte die neue Allianz sein, die uns endlich weiterbringt. Vielleicht haben wir Zahlenjongleure, Messfachleute, Meteorologen, Biologen und andere Wissenschaftler uns geirrt, als wir uns auf politische Entscheidungsträger und Regierungsvertreter als unser wichtigstes Publikum konzentrierten. Vielleicht sind Greta und ihresgleichen unser empfänglichstes Publikum und die effektivsten Überbringer der von uns vorgelegten Belege. Die außergewöhnliche globale Bewegung, die dieser zuvor unbekannte Teenager scheinbar über Nacht einfach dadurch auslöste, dass sie sich weigerte, an ihrer Schule wie gewohnt weiterzumachen, verfügt über Kommunikations- und Mobilisierungsinstrumente wie die sozialen Medien, die früheren Generationen nicht zur Verfügung standen.

In der Tat gibt es Anzeichen dafür, dass sich diese neue Allianz rasch formiert. So hat sich etwa der berühmte Naturveteran Sir David Attenborough mit Greta zusammengetan. Attenborough, der schon vor zwei Jahrzehnten auf die dringende Notwendigkeit von Veränderungen in Politik, Wirtschaft und Lebensstil hinwies, räumt bescheiden ein, dass »niemand auch nur ein bisschen Notiz davon genommen hat«. Greta, so stellte er fest, »hat Dinge erreicht, die viele von uns, die seit über 20 Jahren daran gearbeitet haben, nicht geschafft haben«.[432] Wir haben zu lange und zu erfolglos an die Türen der politischen Entscheidungsträger geklopft, an die wir unsere Beweise gerichtet haben. Diese Jugendlichen, die bereitwillig und eifrig unsere Beweise entgegennehmen, sind unsere neuen Verbündeten. In diesem größeren Zusammenhang müssen Wissenschaftler nun Methoden, Datenquellen und Ergebnisse weiterentwickeln und verfeinern, um sicherzustellen, dass diese echten Akteure des 21. Jahrhunderts stets auf dem Boden der Tatsachen stehen und nicht diskreditiert werden können.

Auch in anderen Bereichen gab es bemerkenswerte Fortschritte. Inmitten meiner Verzweiflung und Bestürzung über das Scheitern von Bhutans Initiative für ein neues Wirtschaftsparadigma war ich erstaunt und ermutigt davon, dass die internationale Expertenarbeitsgruppe, die wir mühsam für dieses Unterfangen eingerichtet hatten, trotz der Aufgabe der Initiative durch Bhutan keineswegs auseinandergebrochen war. Wichtige Mitglieder dieser Gruppe arbeiteten weiter zusammen, forschten und publizierten gemeinsam zu diesem Thema und gründeten vor allem eine schlagkräftige *Wellbeing Economy Alliance* [Allianz der Ökonomie des Wohlergehens], die Wissenschaftler sowie Regierungs- und

Nichtregierungsgruppen aus der ganzen Welt zusammengebracht hat.[433]

Einige der Initiativen der *Wellbeing Economy Alliance* werden nun auf nationaler Ebene umgesetzt. Kürzlich brachte sie die Finanzminister von Schottland, Neuseeland, Schweden, Costa Rica und Slowenien in einer gemeinsamen Initiative zusammen, um von einer BIP-basierten Wirtschaft zu einer neuen Wirtschaft überzugehen, die auf die Verbesserung des Wohlergehens ausgerichtet ist. Wie in Kapitel 8 erwähnt, war Neuseeland im Mai 2019 das erste westliche Land, das seinen gesamten Haushalt nach den Prioritäten des Wohlergehens ausrichtete, um sicherzustellen, dass alle politischen Maßnahmen zur Steigerung des Wohlergehens führen – ein Ziel, das nun auch offiziell von Schottland und Island übernommen wurde. Im Jahr 2018 veröffentlichte Schottland ein neues *National Performance Framework* [Nationaler Leistungsrahmen], das sich auf soziale und ökologische Indikatoren konzentriert, und im August 2019 erklärte Nicola Sturgeon, seinerzeit Premierministerin Schottlands, dass »das Ziel der Wirtschaftspolitik das kollektive Wohlergehen sein sollte«. Im Dezember 2019 kündigte die isländische Ministerpräsidentin Katrín Jakobsdóttir an, Island werde nun neue soziale und ökologische Indikatoren in seine Haushaltsplanung aufnehmen.[434]

Wenn man Samen sät, kann man nicht sicher sein, wo, wann oder wie sie sprießen werden. Die letzten Jahre haben mich gelehrt, nicht zu schnell über die Ergebnisse zu urteilen. Und sie haben mir die Zuversicht gegeben, unabhängig von den unmittelbaren Resultaten so gut wie möglich weiterzumachen und erfolgversprechende Initiativen zu feiern, wo immer sie sich zeigen.

Wie in den Kapiteln 5 und 12 beschrieben, habe ich sowohl in Kanada als auch in Bhutan erlebt, welche Durchschlagskraft die

Arbeit auf Gemeindeebene hat, wenn sie unterhalb des Radars staatlicher und großindustrieller Interessen stattfindet. Dort können neue Impulse entstehen und innovative Programme mit minimaler Einmischung seitens etablierter Bürokratien und Interessenvertreter umgesetzt werden. Auf diese Weise ist es möglich, Modelle für potenzielle neue Maßnahmen, Wirtschaftsparadigmen und Bildungssysteme zu schaffen, die zu gegebener Zeit in größerem Maßstab eine Rolle spielen können. Ich habe auch gesehen, wie sich diese Initiativen ausbreiten oder sogar auf höhere Ebenen durchsickern können, so wie das Modell Sustainable Seattle von mehr als der Hälfte von 170 untersuchten Nachhaltigkeitsprojekten weltweit übernommen wurde, oder das Interesse, das lokale Schulen in Bhutan an unseren Bildungsinitiativen in Samdrup Jongkhar gezeigt haben. Ganz allgemein haben wir erlebt, dass isolierte lokale Initiativen für den ökologischen Landbau wie Pilze aus dem Boden schossen und sich zum am schnellsten wachsenden Sektor der Lebensmittelindustrie entwickelten, mit zweistelligen jährlichen Wachstumsraten weltweit. Wenn das bestehende, auf Wachstum basierende Paradigma seinen Glanz verliert, werden diese lokalen Vorbilder der Widerstandsfähigkeit zumindest dazu dienen, die Verzweiflung zu vertreiben und als wirksame, erdverbundene Beispiele aufzeigen, wie man vorankommen kann.

Man darf sich jedoch nicht allein auf solche lokalen Initiativen verlassen, denn sie können ein Hirngespinst oder sogar eine selbstgefällige Ausrede sein, wenn sie nicht von energischen Bemühungen auf nationaler und globaler Ebene begleitet werden. Der Klimawandel, die Erschöpfung der Ressourcen, das Artensterben, der Zerfall von Gemeinschaften, soziale Unruhen, politische Unsicherheit und andere Bedrohungen schreiten so schnell und dramatisch voran, dass lokale Initiativen allein von der schieren Größe der globalen

Krisen überwältigt werden könnten. Das wird sich vielleicht nicht in einer plötzlichen Katastrophe zeigen, sondern eher in einer allmählichen Auflösung, bei der die Verschlechterung der Umwelt- und Sozialbedingungen zu einem neuen und akzeptierten Muster wird. Schon jetzt sind Klimaextreme zur neuen Normalität geworden,[435] und die Bewohner Delhis haben sich an eine Luftverschmutzung gewöhnt, die so hoch ist, dass sie aus dem Raster fällt, an weit verbreitete Atemwegserkrankungen und daran, dass der blaue Himmel eine ferne Erinnerung ist. Herausforderungen dieser Größenordnung lassen sich nicht allein durch lokale Initiativen lösen, egal wie nobel und wirksam sie an der Basis sind. Der besorgniserregende Zustand der Welt erlaubt einfach keinen Rückzug in die Kleinstaaterei, so beruhigend und befriedigend das auch erscheinen mag.

Daher müssen wir in Zukunft gleichzeitig hoch und tief zielen, indem wir regionale Maßnahmen von unten nach oben mit der fortgesetzten Arbeit von oben nach unten auf staatlicher, nationaler und internationaler Ebene zu Themen verbinden, die nicht in den Zuständigkeitsbereich der lokalen Behörden fallen. Die Arbeit an beiden Enden der Skala ist unerlässlich, um lokale Modelle zu schaffen, die den Weg in die Zukunft weisen, und um gleichzeitig den katastrophalen Zerfall auf höheren Ebenen zu verlangsamen oder diesen Prozess sogar umzukehren.

Abgesehen von solchen Initiativen auf verschiedenen Regierungsebenen hat mich meine Arbeit der letzten zwei Jahrzehnte davon überzeugt, dass sowohl ein echter Bewusstseins- und Verständniswandel als auch eine starke gesellschaftliche Basis für den erforderlichen Wandel, den die Welt braucht, unabdingbar sind, wenn wir die Mauern des verknöcherten konventionellen Denkens wirksam einreißen wollen. Und dafür ist Bildung der Schlüssel; die Arbeit auf politischer Ebene allein reicht nicht aus. Unser

Forschungsteam hat die unerwartete Entdeckung gemacht, dass Bildung oft das hartnäckigste und am tiefsten verwurzelte Bollwerk der alten Wege ist und dass Maßnahmen zu ihrer Umgestaltung entscheidend sind, wenn ein echter Wandel stattfinden soll. Kurz gesagt, wir müssen auf allen Ebenen gleichzeitig arbeiten – auf lokaler, nationaler und globaler Ebene – und dabei stets den erforderlichen Bewusstseinswandel vorantreiben.

Ich bin wie vor zwei Jahrzehnten noch immer davon überzeugt, dass der Genuine Progress Index ein zeitgemäßes, relevantes und nützliches Instrument ist, das letztendlich dazu beitragen kann, genau die positive, evidenzbasierte Politik zu schaffen, die wir so dringend brauchen. Durch seinen ganzheitlichen Ansatz, der die soziale, wirtschaftliche und ökologische Dimension der Realität einbezieht, kann er meiner Meinung nach auch dazu beitragen, den Bewusstseinswandel herbeizuführen, den wir brauchen. Und er verfügt über eine Sprache, die undogmatisch mit der Welt der konventionellen Wirtschaft kommunizieren kann. Ganz allgemein bin ich zuversichtlich, dass die Grundsätze, die Bhutans Initiativen bei den Vereinten Nationen und bei Rio+20 im Jahr 2012 zugrunde lagen, aktueller denn je sind. Der dort erläuterte wirtschaftliche Paradigmenwechsel – weg von unserem derzeitigen wachstumsbasierten Modell und hin zu einem Modell, das auf Nachhaltigkeit, Gerechtigkeit und effizienter Ressourcennutzung beruht –, wird dringender als je zuvor benötigt.

DIE FRAGE, DIE IM RAUM STEHT

Zunächst müssen wir uns jedoch einer beunruhigenden Frage stellen, die mich in den letzten 24 Jahren immer wieder beschäftigt hat und die möglicherweise das größte Hindernis für die neuen Fortschrittsmaßnahmen und das neue Wirtschaftsparadigma darstellt.

Ich habe gesehen, wie diese Frage in der alternativen Presse und in den sozialen Medien provokativ aufgeworfen wurde, aber selten wurde sie systematisch in der Tiefe erforscht: Ist Kapitalismus mit Nachhaltigkeit überhaupt vereinbar?

Die Frage weist auf einige grundlegende Probleme hin, z. B. darauf, ob grenzenloses Wachstum (und damit ein ständig wachsender Ressourcen- und Energieverbrauch) ein kapitalistisches Gebot ist. Kann ein kapitalistisches Unternehmen überleben, wenn es auf der Stelle tritt, sein Produktionsniveau stabilisiert und sich mit einem bestimmten Einkommensstrom zufriedengibt? Oder wird es auf diese Weise Marktanteile an Unternehmen abtreten, die ihren Wettbewerbsvorteil durch wachsende Größenvorteile weiter ausbauen und steigern? Und wenn ein solches kontinuierliches Wachstum für das Überleben von Unternehmen in einer kapitalistischen Wirtschaft notwendig ist, welche Auswirkungen hat das auf den Klimawandel und was bedeutet es für das Überleben eines Großteils der Lebewesen unserer Welt?

Die beunruhigenden Fragen gehen weiter: Können es sich die Unternehmen angesichts der Tatsache, dass die wirtschaftliche Wettbewerbsfähigkeit eine Begrenzung der Produktionskosten erfordert, leisten, in exakte und kostspielige Maßnahmen zum Schutz der Umwelt zu investieren, oder werden sie an Orte mit weniger strengen Umweltvorschriften abwandern? Ist es möglich, eine gerechte Verteilung als Pfeiler des neuen Wirtschaftsparadigmas zu betrachten, wenn Unternehmen ihre Produktionskosten senken und ihre Produkte wettbewerbsfähiger vermarkten, indem sie ihre Fabriken dorthin verlegen, wo die Arbeitskräfte am billigsten sind? Haben wir nicht einfach unsere schmutzigen Industrien, unsere Abfälle, die tödliche Umweltverschmutzung, den Raubbau an den Ressourcen und die billigen Arbeitskräfte von Hamburg,

London und Los Angeles nach Delhi, Jing-Jin-Ji und Dhaka exportiert?

Umgekehrt muss daher die Frage erörtert werden: Stellt ein neues Wirtschaftsparadigma, das auf ökologischer Nachhaltigkeit, gerechter Verteilung und effizienter Ressourcennutzung beruht, nicht die Grundlagen des kapitalistischen Systems selbst in Frage? Und wenn ja, wie wird der notwendige Übergang erfolgen? Können Vertreter mächtiger Geschäftsinteressen zur Zusammenarbeit bewegt werden, und welche Art von System und welche Formen des Eigentums, der Produktion und des Vertriebs könnten die derzeitigen Strukturen ersetzen?

Dieses Buch ist eine Chronik meiner Reise, auf der ich versucht habe, neue Entwicklungsmaße, Rechnungslegungsmethoden und die Saat eines neuen Wirtschaftsparadigmas in den bestehenden Rahmen einzupflanzen – und das heißt, in ein kapitalistisches Wirtschaftssystem und die oft damit einhergehenden repräsentativen Demokratien. Könnten die in diesem Bericht beschriebenen Einschränkungen und Enttäuschungen einfach symptomatisch für die inhärente Unfähigkeit der bestehenden Strukturen sein, Empfehlungen aufzunehmen, die das Überleben eben dieser Strukturen gefährden könnten? Rückblickend scheint es, dass unsere Erkenntnisse und Ergebnisse oft mit zustimmendem Kopfnicken begrüßt wurden. Doch als wir uns auf die tatsächliche Übernahme und Umsetzung zubewegten, ob in Nova Scotia, Neuseeland oder Bhutan, stießen wir auf fast unsichtbare Widerstände, die immer stärker wurden und echte Maßnahmen vereitelten. Bestehende Strukturen, so scheint es, verschanzen sich geradezu reflexhaft, um ihr Überleben zu sichern.

Warum ist es so außerordentlich dringlich, diese Fragen zu berücksichtigen? Ganz einfach: Der Wandel, den wir derzeit erleben und der in Zukunft noch deutlicher werden wird, geht zwar auf menschliches Handeln zurück und wird von uns Menschen weiter verschärft, aber er wird inzwischen mehr und mehr von der Natur bestimmt. Veränderungen sind deshalb unvermeidlich geworden, und die einzige wirkliche Wahl, die wir nun haben, besteht darin, dass wir uns entweder klug darauf vorbereiten, um allen Lebewesen eine weiche Landung zu ermöglichen, die das Leid minimiert, oder dass wir weiterhin nichts tun und eine sehr harte Landung riskieren, die von Chaos, Gewalt, Unordnung, ökologischem Zusammenbruch und extremem Leid begleitet wird.

Wenn die Antwort auf die oben aufgeworfenen Fragen lautet: »Ja, Kapitalismus kann mit Nachhaltigkeit vereinbar sein«, dann lautet die nächste Frage, wie die bestehenden Strukturen angepasst werden müssen, um nachhaltige Ergebnisse zu gewährleisten, z. B. durch Umfassende Kostenrechnungen, die soziale und ökologische Kosten internalisieren und so die Produktionseffizienz steigern. Und wenn die Antwort lautet: »Nein. Kapitalismus ist nicht mit Nachhaltigkeit vereinbar«, dann erfordert der nächste Schritt auf diesem Weg eine klare und begründete Analyse, welches System den Kapitalismus als Struktur des neuen Wirtschaftsparadigmas ersetzen sollte und wie dieser Wandel gerecht umgesetzt werden kann, um Härten und Leiden zu minimieren. Von den beiden Seiten dieser Kompatibilitätsfrage kann sich nur eine Seite ändern – nämlich die Struktur des Wirtschaftssystems. Die Natur ist kompromisslos, und der Spielraum, den sie uns lässt, wird immer kleiner.

Zu den wenigen Analysten, die bereit sind, diese schwierigen Fragen zu stellen, gehört Naomi Klein, die in ihrem Buch *Die Entscheidung: Kapitalismus vs. Klima* argumentiert, unsere einzige Hoffnung, die Auswirkungen der globalen Erwärmung zu überwinden, sei eine Revolution des gesamten Wirtschaftssystems.[436] Ein anderer ist der

Mitgestalter des ökologischen Fußabdrucks, William Rees von der University of British Columbia, der die Frage, ob Kapitalismus mit Nachhaltigkeit vereinbar ist, mit einem klaren Nein beantwortet. In einem Artikel von *Ecological Economics* aus dem Jahr 2020 entlarvt Rees Strategien des »grünen Wachstums« und untersucht »den grundlegenden Konflikt« zwischen dem derzeitigen Wirtschaftssystem und der ökologischen Integrität sowie »die Absurdität des ständigen materiellen Wachstums und der Akkumulation (die Kennzeichen des Kapitalismus) auf einem endlichen Planeten«. Er fordert die Ökologischen Ökonomen auf, »den biophysikalischen Daten ins Auge zu sehen und [...] schwierige Fragen, die dem Mainstream vielleicht gar nicht in den Sinn kommen, zu stellen und zu beantworten«. Dazu gehört der Entwurf einer völlig neuen »Steady-state«- oder stationären Wirtschaft, die »den Planeten zerstörende wirtschaftliche Aktivitäten« reduziert und »effiziente Strategien zur Regeneration wichtiger Ökosysteme und zur Aufrechterhaltung wesentlicher lebenserhaltender Funktionen mit einem vorhersehbar stabilen, lebenswerten Klima« hervorbringt. In nüchternen Tönen räumt Rees ein, dass der Mainstream seine vorgeschlagenen Maßnahmen als »unmöglich radikal« ansehen wird. Alles andere ist jedoch ein sicherer Weg in den Untergang der Menschheit, und so nimmt er »Regierungen und Unternehmensinteressen, die diesen Rahmen ablehnen, in die Pflicht, zu erklären, warum das Festhalten am Wachstum durch Technologie keine tödliche Katastrophe riskiert«.[437]

Ein Grund für den Widerstand gegen die Infragestellung des Kapitalismus und des bestehenden Wirtschaftsparadigmas ist vielleicht, dass die Menschen denken, die einzige Alternative sei der Kommunismus, der wiederum fälschlicherweise mit den autoritären Systemen der ehemaligen Sowjetunion oder Chinas gleichgesetzt wird. Doch obwohl Marx uns viel über die Funktionsweise des Kapitalismus und die Machtdynamik zwischen Arm und Reich gelehrt hat, wusste oder schrieb er nicht über die endlichen Grenzen des Planeten. Wie hätte er zum Beispiel wissen sollen, dass menschliches Handeln das Klima des Planeten verändern und unzählige Arten auslöschen könnte? Derartige wissenschaftliche Erkenntnisse waren Mitte des 19. Jahrhunderts einfach nicht verfügbar.

Was wird den Kapitalismus, wie wir ihn kennen, ersetzen? Es muss ein Wirtschaftssystem sein, das auf der Notwendigkeit beruht, innerhalb der Grenzen dessen zu leben, was die Natur bietet, und sicherzustellen, dass die Ressourcen effizient genutzt und gerecht verteilt werden. Die gute Nachricht lautet: Das neue System kann sich auf das enorme Wissen und die Erfahrung stützen, die wir bereits in den Bereichen »erneuerbare Energien«, »nachhaltige Landwirtschaft«, »geeignete Technologien« besitzen, zusätzlich zu einer Fülle von hervorragenden Praktiken, die erprobt und bewährt sind, sowie auf inzwischen gut entwickelte Studien- und Praxisbereiche wie den der Ökologischen Ökonomie.

15
Eine neue Wirtschaft schmieden

Als ich Mitte der 1990er Jahre mit dieser Arbeit begann, verbrachte ich den größten Teil der ersten zwei Jahre damit, mir Statistiken, vorherrschende Trends, Datenquellen und Methoden anzuschauen. Die statistischen Daten wiesen auf ein äußerst begrenztes Zeitfenster hin, innerhalb dessen eine Trendwende möglich war. Danach, so die Prognose, würden bestimmte Tendenzen wie die globale Erwärmung und die Erschöpfung der Ressourcen unumkehrbar. An diesem Punkt gäbe es kein Zurück mehr, weil unsere Abhängigkeit von der natürlichen Welt, wie wir sie einst kannten, bedroht wäre. Ein Hauptzweck des GPI besteht darin, solche Trends genau und vollständig zu erfassen und damit Frühwarnsignale zu senden, die rechtzeitig Abhilfemaßnahmen auslösen können. Diese Belege sowie die zuverlässigen Instrumente, Methoden und Arbeitsmodelle, die von den Pionieren der Vergangenheit auf brillante und sorgfältige Weise entwickelt wurden, weisen direkt auf Maßnahmen hin, die die schlimmsten Folgen vermeiden und zu nachhaltigeren, gerechteren und effizienteren Lösungen führen können.

Können wir die notwendige Entscheidung treffen? Die Meinungen hierzu sind noch geteilt. William Rees befindet: »Der Mensch neigt sicherlich zu kurzsichtiger Selbsttäuschung, ist aber auch zu hoher Intelligenz, Vernunft, Selbstbeobachtung, Mitgefühl und sogar zu kollektivem Handeln für ein gemeinsames Ziel fähig.«[438] Wir haben bewiesen, dass wir zu so drastischen Maßnahmen wie der Abschaltung ganzer Volkswirtschaften und der Investition von Billionenbeträgen fähig sind, um eine Pandemie zu bekämpfen. Dann können wir sicherlich auch den kollektiven Willen und die Maßnahmen zur Bewältigung der weitaus schwerwiegenderen, länger anhaltenden und völlig vorhersehbaren Krisen aufbringen, die uns erwarten.

Mehr noch: Nie zuvor haben wir über größere globale Kapazitäten, ein besseres Verständnis, einen größeren materiellen Reichtum und mehr Möglichkeiten verfügt, um eine gesunde, nachhaltige und gerechte Welt aufzubauen. Diese Kapazitäten umfassen sowohl wissenschaftliches als auch indigenes Wissen, Ressourcen, fortschrittliche Kommunikation und Technologie, produktives Potenzial und die Fähigkeit, alle Menschen auf der Erde zu ernähren. Es gibt viele inspirierende und erfolgreiche Beispiele für Rechtsvorschriften, Initiativen und bewährte Verfahren auf verschiedenen Ebenen, auf denen wir aufbauen können.

Die Welt hat brutale und blutige Umwälzungen erlebt, die unsägliches Leid brachten. Sie war aber auch Zeuge der *Nelkenrevolution* in Portugal, der *Samtenen Revolution* in der Tschechoslowakei, von Michail Gorbatschows *Perestroika* und *Glasnost*, die schließlich zur Auflösung der Sowjetunion, zum Fall der Mauer und zur friedlichen Wiedervereinigung Deutschlands führten, und schließlich des revolutionären Übergangs von der *Apartheid* zu demokratischen Wahlen mit mehreren Ethnien in Südafrika. Veränderungen von solchen Ausmaßen können gewaltsam oder friedlich erfolgen. Immer wieder zeigen uns stichhaltige Beweise und fundierte Analysen von Wissenschaftlern, Ökonomen und anderen Gelehrten, dass der Übergang zur Tagesordnung keine Option mehr ist, ganz gleich, ob es um den Verbrauch fossiler Brennstoffe und die Umweltverschmutzung oder um den Verlust von Lebensräumen und die massive sozio-ökonomische Ungleichheit geht. Eine radikale und friedliche Änderung dieser Entwicklung erfordert ein neues Wirtschaftsparadigma, das auf den Grundsätzen der ökologischen Nachhaltigkeit, der gerechten Verteilung und der effizienten Ressourcennutzung beruht und in dem neue Fortschritts- und Bilanzierungsmaßnahmen eine der wichtigsten Grundlagen darstellen. Stillstand, Rückzug, Untätigkeit und Verzweiflung sind keine Optionen, und es ist einfach keine Zeit für Aufschübe.

Wie wird eine solche nachhaltige und gerechte neue Wirtschaft aussehen, und wie wird sie in der Praxis funktionieren? Es wäre vermessen, die Details eines solchen neuen Wirtschaftsparadigmas vorwegzunehmen, das sich aus anstrengenden Verhandlungen zwischen Wirtschaftswissenschaftlern, politischen Führern und Akteuren der Zivilgesellschaft ergeben muss. Doch ohne zumindest einen Hinweis auf solche möglichen praktischen Aspekte bleibt der Begriff der neuen Wirtschaft abstrakt, konzeptionell und vage. Die folgenden Ausführungen beruhen daher auf der Arbeit, die ich mit der königlichen Regierung von Bhutan und mit dem Mitbegründer der Ökologischen Ökonomie, Robert Costanza, und seinem Team zur Vorbereitung jenes Treffens leistete, das Bhutan am 2. April 2012 bei den Vereinten Nationen ausrichtete (siehe Kapitel 13). Im Folgenden werden zunächst die Grundprinzipien für ein neues Wirtschaftsparadigma vorgeschlagen und dann spezifische Strukturen und Maßnahmen, die für die Umsetzung dieser Prinzipien in die Praxis erforderlich sind.

In erster Linie muss die neue Wirtschaft unsere Abhängigkeit von der Natur und voneinander anerkennen. Dies erfordert ein gesundes Gleichgewicht zwischen florierenden natürlichen, menschlichen, sozialen, kulturellen und baulichen Gütern, die sich überschneiden und auf komplexe Weise interagieren, um die notwendigen Vorteile zu erzeugen.[439] Alle diese Werte hängen von der natürlichen Welt ab, deren Funktionen im Allgemeinen nicht durch menschliche Aktivitäten ersetzt werden können. Nachhaltigkeit erfordert daher, dass wir das natürliche Kapital – Klima, Wasser, Luft, Boden, Wälder, Fischerei und andere Güter –, von dem unser Lebensunterhalt, unser Wohlergehen und unser weiteres Überleben abhängen, nicht erschöpfen.

Um all diese Dimensionen unseres Wohlstands auszugleichen und in sie zu investieren, müssen wir

a) nachhaltig im Rahmen der Kapazität unseres endlichen Planeten leben, um die für diese und alle künftigen Generationen benötigten Ressourcen bereitzustellen
b) diese Ressourcen innerhalb der aktuellen Generation, zwischen den Generationen und zwischen den Menschen und den anderen Arten gerecht verteilen
c) diese Ressourcen so effizient und effektiv wie möglich nutzen und dabei Überschuss und Verschwendung minimieren

Auf kommunaler, regionaler, landwirtschaftlicher und forstwirtschaftlicher Ebene, in Unternehmen und Universitäten sowie in vielen anderen Bereichen wurden vielfältige und innovative Funktionsmodelle, Fachkenntnisse, geeignete Technologien und Aktionspläne entwickelt, die diese Kriterien erfüllen können und die für eine breitere Anwendung bereitstehen. Das reicht jedoch nicht mehr aus. Die Probleme sind heute von globaler Tragweite, und in diesem Buch wurden mehrere Beispiele für die enormen Hindernisse angeführt, mit denen sich Rechtsordnungen konfrontiert sehen, die einen Alleingang wagen:

- die Unfähigkeit lokaler Gemeinden, sich mit großen Problemen außerhalb ihrer Zuständigkeit zu befassen
- die Auswirkungen der Treibhausgasemissionen in Chicago, Peking, Sydney, London, Delhi und anderswo auf Gletscherseen in Bhutan und Überschwemmungen in Bangladesch
- der starke Druck von außen, der die Initiative für ein neues Wirtschaftsparadigma in Bhutan zum Scheitern brachte
- die Rücknahme der Bemühungen der kanadischen Provinzen, die Tabakpreise zu erhöhen

Diese wenigen Beispiele zeigen stellvertretend für viele weitere, dass der erforderliche Wechsel zu einem neuen Wirtschaftsparadigma jetzt im Weltmaßstab erfolgen muss.

Doch die Zeit läuft uns davon, und es fehlt der politische Wille, ein solches neues Wirtschaftsparadigma einzuführen. Um mit der nötigen Dringlichkeit voranzukommen, müssen wir also zunächst anerkennen, dass wir nicht mehr zur Tagesordnung (*business as usual*) übergehen können, weil dieses Verhalten das Überleben von Menschen und anderen Arten bedroht. Wir müssen erkennen, dass die menschliche Gesellschaft sich in zunehmendem Maße in eine zerstörerische Richtung bewegt, wobei die übermäßigen globalen Treibhausgas- und Schadstoffemissionen ungebremst weitergehen, die Ressourcen viel schneller verbraucht werden, als die Natur sie regenerieren kann, die biologische Vielfalt rasch abnimmt, die globalen Ökosystemleistungen rapide zurückgehen und die Ungleichheit zunehmend inakzeptabel wird. Wenn die erstickenden, unkontrollierten Brände 2019/2020 in Australien, die anhaltende Serie von Waldbränden an der Westküste der USA 2021 mit 10.400 km^2 verbrannter Fläche, die Tausenden Waldbrände im September 2022 im brasilianischen Amazonasgebiet, die 750.000 Hektar Wald, die zwischen Januar und September 2022 in Europa verbrannten (um nur einige Regionen zu nennen) Symptome von nur einem Grad Celsius globaler Erwärmung sind, können wir uns die Verwüstungen vorstellen, die wir unseren Kindern bei zwei Grad und unseren Enkeln bei drei Grad Celsius Erwärmung hinterlassen werden. Wir müssen auch erkennen, dass auf einem endlichen Planeten der exzessive Konsum der Reichen weniger für andere übriglässt, die Armen einem wachsenden Risiko aussetzt und soziale Unruhen zu verstärken droht, die sich schon jetzt nicht in Grenzen halten lassen. Konflikte und Katastrophen führen derzeit zu mehr Flüchtlingen als je zuvor seit dem Zweiten Weltkrieg.

Vor allem müssen wir anerkennen, dass diese gefährlichen Trends in erster Linie das Ergebnis unseres derzeitigen nicht nachhaltigen, wachstumsbasierten Wirtschaftsparadigmas sind, das auf der Bretton-Woods-Konferenz 1944 institutionalisiert wurde. Dies geschah natürlich, bevor sich ein inzwischen weit verbreitetes Verständnis der Endlichkeit der globalen Ressourcen samt den wissenschaftlichen Erkenntnissen über den Klimawandel herausbildete. Und es führte zu einem System, das bis heute durch fehlerhafte Fortschrittsmessungen gestützt wird. Der Wert des Natur- und Sozialkapitals und die Verteilung von Wohlstand und Einkommen werden weitgehend ignoriert, und gleichzeitig werden die Erschöpfung des Naturkapitals sowie viele menschliche und soziale Kosten irreführenderweise als wirtschaftlicher Gewinn verbucht. Ein neues Wirtschaftsparadigma benötigt daher auch neue Fortschritts- und Bilanzierungsmaßstäbe. Wir brauchen in der Tat ein neues Bretton Woods. Solange wir diese aktuellen Realitäten nicht offen und ehrlich anerkennen, ist es unwahrscheinlich, dass wir den politischen und gesellschaftlichen Willen aufbringen, der notwendig ist, um das derzeitige Wirtschaftsparadigma zu ändern.

Um einen nachhaltigen und nutzbringenden Weg einzuschlagen, ist daher ein grundlegender Wandel der Weltanschauung erforderlich: Wir müssen anerkennen, dass wir auf einem endlichen Planeten leben. Das derzeitige Streben nach grenzenlosem Wachstum und steigendem Verbrauch muss durch materielle Suffizienz, gerechte Verteilung und nachhaltigen Wohlstand ersetzt werden. Das wiederum erfordert eine völlige Neugestaltung der Weltwirtschaft, erstens, damit wir in der Lage sind, die natürlichen Systeme zu erhalten, die für das Leben und das Wohlergehen wesentlich sind, zweitens, damit wir ein Gleichgewicht zwischen natürlichen, sozialen, menschlichen und baulichen Werten herstellen können, und drittens, damit wir die Fähigkeit entwickeln, Verschwendung und Überfluss drastisch zu reduzieren. Die Wirtschaft muss Wissenschaft und Management unseres globalen Haushalts gleichermaßen integrieren und dessen Wohlergehen anstreben.

Im Folgenden werden einige Beispiele für Strukturen, Regulierungsmechanismen, Anreize und politische Maßnahmen genannt, die dazu beitragen können, ein tragfähiges neues Wirtschaftsparadigma zu schaffen und zu erhalten. Wie bereits erwähnt, beruhen sie auf drei Grundpfeilern der neuen Wirtschaft: Nachhaltigkeit, Gerechtigkeit und effiziente Ressourcennutzung.

A) ÖKOLOGISCHE NACHHALTIGKEIT

- Schaffung eines Systems für eine wirksame und gerechte Verwaltung und Bewirtschaftung der natürlichen Gemeinschaftsgüter: Atmosphäre, Ozeane, Süßwassersysteme und biologische Vielfalt
- Investitionen in nachhaltige Infrastrukturen wie erneuerbare und saubere Energien, Energieeffizienz, öffentliche Verkehrsmittel, Maßnahmen zum Schutz von Wassereinzugsgebieten,

öffentliche Grünflächen, saubere Technologien und Unterstützung für umweltfreundliche Unternehmen

- Schaffung von Mechanismen wie Steuern, Obergrenzen- und Auktionssysteme, sowie Treuhandfonds für gemeinsame Vermögenswerte, um die Ausbeutung von Ressourcen, die Umweltverschmutzung und die Treibhausgasemissionen zu verringern und die grundlegenden planetarischen Grenzen und Ressourcenbeschränkungen einzuhalten
- Abbau der Anreize für übermäßigen materialistischen Konsum, z. B. durch ein Verbot von Werbung für Kinder, und gleichzeitig Erziehung zur Nachhaltigkeit
- Hin zu einer ökologischen und nachhaltigen Landwirtschaft, um die Erdbevölkerung zu ernähren, ohne die Artenvielfalt zu zerstören
- Entwicklung verbindender Maßnahmen, um Bevölkerung und Verbrauch mit der natürlichen, sozialen und wirtschaftlichen Kapazität der Erde in Einklang zu bringen

B) GERECHTE VERTEILUNG

- Verringerung der systembedingten Ungleichheiten, sowohl international als auch innerhalb der Nationen, durch die Verbesserung des Lebensstandards der Armen, die Bereitstellung angemessener sozialer Sicherheitsnetze, die Begrenzung von übermäßigem Konsum und unverdientem Einkommen und die Verhinderung der privaten Vereinnahmung des Gemeinwohls
- Unterstützung, Förderung und Schaffung von Anreizen für die lokale Wirtschaft und Systeme des genossenschaftlichen Eigentums und der genossenschaftlichen Verwaltung von Unternehmen

- Einführung von Fair-Trade-Systemen, die nachhaltige Produktionsmethoden und faire Erträge für die Erzeuger fördern
- Transfer geeigneter Technologien, die es Ländern mit niedrigem Einkommen ermöglichen, rasch auf nachhaltige Produktionsmethoden umzusteigen, ohne dass sie beim Übergang zu einer nachhaltigen Wirtschaft ihre Wettbewerbsfähigkeit einbüßen
- Einrichtung eines Systems für eine wirksame und gerechte Verwaltung und Bewirtschaftung der sozialen Gemeingüter, einschließlich des kulturellen Erbes, der Finanzsysteme und der Informationssysteme
- Schaffung einer erfüllenden Beschäftigung für alle, die zum Gemeinwohl beiträgt, eine bessere Vereinbarkeit von Beruf und Familie ermöglicht und gesunde Beziehungen am Arbeitsplatz fördert

C) EFFIZIENTE NUTZUNG DER RESSOURCEN

- Umfassende Kostenrechnung zur Internalisierung von externen Effekten, zur Bewertung von nicht marktbestimmten Gütern und Dienstleistungen, zur Reform der nationalen Rechnungslegungssysteme und zur Gewährleistung, dass die Preise die tatsächlichen sozialen und ökologischen Kosten von Produktion und Vertrieb widerspiegeln
- Einführung von Steuerreformen, die gerechte, nachhaltige und das Wohlergehen fördernde Maßnahmen belohnen und nicht-nachhaltige Verhaltensweisen, die das kollektive Wohlergehen beeinträchtigen, bestrafen. Beispiele hierfür sind die Abschaffung der Subventionen für die fossile Brennstoffindustrie, Anreize für erneuerbare Energien und ökologische

Steuerreformen mit Ausgleichsmechanismen, die zusätzliche Belastungen für einkommensschwache Gruppen vermeiden

- Einführung von Systemen für kooperative Investitionen in die Bewirtschaftung und Bezahlung von Ökosystemleistungen
- Erhöhung der finanziellen und fiskalischen Umsicht, indem Spekulationen eingeschränkt werden, ein gerechter Zugang zu Krediten und eine verantwortungsvolle Nutzung von Krediten gewährleistet und verlangt wird, dass Finanzinstrumente und -praktiken zum öffentlichen Wohl beitragen
- Sicherstellung des Zugangs zu und der Weitergabe von Informationen, die für den Übergang zu einer nachhaltigen Wirtschaft erforderlich sind

Natürlich ist eine solche vorläufige Liste nur illustrativ und keinesfalls umfassend. Paul Hawkens Buch *Drawdown* [Kurskorrektur] aus dem Jahr 2017 enthält zum Beispiel Dutzende weiterer Vorschläge zur Umkehrung des Klimawandels.[440] Solche Listen sind auch nur erste Schritte. Jede der vorgeschlagenen Strukturen, Regulierungsmechanismen und politischen Maßnahmen bedarf einer angemessenen Analyse, damit sichergestellt ist, dass sie effektiv umgesetzt werden. Alle neuen Strukturen erfordern auch eine vollständige Kostenrechnung und Budgetierung in Bezug auf die bestehenden Systeme, die heute unannehmbare soziale Kosten und Ungerechtigkeiten verursachen und den Raubbau und die Zerstörung von Ökosystemen fördern. Es besteht kein Zweifel daran, dass wir über das Fachwissen und die erforderlichen Kenntnisse verfügen, um die Voraussetzungen für eine nachhaltige und gerechte neue Wirtschaft exakt und gut dokumentiert zu analysieren.

All unsere Arbeit der letzten Jahre hat mich ungeachtet der großen Hindernisse, denen wir begegnet sind, davon überzeugt, dass ein solcher Richtungswechsel nicht nur stattfinden muss, wenn das Überleben der Menschheit gesichert sein soll, sondern dass er auch durchaus möglich ist. Die Frage lautet also nicht: »Können wir tun, was nötig ist?«, worauf die Antwort ein klares »Ja!« ist. Die Frage ist vielmehr, ob wir den Willen aufbringen, es auch wirklich zu tun.

Natürlich bleibt diese offensichtlich notwendige Veränderung eine Entscheidung, wie es auch eine Entscheidung wäre, weiter direkt auf den Eisberg zuzusteuern, bis es zu spät ist. Im Jahr 2017 stellten Ida Kubiszewski, Robert Costanza und ihre Kollegen diese Entscheidung grafisch dar, indem sie vier potenzielle Entwicklungsszenarien in nüchterner wirtschaftlicher Hinsicht verglichen. Der Wert der globalen Ökosystemleistungen könnte bis 2050 um 51 Billionen Dollar pro Jahr sinken – das entspricht zwei Dritteln des derzeitigen globalen BIP –, wenn das Szenario *business as usual* angewandt wird, aber um 30 Billionen Dollar pro Jahr steigen, wenn das konventionelle BIP-Wachstum begrenzt und der Schwerpunkt stärker auf ökologisches und soziales Wohlergehen und Nachhaltigkeit gelegt wird.[441]

Letztendlich ist der Funke, der mich und meine nahen und fernen Kollegen antreibt, ganz einfach die Zuversicht, dass die Wahrheit sich am Ende durchsetzen wird. Die Menschheit hat die Wahl, diese Wahrheit anzunehmen, um unsere Welt sanft, bereitwillig und würdevoll zu verändern, oder sich diese Wahrheit und diesen Wandel durch den ökologischen, sozialen und wirtschaftlichen Zusammenbruch gewaltsam aufzwingen zu lassen.

Greta Thunberg hat diese Entscheidung den führenden Vertretern der Weltwirtschaft und der Politik im Januar 2020 in Davos unverblümt mitgeteilt:

> »Ich frage mich, was werden Sie Ihren Kindern sagen, was der Grund für das Scheitern war, der sie in einem Klimachaos zurücklässt, das Sie wissentlich herbeigeführt haben? [...] Unser Haus steht immer noch in Flammen. Ihre Untätigkeit facht die Flammen stündlich an. Und wir sagen Ihnen, dass Sie so handeln sollen, als liebten Sie Ihre Kinder über alles.[442]

Das vorliegende Buch basiert auf der Prämisse, dass es einen Wert und einen Nutzen hat, die Wahrheit zu sagen, wie es Greta auch weiterhin tut, und dass Wahrheit mächtig ist. Der Genuine Progress Index, Bhutans Bruttonationalglück und die ihnen zugrunde liegende Philosophie verweisen stets auf die Untrennbarkeit sozialer, wirtschaftlicher und ökologischer Faktoren und damit auf die ganzheitliche Natur der Realität. Auch das ist die schlichte Wahrheit und ein wirksames Gegenmittel gegen die weit verbreitete Tendenz, die Wirtschaft als geschlossene, für sich stehende Box zu betrachten. In der Tat ist der GPI nichts anderes als ein Versuch, die Zahlen so umfassend, genau und zusammenhängend wie möglich darzustellen und damit wichtige Dimensionen unseres Lebens, unserer Nationen und unserer Welt ehrlich und integer zu beschreiben. Mit diesem Wissen können dann fundierte Entscheidungen im Licht harter Beweise getroffen werden, die dem Leben auf der Erde zugutekommen. Das wäre wirklich ein Fortschritt.

Alle Enttäuschungen der letzten 24 Jahre können die Notwendigkeit nicht auslöschen oder meine eigene Entschlossenheit schmälern, an allen hier besprochenen Fronten weiter voranzukommen. Wenn ich auf den Prolog dieses Buches zurückblicke, muss ich gestehen, dass ich immer noch dasselbe Misstrauen und Unbehagen gegenüber der konventionellen Ökonomie hege wie vor mehr als einem halben Jahrhundert, als ich den Grundkurs Wirtschaft abbrach. Und ich habe auch immer noch dieselbe Sehnsucht nach einer Welt, die in Harmonie mit der Natur lebt und das offensichtliche Leiden ihrer Bewohner lindert. Sowohl der Schmerz als auch der Traum sind noch da, und vielleicht ist es der Rest dieses jugendlichen Ungestüms, der mich heute zum Weinen bringt, wenn ich die 17-jährige Greta sprechen sehe.

Aber eine Sache hat sich stark verändert: Die rastlose Suche des letzten halben Jahrhunderts mit ihrer 24-jährigen Odyssee über drei Kontinente, die in diesem Buch beschrieben wird, haben mich mit einer bemerkenswerten Welt brillanter, gutherziger Menschen zusammengebracht – darunter spirituelle, indigene und politische Führer sowie Wissenschaftler, Gelehrte, Statistiker, Jugendliche und einfache Bürger. Diese Menschen teilen nicht nur einen gemeinsamen Traum, sondern leisten auch bemerkenswerte Arbeit, um ihn in die Praxis umzusetzen. Ich wurde gebeten, diese Geschichte als Ich-Erzählung zu verfassen. Aber sie hat eigentlich nichts mit mir zu tun. Inmitten einer zusehends düster werdenden Welt, die von einer sich beschleunigenden Umweltkatastrophe, einer brutal ignoranten Führung und zunehmenden Konflikten heimgesucht wird – einer Welt der Verleugnung –, gibt es auch ein aufkeimendes helles neues Bewusstsein und eine wachsende Welle der Entschlossenheit, eine bessere Welt für unsere Kinder und alle Lebewesen zu schaffen. Ich hoffe, dass diese Geschichte ein kleines Rädchen im Getriebe dieser wachsenden Bewegung ganz normaler Menschen sein kann, die wissen, dass dies die letzte Chance der Menschheit ist, die Dinge umzukrempeln und wirklich Licht in die Welt zu bringen.

Die Herausforderungen, vor denen künftige Generationen stehen, werden alles in den Schatten stellen, was in diesem Buch beschrieben wird. Die erforderlichen Lösungen werden an den Grundfesten unserer tief verwurzelten Werte und Lebensstile rütteln, sie werden vertraute Strukturen und Systeme ins Wanken bringen, und das wird deshalb geschehen, weil diese Werte, Lebensstile, Strukturen und Systeme lange Zeit genau jene Gewohnheiten gestützt haben, die sich nun als verheerend erweisen.

Wenn wir glauben, dass eine gesündere, nachhaltige und gerechte Welt möglich ist – und das tun viele von uns immer noch –, dann müssen wir tun, was wir können, um die Grundlage für diese bessere Welt zu schaffen, auf welche Weise auch immer. Für die einen mag das die Unterstützung ökologischer Land- und Forstwirtschaft und lokal betriebener Energieprojekte sein. Für andere könnte es bedeuten, Plastik, per Luftfracht transportierte Lebensmittel, übermäßiges Fliegen, Autofahren und exzessives Shopping zu boykottieren. Für uns alle kann es bedeuten, unsere Habgier in echte Fürsorge und Großzügigkeit gegenüber anderen umzuwandeln. Und für einige bedeutet es, bessere Maßstäbe des Fortschritts zu fördern, wie dieses Buch sie befürwortet. Es gibt inzwischen hervorragende Veröffentlichungen, die sich mit der Beschreibung der Grundlagen einer lebensfähigen und nachhaltigen neuen Wirtschaft und Gesellschaft befassen, und es gibt bewährte Arbeitsmodelle und praktische Maßnahmen, die Gruppen und Einzelpersonen ergreifen können, um sie zu verwirklichen.[443]

Zwar gibt es kein Patentrezept, das für alle passt, aber es ist an der Zeit, die Saat der erwachenden neuen Gesellschaft, die die Welt so dringend braucht, zu säen und zu nähren. Was immer wir als Einzelne tun, wir können gemeinsam unseren kollektiven Willen, unsere Entschlossenheit und unser Handeln stärken und diese letzte Chance ergreifen, unseren Kindern und der gesamten Menschheit eine echte Zukunft zu geben.

Danksagungen

Dieses Buch und meine gesamte Arbeit der letzten zweieinhalb Jahrzehnte verdanken ihre Existenz den Innovationen großer Meister und Gelehrter sowohl der weiter zurückliegenden als auch der jüngeren Vergangenheit. Die wechselseitige Abhängigkeit sozialer, wirtschaftlicher und ökologischer Realitäten wurde erstmals von Weisen wie dem Buddha dargelegt. Sie bildet die grundlegende Prämisse des Genuine Progress Index und des in diesem Buch beschriebenen neuen Wirtschaftsparadigmas.

In der Neuzeit haben sich viele große Gelehrte, Ökonomen, Wissenschaftler und Statistiker darum bemüht, den Fortschritt und Wohlstand der Menschheit – oder das Fehlen derselben – wahrheitsgetreu zu beurteilen. Dazu gehören Koryphäen wie der ehemalige Chef der Weltbank, Nicholas Stern, der führende Wirtschaftswissenschaftler Herman Daly und Hunderte anderer Denker und Zahlenjongleure (von denen einige in Kapitel 2 genannt werden) in Universitäten, Forschungsinstituten und statistischen Ämtern weltweit. Der unschätzbare persönliche Beitrag von Robert Costanza und anderen Wissenschaftlern zu der in diesem Buch beschriebenen Arbeit wird im Text selbst gewürdigt.

Die Anerkennung all der engagierten Forscher, die so hart an der Erstellung der 108 detaillierten Berichte gearbeitet haben, aus denen unser Nova Scotia Genuine Progress Index (GPI) besteht, würde viele Seiten in Anspruch nehmen. Auch auf die Gefahr hin, vielen anderen Kollegen, denen ich sehr dankbar bin, zu nahe zu treten, muss ich jedoch besonders unseren beiden langjährigsten *GPI-Atlantic*-Forscherinnen, Linda Pannozzo und Karen Hayward, danken, die mehr als ein Jahrzehnt lang beharrlich an dieser Arbeit festgehalten und hervorragende und sorgfältige Untersuchungen durchgeführt haben.

Bei *GPI Atlantic* schulden wir Hans Messinger, dem ehemaligen Direktor von Industry Measures and Analysis bei Statistics Canada, der 15 Jahre lang dem Vorstand von *GPI Atlantic* angehörte, besonderen Dank. Sein fachkundiger Rat zu Datenquellen und Methoden war für die Integrität und Glaubwürdigkeit unserer Arbeit von entscheidender Bedeutung.

Die Verbindung zwischen *GPI Atlantic* und Neuseeland entstand durch die langjährige Zusammenarbeit mit Professor Marilyn Waring. Ihre bahnbrechende Kritik am BIP-basierten System der volkswirtschaftlichen Gesamtrechnungen der Vereinten Nationen und ihre ebenso innovative Forschung zur Bewertung unbezahlter Arbeit hat großen Einfluss auf unsere eigenen GPI-Bemühungen ausgeübt.[444] Die Reise nach Neuseeland war für mich und meine Familie auch ein Anlass, unsere Freundschaft mit Marilyn zu erneuern, die uns freundlicherweise in ihrem Haus beherbergte und mit uns schöne Spaziergänge in der Natur unternahm.

Ich würde noch mehr Seiten benötigen, um alle Spender und Unterstützer unserer GPI-Arbeit im Laufe der Jahre aufzuzählen. Deshalb nenne ich hier nur einen: David Gait in Schottland, der unsere GPI-Arbeit unermüdlich unterstützt hat, der sie sehr gut versteht und der die Niederschrift dieses Buches angeregt und voll unterstützt hat. Vielen Dank, David!

Die vielen großen Pioniere, Forscher und Unterstützer, die hier ebenfalls genannt werden sollten, sind in den Danksagungen,

Bibliografien, Fußnoten und Titelseiten der vielen GPI-Berichte aufgeführt (siehe www.gpiatlantic.org). Einige, wie unsere engagierte Buchhalterin Sara Winchell und andere treue Vorstandsmitglieder, bleiben selbst dort unsichtbar. Kurz gesagt, das vorliegende Buch mag den Anschein erwecken, als hätte es einen einsamen Autor, aber es ist das Ergebnis engagierter Teamarbeit.

Ohne die erstklassige redaktionelle Arbeit von Jonathan Cobb und Bridget Flannery-McCoy, ehemals Columbia University Press, hätte dieses Buch nicht zustande kommen können. Die detaillierten Vorschläge, Kommentare und Korrekturen der beiden waren von unschätzbarem Wert, und ich betrachte sie als echte Partner bei der Fertigstellung dieses Buches. Diese Wertschätzung gilt auch dem gesamten Team von Columbia University Press unter der Leitung von Redakteurin Caelyn Cobb – ohne sie alle hätte dieses Buch nicht entstehen können.

Mein tief empfundener Dank gilt auch dem ehemaligen Premierminister von Bhutan, Jigmi Y. Thinley, der das Manuskript freundlicherweise zweimal durchgelesen, mehrere sachliche Fehler sorgfältig korrigiert und auch inhaltlich sehr hilfreiche Ratschläge gegeben hat. Insbesondere drängte er mich, die Leser nicht mit dem Gefühl der Enttäuschung und Verzweiflung zurückzulassen, sondern sie zu ermutigen, weiterhin das Ziel einer nachhaltigen und gerechten Weltwirtschaft zu verfolgen.

Für alle Fehler und Fehlinterpretationen im Text übernehme ich die volle Verantwortung und bin für Korrekturen offen. Auf Empfehlung eines Rezensenten hatte mir die Columbia University Press vorgeschlagen, das ursprüngliche, eher akademische Manuskript aus einer erzählerischen, erfahrungsbezogenen Perspektive neu zu schreiben. Das hat diese Geschichte zwangsläufig persönlich und subjektiv gemacht. Und das bringt wiederum gewisse Gefahren mit sich, wie etwa falsche Projektionen durch die Linse meiner eigenen gewohnten Werte und Erwartungen und den unbeabsichtigten Anschein, eine unbedeutende Rolle aufzublähen. Deshalb möchte ich an dieser Stelle betonen, dass ich keinesfalls meine eigene oder die sehr kleine Rolle von *GPI Atlantic* in dieser weitaus größeren Geschichte überbewerten möchte, und ich bin mir durchaus bewusst, dass andere dieselben Ereignisse ganz anders sehen und beschreiben. Ich bitte die Leser, sich vor Augen zu halten, dass ich die Dinge einfach so beschreibe, wie ich sie erlebt habe und wie sie mir erschienen sind – nicht mehr und nicht weniger.

Schließlich fehlen mir die Worte, um Gwen und Hasta Colman zu danken, die den GPI nicht nur im Kern verstehen und wortgewandt vertreten, sondern auch großzügig toleriert haben, dass ich meine familiären Pflichten vernachlässigte, als ich die Stunden an der Tastatur weit über ein vernünftiges Maß hinaus ausdehnte. Gwen und Hasta haben beide lange vor mir erkannt, dass die wahre Zielgruppe für diese GPI-Arbeit die Jugend ist, deren Zukunft wir gestohlen haben und die das größte Interesse daran hat, die neue Wirtschaft zu schaffen, die die Welt braucht. Sie setzen ihre unermüdliche GPI-Jugendarbeit bis zum heutigen Tag fort.

Letztendlich wären weder unsere GPI-Arbeit in Nova Scotia noch dieses Buch ohne die Inspiration zweier großer Mentoren zustande gekommen. Chogyam Trungpa Rinpoche (1940 –1987) verkündete nicht nur die Notwendigkeit, sondern auch die Machbarkeit, eine erleuchtete Gesellschaft auf dieser Erde zu erschaffen. »Ihr könnt es schaffen«, pflegte er zu seinen Schülern zu sagen. Diese Ermahnung hat mich auf den Weg gebracht. Und in jüngerer Zeit waren es die Freundlichkeit, Weisheit und Ermutigung von Dzongsar Khyentse Rinpoche, die mich in diesem Unterfangen von einer Seite zur nächsten gehen ließen. Dieses Buch ist ihnen beiden gewidmet.

Anmerkungen

1 Siehe z. B. Henry Kissinger, »The Coronavirus Pandemic Will Forever Alter the World Order«, Wall Street Journal, 3. April 2020, https://www.wsj.com/articles/the-coronavirus-pandemic-will-forever-alter-the-world-order-11585953005; Yuval Noah Harari, »The World After Coronavirus«, Financial Times, 20. März 2020, https://www.ft.com/content/19d90308-6858-11ea-a3c9-1fe6fedcca75; Kishore Mahbubani, »The World After Covid-19: Kishore Mahbubani on the Dawn of the Asian Century«, 20. April 2020, The Economist, https://www.economist.com/by-invitation/2020/04/20/kishore-mahbubani-on-the-dawn-of-the-asian-century; Deloitte und Salesforce, »The World Remade by COVID-19: Scenarios for Resilient Leaders«, 6. April 2020, https://www2.deloitte.com/content/dam/Deloitte/global/Documents/About-Deloitte/COVID-19/Thrive-scenarios-for-resilient-leaders.pdf.

2 Lauri Myllyvirta, »Quantifying the Economic Costs of Air Pollution from Fossil Fuels,« Centre for Research on Energy and Clean Air, Februar 2020, https://energyandcleanair.org/wp/wp-content/uploads/2020/02/Cost-of-fossil-fuels-briefing.pdf; Weltgesundheitsorganisation, »Mortality and Burden of Disease from Ambient Air Pollution«, https://www.who.int/gho/phe/outdoor_air_pollution/burden/en/.

3 Regierung des Vereinten Königreichs, HM Treasury, Stern: »Review on the Economics of Climate Change. Final Report«, http://webarchive.nationalarchives.gov.uk/20100407172811/http://www.hm-treasury.gov.uk/stern_review_report.htm.

4 Center for Research on Energy and Clean Air, »11.000 Air Pollution-Related Deaths Avoided in Europe as Coal, Oil Consumption Plummet«, 30. April 2020, https://energyandcleanair.org/air-pollution-deaths-avoided-in-europe-as-coal-oil-plummet/; Jacinta Bowler, »New Evidence Shows How COVID-19 Has Affected Global Air Pollution«, 17. März 2020, https://www.sciencealert.com/here-s-what-covid-19-is-doing-to-our-pollution-levels; sowie Jeff McMahon, »Study: Coronavirus Lockdown Likely Saved 77.000 Lives in China Just by Reducing Pollution«, Forbes, 16. März 2020, https://www.forbes.com/sites/jeffmcmahon/2020/03/16/coronavirus-lockdown-may-have-saved-77000-lives-in-china-just-from-pollution-reduction/#25af9f9234fe.

5 Xiao Wu et al., »COVID 19 PM2.5, a National Study on Long-Term Exposure to Air Pollution and COVID-19 Mortality in the United States«, 24. April 2020, https://projects.iq.harvard.edu/covid-pm. Zusammengefasste Ergebnisse in Beth Gardiner, »Pollution Made COVID-19 Worse. Now, Lockdowns Are Clearing the Air«, National Geographic, 8. April 2020, https://www.nationalgeographic.com/science/2020/04/pollution-made-the-pandemic-worse-but-lockdowns-clean-the-sky/.

6 Internationale Energieagentur, »Global Energy Review: CO_2 Emissions in 2020: Understanding the impacts of Covid-19 on global CO_2 emissions«, März 2021. https://www.iea.org/articles/global-energy-review-co2-emissions-in-2020].

7 International Energy Agency, »Global Energy Review 2020: The Impacts of the COVID-19 Crisis on Global Energy Demand and CO_2 Emissions«, 30. April 2020, https://www.iea.org/reports/global-energy-review-2020.

8 Matthew Taylor und Sandra Laville, »City Leaders Aim to Shape Green Recovery from Coronavirus Crisis«, Guardian, 1. Mai 2020, https://www.theguardian.com/environment/2020/may/01/city-leaders-aim-to-shape-green-recovery-from-coronavirus-crisis. Die Maßnahmen der Stadt werden durch das C40-Netz von Städten koordiniert, die sich für Maßnahmen gegen den Klimawandel einsetzen. Siehe www.c40.org.

9 Barrington Moore, Jr., »Social Origins of Dictatorship and Democracy: Lord and Peasant in the Making of the Modern World« (Boston: Beacon, 1966).

10 Clifford Cobb, Ted Halstead und Jonathan Rowe, "If the GDP is Up, Why is America Down?," Atlantic Monthly (Oktober 1995), https://www.theatlantic.com/past/docs/politics/ecbig/gdp.htm; und »To Stitch the World Back Together Again«, Interview mit Hazel Henderson, Whole Earth Review, Nr. 87 (Herbst 1995); https://hazelhenderson.com/whole-earth-review-to-stitch-the-world-back-together-again-issue-87-fall-1995/.

11 Steht hier zum Download zur Verfügung: https://www.nfb.ca/film/whos_counting/.

12 Siehe die Homepage des Victoria Transport Policy Institute, http://www.vtpi.org/.

13 Philipp Lepenies, »Die Macht der einen Zahl. Eine politische Geschichte des Bruttoinlandsprodukts« (Berlin: Suhrkamp 2013). Über die ungebrochene Dominanz des BIP siehe auch Rutger Hoekstra, »Replacing GDP by 2030. Towards a Common Language for the Well-Being and Sustainability Community« (Cambridge: Cambridge University Press, 2019), S.242.

14 Roger Wohlner, »Economic Indicators: Gross Domestic Product«, https://www.investopedia.com/university/releases/gdp.asp; und Jeff Fox, CNBC, 7. September 2018, https://www.cnbc.com/2018/09/07/how-trump-has-set-economic-growth-on-fire.html?&qsearchterm=set%20growth%20on%20fire.

15 Weltbank, »Households and NPISHs final consumption expenditure«, https://data.worldbank.org/indicator/NE.CON.PRVT.ZS. NPISH ist eine Abkürzung für Nonprofit Institutions Serving Households – Private Organisationen ohne Erwerbszweck (POOE). Dazu gehören Einrichtungen wie Gewerkschaften, Berufsverbände, politische Parteien, Kirchen, Wohltätigkeitsorganisationen und Sportvereine. Die Weltbank hat kürzlich diese »Haushalts- und POOE«-Kategorie für das eingeführt, was sie zuvor als »private Ausgaben« aufgelistet hatte. Im Text hier habe ich der Einfachheit halber einfach die Worte »persönliche Ausgaben« verwendet. Die neuesten hier aufgeführten verfügbaren Daten stammen aus den Jahren 2018 (USA und China) und 2019 (Deutschland und Indien).

16 OECD, »Household Savings«, https://data.oecd.org/hha/household-savings.htm.

17 Philipp Lepenies, »Die Macht der einen Zahl. Eine politische Geschichte des Bruttoinlandsprodukts« (Berlin: Suhrkamp 2013) S. 183.

18 Robert H. Wade, der Lepenies beipflichtet, »Die Macht der einen Zahl«.

19 Simon Kuznets, »Report to the U.S. Congress«, 1934, zitiert in OECD, »Beyond GDP«, https://www.oecd.org/site/worldforum06/38433373.pdf. Laut Kuznets »kann das Wohlergehen einer Nation kaum aus einem Maß des Volkseinkommens abgeleitet werden… Es muss zwischen Quantität und Qualität des Wachstums, zwischen Kosten

und Erträgen, sowie zwischen kurz- und langfristig unterschieden werden. Ziele für mehr Wachstum sollten spezifizieren, was wächst und wofür es wächst.« Auf dem Wirtschaftsforum 2016 in Davos wurde die Verzerrung der BIP-Nutzung von Erik Brynjolfsson, Direktor der MIT-Initiative für die digitale Wirtschaft, in »The Future of Growth: Technology Driven, Human-Centred« festgestellt, https://www.weforum.org/events/world-economic-forum-annual-meeting2016/sessions/the-future-of-growth-technology-driven-human-centred; Wirtschaftsnobelpreisträger Joseph Stiglitz, in »How to Reboot the Global Economy«, https://www.weforum.org/events/world-economic-forum-annual-meeting-2016/sessions/how-to-reboot-the-global-economy; und Christine Lagarde, Leiterin des Internationalen Währungsfonds, in »The Global Economic Outlook«, https://www.weforum.org/events/world-economic-forum-annual-meeting2016/sessions/the-global-economic-outlook-1d2286ef-25a9-47cf-bba6-56fc8ef98004.

20 Andrew Yarrow, Measuring America: »How Economic Growth Came to Define American Greatness in the Late Twentieth Century« (Amherst: University of Massachusetts Press, 2010).

21 Matthias Schmelzer, »The Hegemony of Growth: The OECD and the Making of the Economic Growth Paradigm« (Cambridge: Cambridge University Press, 2016).

22 George H. W. Bush, USA, am 18. August 1988; Justin Trudeau, Kanada, »Common Ground«, 2014; David Cameron, GB, 25. November 2010; Xi Jinping, China, 22. September 2015.

23 Görmann, Marcel, »Olaf Scholz verspricht 'Wirtschaftswunder' – mit der Realität hat das nichts zu tun, Der Westen, 11.03.2023, https://www.derwesten.de/politik/olaf-scholz-kanzler-wirtschaft-id300448588.html.

24 Als Reaktion auf die Subprime-Hypothekenkrise stellte die Bush-Regierung im Oktober 2008 im Rahmen des Troubled Asset Relief Program (TARP) 700 Milliarden US-Dollar bereit, um den Finanzsektor zu retten, indem sie toxische Vermögenswerte, insbesondere hypothekenbesicherte Wertpapiere, von Finanzinstituten kaufte und Bargeld direkt an Banken lieferte. Siehe »Emergency Economic Stabilization Act of 2008«, https://en.wikipedia.org/wiki/Emergency_Economic_Stabilization_Act_of_2008. Im Februar 2009 genehmigte die Obama-Regierung ein Konjunkturpaket in Höhe von 787 Milliarden US-Dollar (das später auf 831 Milliarden US-Dollar erhöht wurde). Siehe „American Recovery and Reinvestment Act of 2009", https://en.wikipedia.org/wiki/American_Recovery_and_Reinvestment_Act_of_2009.

25 Lorenzo Fioramonti, »Gross Domestic Problem: The Politics Behind the World's Most Powerful Number« (London: Zed Books, 2013), argumentiert, dass die mächtigen Interessen, die die Dominanz des BIP aufrechterhalten, ihre Wurzeln in der kapitalistischen Werttheorie haben, die Markttransaktionen als die einzigen Triebkräfte von Entwicklung betrachtet. Diese Grundansicht geht eindeutig über die Parteigrenzen hinaus. Obwohl andere Analysen, wie etwa David Pilling, »The Growth Delusion: The Wealth and Well-Being of Nations« (New York: Tim Duggan, 2018), die fehlgeleitete Dominanz des BIP beschreiben, vermeiden sie es, diese Vormachtstellung auf die Struktur des ökonomischen Systems selbst zurückzuführen.

26 Ronald Colman, »Full Cost Accounting of Highways: Infrastructure Deficit Accounting in Highway Investment Analysis«, GPI Atlantic, October 15, 1988, http://www.gpiatlantic.org/pdf/highways/highways.pdf.

27 Robert Kennedy, »Recapturing America's Moral Vision«, 18. März 1968, in RFK: »Collected Speeches« (New York: Viking, 1993).

28 Economic Research, Federal Reserve Bank of St. Louis, »Real Median Household Income in the United States«, Daten des U.S. Bureau of the Census, https://fred.stlouisfed.org/graph/?g=XH6. Siehe auch »Average (Median) Household Income in the United States from 1990 to 2018 (in U.S. Dollars)«, https://www.statista.com/statistics/200838/median-household-income-in-the-united-states/.

29 The Conference Board of Canada »Canadian Income Inequality«, http://www.conferenceboard.ca/hcp/hot-topics/caninequality.aspx.

30 Economic Research, Federal Reserve Bank of St. Louis, »Real Gross Domestic Product« (d.h. inflationsbereinigt), Daten des U.S. Bureau of Economic Analysis. Das Gesamtwachstum hat der Autor basierend auf dem BIP des ersten Quartals 2001 – $ 12,6 Billionen –, und dem BIP des letzten Quartals 2007 – $ 15 Billionen – (Dollarkurs von 2009), berechnet.

31 Als das BIP in den Vereinigten Staaten analysiert wurde, stellte sich heraus, dass sowohl 2001 als auch 2002 das BIP-Wachstum größtenteils auf Hypothekenabhebungen (mortgage equity withdrawals, MEW) zurückzuführen war, bei denen Verbraucher Geld gegen den realen Wert ihrer Häuser leihen. Laut einem Bericht des Finanzanalysten John Mauldin, der auf Daten basiert, die von Alan Greenspan, dem ehemaligen Vorsitzenden der US-Notenbank (1987–2006), gesammelt worden waren, »wäre die Wirtschaft in der Tat sehr träge gewesen, wenn die US-Hausbesitzer ihre Häuser nicht als Geldautomaten genutzt hätten, im Durchschnitt viel weniger als 1 % für die sechs Jahre der Bush-Präsidentschaft... Ohne MEWs hätte der Zeitraum von 2001 bis 2007 ein BIP-Wachstum von weniger als 1 % gesehen.« John Mauldin, »Thoughts from the Front Line: The Economic Blue Screen of Death«, Mauldin Economics, 17. Oktober 2008, http://www.mauldineconomics.com/frontlinethoughts/the-economic-blue-screen-of-death-mwo101708 .

32 Internationaler Währungsfonds, »New Data on World Debt: A Dive Into Country Numbers«, 17. Dezember 2019, https://blogs.imf.org/2019/12/17/new-data-on-world-debt-a-dive-into-country-numbers/; für die Warnung des IMF siehe »Transcript of the Press Conference on the Release of the April 2018 Fiscal Monitor«, 18. April 2018, http://www.imf.org/en/News/Articles/2018/04/18/sm18-tr041818-transcript-of-the-press-conference-on-the-release-of-the-april-2018-fiscal-monitor.

33 Interview auf McAlvaney Weekly Commentary, »Diane Coyle on GDP: Rethinking the Uncountable«, 13. August 2016, https://mcalvanyweeklycommentary.com/august-31-2016-diane-coyle-gdp-rethinking-uncountable/. Siehe auch Diane Coyle, »GDP: A Brief But Affectionate History«, (Princeton, NJ: Princeton University Press, 2014).

34 Joseph Stiglitz, »It's Time to Retire Metrics Like GDP. They Don't Measure Everything That Matters«, Guardian, 24. November 2019, https://www.theguardian.com/commentisfree/2019/nov/24/metrics-gdp-economic-performance-social-progress?CMP=Share_iOSApp_Other.

35 Siehe z.B. Raphael Neukom et al., »No Evidence for Globally Coherent Warm and Cold Periods Over the Preindustrial Common Era«, Nature, 571 (24. Juli 2019), https://www.nature.com/articles/s41586-019-1401-2. Für die Rekonstruktion von Temperaturen in früheren Jahrhunderten und Jahrtausenden auf der Grundlage von Klimaproxys siehe die Zusammenfassung der Beweise in Form von Baumringen, Eisbohrkernen und

geologischen Formationen unter »Global Temperature Record«, https://en.wikipedia.org/wiki/Temperature_record#Proxies:_tree_rings.2C_ice_cores :_the_last_2000_years. Siehe auch Michael Mann et al., »Proxy-Based Reconstructions of Hemispheric and Global Surface Temperature Variations Over the Past Two Millennia«, Proceedings of the National Academy of Sciences of the United States of America 105, no. 36 (9. September 2008): 13252–257, https://doi.org/10.1073/pnas.0805721105.

36 U.S. National Aeronautics and Space Administration (NASA), »Global Land-Ocean Temperature Index«, https://data.giss.nasa.gov/gistemp/tabledata_v3/GLB.Ts+dSST.txt. Verlässliche Aufzeichnungen gibt es seit 1880 in der U.S. National Oceanic and Atmospheric Administration (NOAA). Siehe auch die Berichte der World Meteorological Organization zum Zustand des globalen Klimas, abrufbar unter https://public.wmo.int/en/our-mandate/climate/wmo-statement-state-of-global-climate.

37 P. L. Svendsen, O. B. Andersen und A. A. Nielsen, »Acceleration of the Greenland Ice Sheet Mass Loss as Observed by GRACE: Confidence and Sensitivity«, Earth and Planetary Science Letters 364 (15. February 2013), S. 24–29, http://www.sciencedirect.com/science/article/pii/S0012821X12006966.

38 Siehe zum Beispiel Thorsten Mauritsen und Robert Pincus, »Committed Warming Inferred from Observations«, Nature Climate Change 7 (31. Juli 2017): 652–55, https://www.nature.com/nclimate/journal/v7/n9/full/nclimate3357.html: »Aufgrund der Lebensdauer von CO_2, der thermischen Trägheit der Ozeane und der vorübergehenden Auswirkungen von kurzlebigen Aerosolen und reaktiven Treibhausgasen«, schlussfolgern die Autoren, wird sich die Erde weiter um 2 °C bis 2100 erwärmen, auch wenn wir jetzt plötzlich aufhören, fossile Brennstoffe zu verbrennen. Wenn die Emissionen noch 15 Jahre lang mit ihrer derzeitigen Rate anhalten, werden die Temperaturen um 3 °C steigen. Siehe auch Adrian Raftery et al., »Less Than 2°C warming by 2100 Unlikely«, Nature Climate Change 7 (31. Juli 2017): 637–43, http://nature.com/articles/doi:10.1038/nclimate3352, die mit einer statistischen Wahrscheinlichkeit von 95 % zu dem Schluss kommt: »Der wahrscheinliche Bereich des globalen Temperaturanstiegs beträgt 2,0–4,9 °C mit einem Medianwert von 3,2 °C bis 2100.« Das in dieser Studie verwendete statistische Modell berücksichtigt die Auswirkungen bestehender Emissionsminderungsstrategien und zeigt eine statistische Wahrscheinlichkeit von nur 5 %, dass der Temperaturanstieg 2 °C nicht überschreitet, und nur eine einprozentige Wahrscheinlichkeit, dass er 1,5 °C nicht überschreitet.

39 UN Intergovernmental Panel on Climate Change (IPCC), »Changes in Sea Level«, https://www.ipcc.ch/site/assets/uploads/2018/03/TAR-11.pdf und »Synthesis Report«, http://ar5-syr.ipcc.ch/topic_summary.php. Siehe auch NOAA, »Global and Regional Sea Level Rise Scenarios for the United States«, Januar 2017, https://tidesandcurrents.noaa.gov/publications/techrpt83_Global_and_Regional_SLR_Scenarios_for_the_US_final.pdf; National Geographic, »Sea Level Rise, Explained« http://www.nationalgeographic .com/environment/global-warming/sea-level-rise/; und Jon Gertner, »The Secrets in Greenland's Ice Sheet«, New York Times Magazine, 12. November 2015, https://www.nytimes.com/2015/11/15/magazine/the-secrets-in-greenlands-ice-sheets.html.

40 »Bangkok 'Could Be Submerged in 15 Years'«, Bangkok Post, 23. Juli 2015, https://www.bangkokpost.com/learning/learning-news/632520/bangkok-could-be-submerged-in-15-years, and »Bangkok Is Sinking Fast«, Asean Post, 31. December 2019, https://theaseanpost.com/article/bangkok-sinking-fast.

41 S. C. Sherwood et al., 22. Juli 2020, »An Assessment of Earth's Climate Sensitivity Using Multiple Lines of Evidence«, Reviews of Geophysics, https://agupubs.onlinelibrary.wiley.com/doi/full/10.1029/2019RG000678 und https://climateextremes.org.au/wp-content /uploads/2020/07/WCRP_ECS_Final_manuscript_2019RG000678R_FINAL_200720.pdf. Das Magazin Science gibt eine gute Zusammenfassung unter https://www.sciencemag.org/news/2020/07/after-40-years-researchers-finally-see-earths-climate-destiny-more-clearly#.

42 Jurriann De Voss et al., »Estimating the Normal Background Rate of Species Extinction«, Conservation Biology 29 (2015), S. 452–62, https://conbio.onlinelibrary.wiley.com/doi/abs/10.1111/cobi.12380. Center for Biological Diversity, »Halting the Extinction Crisis«, http://www.biologicaldiversity.org/programs/biodiversity/elements_of_biodiversity /extinction_crisis/. Der jüngste Global Diversity Outlook 5-Bericht, der von der UN-Konvention über die biologische Vielfalt herausgegeben und am 15. September 2020 veröffentlicht wurde, warnt davor, dass wir am Rande eines katastrophalen Zusammenbruchs der biologischen Vielfalt stehen, der nicht nur unzählige Arten und eine unschätzbare genetische Vielfalt auszulöschen droht, sondern auch die Ernährung, Gesundheit und Sicherheit der Menschheit gefährdet. https://www.cbd.int/gbo/gbo5/publication/gbo-5-en.pdf.

43 World Health Organization, »9 out of 10 People Worldwide Breathe Polluted Air, but More Countries Are Taking Action«, 2. Mai 2018, https://www.who.int/news-room / detail/02-05-2018-9-out-of-10-people-worldwide-breathe-polluted-air-but-more-countries-are-taking-action. Siehe auch: Lauri Myllyvirta, »Quantifying the Economic Costs of Air Pollution from Fossil Fuels«, Centre for Research on Energy and Clean Air, Februar 2020, https://energyandcleanair.org/wp/wp-content/uploads/2020/02/Cost-of-fossil-fuels-briefing.pdf; und World Health Organization, »Mortality and Burden of Disease from Ambient Air Pollution«, https://www.who.int/gho/phe/outdoor_air_pollution/burden/en/.

44 William Laurance, "Reflections on the Tropical Deforestation Crisis," Biological Conservation 91: S. 109–117, http://www.sciencedirect.com/science/article/pii/S0006320799000889; sowie die Herausgeber William Laurance und Richard Bierregaard Jr. in ihrem Vorwort zu »Tropical Forest Remnants: Ecology, Management and Conservation of Fragmented Communities«, (Chicago: University of Chicago Press, 1997), S. xi.

45 R. B. Primack, »Habitat Destruction«, In Essentials of Conservation Biology (5. Ausgabe 2010) (Sunderland, MA: Sinauer Associates): S. 177–88, zitiert in »Habitat Destruction«, https:// en.wikipedia.org/wiki/Habitat_destruction. Siehe auch World Resources Institute (WRI), »State of the World's Forests«, 8. Januar, 2009, http://www.wri.org/resource/state-worlds-forests; sowie David Allan, »Global Deforestation«, (Vorlesung, »Global Change Program«, University of Michigan, 1. April 2010), https://web.archive.org/web/20110615044847/http://www.globalchange.umich.edu/globalchange2/current/lectures/deforest/deforest.html.

46 World Inequality Database, »World Inequality Report 2018«, https://wir2018.wid.world/; United Nations High Commissioner for Refugees (UNHCR), »Global Trends: Forced Displacement in 2019«, https://www.unhcr.org/globaltrends2019/, sowie https://www.unhcr.org/5ee200e37.pdf; »Transcript of the Press Conference on the Release of the April 2018 Fiscal Monitor«, 18. April 2018, http://www.imf.org/en/News/Articles/2018/04/18/sm18-tr041818-transcript-of-the-press-conference-

on-the-release-of-the-april-2018-fiscal-monitor. Siehe auch UNHCR, »Global Forced Displacement Hits Record High«, 29. Juni 2016, http://www.unhcr.org/news/latest/2016/6/5763b65a4/global-forced-displacement-hits-record-high.html. Der oben erwähnte globale Trendbericht des UNHCR zeigt, dass einer von 113 Menschen im Jahr 2015 durch Krieg oder Verfolgung aus seiner Heimat vertrieben wurde, die höchste Zahl seit Beginn der Aufzeichnungen des UNHRC. »Im Durchschnitt mussten 2015 jede Minute 24 Menschen fliehen, viermal mehr als ein Jahrzehnt zuvor, als jede Minute sechs Menschen flohen."

47 Beispielsweise ergab eine Aktualisierung des Berichts »Grenzen des Wachstums« des Club of Rome von 1972 40 Jahre später (also 2012), dass zuverlässige Daten der Vereinten Nationen, der US-amerikanischen National Oceanographic and Atmospheric Administration und anderer Quellen die vorhergesagten Trends bestätigten, wonach business as usual in der Wirtschaft zum ökologischen und wirtschaftlichen Kollaps vor 2070 führen werden. Graham Turner, »Is Global Collapse Imminent? An Updated Comparison of The Limits to Growth with Historical Data«, MSSI Research Paper No. 4 (Melbourne: University of Melbourne, August 2014), https://sustainable.unimelb.edu.au/__data/assets/pdf_file/0005/2763500/MSSI-ResearchPaper-4_Turner_2014.pdf; sowie Graham Turner und Cathy Alexander, »Limits to Growth Was Right: New Research Shows We're Nearing Collapse«, Guardian, 2. September 2014, https://www.theguardian.com/commentisfree/2014/sep/02/limits-to-growth-was-right-new-research-shows-were-nearing-collapse#. Zu den Ursachen und Auswirkungen des Klimawandels siehe z.B. John Cook et al., »Quantifying the Consensus on Anthropogenic Global Warming in the Scientific Literature«, Environmental Research Letters 8 (2013), http://iopscience.iop.org/article /10.1088/1748-9326/8/2/024024/pdf. Die Autoren fanden heraus, dass unter den Studien, die eine Meinung zu den Ursachen des Klimawandels zum Ausdruck brachten, »97,1 % die Konsensposition befürworteten, Menschen verursachten die globale Erwärmung«. Und die mehr als 2000 Wissenschaftler aus 154 Ländern des Zwischenstaatlichen Ausschusses für Klimaänderungen (IPCC) der Vereinten Nationen sind sich einig, dass Überschwemmungen, Dürren, Lauffeuer, Insekten, Ozeanversauerung und andere Auswirkungen die Widerstandsfähigkeit vieler Ökosysteme der Welt in diesem Jahrhundert wahrscheinlich überfordern werden. IPCC Climate Change 2007 Synthesis Report, section 3.3.1, »Impacts on Systems and Sectors«, »Ecosystems«, https://www.ipcc.ch/site/assets/uploads/2018/02/ar4_syr_full _report.pdf. Der zusammenfassende IPCC-Bericht zum Klimawandel 2014 warnte davor, dass fortgesetzte Emissionen wahrscheinlich »schwere, weitreichende und irreversible Auswirkungen auf Menschen und Ökosysteme« haben werden.

48 Der Generalsekretär der Vereinten Nationen, »Secretary-General's Remarks to High-Level Thematic Debate on 'The State of the World Economy and Finance' and Its Impact on Development«, 17. Mai 2012, https://www.un.org/sg/en/content/sg/statement/2012-05-17/secretary-generals-remarks-high-level-thematic-debate-state-world.

49 Kenneth E. Boulding, »Evolutionary Economics«, (Thousand Oaks, CA: SAGE, 1981).

50 Herman E. Daly, Hrsg., »Toward a Steady-State Economy«, (San Francisco: W. H. Freeman, 1973); sowie Center for the Advancement of the Steady State Economy (CASSE), theoretische Grundlagen und Datenmaterial, http://www.steadystate.org/.

51 Robert Costanza »The Early History of Ecological Economics and the International

Society for Ecological Economics (ISEE)«, Internet Encyclopaedia of Ecological Economics, April 2003, http://isecoeco.org/pdf/costanza.pdf.

52 In Robert Costanza (Hrsg.), »Ecological Economics: The Science and Management of Sustainability« (New York: Columbia University Press, 1991), S. vi.

53 Fritjof Capra und Pier Luigi Luisi, »The Systems View of Life: A Unifying Vision« (Cambridge: Cambridge University Press, 2014), S. 12.

54 Für detaillierte Beschreibungen der verschiedenen Kategorien von Dienstleistungen des Ökosystems siehe Millennium Ecosystem Assessment, »Ecosystems and Human Well-Being: Synthesis«, (Washington, DC: Island Press, 2005), http://www.millenniumassessment.org/documents/document.356.aspx.pdf; Gretchen Daily (Hrsg.), »Nature's Services: Societal Dependence on Natural Ecosystems« (Washington, DC: Island Press, 1997); sowie Gretchen Daily und Katherine Ellison, »The New Economy of Nature: The Quest to Make Nature Profitable« (Washington, DC: Island Press, 2002).

55 The World Bank and World Wildlife Fund Alliance for Forest Conservation and Sustainable Use, »Running Pure: The Importance of Forest Protected Areas to Drinking Water«, August 2003, https://wwf.panda.org/?8443/Running-Pure-The-importance-of-forest-protected-areas-to-drinking-water. Dieses System produziert für 8,4 Millionen New Yorker im größten kommunalen Wassersystem des Landes das, was als »Champagner des Trinkwassers« bezeichnet wird. Stadt-, Landes- und Kommunalverwaltungen sowie Naturschutzgebiete besitzen 40 % der mehr als eine Million Morgen großen Wasserscheide von Catskill/Delaware, die sich 125 Meilen nördlich der Stadt erstreckt. Der Rest befindet sich in Privatbesitz, wobei die Entwicklung reguliert wird, um zu verhindern, dass Schadstoffe in die Wasserversorgung gelangen. »Wir behandeln die Dinge an der Quelle und nicht am Ende der Leitung«, sagt Paul V. Rush, stellvertretender Kommissar des New Yorker Wasserversorgungsbüros. Daher nimmt das Umweltbundesamt Wasser aus diesem Einzugsgebiet von der üblichen Filterung aus. »How New York Gets its Water«, New York Times, 30. Mai 2016, https://www.nytimes.com/interactive/2016/03/24/nyregion/how-nyc-gets-its-water-new-york-101.html.

56 Da es sich bei der vorliegenden Publikation nicht um ein technisches Handbuch handelt, reicht der Platz nicht aus, um die vielen Methoden der Umfassenden Kostenrechnung detailliert zu beschreiben. Um nur ein kleines Beispiel zu nennen: Praktiker können versuchen, Fixkosten durch variable Kosten im Zusammenhang mit der Nutzung zu ersetzen. So ignorieren feste jährliche Zahlungen für die Zulassung und Versicherung von Autos nicht-nachhaltige Verhaltensweisen und die Vorteile von Fahrzeugen und Transportmitteln, die sparsamer und weniger umweltbelastend sind. Wenn also die Zulassungs- und Versicherungszahlungen je nach Fahrzeugtyp, Kraftstoffverbrauch und Anzahl der jährlich gefahrenen Kilometer variieren würden, ergäben sie ein weitaus genaueres Bild der tatsächlichen sozialen, wirtschaftlichen und ökologischen Auswirkungen des Autofahrens.

57 Für Publikationen des WRI in diesen und anderen Bereichen siehe http://www.wri.org/publication. Siehe auch Janice C. Wright, »Natural Resource Accounting — a Technique for Improving Planning in New Zealand?«, Juni 1989, (https://pdfs.semanticscholar.org/b92f/1d56fad2f5c3fe603ff1a32f558443afd117.pdf), zitiert R. Repetto, »Review Report on Natural Resource Accounting« (Victoria, Australia: Ministry for Planning and Environment, 1987), S. 12; sowie R. Repetto, »Natural Resource Accounting for

Countries with Natural Resource-Based Economies« (Victoria, Australia: Ministry for Planning and Environment, 1986), 46p. Norwegen, Frankreich, und die Niederlande sind weltweit führend im Natural Resource Accounting. Siehe z.B. Knut H. Alfsen et al., »Natural Resource Accounting and Analysis: The Norwegian Experience: 1978–1986«, Central Bureau of Statistics of Norway, https://www.ssb.no/a/histstat/sos/sos_065.pdf; T. Friend, »Review of International Experience Resource Accounting«, United Nations Environment UNEP/W.G.85/INF.3, zitiert in William S. Prudham und Steve Lonergan, »Natural Resource Accounting (1): A Review of Existing Frameworks«, Canadian Journal of Regional Science XVI, Nr. 3 (Herbst 1993): S. 363–86, http://cjrs-rcsr.org/archives/16-3 /Prudham-Lonergan.pdf; sowie J.-L. Weber, »The French Natural Patrimony Accounts«, Statistical Journal of the United Nations Economic Commision for Europe 1, Nr. 4 (1. September 1983): S. 419–44, http://content.iospress.com/articles/statistical-journal-of-the-united-nations-economic-commission-for-europe/sju1-4-03; außerdem R. Hueting, »Economic Aspects of Environmental Accounting«, Journal of Interdisciplinary Economics 2, Nr. 1 (1. April 1987): S. 55–71, http://journals.sagepub.com/doi/abs/10.1177 /02601079X8700200105.

58 Beispielsweise veröffentlichte Statistics Canada 1997 sein kanadisches System der Umwelt- und Ressourcenrechnungen, bestehend aus Rechnungen für natürliche Ressourcen, die in die nationalen Bilanzen Kanadas aufgenommen werden sollen; Ressourcen- und Abfallflussdaten, die in die Input-Output-Tabellen einzubringen sind; sowie Ausgaben für Umweltverschmutzung und Umweltschutz, um die tatsächlichen Produktionskosten einer breiten Palette von Gütern zu ermitteln. Siehe »Econnections: Linking the Environment and the Economy. Concepts, Sources and Methods of the Canadian System of Environmental and Resource Accounts«, Katalognr. 16-505-GPE. Für neuere Daten und Updates zur Methode siehe z. B. die Links zu den jüngsten Natural Resource Accounts, veröffentlicht im Januar 2018, http://www23.statcan.gc.ca/imdb/p2SV.pl?Function =getSurvey&SDDS=5114; sowie den »Methodological Guide«, veröffentlicht im April 2016, https://www150.statcan.gc.ca/n1/en/catalogue/16-509-X und https://www150.statcan .gc.ca/n1/pub/16-509-x/16-509-x2016001-eng.htm.

59 Mathis Wackernagel und William Rees, »Our Ecological Footprint: Reducing Human Impact on the Earth« (Gabriola Island, Canada: New Society Publishers, 1996, 1998). Für aktuelle Arbeiten zum Fußabdruck siehe Global Footprint Network, gegründet 2003 von Mathis Wackernagel, unter http://www.footprintnetwork.org/.

60 Siehe GPI Atlantic, »Population Health Publications«, www.gpiatlantic.org/publications/health.htm, für zahlreiche Hinweise auf diese Quellen. Beispielhaft für die historische Entwicklung in diesem Bereich ist Andrew Juren et al., »Commonplace to Condemned: The Discovery That Tobacco Kills, and How Richard Doll Shaped Modern Smoking Cessation Practices«, BC Medical Journal 54, Nr. 4 (Mai 2012): S. 183–88, https://www.bcmj.org/articles/commonplace-condemned-discovery-tobacco-kills-and-how-richard-doll-shaped-modern-smoking.

61 Veranschaulichend für diese Verbesserungen seit den späten 1970er Jahren sind genauere Bewertungen der Fettleibigkeit durch direkte Messung von Größe und Gewicht, die Verzerrungen in selbstberichteten Daten überwinden. Siehe z. B. Michael Tjepkema, »Measured Obesity: Adult Obesity in Canada—Measured Height and Weight«, Statistics Canada Katalognr. 82-620-MWE2005001, https://www150.statcan.gc.ca/n1/pub/82-620-m/2005001/pdf /4224906-eng.pdf.

62 William Nordhaus und James Tobin, »Is Growth Obsolete?«, Economic Research: Retrospect and Prospect, Band 5: »Economic Growth«, (New York: National Bureau of Economic Research, 1972), www.nber.org/chapters/c7620.pdf.

63 Herman Daly und John B. Cobb, »For the Common Good: Redirecting the Economy Toward Community, the Environment, and a Sustainable Future« (Boston: Beacon Press, 1989).

64 Zwischen 1994 und 2001 wurde der US-amerikanische ISEW für Großbritannien, Schweden, Finnland, Deutschland, die Niederlande, Österreich, Chile und British Columbia erstellt.

65 Redefining Progress, »Genuine Progress Indicator«. Eine kurze Zusammenfassung gibt es unter https:// en.wikipedia.org/wiki/Genuine_progress_indicator. Clifford Cobb, Ted Halstead, und Jonathan Rowe, »If the GDP Is Up, Why Is America Down?«, Atlantic, October 1995, https://www.theatlantic.com/past/docs/politics/ecbig/gdp.htm.

66 Ida Kubiszewski et al., »Beyond GDP: Measuring and Achieving Global Genuine Progress«, Ecological Economics 93 (2013): 57–68, http://www.bioline.org.br/pdf?nd13075. Dieser Artikel enthält sowohl globale als auch nationale Ergebnisse für alle 17 Länder, wobei das BIP gegen den GPI und andere Maße grafisch dargestellt wird. Zwischen 1995 und 2006 wurden jährliche GPI-Berichte und -Aktualisierungen durch Redefining Progress erstellt. Siehe John Talberth, Clifford Cobb, und Noah Slattery, »The Genuine Progress Indicator 2006«, Redefining Progress, Februar 2007, https://www.academia.edu/2130339/The_genuine_progress_indicator.

67 Eine Umfrage unter mehr als 170 Nachhaltigkeitsprojekten auf lokaler und kommunaler Ebene weltweit ergab, dass mehr als 90 Sustainable Seattle als Modell verwendeten. Siehe Meg Holden, »Sustainable Seattle: The Case of the Prototype Sustainability Indicators Project«, in Community Quality of Life Indicators, Band 28, Social Indicators Research Series, S. 177–201, https://link.springer.com/chapter/10.1007%2F978-1-4020-4625-4_7#page-1. See also https://www.facebook.com/pg/Sustainseattle/about/?ref=page_internal. Trotz seines damaligen Erfolgs hat Sustainable Seattle keine Indikatorberichte mehr erstellt. Der jüngste Bericht stammt aus dem Jahr 2010.

68 Ronald Colman, »Measuring Sustainable Development: The Nova Scotia Genuine Progress Index: Framework, Indicators and Methodologies«, Januar 1998, http://www.gpiatlantic .org/pdf/general/framework.pdf.

69 Paul Allin und David J. Hand, »The Wellbeing of Nations: Meaning, Motive and Measurement« (New York: Wiley-Blackwell, 2014), geben einen umfassenden Überblick über wichtige nationale und internationale Initiativen zum Aufbau von Maßstäben für das nationale Wohlergehen, die Nachhaltigkeit, Fortschritt, Lebensqualität, Wirtschaftsleistung und Umweltqualität umfassen.

70 Ronald Colman, »The Economic Value of Civic and Voluntary Work in Nova Scotia: 2003 Update«, http://www.gpiatlantic.org/pdf/volunteer/volunteerupdate03.pdf.

71 Joshua Hill, »US Still Subsidizing Fossil Fuels to Tune of $27 Billion«, CleanTechnica, 6. Juni 2018, https://cleantechnica.com/2018/06/06/us-still-subsidizing-fossil-fuels-to-tune-of-27-billion/; »55 Millarden Euro für fossile Brennstoffe«, Ingenieur.de, 17.02.2022, https://www.ingenieur.de/fachmedien/bwk/energieversorgung/55-milliarden-euro-fuer-fossile-brennstoffe/. Laut OECD und IEA verdoppelte sich die staatliche Subventionierung fossiler Brennstoffe im Jahr 2021 weltweit auf 697,2 Mrd. Dollar im Vergleich zu 362,4 Mrd. Dollar 2020, https://www.oecd.org/berlin/presse/die-

foerderung-fossiler-energietraeger-hat-sich-2021-laut-neusten-zahlen-von-oecd-und-iea-fast-verdoppelt-und-bremst-so-die-fortschritte-bei-den-internationalen-klimazielen.htm.

72 Bent Sorensen, »Renewable Energy: Physics, Engineering, Environmental Impacts, Economics and Planning«, 4. Ausgabe (Cambridge, MA: Academic Press, 2010). In der ersten Entwicklungszeit der Windkraft stellte die dänische Regierung 30 % der anfänglichen Kapitalkosten bereit.

73 Mathis Wackernagel und William Rees, »Our Ecological Footprint: Reducing Human Impact on the Earth« (Gabriola Island, Canada: New Society, 1998). Zur aktuellen Arbeit am ökologischen Fußabdruck siehe Global Footprint Network, das 2003 von Mathis Wackernagel gegründet wurde, http://www.footprintnetwork.org/. Zu Berechnungen der Planeten, die erforderlich sind, um den Lebensstil der USA und Kanadas weltweit zu unterstützen, siehe Global Footprint Network, »Earth Overshoot Day«, https://www.overshootday.org/newsroom/press-release-june-2019-english/ and https://www.overshootday.org/newsroom/country-overshoot-days/.

74 Messinger hatte seine Kritik ursprünglich in einem unveröffentlichten internen Artikel von Statistics Canada geäußert, der für Kanadas Chefstatistiker verfasst worden war und den Messinger mir freundlicherweise zur Verfügung stellte. Später präsentierte er öffentlich eine Version dieses Artikels zusammen mit seiner GPI-Replikation für Kanada: Hans Messinger, Statistics Canada, »Measuring Sustainable Economic Welfare: Looking Beyond GDP« (vorgestellt auf dem jährlichen Treffen der Canadian Economics Association, St. John's, Neufundland, Juni 1997), http://www.csls.ca/misc /cea9731.pdf. Dieser Artikel gilt zwar offiziell weiterhin als »vorläufiger Entwurf«, der nicht zitiert oder referiert werden darf, doch damals erteilte Messinger dem GPI Atlantic explizit eine entsprechende Erlaubnis, und gestattete auch dem Center for the Study of Living Standards in Ottawa, ihn zu veröffentlichen. Zum ursprünglichen U.S. GPI und seinen Aktualisierungen siehe https://en.wikipedia.org/wiki /Genuine_progress_indicator#; Clifford Cobb, Ted Halstead und Jonathan Rowe, »If the GDP Is Up, Why Is America Down?«, The Atlantic, Oktober 1995, https://www.theatlantic.com/past/docs/politics/ecbig/gdp.htm.

75 Die Weltkommission für Umwelt und Entwicklung (WCED) wurde 1983 gegründet, nachdem die Generalversammlung der Vereinten Nationen dazu aufgerufen hatte, »langfristige Umweltstrategien vorzuschlagen, um eine nachhaltige Entwicklung bis zum Jahr 2000 und darüber hinaus durch umfassende internationale Zusammenarbeit zu erreichen«. Sie veröffentlichte ihren Bericht, »Unsere gemeinsame Zukunft« (»Our Common Future«), der oft als Brundtland-Bericht bezeichnet wird, im Oktober 1987, siehe http://www.un-documents.net/our-common-future.pdf.

76 Zum Beispiel das Umweltgesetz von Nova Scotia, der sogenannte Environment Act: »An Act to Reform the Environmental Laws of the Province and to Encourage and Promote the Protection, Enhancement and Prudent Use of the Environment«, [»Gesetz zur Reform der Umweltgesetze der Provinz und zur Unterstützung und Förderung des Schutzes, der Verbesserung und der umsichtigen Nutzung der Umwelt«] 1994–95, Teil 1, Sektion 2(b)(ii), https://nslegislature.ca/sites/default /files/legc/statutes/environment.pdf. Siehe auch Province of Nova Scotia, »A Guide to the Environment Act«, Februar 2006, http://www.novascotia.ca/nse/ea/docs/EAActGuide.pdf

77 Rio Declaration on Environment and Development, 1992, https://www.un.org/en/development/desa/population/migration/generalassembly/docs/globalcompact/A_

CONF.151_26_Vol.I_Declaration.pdf, sowie auf Deutsch: https://www.un.org/Depts/german/conf/agenda21/rio.pdf

78 Rahmenübereinkommen der Vereinten Nationen über Klimaänderungen, 1992 https://unfccc.int/resource/docs/convkp/convger.pdf, englische Version unter http://unfccc.int/cop3/fccc/climate/conv.htm. Siehe das daran anschließende Kyoto-Protokoll, 1997, https://unfccc.int/resource/docs/convkp/kpger.pdf, englische Version unter https://unfccc.int/resource/docs/convkp/kpeng.pdf.

79 »Vertrag über die Arbeitsweise der Europäischen Union (konsolidierte Fassung)«, Amtsblatt der Europäischen Union, Titel XX, Artikel 191, Paragraph 2, S. 132, https://eur-lex.europa.eu/LexUriServ/LexUriServ.do?uri=CELEX:12012E/TXT:de:PDF, englische Fassung unter https://eur-lex.europa.eu/LexUriServ/LexUriServ.do?uri=CELEX:12012E/TXT:en:PDF.

80 »Klimaänderung 2013. Wissenschaftliche Grundlagen. Zusammenfassung für politische Entscheidungsträger«, https://www.de-ipcc.de/media/content/AR5-WGI_SPM.pdf. Zitat aus dem englischen Original unter http://www.ipcc.ch/pdf/assessment-report/ar5/syr/AR5_SYR_FINAL_SPM.pdf, S.8. Noch deutlicher heißt es im sechsten Weltklimabericht 2021: »Seit dem fünften Sachstandsbericht (AR5) gibt es stärkere Belege für beobachtete Veränderungen von Extremen wie Hitzewellen, Starkniederschlägen, Dürren und tropischen Wirbelstürmen sowie insbesondere für deren Zuordnung zum Einfluss des Menschen.« https://www.de-ipcc.de/media/content/AR6-WGI-SPM_deutsch_barrierefrei.pdf, S.7. Der IPCC hat seit 2014 mehrere Sonderberichte herausgegeben – zur Methodik (2019) und zu den Auswirkungen des Klimawandels auf Landsysteme (2019), die Ozeane und die Kryosphäre (2019), und bei 1,5°C globaler Erwärmung (2018). Ältere umfassende Berichte wurden 1990, 1995, 2001 und 2007 herausgegeben.

81 Carl-Friedrich Schleussner et al., »Differential Climate Impacts for Policy-Relevant Limits to Global Warming: The Case of 1,5°C and 2°C«, Earth System Dynamics 7, Nr.2 (2016): S. 327–51, https://www.earth-syst-dynam.net/7/327/2016/esd-7-327-2016-discussion.html; Zwischenstaatlicher Ausschuss für Klimaänderungen (IPCC), »Sonderbericht über 1,5 °C globale Erwärmung«, 2018, https://www.de-ipcc.de/256.php, englische Version unter https://www.ipcc.ch/sr15/.

82 Justin Gillis, »U.N. Panel Issues Its Starkest Warning Yet on Global Warming«, New York Times, 2. November 2014, https://www.nytimes.com/2014/11/03/world/europe/global-warming-un-intergovernmental-panel-on-climate-change.html?_r=0.

83 Schätzungen zufolge kann es bis zu 4000 Jahre dauern, bis ein tropischer Regenwald nach der Rodung seine ursprüngliche Identität einigermaßen wiedererlangt.
Dieter Liebsch, Marcia Marques und Renato Goldenberg, »How Long Does the Atlantic Rain Forest Take to Recover After a Disturbance? Changes in Species Composition and Ecological Features During Secondary Succession«, Biological Conservation 141, Nr.6 (Juni 2008): S. 1717–25, http://www.sciencedirect.com/science/article/pii/S0006320708001456?via%3Dihub.

84 Zeke Hausfather, »Common Climate Misconceptions: Atmospheric Carbon Dioxide«, Yale Climate Connections (Dezember 2010), https://www.yaleclimateconnections.org/2010/12/common-climate-misconceptions-atmospheric-carbon-dioxide/.

85 Natural Resources Conservation Services, U.S. Department of Agriculture, »Summary Report, 2007 Natural Resources Inventory«, Dezember 2009, S. 97, https://www.nrcs.usda.gov/Internet/FSE_DOCUMENTS/stelprdb1041379.pdf.

86 Jim Yardley, »Clothing Brands Sidestep Blame for Safety Lapses«, New York Times, Dezember 30, 2013, https://www.nytimes.com/2013/12/31/world/asia/garment-makers-stumble-on-call-for-accountability.html. Siehe auch Dietmar Christians, »Bangladesch: Es klebt Blut an unseren Schnäppchen«, https://www.dgbrechtsschutz.de/recht/arbeitsrecht/diskriminierung/themen/beitrag/ansicht/diskriminierung-1/bangladesch-es-klebt-blut-an-unseren-schnaeppchen/details/anzeige/

87 Leslie Allen, »Will Tuvalu Disappear Beneath the Sea? Global Warming Threatens to Swamp a Small Island Nation«, Smithsonian Magazine (August 2004), https://www.smithsonianmag.com/science-nature/will-tuvalu-disappear-beneath-the-sea-180940704/.

88 Martin Luther King, »Friede auf Erden – eine Weihnachtspredigt«, https://www.lebenshaus-alb.de/magazin/002015.html. Englische Mitschrift der Predigt unter https://onbeing.org/blog/martin-luther-kings-last-christmas-sermon/.

89 International Bank for Reconstruction and Development/The World Bank, »World Development Indicators 2008«, Fig. 1j, Washington, D.C. Trotz erheblicher Bemühungen war es dem Autor nicht möglich, diese Weltbank-Daten durch neuere Indikatoren- und Verbrauchsdatenbanken der Weltbank und andere Quellen zu aktualisieren. Es ist beunruhigend, dass solche grundlegenden (wenn auch politisch heiklen) Zahlen nicht leicht und regelmäßig verfügbar sind.

90 Maude Barlow, »Water as Commodity: The Wrong Prescription«, Food First Backgrounder 7, Nr. 3 (Sommer 2001), https://foodfirst.org/publication/water-as-commodity-the-wrong-prescription/#.

91 Timothy Gore, »Extreme Carbon Inequality«, 2. Dezember 2015, https://www.oxfam.org/en/research/extreme-carbon-inequality.

92 Siehe auch Charlotte McDonald, »How Many Earths Do We Need?«, BBC News, 16. Juni 2015, verfügbar unter http://www.bbc.com/news/magazine-33133712 (Berechnungen auf der Grundlage von Daten des Global Footprint Network).

93 Global Footprint Network, »Ecological Footprint«, https://www.footprintnetwork.org/our-work/ecological-footprint/.

94 Richard Wilkinson und Michael Marmot (Hrsg.), »Social Determinants of Health: The Solid Facts«, 2. Ausg. (WHO 2003), S. 10, http://www.euro.who.int/__data/assets/pdf_file/0005/98438/e81384.pdf. World Health Organization, »Health Inequities and Their Causes«, April 2017, berichtet außerdem: »Kinder aus den ärmsten 20 % der Haushalte sterben fast doppelt so häufig vor ihrem fünften Geburtstag wie Kinder aus den reichsten 20 %«, http://www.who.int/features/factfiles/health_inequities/en/.

95 Robert Almer und Donald Eddins, »Cross-Sectional analysis: Precursors of Premature Death in the United States«, in »Closing the Gap: The Burden of Unnecessary Illness«, Hrsg. Robert Almer und Bruce Hull (New York: Oxford University Press,1987), Tabelle 1, S. 183. Zitiert in Ronald Colman, »The Cost of Chronic Disease in Nova Scotia« (Halifax, Canada: GPI Atlantic, 2002), 53, http://www.gpiatlantic.org/pdf/health/chronic.pdf. Zum Begriff der Morbidität (von lat. morbidus „krank“): als statistische Größe in der Epidemiologie das Verhältnis der Zahl der Erkrankten zu derjenigen der gesamten lebenden Bevölkerung und somit die Krankheitshäufigkeit bezogen auf eine bestimmte Bevölkerungsgruppe. Die Morbidität ist ein Überbegriff für die Prävalenz (Anteil der bereits Erkrankten) und die Inzidenz (Rate der Neuerkrankungen innerhalb einer gegebenen Zeitperiode) einer Krankheit. Auf Grundlage der Morbiditätsrate kann

die Erkrankungswahrscheinlichkeit geschätzt werden. https://de.wikipedia.org/wiki/Morbidität.

96 American Academy of Pediatrics, Council on Community Pediatrics, »Poverty and Child Health in the United States«, Pediatrics 137, Nr. 4 (1. April 2016): e20160339, https://publications.aap.org/pediatrics/article/137/4/e20160339/81482/Poverty-and-Child-Health-in-the-United-States.

97 Kate Pickett und Richard Wilkinson, »Income Inequality and Health: A Causal Review«, Social Science and Medicine, 128 (März 2015): S. 316–26, http://www.sciencedirect.com/science/article/pii/S0277953614008399; Bruce P. Kennedy, Ichiro Kawachi, Roberta Glass, und Deborah Prothrow-Stith, »Income Distribution, Socioeconomic Status, and Self-Rated Health: A US Multi-Level Analysis«, British Medical Journal, Nr. 317 (3. Oktober 1998): S. 917–21, https://www.bmj.com/content/317/7163/917; Kate Pickett und Richard Wilkinson, »Child Wellbeing and Income Inequality in Rich Societies: Ecological Cross-Sectional Study«, British Medical Journal, Nr. 335 (2007): S. 1080, https://www.bmj.com/content/335/7629/1080; Charles Leadbeater, »The Weightless Society: Living in the New Economy Bubble« (London: Texere, 2000); Donald Savoie, »Rethinking Canada's Regional Development Policy: An Atlantic Perspective« (Moncton, Canada: Canadian Institute for Research on Regional Development, 1997); Lars Osberg (Hrsg.), »The Economic Implications of Social Cohesion« (Toronto: University of Toronto Press, 2003); Lars Osberg, »The Equity/Efficiency Tradeoff in Retrospect«, Canadian Business Economics, Nr. 3 (Frühjahr 1995): S. 5–20; Andrew Sharpe, Eröffnungsrede zur Konferenz über Linkages Between Economic Growth and Inequality, Institute for the Research on Public Policy (IRPP) und Centre for the Study of Living Standards (CSLS), Ottawa, Januar 2001; Lars Osberg, »Reality Check: Economic Inequality in Canada«. Essaysammlung Why Inequality Matters, in 1.000 Words or Less (Ottawa: Canadian Centre for Policy Alternatives, Dezember 2007): S. 25–27.

98 Ernest Barker (Hrsg. u. Übers.), »The Politics of Aristotle«, Band 4, Kap. XI (New York: Oxford University Press, 1962).

99 Die Summe der beiden Stipendien entsprach etwa 90.700 US-Dollar zum Wechselkurs von 1998.

100 Steven Bornais, »Measuring Economic Growth: Former SMU Prof Tries to Find a Better Way«, Sunday Daily News, 16. November 1997, http://www.gpiatlantic.org/clippings/mc_gpi_growth.htm.

101 Statistics Canada, »Households' Unpaid Work: Measurement and Valuation«, Studies in National Accounting, System of National Accounts, Katalognr. 13-603E, #3, Dezember 1995. Online nicht verfügbar, kann aber auf folgender Website angefordert werden: http://www.publications.gc.ca/site/eng/57066/publication.html.

102 Statistics Canada, Initial Data Release from the 1992 General Social Survey on Time Use, Katalognr. 11–612, #30. Die Microfiches wurden dem Autor freundlicherweise von Statistics Canada zur Verfügung gestellt. Ein Benutzerhandbuch für die Daten war 1993 von Statistics Canada veröffentlicht worden, das der Autor benutzte, um Daten für den Bericht zum GPI Atlantic zu sammeln, doch dieses Handbuch ist online nicht mehr verfügbar.

103 Ronald Colman, »The Economic Value of Civic and Voluntary Work in Nova Scotia« (Halifax: GPI Atlantic, 1998), http://www.gpiatlantic.org/pdf/volunteer/volunteer.pdf. Geschätzte Geldsummen in kanadischen Dollar zum Kurs von 1997, die ehrenamtlichen Stunden sind an geschätzte Bevölkerungszahlen von 1997 angepasst.

104 »Nova Scotia Leads Effort to Improve Ways to Measure Economy«, Ottawa Citizen, 29. Juli 1998, http://www.gpiatlantic.org/clippings/mc_gpi_nseffort.htm.

105 Nova Scotia Department of Economic Development and Tourism, »Nova Scotians Volunteer $ 1,9 Billion«, Pressemitteilung, 15. Juli 1998, http://www.gpiatlantic.org/clippings/mc_volunteer9.htm.

106 Einige dieser Gruppen verwenden unsere Methoden auch, um die Kosteneffektivität der Unterstützung ihrer hauptamtlich bezahlten Mitarbeiter zu demonstrieren, die die eher sporadischen Beiträge von Ehrenamtlichen koordinieren und deren bezahlte Stunden jeweils erheblich mehr ehrenamtliche Zeit nutzen.

107 Die Arbeitsplatzschätzungen basieren auf 48 Wochen pro Jahr und 40 Stunden pro Woche. Ronald Colman, »The Economic Value of Unpaid Housework and Childcare in Nova Scotia« (Halifax: GPI Atlantic, November 1998), http://www.gpiatlantic.org/pdf/housework/housework.pdf. Die hier zitierten Zahlen wurden aktualisiert auf der Grundlage Allgemeinen Sozialerheben (General Social Survey) von Statistics Canada im Jahr 2005, zitiert in Linda Pannozzo et al., »The 2008 Nova Scotia GPI Accounts: Indicators of Genuine Progress« (Halifax: GPI Atlantic, April 2009), S. 33, http://www.gpiatlantic.org/pdf/integrated/gpi2008.pdf.

108 Marilyn Waring, »If Women Counted: A New Feminist Economics« (New York: Harper & Row, 1988). Statistics Canada hat erkannt, dass die Messung unbezahlter Arbeit unerlässlich ist, um die geschlechtsspezifische Diskriminierung durch Unterbewertung des wirtschaftlichen und sozialen Beitrags von Frauen zu überwinden: »Da Frauen den größten Teil der unbezahlten Haushalts- und Freiwilligenarbeit leisten, wird ihr bedeutender Beitrag zur Gesamtproduktion und zum wirtschaftlichen Wohlergehen in den wichtigsten wirtschaftlichen Aggregaten grob unterschätzt.« Statistics Canada, »Households' Unpaid Work: Measurement and Valuation«, System of National Accounts, Katalognr. 13-603E, Nr. 3, (1995): S. 3.

109 A. C. Pigou, »The Economics of Welfare«, 4. Ausgabe (London: Macmillan, 1932), zitiert in Statistics Canada, »Households' Unpaid Work: Measurement and Valuation«, Studies in National Accounting, System of National Accounts, Katalognr. 13-603E, #3 (Dezember 1995), S. 3. Online nicht verfügbar, aber bestellbar unter http://www.publications.gc.ca/site/eng/57066/publication.html.

110 Für eine Analyse dieses historischen Trends, die 60 Jahre umfasst, siehe Statistics Canada, »The Surge of Women in the Workforce«, besonders Graphik 1: »Labour force participation rates of men and women aged 25 to 54, 1953 to 2014« (Arbeitsanteil von Männern und Frauen zwischen 25 und 54 Jahren von 1953 bis 2014), http://www.statcan.gc.ca/pub/11-630-x/11-630-x2015009-eng.htm.

111 Statistics Canada, Households' Unpaid Work, S. 45.

112 Juliet Schor, »The Overworked American: The Unexpected Decline of Leisure« (New York: Basic, 1992), S. 87. Historische Studien, die Schor zitiert, in den Fußnoten 5 und 6 auf Seite 200. Siehe auch Statistics Canada, General Social Surveys, »Time Use Surveys and related analytical reports«, zitiert und kommentiert in Linda Pannozzo und Ronald Colman, »Working Time and the Future of Work in Canada: A Nova Scotia GPI Case Study« (Halifax: GPI Atlantic, April 2004), http://www.gpiatlantic.org/pdf/workhours/workhours.pdf; Pannozzo et al., »The 2008 Nova Scotia GPI Accounts«; Andrew Harvey und Ronald Colman, »The Value of Free Time in Nova Scotia« (Halifax: GPI Atlantic, September 2008), http://www.gpiatlantic.org/pdf/timeuse/freetime.pdf; sowie R. Colman, »The Economic Value of Unpaid Housework and Childcare in Nova Scotia«.

113 Siehe z. B. https://www.econlib.org/library/Enc/bios/Kuznets.html.

114 Der durchschnittliche Wochenverdienst von Frauen in den Vereinigten Staaten betrug 2016 nur 82 % des Einkommens von Männern. U.S. Bureau of Labor Statistics, »Women's Median Earnings 82 Percent of Men's in 2016«, Economics Daily, 8. März 2017, https://www.bls.gov/opub/ted/2017/womens-median-earnings-82-percent-of-mens-in-2016.htm. Eine strenge Analyse von Statistics Canada aller möglichen Faktoren des geschlechtsspezifischen Lohngefälles in Kanada, einschließlich unterschiedlicher Berufserfahrung, Bildung, Beschäftigungsdauer, Branche, Beruf, Gewerkschaftsstatus und mehr, kam zu dem Schluss, dass die Hälfte des geschlechtsspezifischen Lohngefälles »ungeklärt« ist und daher auf »geschlechtsspezifische Diskriminierung am Arbeitsmarkt« zurückgeführt werden muss. Siehe auch Marie Drolet, »The Persistent Gap; New Evidence on the Canadian Gender Wage Gap«, Income Statistics Division, Statistics Canada, Katalognr. 75F0002MIE-99008, November 1999, S. 13, http://faculty.arts.ubc.ca/nfortin/econ351/drolet.pdf. Siehe Tabelle 3 dieser Studie für die vierzehn untersuchten Faktoren und für den Anteil des geschlechtsspezifischen Lohngefälles, der durch jeden Faktor erklärt wird.

115 Statistics Canada, »Canadian Social Trends«, Herbst 1991, Katalognr. 11-008-XPE, S. 14; Judith Frederick, »As Time Goes By… Time Use of Canadians«, Statistics Canada, Katalognr. 89-544E, S. 25; R. Colman, »The Economic Value of Unpaid Housework and Childcare in Nova Scotia«, zitiert die Daten zur Zeitverwendung des General Social Survey von Statistics Canada, und Statistics Canada, »Women in the Workplace«, Katalognr. 71–534, S. 55. Zu Schätzungen von »Zeitarmut« siehe Andrew Harvey und Arun K. Mukhopadhyay, »When Twenty-Four Hours Is Not Enough: Time Poverty of Working Parents«, Social Indicators Research, 82, Nr. 1 (Mai 2007). Die Daten zur Zeitverwendung von Statistics Canada zeigen, dass alleinerziehende Mütter, die Vollzeit arbeiten, anderthalb Stunden weniger pro Tag für die Betreuung ihrer Kinder aufwenden als nicht erwerbstätige Mütter. Vollzeitbeschäftigte alleinerziehende Mütter wenden insgesamt nur eine Stunde pro Tag oder sieben Stunden pro Woche für die primäre Kinderbetreuung auf. Harvey und Mukhopadhyay haben geschätzt, dass mehr als die Hälfte aller kanadischen Alleinerziehenden – überwiegend Frauen – unter Zeitarmut leiden, die als weniger als die für die Erledigung grundlegender Haushaltsaufgaben erforderliche Mindestzeit definiert werden kann, und dass 88 % der vollzeitbeschäftigten alleinerziehende Eltern mit einem Kind und 98 % derjenigen mit zwei Kindern zeitarm sind.

116 U.S. Census Bureau, »Current Population Survey, 2015 and 2016, Annual Social and Economic Supplements«, Tabelle 4: »Families in Poverty by Type of Family: 2014 and 2015« (Armut unter Familien je nach Familientyp: 2014 und 2015), https://www.census.gov/library/publications/2016/demo/p60-256.html. Das National Women's Law Center (NWLC) zeigt unter Verwendung von Statistiken des »Current Population Survey« des U.S. Census Bureau: Die Armutsquote für »von Frauen geführte Haushalte mit Kindern« in den Vereinigten Staaten lag 2015 bei 36,5 %, verglichen mit 7,5 % für »Familien mit Kindern, die von verheirateten Paaren geführt werden«. Die allgemeine Armutsquote für schwarze und indianische Frauen beträgt 23 %, aber 40 % bzw. 48 % für schwarze und indianische Familien mit weiblichem Oberhaupt. Jasmine Tucker und Caitlin Lowell, »National Snapshot: Poverty Among Women & Families«, 2015, NWLC, September 2016, https://nwlc.org/wp-content/uploads/2016/09/Poverty-Snapshot-Factsheet-2016.pdf.

117 Statistics Canada, »Canadian Income Survey 2017«, veröffentlicht 2019. https://www150.statcan.gc.ca/n1/en/daily-quotidien/190226/dq190226b-eng.pdf?st=tGGcXktV; Noah Zon und Hannah Aldridge, »Why is lone-parent poverty so high and what can we do about it?«, https://maytree.com/wp-content/uploads/Policy-Brief-Lone-Parent-Poverty.pdf. Siehe auch die Analyse der März-Beilage zur »Aktuellen Bevölkerungserhebung 2017« des Pew Research Center, wiedergegeben in Gretchen Livingstone, »The Changing Profile of Unmarried Parents«, 25. April 2018, https://www.pewresearch.org/social-trends/2018/04/25/the-changing-profile-of-unmarried-parents/.

118 Anne Lenze, »Alleinerziehende weiter unter Druck«, (Darmstadt: Bertelsmann Stiftung, 2014), Zitat auf S. 10; zum Anteil der Frauen an allen Alleinerziehenden siehe S. 19. Kostenloser Download unter https://www.bertelsmann-stiftung.de/de/publikationen/publikation/did/alleinerziehende-weiter-unter-druck.

119 Siehe hierzu auch Birte Rodenberg, »Gender und Armutsbekämpfung. Sichern neuere Konzepte und Instrumente auch Frauenrechte?«, 2017, unter https://www.gender.hu-berlin.de/de/publikationen/gender-bulletin-broschueren/bulletin-texte/texte-29-30/texte2930pkt6.pdf. Die Autorin macht auf die globale Dimension dieses Problems aufmerksam und schreibt: »Neue Chancen haben sich für Frauen auch durch die Zunahme weiblicher Erwerbsarbeit ergeben. Allerdings hat der höhere Frauenanteil an bezahlter Arbeit von rund 30 % nicht automatisch zu einer Verbesserung ihres ökonomischen Status geführt, denn ihr Verdienst beträgt im Durchschnitt nur 75 % des männlichen Lohnes. Unverändert geblieben ist vor allem die geschlechtsspezifische Arbeitsteilung, die Frauen weiterhin den größten Anteil der unbezahlten Reproduktions- und Versorgungsarbeit für die Überlebenssicherung der Familien zuschreibt. Diese Beiträge zur Volkswirtschaft werden nicht nur systematisch unterschätzt und aus den Berechnungen des Volkseinkommens ausgeklammert; sie führen auch zu einer zentralen Dimension geschlechtsspezifischer Armut, die nur zögernd in der Entwicklungszusammenarbeit beachtet wird: Zeitarmut.« (S.60)

120 »Cross-national single mother poverty rates«, des Luxembourg Income Study (LIS-Cross-National Data Center), zitiert in The Women's Legal Defense and Education Fund, http://www.ncdsv.org/images/LM_PovertyRatesSingleMothersHigherUS_6-2011.pdf. Siehe auch Matt Bruenig, »The Single Mother, Child Poverty Myth«, 14. April 2014, The American Prospect, https://prospect.org/power/single-mother-child-poverty-myth/.

121 Organisation für wirtschaftliche Zusammenarbeit und Entwicklung (Organisation for Economic Co-operation and Development, OECD), »Labour Force Participation Rate by Sex and Age Group«, 2016. https://stats.oecd.org/index.aspx?queryid=54741.

122 OECD, »Average Annual Hours Actually Worked per Worker«, 2017, https://data.oecd.org/emp/hours-worked.htm; sowie OECD, »Time Spent in Paid and Unpaid Work, by sex«, https://stats.oecd.org/index.aspx?queryid=54757. Für weitere Vergleiche hinsichtlich stärkerer männlicher Beteiligung an der Hausarbeit und mehr Freizeit in Norwegen siehe auch OECD, »Average Minutes per Day Spent on Leisure Activities in OECD Countries Plus China, India and South Africa by Gender, as of 2016«, wo deutlich wird, dass Frauen in Norwegen pro Tag über 355 Minuten, in Deutschland über 326 Minuten und in den USA über 271 Minuten Freizeit verfügen, https://www.statista.com/statistics/521992/time-spent-leisure-countries/; sowie OECD, »Special Focus: Measuring Leisure in OECD Countries«, in »Society at a Glance: OECD Social Indicators 31«, Graphik 2.9: »Men Have More Leisure Than Women«, https://www.oecd.

org/berlin/42675407.pdf. Siehe auch »Norwegian Men Most Helpful with Housework, OECD Survey Finds«, Reuters, 6. März 2014, https://www.reuters.com/article/us-womensday-oecd-survey-idusbrea251nf20140306.

123 Siehe eine Übersicht der Belege aus mehreren medizinischen Studien in Ana Sandoiu, »Poor Work-Life Balance Leads to Poor Health Later in Life«, Medical News Today, 29. Oktober 2016, https://www.medicalnewstoday.com/articles/313755.php; siehe auch Alan Kohll, »The Evolving Definition of Work-Life Balance«, Forbes, 27. März 2018, https://www.forbes.com/sites/alankohll/2018/03/27/the-evolving-definition-of-work-life-balance/#17e68fd89ed3.

124 Solicitor-General of Canada (Generalanwalt von Kanada), »Cost of Crime to Victims«, Canadian Urban Victimization Survey Nr. 5 (1985): S. 1, http://madgic.library.carleton.ca/deposit/govt/ca_fed/publicsafetycuvsb%205_1985.pdf.

125 Colin Dodds und Ronald Colman, »The Cost of Crime in Nova Scotia« (Halifax: GPI Atlantic, April 1999), http://www.gpiatlantic.org/pdf/crime/crime.pdf. Die GPI-Atlantic-Kategorie »zerstörte Leben« (»shattered lives«) und Schätzungen basierten auf einer Studie der Kriminologen Paul Brantingham und Stephen Easton, »The Crime Bill: Who Pays and How Much?«, Fraser Forum, (Fraser Institute, 1996), https://www.fraserinstitute.org/sites/default/files/CrimeBillWhoPaysandHowMuch.pdf. Brantingham und Easton verwendeten ihrerseits kanadische Schätzungen zu Gerichtsurteilen von Brandon Welsh und Irvin Waller, »Crime and Its Prevention: Costs and Benefits«, (Ottawa: Department of Criminology, University of Ottawa, April 1995). Neuere Schätzungen zu den Kosten der Kriminalität in Stephen Easton, Hilary Furness und Paul Brantingham, »Cost of Crime in Canada: 2014 Report« (Fraser Institute, Oktober 2014) http://www.sfu.ca/~easton/Econ382/cost-of-crime-2014-revised-FPPs.pdf.

126 Dodds and Colman, »The Cost of Crime in Nova Scotia«.

127 Der große Stichprobenumfang ermöglichte ein hohes Maß an statistischer Gültigkeit und zwei Kreuztabellierungen mit 95-prozentigem Konfidenzniveau von plus oder minus 3 %. Unter Aufsicht von Statistics Canada verwendeten wir strenge Zufallsstichprobentechniken.

128 Berichte zu diesen getrennten Sätzen von Indikatorergebnissen zu Beschäftigung, Gesundheit, Sicherheit, Pflege, unbezahlter Arbeit, Grundwerten und anderen Themen, die bei Gemeindetreffen vorgestellt wurden, sind verfügbar unter http://www.gpiatlantic.org/publications/communitypubs.htm.

129 Z.B. die Studie zum Hafen von Halifax wird in mehreren Büchern, Zeitschriften und Regierungswebsites zitiert: http://legacycontent.halifax.ca/harboursol/documents/gpi_report_001.pdf. Der zitierte Bericht ist Sally Walker et al., »Application of the Genuine Progress Index Approach to Analyzing Reduction of Greenhouse Gas Emissions in the Nova Scotia Freight Transport Sector« (Halifax: GPI Atlantic, Mai 1999), http://www.gpiatlantic.org/pdf/freight/freight.pdf; Ronald Colman, »Gender Equity in the Nova Scotia Genuine Progress Index« (Halifax: GPI Atlantic, October 1999), https://cdn.dal.ca/content/dam/dalhousie/pdf/diff/ace-women-health/ACEWH_gender_equity_in_genuine_progress_index.pdf, sowie http://www.gpiatlantic.org/pdf/misc/genderequality.pdf; Ronald Colman, »Women's Health in Atlantic Canada: A Statistical Portrait« (Halifax: GPI Atlantic and the Maritime Centre for Excellence in Women's Health, Februar 2000), http://www.gpiatlantic.org/pdf/health/womens/womens.pdf; Sara Wilson, »The Costs and Benefits of Sewage Treatment and Source Control for Halifax Harbour« (Halifax: GPI Atlantic, Juli 2000), http://www.gpiatlantic.

org/pdf/water/halharbour.pdf, und auf der Website von Halifax Regional Municipality Web (Regionales Gemeindenetz Halifax) unter http://legacycontent.halifax.ca/harboursol/documents/gpi_report_001.pdf mit einer Zusammenfassung unter http://legacycontent.halifax.ca/harboursol/GPIWaterQualityAccountsSummary.php; Ronald Colman, »Cost of Obesity in Nova Scotia« (Halifax: GPI Atlantic, März 2000), http://www.gpiatlantic.org/pdf/health/obesity/ns-obesity.pdf; und GPI Atlantic, Recreation Nova Scotia und Sport Nova Scotia, »Atlantic Men Becoming Couch Potatoes: Increased Heart Disease Risk Will Cost Health Care Systems« (Pressemitteilung), Februar 2000, http://www.gpiatlantic.org/pdf/health/exercise.pdf.

130 Anders Hayden, »Sharing the Work, Sparing the Planet: Work Time, Consumption & Ecology« (London: Zed Books, 1999).

131 Globe and Mail, »The Altered State«, 7. Juni 2003, F7, wiedergegeben in Linda Pannozzo und Ronald Colman, »Working Time and the Future of Work in Canada: A Nova Scotia GPI Case Study« (Halifax: GPI Atlantic, April 2004), S. 355, http://www.gpiatlantic.org/pdf/workhours/workhours.pdf.

132 OECD, »Average Annual Hours Actually Worked per Worker«, https://stats.oecd.org/Index.aspx?QueryId=10162; sowie OECD, »Part-Time Employment Rate« (total, % of employment, 2021) https://data.oecd.org/emp/part-time-employment-rate.htm.

133 Dieses und die folgenden Beispiele stammen aus Ronald Colman und Anders Hayden, »Work Time Reduction in the Nova Scotia Civil Service. Recommendations to the NS Government and Public Sector Unions Based on Successful Work Time Reduction Experiments in Europe and North America«, (Halifax: GPI Atlantic, 1999), S. 14, http://www.gpiatlantic.org/pdf/misc/worktime.pdf; sowie Pannozzo und Colman, »Working Time and the Future of Work in Canada: A Nova Scotia GPI Case Study«, S. 355.

134 International Monetary Fund, »Kurzarbeit: Germany's Short-Time Work Benefit«, 15. Juni 2020, https://www.imf.org/en/News/Articles/2020/06/11/na061120-kurzarbeit-germanys-short-time-work-benefit

135 Colman und Hayden, »Work Time Reduction in the Nova Scotia Civil Service«. Für aktuelle Belege siehe z.B. Charlotte Graham-McLay, »A 4-Day Workweek: A Test Run Shows a Surprising Result«, New York Times, 19. Juli 2018, https://www.nytimes.com/2018/07/19/world/asia/four-day-workweek-new-zealand.html (Bezahlbarriere). Sie berichtet von erfolgreichen neuseeländischen und schwedischen Experimenten, die zeigten, dass Mitarbeiter in 32 Stunden die gleiche Menge an Arbeit genauso effizient erledigten wie in 40 Stunden, während sie gleichzeitig viel mehr Zeit für Familie, Bewegung und Freizeit hatten.

136 Pannozzo und Colman, »Working Time and the Future of Work in Canada«, S. 355.

137 Siehe z.B. M. Jahoda, »Employment and Unemployment: A Social-Psychological Analysis« (London: Cambridge University Press, 1982); sowie Sharon Kirsh, »Unemployment. Its Impact on Body and Soul« (Ottawa: Canadian Mental Health Association, 1983).

138 Kevin Cox, »Nova Scotians Protest Against Job Cuts«, Globe and Mail, 27. April 2000, https://www.theglobeandmail.com/news/national/nova-scotians-protest-against-job-cuts/article18422653/.

139 Siehe z.B. European Parliamentary Research Service, »Human Health Implications of Organic Food and Organic Agriculture«, Dezember 2016, http://www.europarl.europa.eu/RegData/etudes/STUD/2016/581922/EPRS_STU(2016)581922_EN.pdf.

140 Statista, »Forecast market value of organic food and beverage markets worldwide in 2018 and 2027«, https://www.statista.com/statistics/869052/global-organic-food-and-beverage-market-value/. Siehe vergleichbare Schätzungen von Zion Market Research, »Organic Food and Beverages Market by Product Type: Global Industry Perspective, Comprehensive Analysis and Forecast, 2017-2024«, die eine durchschnittliche jährliche Wachstumsrate von 15 % von 124,7 Milliarden US-Dollar im Jahr 2017 auf 323,1 Milliarden US-Dollar im Jahr 2024 vorhersehen. https://www.zionmarketresearch.com/report/organic-food-beverages-market; sowie »Organic Food: Panacea for Health?«, Lancet, 389, Nr. 10070 (18. Februar 2017): S. 672, die eine Verdopplung des globalen Biomarktes auf $ 200 Milliarden in nur vier Jahren (2016-2020) vorhersah, http://www.thelancet.com/journals/lancet/article/PIIS0140-6736(17)30391-4/fulltext?elsca1=etoc. Diese Zahl wurde aufgrund der Pandemie nicht erreicht. Trotzdem wuchs der Biomarkt bis 2020 überproportional zu anderen Sparten auf 136 Milliarden US-Dollar, siehe hierzu »Global Organic Market Sees Unprecedented Growth« (Minnesota Crop Improvement Association), 17. Februar 2022, https://www.mncia.org/global-organic-market-sees-unprecedented-growth/; siehe auch https://www.mordorintelligence.com/de/industry-reports/global-organic-fruits-and-vegetables-market.

141 The Canada Organic Trade Association, zitiert unter https://organiccouncil.ca/organic-industry-quick-facts-for-2020-2021/.

142 Statista, »Organic Food Market in the U.S. – Statistics & Facts«, 22. Juni 2022, https://www.statista.com/topics/1047/organic-food-industry/#dossierKeyfigures. In den Vereinigten Staaten wuchs die Zahl der Bioerzeuger von 2004 bis 2014 um 65 %. Der Biogesamtumsatz erreichte 2015 einen neuen Rekord von 43,3 Milliarden US-Dollar – 11 % mehr als im Vorjahr –, und übertraf das Wachstum des gesamten Lebensmittelmarktes (3 %).

143 European Commission, »Facts and Figures on Organic Agriculture in the European Union«, v.a. S. 9–10, https://ec.europa.eu/info/sites/info/files/food-farming-fisheries/trade/documents/report-organic-agriculture-eu-2013 _en.pdf. Indiens Biomarkt wächst zwischen 25 bis 30 % jährlich und könnte sich in den nächsten vier Jahren vervierfachen: Economic Times, »Organic Food Market Growing at 25–30 Percent, Awareness Still Low: Government«, 15. Oktober 2015, http://economictimes.indiatimes.com/industry/cons-products/food/organic-food-market-growing-at-25-30-awareness-still-low-government/articleshow/49379802.cms; sowie Dilip Kumar Jha, »India's Organic Food Market to Treble in Four Years«, Business Standard, 18. Mai 2016, http://www.business-standard.com/article/economy-policy/india-s-organic-food-market-to-treble-in-four-years-116051600098_1.html.

144 Dieser investigative Vorgang ist ausführlich in frei verfügbaren GPI-Atlantic-Berichten beschrieben, so dass Neueinsteiger das Rad nicht neu erfinden müssen. Mit nur bescheidenen Ressourcen können sie die von uns verwendeten Indikatoren übernehmen, anpassen, überarbeiten und erweitern, während sie der ursprünglichen Bedeutung und Absicht treu bleiben.

145 Global Footprint Network, »Earth Overshoot Day«, https://www.overshootday.org/newsroom/press-release-june-2019-german/; sowie https://www.overshootday.org/.

146 Kimberley Tran und Ronald Colman, »Financial Security and Debt in Nova Scotia«, (Halifax: GPI Atlantic, September 2008), Graphik 5.3: »Change (Percent) in Total Real After-Tax Income (1999–2004) and Median Debt Value (1999–2005), Canada«,

basierend auf Erhebungen zu Verbraucherfinanzen (Survey of Consumer Finances - SCF) von Statistics Canada, zur Arbeits- und Einkommensdynamik (Survey of Labour and Income Dynamics – SLID) und folgenden Tabellen von Statistics Canada: »Income, Pensions, Spending and Wealth: Assets and Debts Held by Family Units, Total Amounts, by Net Worth Quintile«, http://www.gpiatlantic.org/pdf/livstand/finsec.pdf.

147 Siehe Statistics Canada, »Canada's Employment Downturn«, https://www150.statcan.gc.ca/n1/pub/75-001-x/2009112/article/11048-eng.htm; Bank of Canada, »The 'Great' Recession in Canada: Perception vs. Reality«, https://www.bankofcanada.ca/2011/03/great-recession-canada-perception-reality/; sowie Canadian Encyclopedia, »Recession of 2008–09 in Canada«, https://www.thecanadianencyclopedia.ca/en/article/recession-of-200809-in-canada.

148 In den USA gestand der frühere Chef der US-Notenbank vor dem Kongress eine ähnliche Blindheit ein: »Greenspan Admits 'Mistake' That Helped Crisis«, Associated Press, 23. Oktober 2008, http://www.nbcnews.com/id/27335454/ns/business-stocks_and_economy/t/greenspan-admits-mistake-helped-crisis/#.WU9w5OuGOpp. Der Artikel berichtet, Greenspan habe »eingeräumt, dass die Kernschmelze einen Fehler in seinem lebenslangen wirtschaftlichen Denken offenbart und ihn in einem 'Zustand schockierten Unglaubens' zurückgelassen habe.« Zusätzliche Informationen unter »Greenspan Admits 'Flaw' to Congress, Predicts More Economic Problems«, Public Broadcasting Service, 23. Oktober 2008, https://www.pbs.org/newshour/show/greenspan-admits-flaw-to-congress-predicts-more-economic-problems#; »Greenspan—I Was Wrong About the Economy. Sort of«, Guardian, 23. Oktober 2008, https://www.theguardian.com/business/2008/oct/24/economics-creditcrunch-federal-reserve-greenspan; außerdem »Federal Reserve Missed Financial Crisis Warning Signs in 2007, Documents Show«, Telegraph, 18. Dezember 2013, http://www.telegraph.co.uk/finance/financialcrisis/9812304/Federal-Reserve-missed-financial-crisis-warning-signs-in-2007-documents-show.html.

149 Jennifer Scott, »The Nova Scotia Genuine Progress Index Soils and Agriculture Accounts: Part 1: Farm Viability and Economic Capacity in Nova Scotia« (Halifax: GPI Atlantic, April 2001), http://www.gpiatlantic.org/pdf/agriculture/farmviability.pdf.

150 Jennifer Scott und Ronald Colman, »The GPI Soils and Agriculture Accounts: Economic Viability of Farms and Farm Communities in Nova Scotia and Prince Edward Island« (Halifax: GPI Atlantic, August 2008), S. 26–27, http://www.gpiatlantic.org/pdf/agriculture/farmviability08.pdf. Die folgenden Statistiken stammen aus demselben Bericht. Sie basieren auf Daten über Wirtschaftsstatistiken zur Landwirtschaft (Agriculture Economic Statistics) von Statistics Canada.

151 Statistics Canada, »Census of Agriculture 1991 and 2011«. Siehe Martin Beaulieu, »Demographic Changes in Canadian Agriculture«, Statistics Canada, Katalognr. 96-325-X, http://www.statcan.gc.ca/pub/96-325-x/2014001/article/11905-eng.htm.

152 Wie von Roberto Ferdman berichtet in »The Decline of the Small American Family Farm in One Chart«, Washington Post, 16. September 2014, https://www.washingtonpost.com/news/wonk/wp/2014/09/16/the-decline-of-the-small-american-family-farm-in-one-chart/?utm_term=.4ba096df09f0.

153 Brian Halweil, »Where Have All the Farmers Gone?«, World Watch Magazine, 13, Nr. 5 (September/Oktober 2000), verfügbar unter http://newruralism.pbworks.com/f/Halweil-ch4.pdf.

154 Statistics Canada, »Census of Agriculture 1991 and 2011« und Beaulieu, »Demographic Changes in Canadian Agriculture.« Ähnliche Zahlen liegen für andere Länder vor. In den 27 Staaten der Europäischen Union beispielsweise ist die Gesamtzahl der landwirtschaftlichen Betriebe zwischen 2005 und 2013 um 26 % gesunken, und 31 % der verbleibenden Betriebe werden von Landwirten geführt, die 65 Jahre oder älter sind. Eurostat, »Small and Large Farms in the EU—Statistics from the Farm Structure Survey«, Oktober 2016, https://ec.europa.eu/eurostat/statistics-explained/index.php?title=Small_and_large_farms_in_the_EU_statistics_from_the_farm_ structure_survey&oldid=357625#

155 Matthias Janson, »So viel teurer sind Biolebensmittel«, Statista, 13.4.2021, https://de.statista.com/infografik/24615/preisaufschlaege-fuer-bio-lebensmittel-in-deutschland/. Die Preisaufschläge variieren drastisch je nach Produkt. So kostete 2020 Biorinderhack 36 % mehr als konventionell erzeugtes Rinderhack, Vollmilch 37 %, Äpfel 62 %, gemischtes Hackfleisch 64 %, Butter 74 %, Kartoffeln 79 %, Kochschinken 93 %, Eier 129 % und ein Hähnchenschnitzel sogar 175 %.

156 Mark Bittman, »The True Cost of a Burger«, New York Times, 15. Juli 2014, https://www.nytimes.com/2014/07/16/opinion/the-true-cost-of-a-burger.html?_r=0. Siehe auch Julia Schulte, »Das kostet ein Cheeseburger wirklich«, Wirtschaftswoche, 29 Juli 2014, die sich auf Marc Bittman bezieht, https://www.wiwo.de/technologie/green/ernaehrung-das-kostet-ein-cheeseburger-wirklich/13549790.html.

157 Natasha Gilbert, »One-Third of Our Greenhouse Gas Emissions Come from Agriculture«, Nature, 31. Oktober 2012, zitiert »die neuesten Zahlen der Consultative Group on International Agricultural Research (CGIAR), einer Partnerschaft von 15 Forschungszentren auf der ganzen Welt«, https://www.nature.com/news/one-third-of-our-greenhouse-gas-emissions-come-from-agriculture-1.11708. Die Europäische Kommission schätzt, dass Lebensmittel für 31 % der Emissionen in der EU verantwortlich sind: Environmental Impact of Products (EIPRO), »Analysis of the Life Cycle Environmental Impacts Related to the Total Final Consumption of the EU 25«, European Commission Technical Report EUR 22284, 2006, zitiert in Tara Garnett, »Where Are the Best Opportunities for Reducing Greenhouse Gas Emissions in the Food System (Including the Food Chain)?«, Food Policy 36 (2011): S. 23–S32, https://www.sciencedirect.com/science/article/abs/pii/S0306919210001132.

158 Multiplikatoren messen die Größe von Outputs wie Einkommen, Ausgaben und Beschäftigung im Vergleich zu Inputs wie (in diesem Fall) Größe und Art des Betriebs.

159 Jennifer Scott und Ronald Colman, »The GPI Soils and Agriculture Accounts: Towards a Healthy Farm and Food System—Indicators of Genuine Progress«, Halifax: GPI Atlantic, Oktober 2008, http://www.gpiatlantic.org/pdf/agriculture/thffs.pdf; J. W. Chism und R. A. Levins, »Farm Spending and Local Selling: How Do They Match Up?«, Minnesota Agricultural Economist, 676 (1994), zitiert in Grace Communications Foundation, »Food Policy and Economics«, http://www.sustainabletable.org/491/food-economics. Siehe auch Carolyn Fortuna, »Economic and Social Impact of Family Farms – and Their Loss«, 12. Januar 2017, Inspired Economist, http://inspiredeconomist.com/2017/01/12 /economic-social-impact-family-farms-loss.

160 Scott und Colman, »The GPI Soils and Agriculture Accounts: Towards a Healthy Farm and Food System.«

161 Ralph Goodale, »A Win-Win: Enhancing Public Health and Public Revenue: Recommendations to Increase Tobacco Taxes«, 2004, S. 4, http://www.smoke-free.

ca/pdf_1/2004taxreport.pdf; sowie Canadian Pediatric Society, »Effect of Changes in the Price of Cigarettes on the Rate of Adolescent Smoking«, Paediatrics & Child Health 3, Nr.2 (März-April 1998): S. 97–98, https://www.ncbi.nlm.nih.gov/pmc/articles/PMC2851278/.

162 Health Canada, »Canadian Tobacco Use Monitoring Survey« (CTUMS), Annual Results 1999–2006, 2006. Siehe historische Tabellen der CTUMS unter https://www.canada.ca/en/health-canada/services/publications/healthy-living/overview-historical-data-1999-2012.html#tab2; https://www.canada.ca/en/health-canada/services/publications/healthy-living/overview-historical-data-1999-2012.html – Tabelle 2; Physicians for a Smoke-Free Canada, »Tax Revenues from Tobacco Sales: Provincial and Federal Tobacco Tax Revenues, 1990–1991 to 2014–2016«, Tabelle 2, http://www.smoke-free.ca/pdf_1/totaltax.pdf.

163 Ronald Colman und Janet Rhymes, »The Cost of Tobacco Use in Nova Scotia«, Halifax: GPI Atlantic, August 2007, http://www.gpiatlantic.org/pdf/health/tobacco/costoftobacco-ns-2007.pdf.

164 M. Ceraso, D. Ahrens und P. Remington, »Increasing Tobacco Taxes: An Evidence Based Measure to Reduce Tobacco Use«, Wisconsin Medical Journal, 104, Nr.4, 2005.

165 Zitiert bei G. Guindon, S. Tobin und D. Yach, »Trends and Affordability of Cigarette Prices: Ample Room for Tax Increases and Related Health Gains«, Tobacco Control, 11, 2002: S. 35–43, http://tobaccocontrol.bmj.com/content/11/1/35.

166 Craig Gallet und John List, »Cigarette Demand: A Meta-Analysis of Elasticities«, Health Economics 12, Nr. 10 (2003): S. 821–35, https://www.ncbi.nlm.nih.gov/pubmed/14508867. Für Deutschland siehe Forum Gesundheitsziele Deutschland, »Basismaßnahmen zur Erreichung des Gesundheitsziels 'Tabakkonsum reduzieren'«, Gesellschaft für Versicherungswissenschaft und -gestaltung e.V., 6.7. 2004, S.4, https://gvg.org/wp-content/uploads/2022/01/starter_ag_6_tabak.pdf.

167 Für Nova Scotia zum Beispiel berechnete GPI Atlantic den durchschnittlichen Provinzwert solcher Schutzdienstbarkeiten auf 1339 kanadische Dollar (CAD) pro Hektar, basierend auf der Differenz zwischen dem Immobilienwert von fruchtbarem Land und seinem Produktionswert (der Fähigkeit des Landes, Nettoeinkommen zu generieren) für Landwirte. Jennifer Scott, »Nova Scotia GPI Soils and Agriculture Accounts: Part 2: Resource Capacity and Use; Section 3: Land Capacity« (Halifax: GPI Atlantic, Juli 2008), S. 11, http://www.gpiatlantic.org/pdf/agriculture/landcapacity.pdf.

168 U.S. Department of Agriculture Budget Fiscal Year 2017 Budget Summary, S. 63: Natural Resources Conservation Service, https://www.obpa.usda.gov/budsum/fy17budsum.pdf; and U.S. Department of Agriculture, Natural Resources Conservation Service, Agricultural Conservation Easement Program, https://www.nrcs.usda.gov/wps/portal/nrcs/main/national/programs/easements/acep/.

169 United Nations Food and Agriculture Organization, »Payments for Ecosystem Services«, http://www.fao.org/3/a-ar584e.pdf. Siehe auch International Institute for Environment and Development, »Markets for Watershed Services – Country Profile: Honduras – Jesus de Otoro«, http://www.watershedmarkets.org/documents/Honduras_Jesus_de_Otoro.pdf.

170 Jean-Claude Brethes, »The Canadian Atlantic Groundfish Experience and the Constraints to the Conservation of Fisheries Resources: A Perspective«, Ocean & Coastal Management 39, Nr. 1–2 (1998): S. 135–50, http://www.sciencedirect.

com/science/article/pii/S0964569198000209?via%3Dihub; sowie Jacquelyn Rutherford, »Too Many Boats Chasing Too Few Fish: The Collapse of the Atlantic Groundfish Fishery and the Avoidance of Future Collapses Through Free Market Environmentalism«, Studies by Undergraduate Researchers at Guelph 2, Nr.1 (Herbst 2008), https://journal.lib.uoguelph.ca/index.php/surg/article/view/803/1207.

171 United Nations Environment Programme, »Global Environment Outlook 3 (GEO-3): Past, Present and Future Perspectives« (London: Earthscan Publications, 2002), 125, https://wedocs.unep.org/handle/20.500.11822/8609.

172 National Centers for Environmental Information, National Oceanic and Atmospheric Administration (NOAA), »National Climate Report – December 2015«, https://www.ncdc.noaa.gov/sotc/national/201512.

173 Zitiert in Justin Gillis, »Climate Chaos, Across the Map«, New York Times, 30. Dezember 2015, https://www.nytimes.com/2015/12/31/science/climate-chaos-across-the-map.html.

174 Benjamin Hulac, »Cheap Gas Fires Up Big SUV Sales, Slows Electric Cars, Hybrids«, Scientific American (8. September 2015), https://www.scientificamerican.com/article/cheap-gas-fires-up-big-suv-sales-slows-electric-cars-hybrids/; sowie Reuters, »The Environment? Cheap Oil Is juicing U.S. Gas and SUV Sales«, Fortune, 8. Februar 2016, http://fortune.com/2016/02/08/cheap-oil-gas-suv-sales/. Chris Isidore, »Low Gas Prices Boost SUV and Pickup Sales«, CNN Money, 4. Dezember 2015, http://money.cnn.com/2015/12/04/autos/gas-prices-suv-pickup-sales/index.html, berichtet: »Dank niedriger Benzinpreise kaufen immer mehr Amerikaner große, spritfressende Pickups und SUVs. Die Verkäufe von beiden sprangen in diesem Jahr laut dem Verkaufstracker Autodata um 10 %. Das ist fast das Doppelte der Steigerung des gesamten Fahrzeugabsatzes.« Gleiches gilt für Deutschland, siehe Alex Mannschatz: »Mehr SUVs wegen Billigpreisen an der Zapfsäule«, Firmenauto. Mobilität & Management, 30.3.2016, https://www.firmenauto.de/niedrige-spritpreise-mehr-suvs-wegen-billigpreisen-an-der-zapfsaeule-7290497.html.

175 Obwohl wir von Statistics Canada enorme Sachleistungen in Form von Datenzugriff, Beratung zur Methodik, Überprüfung von Entwürfen usw. erhalten haben, finanziert das Budget der Agentur keine externe Arbeit.

176 Eine unbeabsichtigte Folge unserer Distanz zum politischen Prozess war, dass politische Entscheidungsträger dazu neigten, unsere Ergebnisse ohne Zitierung zu verwenden. Möglicherweise entnahmen sie die Zahlen aus Medienberichten, wenn wir einen Bericht veröffentlicht hatten. Das trug nicht dazu bei, unsere Arbeit bei GPI Atlantic bekannt zu machen, aber wir nahmen es als positives Zeichen, dass einige in der Regierung die Zahlen zu ihren eigenen machten.

177 Siehe https://www.wikiwand.com/en/Nic_Marks. Außerdem http://happyplanetindex.org/, sowie https://www.ted.com/talks/nic_marks_the_happy_planet_index.

178 Linda Pannozzo und Minga O'Brien, »The Nova Scotia GPI Forest Accounts Vol. 2: A Way Forward – Case Studies in Sustainable Forestry«, (Halifax: GPI Atlantic, November 2001), http://www.gpiatlantic.org/pdf/forest/forest2.pdf.

179 Die Regierung von Nova Scotia hat diese Empfehlung nach der Veröffentlichung unseres Berichts im Jahr 2001 in bescheidenem Umfang übernommen. Selbst diese kleine Intervention führte schnell zu einer geringfügigen Zunahme der Selektionsernte, so dass der Kahlschlag bis 2005 von 98 % aller Ernten auf 94 % zurückgegangen war,

der niedrigste Prozentsatz in den 30 Jahren, für die Daten verfügbar waren. Siehe Darstellung 9, S. 29 in Linda Pannozzo und Ronald Colman, »GPI Forest Headline Indicators for Nova Scotia« (Halifax: GPI Atlantic, Mai, 2008), http://www.gpiatlantic.org/pdf/forest/forestupdate.pdf.

180 KPMG Forest Products, https://home.kpmg.com/ca/en/home/industries/energy/forest-products.html.

181 Wissenschaftliche Erkenntnisse und eigene Marktstudien von GPI Atlantic haben gezeigt, dass die Qualität des Holzes abnimmt, wenn die Nichtmarktwerte eines Waldes beeinträchtigt werden. T. Zhang und J.-F. Gingras, »Twig Tweaking – Timber Management for Wood Quality and End-Product Value«, Canadian Forest Industries (November/Dezember 1999), sowie Pannozzo und Minga O'Brien, The Nova Scotia Genuine Progress Index Forest Accounts: Vol. 2, chap. 8, sec. 2, »Wood Quality and Market Value«, S. 180–84. Durch das Aufzeigen der Zusammenhänge zwischen nichtmarktlichen und marktwirtschaftlichen Faktoren (in diesem Fall zwischen ökologischer Waldbewirtschaftung und den unterschiedlichen Preisen von Holz nach seiner Qualität) entspricht die Umfassende Kostenrechnung nicht nur der Wissenschaft, sondern auch der Wirtschaftlichkeit weitaus mehr als ein Rechnungslegungssystem, das die Nichtmarktwerte des natürlichen, sozialen, menschlichen und kulturellen Kapitals ignoriert.

182 Transport Canada, »Estimates of the Full Costs of Transportation in Canada, Synthesis Report«, August 2008, Katalognr. TP 14819E, S. 30, http://publications.gc.ca/collections/collection_2009/tc/T22-165-2008E.pdf. Eine frühere Schätzung, die vom Centre for Transportation Studies an der University of British Columbia für Transport Canada erstellt wurde, ging von einem Wert von 4,25 Mio. $CAD aus; Anming Zhang et al., »Towards Estimating the Social and Environmental Costs of Transportation in Canada«, 2004–05, http://www.bv.transports.gouv.qc.ca/mono/0965490.pdf, S. 26 und S. 52–53; siehe auch New Zealand Government, Ministry of Transport, »Social Cost of Road Crashes and Injuries: June 2019 Update«, 2020, https://www.transport.govt.nz/assets/Uploads/Report/SocialCostof-RoadCrashesandInjuries2019.pdf; U.S. Department of Transportation, »Department Guidance on Valuation of a Statistical Life (VSL) in Economic Analysis«, 4. März, 2022, https://www.transportation.gov/office-policy/transportation-policy/revised-departmental-guidance-on-valuation-of-a-statistical-life-in-economic-analysis. Hannes Spengler, »Kompensatorische Lohndifferenziale und der Wert eines statistischen Lebens in Deutschland«, 2004, https://doku.iab.de/zaf/2004/2004_3_zaf_spengler.pdf.

183 Kathleen Kingsbury, »The Value of a Human Life: $129.000«," Time, 20. Mai 2008, http://content.time.com/time/health/article/0,8599,1808049,00.html.

184 Anna Alberini et al., »Does the Value of a Statistical Life Vary with Age and Health Status? Evidence from the US and Canada«, Journal of Environmental Economics and Management, 48, 2004, https://www.econ.umd.edu/sites/www.econ.umd.edu/files/pubs/jc49.pdf. Siehe auch den bibliographischen Überblick von W. Kip Viscusi und Joseph Aldy von der Harvard Universität, »The Value of a Statistical Life: A Critical Review of Market Estimates Around the World«, Journal of Risk and Uncertainty, 27, Nr. 1 (2003): S. 5–76, http://camra.msu.edu/documents/ViscusiandAldy2003.pdf.

185 Z.B. John Loomis und Earl Ekstrand, »Economic Benefits of Critical Habitat for the Mexican Spotted Owl: A Scope Test Using a Multiple-Bounded Contingent Valuation Survey«, Journal of Agricultural and Resource Economics 22, Nr. 2 (1997): S. 356–66,

http://ageconsearch.umn.edu/bitstream/30847/1/22020356.pdf; John Loomis, Armando González-Cabán und Robin Gregory, »A Contingent Valuation Study of the Value of Reducing Fire Hazards to Old-Growth Forests in the Pacific Northwest«, U.S. Department of Agriculture Forest Service, Juli 1996, https://www.fs.usda.gov/research/treesearch/28584.

186 Sara Wilson, »The GPI Water Quality Accounts: Case Study: The Costs and Benefits of Sewage Treatment and Source Control for Halifax Harbour« (Halifax: GPI Atlantic, Juli 2000), http://legacycontent.halifax.ca/harboursol/documents/gpi_report_001.pdf. Für Deutschland siehe z. B. João Manuel Garcia Rodrigues, Rahel Maren Borrmann und Benjamin Burkhard, »Bewertung von Naturschutz und kulturellen Ökosystemleistungen im Naturschutzgebiet Schleimündung«, Seevögel, Bd. 36, Heft 2, 2015, https://www.researchgate.net/profile/Benjamin-Burkhard-2/publication/279914675_Bewertung_von_Naturschutz_und_kulturellen_Okosystemleistungen_im_Naturschutzgebiet_Schleimundung/links/559dc46a08aeb45d1715d704/Bewertung-von-Naturschutz-und-kulturellen-Oekosystemleistungen-im-Naturschutzgebiet-Schleimuendung.pdf, wo auch die Methode der kontingenten Bewertung durch Ermittlung der Zahlungsbereitschaft näher erklärt wird.

187 Sally Walker, Anne Monette, und Ronald Colman, »The Nova Scotia Greenhouse Gas Accounts for the Genuine Progress Index« (Halifax: GPI Atlantic, August 2001), http://www.gpiatlantic.org/pdf/greenhouse/ghg.pdf.

188 National Public Radio, »Trump's Speech on Paris Climate Agreement Withdrawal, Annotated«, 1. Juni 2017, http://www.npr.org/2017/06/01/531090243/trumps-speech-on-paris-climate-agreement-withdrawal-annotated.

189 United States Department of Energy, »U.S. Energy and Employment Report«, Januar 2017, https://energy.gov/sites/prod/files/2017/01/f34/2017%20US%20Energy%20and%20Jobs%20Report_0.pdf.

190 Government of the United Kingdom, HM Treasury, »Stern Review on the Economics of Climate Change. Final Report«, http://webarchive.nationalarchives.gov.uk/20100407172811/http://www.hm-treasury.gov.uk/stern_review_report.htm.

191 Das sind täglich $10 Mio. David Coady et al., »How Large Are Global Energy Subsidies«, International Monetary Fund Working Paper (2015), https://www.imf.org/external/pubs/ft/wp/2015/wp15105.pdf, siehe S. 17–22 für die Aufschlüsselung der Subventionen.

192 Chris Hope et al., »Quantifying the Implicit Climate Subsidy Received by Fossil Fuel Companies«, Cambridge Judge Business School Working Paper Nr. 02/2015, https://www.jbs.cam.ac.uk/fileadmin/user_upload/research/workingpapers/wp1502.pdf.

193 Oliver Milman, »Canada Gives $3.3bn Subsidies to Fossil Fuel Producers Despite Climate Pledge«, Guardian, 15. November 2016, https://www.theguardian.com/world/2016/nov/15/climate-change-canada-fossil-fuel-subsidies-carbon-trudeau.

194 Joshua S. Hill, »US Still Subsidizing Fossil Fuels to Tune of $27 Billion«, CleanTechnica, 6. Juni 2018, https://cleantechnica.com/2018/06/06/us-still-subsidizing-fossil-fuels-to-tune-of-27-billion/.

195 Es gibt viele andere Beispiele für die Bedeutung der wirtschaftlichen Bewertung der Leistungen der Natur und der Verluste, die entstehen, wenn dieser wirtschaftliche Wert nicht erkannt wird. In Süd-Louisiana zum Beispiel verschwanden Feuchtbiotope aufgrund menschlicher Aktivitäten seit Jahrzehnten und entfernten allmählich

und unmerklich einen natürlichen Puffer gegen schwere Stürme und die von ihnen verursachten Überflutungen. Nach dem Orkan Katrina, der im August 2005 einen Großteil von New Orleans zerstörte, sammelte ein Expertenteam unter der Leitung von Robert Costanza historische Daten über Sturmspuren und -schäden sowie über die Windgeschwindigkeiten von Orkanen und deren Verringerung, wenn sie auf Feuchtbiotope treffen. Das Team erstellte ein statistisches Modell des Werts von Sturmschutzdiensten für Feuchtbiotope und kam zu dem Schluss: »Ein Verlust von einem Hektar an Feuchtbiotopen im Modell entspricht einer durchschnittlichen Zunahme der Sturmschäden durch bestimmte Stürme um 33.000 USD.« Anschließend verwendeten sie ihr Modell, um den wirtschaftlichen Gesamtwert abzuschätzen, den Küsten-Feuchtbiotope in den Vereinigten Staaten für Sturmschutzdienste bereitstellen: 23,2 Milliarden US-Dollar pro Jahr. Die Ergebnisse lieferten ein starkes wirtschaftliches Argument für die Erhaltung, den Schutz und die Wiederherstellung von Feuchtbiotopen, die die Wucht des Orkans Katrina hätten abschwächen und zumindest einige der zahllosen Todesopfer und massiven Schäden vermeiden können, die durch diese Katastrophe verursacht wurden. Robert Costanza et al., »The Value of Coastal Wetlands for Hurricane Protection«, Ambio 37, Nr. 4 (Juni 2008): S. 241–48, https://doi.org/10.1579/0044-7447(2008)37[241:TVOCWF]2.0.CO;2.

196 Pannozzo und Colman, »GPI Forest Headline Indicators for Nova Scotia«. Die Daten zu den Altersklassen, die in den Abbildungen 1-7 auf den Seiten 8-13 dieses Berichts zusammengefasst sind, wurden aus den folgenden Quellen zusammengestellt: »The Forest Resources of Nova Scotia« (1958); »Nova Scotia Forest Inventory Provincial Summary« 1965-71, 1970-78, 1975-82, 1976-85, 1979-89; Department of Natural Resources GIS 1995 Inventory Data (September 1999 update); und DNR GIS Unpublished Inventory Data (1997-2003). Ausgedrückt als prozentualer Rückgang ist die Altersklasse der 61- bis 80-Jährigen zwischen 1958 und 2003 um 65 % zurückgegangen, die Altersklasse der 81- bis 100-Jährigen um 93 % und die Altersklasse der über 101-Jährigen um 97 %. Wälder, die älter als 60 Jahre sind, machten 1958 immerhin 59 % aller Wälder der Provinz aus, 2003 jedoch nur noch 13 %. Im gleichen Zeitraum nahmen die jungen Wälder bis zum Alter von 20 Jahren um bemerkenswerte 327 % zu, und die Altersklasse der 21- bis 40-Jährigen wuchs um 103 %. Diese Trends wurden durch das Aufkommen hochmechanisierter Maschinen beschleunigt, die den Holzeinschlag und die Holzernte allein seit Anfang der 1980er Jahre um fast 60 % erhöht haben.

197 Sara Wilson und Ronald Colman, »The Nova Scotia Genuine Progress Index Forest Accounts Vol. 1: Indicators of Ecological, Economic and Social Values of Forests in Nova Scotia« (Halifax: GPI Atlantic, November 2001 bis März 2002), S. 90, http://www.gpiatlantic.org/pdf/forest/forest1.pdf.

198 Treasury Board of Canada Secretariat, »Canadian Cost-Benefit Analysis Guide: Regulatory Proposals«, 37, https://www.tbs-sct.gc.ca/rtrap-parfa/analys/analys-eng.pdf.

199 David Pimentel und Michael Burgess, »Soil Erosion Threatens Food Production«, Agriculture 3, Nr. 3 (2013): S. 443–63, http://www.mdpi.com/2077-0472/3/3/443/htm.

200 Gesunder Oberboden ist eine außerordentlich wertvolle Ressource; Ein einziger Morgen enthält 900 Pfund Regenwürmer, 2400 Pfund Pilze, 1500 Pfund Bakterien, 133 Pfund Protozoen und 890 Pfund Arthropoden und Algen. Siehe D. P. Singh und B. K. Sarma, »Indigene mikrobielle Biodiversität im Boden: Schlüssel zur nachhaltigen

Landwirtschaft«, in »Microbial Diversity: Modern Trends«, hrsg.v. R. C. Ram und Asha Sinha, (Neu-Delhi, Indien: Daya Books, 2007), S. 95.

201 Christian Gollier et al., »Declining Discount Rates: Economic Justifications and Implications for Long-Run Policy«, Economic Policy 23, Nr. 56 (1. Oktober 2008): S. 758–95, https://doi.org/10.1111/j.1468-0327.2008.00211.x; Kenneth Arrow et al., »Should Governments Use a Declining Discount Rate in Project Analysis«, Review of Environmental Economics and Policy 8, Nr. 2 (16. Juli 2014): S. 145–63, https://www.journals.uchicago.edu/doi/full/10.1093/reep/reu008; Cameron Hepburn, »Valuing the Far-off Future: Discounting and Its Alternatives«, Oktober 2006, https://www.semanticscholar.org/paper/Valuing-the-Far-off-Future%3A-Discounting-and-its-Hepburn/e45f84d1c58f6dfdaae98e188361a1fb0b8a8764; Nick Hanley, Jason Shogren und Ben White, »Cost-Benefit Analysis and Environmental Policy« in »Introduction to Environmental Economics«, 3. Ausg. (New York: Oxford University Press, 2019), Kap. 5; sowie Cameron Hepburn, »Use of Discount Rates in the Estimation of the Costs of Inaction with Respect to Selected Environmental Concerns«, OECD Papers, (7. Dezember 2007), http://www.oecd.org/officialdocuments/publicdisplaydocumentpdf/?cote=env/epoc/wpnep%282006%2913/final&doclanguage=en. Für Deutschland siehe Umweltbundesamt (Bearbeitung Dr. Sylvia Schwermer), »Ökonomische Bewertung von Umweltschäden. Methodenkonvention 2.0 zur Schätzung von Umweltkosten«, August 2012, https://www.umweltbundesamt.de/sites/default/files/medien/378/publikationen/uba_methodenkonvention_2.0_-_2012_gesamt.pdf, S. 36.

202 Siehe z.B. Peter Howard, »Omitted Damages: What's Missing from the Social Cost of Carbon«, Environmental Defense Fund (13. März 2014), http://costofcarbon.org/files/Omitted_Damages_Whats_Missing_From_the_Social_Cost_of_Carbon.pdf; sowie Intergovernmental Panel on Climate Change, »Evaluation of Climate Models«, in »AR5 Climate Change 2013: The Physical Science Basis« (2013), https://www.ipcc.ch/report/ar5/wg1/.

203 Siehe z.B. P. Bein und D. Rintoul, »Shadow Pricing Greenhouse Gases. Proceedings of the Third Biennial Conference of the Society for Ecological Economics: Nature, Wealth and the Human Economy in the Next Millennium«, August 1999, https://p2infohouse.org/ref/20/19829.pdf.

204 Alle unsere GPI-Berichte (insgesamt 108) unter http://www.gpiatlantic.org/publications/pubs.htm, wiesen regelmäßig auf Datenlücken und Unzulänglichkeiten sowie auf methodische Unsicherheiten hin. Die Berichte enthalten konkrete Empfehlungen für Verbesserungen in diesen Bereichen.

205 Linda Pannozzo et al., »The 2008 Nova Scotia GPI Accounts: Indicators of Genuine Progress« (Halifax: GPI Atlantic, April 2009), http://www.gpiatlantic.org/pdf/integrated/gpi2008.pdf. Siehe auch die begleitende Nova Scotia GPI Headline Indicators Database, die der Nova Scotia Statistics Agency kostenlos zur Verfügung gestellt wird und die eine einfache Aktualisierung aller wichtigen Datensätze und die Replikation des GPI für andere Länder ermöglicht. Die Datenbank steht unter http://www.gpiatlantic.org/publications/integrated.htm zum kostenlosen Download bereit. Einen Überblick über die einzelnen GPI-Bereiche und -Komponenten finden Sie in Kapitel 4 unseres GPI-Handbuchs; für eine Beschreibung der Messmethoden siehe Kapitel 5: Linda Pannozzo und Ronald Colman, »New Policy Directions for Nova Scotia: Using the Genuine Progress Index to Count What Matters« (Halifax: GPI Atlantic, Juli 2009),

http://www.gpiatlantic.org/pdf/integrated/new_policy_directions.pdf. Einen Überblick über die tatsächlichen Ergebnisse für Nova Scotia für das Jahr 2008 finden Sie in der zusammenfassenden Tabelle am Anfang unseres integrierten GPI-Abschnitts, Linda Pannozzo et al., »The 2008 Nova Scotia GPI Accounts«. Ausführlichere Beschreibungen der Ergebnisse und Methoden finden Sie in den einzelnen Berichten im Abschnitt »Veröffentlichungen« der GPI Atlantic-Website, http://www.gpiatlantic.org/publications/pubs.htm.

206 OECD Observer, »Is GDP a Satisfactory Measure of Growth?«, Nr. 246/247 (Dezember 2004 – Januar 2005), https://openlab.citytech.cuny.edu/environmentaleconomics-6709/files/2014/11/OECD-Observer_-Is-GDP-a-satisfactory-measure-of-growth_.pdf.

207 Organization of Economic Co-Operation and Development, "Better Life Index," http://www.oecdbetterlifeindex.org/.

208 Europäische Kommission, »Jenseits des BIP« https://ec.europa.eu/environment/beyond_gdp/2007_conference_en.html?etrans=de; und den Fahrplan der EU von 2009 https://ec.europa.eu/environment/beyond_gdp/EUroadmap_en.html?etrans=de.

209 Eurostat, »Messung der Fortschritte auf dem Weg zu einem nachhaltigeren Europa – Indikatoren für nachhaltige Entwicklung für die Europäische Union – Daten 1990–2005«, Dezember 2005. https://ec.europa.eu/eurostat/en/web/products-statistical-books/-/KS-68-05-551?etrans=de. Note that the 2005 indicators were later refined in 2007: Eurostat, Measuring progress towards a more sustainable Europe: 2007 monitoring report of the EU sustainable development strategy, https://ec.europa.eu/eurostat/documents/3217494/5619864 /KS-77-07-115-EN.PDF/06ee41ca-2717-46ee-bee5-07e6bf6c26a2.

210 PBL Netherlands Environmental Assessment Agency, »European Benchmark Indicators«, https://www.pbl.nl/en/publications/EuropeanBenchmarkIndicators.

211 Weltbank, »Wealth Accounting and the Valuation of Ecosystem Services«, https://www.wavespartnership.org/en/about-us.

212 Weltbank, »Natural Capital«, https://www.worldbank.org/en/topic/natural-capital#; Weltbank, »Natural Capital Accounting Taking Hold as Countries Go Beyond GDP«, 21. Mai 2014, https://www.worldbank.org/en/news/feature/2014/05/21/natural-capital-accounting-taking-hold-as-69-countries-go-beyond-gdp.

213 Der Gini-Koeffizient wird verwendet, um die Ungleichheit über das gesamte Einkommensspektrum zu messen, während Quintil- und Dezil-Daten die Ungleichheiten an den Extremen (die Kluft zwischen den Reichsten und den Ärmsten) bewerten. Weltbank, »Measuring Income Inequality«, aktualisiert 2013, https://microdata.worldbank.org/index.php/catalog/1790/study-description. Siehe auch LAC Equity Lab, »Income Inequality - Income Distribution«, https://www.worldbank.org/en/topic/poverty/lac-equity-lab1/income-inequality/income-distribution.

214 Vereinte Nationen et al., »System of Environmental-Economic Accounting 2012: Central Framework«. Vereinte Nationen, 2014, https://unstats.un.org/unsd/envaccounting/seeaRev/SEEA_CF_Final_en.pdf.

215 New Zealand Ministry of Social Development, »The Social Report 2016«, http://socialreport.msd.govt.nz/.

216 Statistics New Zealand, »Monitoring Progress Towards a Sustainable New Zealand«, 2002, S. 16, https://statsnz.contentdm.oclc.org/digital/collection/p20045coll1/id/1407/.

217 Office for National Statistics, Vereinigtes Königreich, »Measuring National Well-Being: Life in the UK: 2019«, https://www.ons.gov.uk/peoplepopulationandcommunity/wellbeing/articles/measuringnationalwellbeing/internationalcomparisons2019. Siehe auch Ian Bache und Louise Reardon, »The Politics and Policy of Wellbeing: Understanding the Rise and Significance of a New Agenda« (Cheltenham, UK: Edward Elgar Publishing, 2016), für eine Darstellung der Entwicklung und Bedeutung der Agenda des Wohlergehens insbesondere im britischen und europäischen Kontext.

218 Joseph Stiglitz, Amartya Sen und Jean-Paul Fitoussi, »Report by the Commission on the Measurement of Economic Performance and Social Progress«, 2009, http://library.bsl.org.au/jspui/bitstream/1/1267/1/Measurement_of_economic_performance_and_social_progress.pdf.

219 Joseph Stiglitz, Amartya Sen und Jean-Paul Fitoussi, »Mismeasuring Our Lives: Why GDP Doesn't Add Up« (New York: New Press, 2010), S. vii–viii.

220 Für eine gute Zusammenfassung solcher Arbeiten siehe Knut H. Alfsen et al., »International Experiences with 'Green GDP'«, Report 2006/32, https://www.greengrowthknowledge.org/resource/international-experiences-green-gdp. Siehe auch R. Repetto et al., »Wasting Assets: Natural Resources in the National Income Accounts« (Washington, DC: World Resources Institute, 1989).

221 Stiglitz et al, »Report by the Commission on the Measurement of Economic Performance and Social Progress«, S. 67. Zu diesem Thema siehe auch die Seiten 72–73, 170–171, 193, 233 und 240 desselben Berichts. Zur Kritik an »Grünen« BIP-Berechnungen siehe außerdem Marc Fleurbaey und Didier Blanchet, »Beyond GDP: Measuring Welfare and Assessing Sustainability« (New York: Oxford University Press, 2013).

222 India Carbon Outlook, »Green GDP and India's Five-Year Plan«, Dezember 2009, http://carbon-outlook.com/content/green-gdp-and-india%E2%80%99s-five-year-plan.

223 Weltbank, »India – Diagnostic Assessment of Select Environmental Challenges: An Analysis of Physical and Monetary Losses of Environmental Health and Natural Resources«, 2013, http://documents.worldbank.org/curated/en/220721468268504319/An-analysis-of-physical-and-monetary-losses-of-environmental-health-and-natural-resources.

224 Die Zahlen für 2014 aus Weltgesundheitsorganisation, »Global Report on Diabetes«, Genf 2016, http://apps.who.int/iris/bitstream/10665/204871/1/9789241565257_eng.pdf?ua=1. Die Zahlen für 2018 aus Amy Kaiser et al., »Global Prevalence of Type 2 Diabetes Over the Next Ten Years (2018–2028)«, Diabetes 67, Zusatz 1 (Juli 2018), https://diabetesjournals.org/diabetes/issue/67/Supplement_1.

225 Grand View Research, »Diabetes Devises Market Growth Worth $ 54,16 Billion by 2030«, April 2022, https://www.grandviewresearch.com/press-release/global-diabetes-devices-market.

226 Zitiert aus Kappels Gespräch mit Greg Critser in Judith Shaw, »Trans Fats: The Hidden Killer in Our Foods« (New York: Pocket, 2004), S. 116.

227 Deutsche Diabetes Gesellschaft, »Die Diabetes-Epidemie – direkte und indirekte Gesundheitskosten gehen in die Milliarden«, Pressemitteilung vom 23. September 2021, https://www.ddg.info/presse/die-diabetes-epidemie-direkte-und-indirekte-gesundheitskosten-gehen-in-die-milliarden. Die Zahl der an Diabetes 2 Erkrankten wird laut Schätzung der DDG von derzeit acht Millionen auf rund zwölf Millionen im Jahr 2040 zunehmen.

228 International Diabetes Federation, »IDF Diabetes Atlas«, Ausgabe 2021, https://diabetesatlas.org/en/.

229 C. Laird Birmingham et. al., »The Cost of Obesity in Canadaq, Canadian Medical Association Journal 160, Nr. 4 (23. Februar 1999): S. 486, https://pubmed.ncbi.nlm.nih.gov/10081464/.

230 J. Cawley and C. Meyerhoefer, »The Medical Care Costs of Obesity: An Instrumental Variables Approach«, Journal of Health Economics, Nr. 31 (2012): S. 219–30, https://www.sciencedirect.com/science/article/abs/pii/S0167629611001366?via%3Dihub; auch verfügbar unter https://www.nber.org/papers/w16467.pdf.

231 Hugh Waters und Ross deVol, »Weighing Down America: The Health and Economic Impact of Obesity« (Santa Monica, CA: Milken Institute, November 2016), Kap. 5, »Costs«, http://assets1c.milkeninstitute.org/assets/Publication/ResearchReport/PDF/Weighing-Down-America-WEB.pdf. Außerdem »Direkte und indirekte Kosten für Adipositas (Fettleibigkeit) in Deutschland im Jahr 2015«, Statista, 21. Juni 2016, https://de.statista.com/statistik/daten/studie/593247/umfrage/direkte-und-indirekte-kosten-fuer-adipositas-in-deutschland/; sowie Christina Sticht, »17 Millionen sind adipös: Das kostet die Gesellschaft Milliarden«, Berliner Zeitung, 14. Mai 2022, https://www.berliner-zeitung.de/news/17-millionen-deutsche-sind-adipoes-das-kostet-der-gesellschaft-milliarden-li.227823.

232 Norbert Stefan et. al., »Obesity and Impaired Metabolic Health Increase Risk of COVID-19-Related Mortality in Young and Middle-Aged Adults to the Level Observed in Older People, The LEOSS Registry, 11. Mai 2022, https://www.frontiersin.org/articles/10.3389/fmed.2022.875430/full. Siehe auch Sara Tartoff et al, »Obesity and Mortality Among Patients Diagnosed With COVID-19: Results From an Integrated Health Care Organization«, Annals of Internal Medicine August, Nr. 12, 2020, https://doi.org/10.7326/M20-3742. Außerdem legten die U.S. Centers for Disease Control and Prevention (US-Zentren für Krankheitskontrolle und -prävention) aufgrund "eindeutiger Indizien" am 25. Juni 2020 einen Body Mass Index von 30 oder mehr als erhöhtes »Risiko einer Person für eine schwere COVID-19-Erkrankung« fest. https://www.cdc.gov/media/releases/2020/p0625-update-expands-covid-19.html.

233 George Miller et al., »Quantifying National Spending on Wellness and Prevention«, Advances in Health Economics and Health Services Research, Nr. 19 (2008): S. 1–24, https://www.ncbi.nlm.nih.gov/pubmed/19548511. Für Deutschland siehe »Gesundheit in Deutschland 2015 – Gesundheitsberichterstattung des Bundes«, Robert Koch-Institut, Kap. 4.1.3. »Finanzierung«, https://www.gbe-bund.de/gbe/abrechnung.prc_abr_test_logon?p_uid=gast&p_aid=0&p_knoten=FID&p_sprache=D&p_suchstring=25629

234 Ronald Colman, »The Cost of Chronic Disease in Nova Scotia« (Halifax: GPI Atlantic, 2002), http://www.gpiatlantic.org/pdf/health/chronic.pdf.

235 Nova Scotia Department of Health Promotion and Protection (Amt für Gesundheitsförderung und -schutz in Neuschottland), Government Administrative Histories Online, https://archives.novascotia.ca.

236 Ronald Colman und Janet Rhymes, »The Cost of Tobacco Use in Nova Scotia« (Halifax: GPI Atlantic, August 2007), http://www.gpiatlantic.org/pdf/health/tobacco/costoftobacco-ns-2007.pdf.

237 Ronald Colman, »The Cost of Tobacco in Nova Scotia« (Halifax: GPI Atlantic und Cancer Care Nova Scotia, 2000), http://www.gpiatlantic.org/pdf/health/tobacco/

costoftobacco-ns.pdf; Aktualisiert in Colman und Rhymes, »The Cost of Tobacco Use in Nova Scotia«.

238 Health Canada, »Canadian Tobacco Use Monitoring Survey: Overview of Historical Data, 1999 to 2012, table 2«, https://www.canada.ca/en/health-canada/services/publications/healthy-living/overview-historical-data-1999-2012.html.

239 Ronald Colman, »The Economic Impact of Smoke-Free Workplaces: An Assessment for Nova Scotia, prepared for Nova Scotia Department of Health« (Halifax: GPI Atlantic, September 2001), http://www.gpiatlantic.org/pdf/health/tobacco/smoke-free-ns.pdf. Ähnliche Berichte für andere Provinzen sind verfügbar unter http://www.gpiatlantic.org/pdf/health/tobacco/smoke-free-nb.pdf (New Brunswick), sowie http://www.gpiatlantic.org/pdf/health/tobacco/smoke-free-nf.pdf (Neufundland und Labrador). Diese Studien wurden auch in verschiedenen Teilen des Landes von Gemeinden genutzt, die rauchfreie Zonen einführten.

240 Nova Scotia Department of Education and Department of Health Promotion and Protection (Bildungsministerium von Nova Scotia und Ministerium für Gesundheitsförderung und -schutz), »Food and Nutrition Policy for Nova Scotia Public Schools: Policy Directives and Guidelines«, https://www.ednet.ns.ca/docs/foodnutritionpolicyguidelines.pdf.

241 Nova Scotia Department of Education and Department of Health Promotion and Protection, »Food and Nutrition Policy for Nova Scotia Public Schools«, S. 8; 12.

242 Sally Walker und Ronald Colman, »The Cost of Physical Inactivity in Halifax Regional Municipality, prepared for the Heart and Stroke Foundation of Nova Scotia« (Halifax: GPI Atlantic, August 2004), http://www.gpiatlantic.org/pdf/health/inactivity-hrm.pdf.

243 Z.B. Karen Hayward und Ronald Colman, »Cost of Obesity in Alberta: Summary Report, prepared for the Alberta Cancer Society and funded by Alberta Health Services« (Halifax: GPI Atlantic, Januar 2010), http://www.albertahealthservices.ca/poph/hi-poph-surv-phids-cost-of-obesity-2010.pdf. The Canadian Cancer Society beauftragte GPI Atlantic mit »The Cost of Tobacco Use in Nova Scotia«. Recreation Nova Scotia and Sport Nova Scotia beauftragte GPI Atlantic mit »The Cost of Physical Inactivity in Nova Scotia«. Cancer Care Nova Scotia beauftragte GPI Atlantic mit »Cost of Obesity in Nova Scotia«. Das Atlantic Centre of Excellence for Women's Health beauftragte GPI Atlantic mit verschiedenen Berichten zur Frauengesundheit: »Women's Health in Atlantic Canada«, January 2003 Update, Volume 1: Social Determinants of Women's Health in Atlantic Canada«, http://www.gpiatlantic.org/pdf/health/womens/womensvol1.pdf; »Women's Health in Atlantic Canada January 2003 Update, Volume 2: Determinants of Health: Intra-Provincial Differences«, http://www.gpiatlantic.org/pdf/health/womens/womensvol2.pdf; und »A Profile of Women's Health Indicators in Canada«, http://www.gpiatlantic.org/pdf/health/womens/whbreport.pdf.

244 Health Canada finanzierte Karen Hayward und Ronald Colman, »The Tides of Change: Addressing Inequity and Chronic Disease in Atlantic Canada« (Halifax: GPI Atlantic, Juli 2003), http://www.gpiatlantic.org/pdf/health/inequity.pdf. Der Bericht ist auch auf Französisch verfügbar, »Une vague de changement: Iniquités et maladies chroniques au Canada atlantique«, http://www.gpiatlantic.org/pdf/health/inequity_fr.pdf. Die Public Health Agency of Canada finanzierte Karen Hayward, »Health Disparities Indicators: Background Report for Developing Health Disparities Indicators in Canada« (Halifax: GPI Atlantic, Juli 2008), http://www.gpiatlantic.org/pdf/health/hdi08.pdf. Health Canada finanzierte Sean Rogers und Ronald Colman, »The Socioeconomic

Gradient of Health in Atlantic: Evidence from Newfoundland and Nova Scotia 1985–2001« (Halifax: GPI Atlantic, November 2005), http://www.gpiatlantic.org/pdf/health/hiec121605.pdf. Das Nova Scotia Department of Health Promotion and Protection, das British Columbia Ministry of Health und der Health Promotion and Chronic Disease Prevention Branch of the Public Health Agency of Canada (Abteilung Gesundheitsförderung und Prävention chronischer Krankheiten der kanadischen Gesundheitsbehörde) finanzierten gemeinsam Karen Hayward, »The Health Costs of Poverty in Canada: A Literature Review of the Evidence and Methodologies Needed to Produce a Full Report« (Halifax: GPI Atlantic, März 2008), http://www.gpiatlantic.org/pdf/health/povcost.pdf. GPI Atlantic gründete eine Partnerschaft mit drei Universitäten und einer Provinzbehörde für Dennis Raphael et al., »Income, Health and Disease in Canada: Current State of Knowledge, Information Gaps, and Areas of Needed Inquiry«, Canadian Institutes of Health Research, http://www.gpiatlantic.org/pdf/health/cihr.pdf.

245 Sally Walker et al., »The Nova Scotia Solid Waste-Resource Accounts« (Halifax: GPI Atlantic, 2004), http://www.gpiatlantic.org/pdf/solidwaste/solidwaste.pdf.

246 Statistics Canada, »Waste Management Industry Survey: Business and Government Sectors«, 16F0023X, Nr. 16, Tabelle 2, »Diversion of Waste by Province and Territory«, http://www.statcan.gc.ca/pub/16f0023x/2013001/t013-eng.htm.

247 Iman Mustafa, »Composting by Households in Canada«, Nr. 16-002-X, »Composting by Curbside Collection by Selected Census Metropolitan Areas«, http://www.statcan.gc.ca/pub/16-002-x/2013001/article/11848-eng.htm.

248 Sally Walker et al., »The Nova Scotia GPI Solid Waste-Resource Accounts« (Halifax: GPI Atlantic, Juli 2004), http://www.gpiatlantic.org/pdf/solidwaste/solidwaste.pdf. Wurden Modelle verwendet, die schwerwiegendere Klimaauswirkungen vorhersagen, kamen die Einsparungen auf 200 Millionen Dollar pro Jahr oder 233 Dollar pro Kopf. Viele Komponenten dieser Umfassenden Kostenrechnung sind tatsächliche jährliche Kosten, Einsparungen und Vorteile. Bei der Einbeziehung der verringerten Treibhausgasemissionen als Kosteneinsparung durch das neue Abfallbewirtschaftungssystem werden anerkannte Abzinsungssätze verwendet, um die voraussichtlichen künftigen Kosten für Klimaschäden in geschätzte jährliche Kosten für Treibhausgasemissionen und Einsparungen umzurechnen. Dies beruht auf der Annahme, dass die Menschen einen Dollar in der Gegenwart höher bewerten als einen in der Zukunft gewonnenen oder verlorenen Dollar. Diese Schätzungen begünstigen daher die heutige Generation, indem sie die erwarteten Kosten des Klimawandels, die künftige Generationen zahlen werden, abzinsen.

249 Diese Arbeitsplatzstatistiken beruhen auf Zahlen, die von der Regierung von Nova Scotia für zwölf Kategorien von Arbeitsplätzen in der Abfallwirtschaft erhoben wurden. Siehe Walker et al., »The Nova Scotia GPI Solid Waste-Resource Accounts«, Tabelle 26, S. 98. Eine US-Studie ergab, dass pro 15.000 Tonnen fester Abfälle ein Arbeitsplatz in einem Deponiesystem geschaffen wird, aber sieben für die Kompostierung oder neun für das Recycling der gleichen Abfallmenge. Diese Berechnung berücksichtigt nur die direkte Handhabung von Materialien und nicht die zusätzlichen Arbeitsplätze in Branchen, die auf recycelte und kompostierte Materialien angewiesen sind. Jobs Research Trust, »Jobs from Waste«, The Jobs Letter, Nr. 118 (2000), www.jobsletter.org.nz/jbl11800.htm#jobs.

250 Im Jahr 1996 zahlte beispielsweise die Halifax Metropolitan Authority, die die Hauptdeponie der Stadt betrieb, 10,4 Millionen Dollar, um die Einwohner für den

»Verlust an Lebensqualität und Immobilienwerten« zu entschädigen, der auf die Sickerwasserkontamination der nahegelegenen Deponie zurückzuführen war. Kim Moar, »550 Get Dump Compensation«, Halifax Daily News, 27. Februar 1996, zitiert in Walker et al., »The Nova Scotia GPI Solid Waste-Resource Accounts«, S. 119.

251 Die vollständigen Begründungen, Erklärungen und Nachweise für jede Komponente der Kosten-Nutzen-Analyse der Abfallwirtschaft und der Gleichung siehe Teil 3 von Walker et al., »The Nova Scotia GPI Solid Waste-Resource Accounts«, S. 78-125.

252 Linda Pannozzo et al., »The 2008 Nova Scotia GPI Accounts«. Wenn Modelle, die schwerwiegendere Schadenskosten durch den Klimawandel vorhersagen, für die diskontierte Treibhausgasemissionskomponente der Kostenschätzung verwendet wurden, stiegen die jährlichen Gesamtkosten des Autofahrens auf 14,8 Milliarden Dollar. Ausführliche Erläuterungen zur Berechnung der 19 Kosten und zu den verwendeten Datenquellen siehe Aviva Savelson, Ronald Colman und William Martin, »The GPI Transportation Accounts: Sustainable Transportation in Halifax Regional Municipality« (Halifax: GPI Atlantic, März 2008), http://www.gpiatlantic.org/pdf/transportation/hrmtransportation.pdf; sowie Aviva Savelson, Ronald Colman, und William Martin, »The GPI Transportation Accounts: Sustainable Transportation in Nova Scotia«, (Halifax: GPI Atlantic, November 2006), http://www.gpiatlantic.org/pdf/transportation/transportation.pdf.

253 Deutsches Zentrum für Luft- und Raumfahrt, »Personenverkehr in Deutschland: Verkehrsmittel im Vergleich«, 13. Dezember 2021, https://www.dlr.de/content/de/artikel/forschung/personenverkehr-in-deutschland-verkehrsmittel-im-vergleich.html.

254 Deutsches Zentrum für Luft- und Raumfahrt, »Häufiger im Auto und zu Fuß unterwegs als früher«, 21. Dezember 2021, https://www.dlr.de/content/de/artikel/news/2021/04/20211222_dlr-studie-zu-corona-und-mobilitaet.html.

255 Greg Keenan, »Canadian, U.S. Car Sales Hit Record Levels in 2016«, Globe and Mail, 4. Januar 2017, https://www.theglobeandmail.com/report-on-business/industry-news/canadian-us-car-sales-hit-record-levels-in-2016/article33502204/. Siehe auch Alicja Siekierska, »Canadian Vehicle Sales Hit the Two Million Mark for First Time in 2017«, Financial Post, 3. Januar 2018, https://business.financialpost.com/transportation/canadian-vehicle-sales-hit-the-two-million-mark-for-first-time-in-2017. Die meisten Verkäufe fielen auf SUVs und leichte Lastkraftwagen ab. In den USA wurden 2018 11,9 Millionen SUVs und leichte Lastkraftwagen und 5,3 Millionen Pkw verkauft. Siehe dazu https://www.statista.com/statistics/199983/us-vehicle-sales-since-1951/.

256 Matthias Janson, »SUV-Zulassungen erreichen neuen Rekordwert«, Statista, 10.01.2022, https://de.statista.com/infografik/26556/zahl-der-neuzulassungen-von-suv-weltweit/.

257 David Jolly, »Despite Push for Cleaner Cars, Sheer Numbers Could Work Against Climate Benefits«, New York Times, 7. Dezember 2015, https://www.nytimes.com/2015/12/08/business/energy-environment/despite-push-for-cleaner-cars-sheer-numbers-could-work-against-climate-benefits.html.

258 Linda C. Brinson, "How Much Air Pollution Comes from Cars?", Howstuffworks, 29. August 2012, https://auto.howstuffworks.com/air-pollution-from-cars.htm; Environmental Defense Fund, »New DOT Report to Congress Is Important Roadmap to Cut Global Warming Pollution, Say Environmental and Transportation Groups«, Pressemeldung, 22. April 2010, https://www.edf.org/news/new-dot-report-congress-important-roadmap-cut-global-warming-pollution-say-environmental-and-tr.

259 Lauri Myllyvirta, »Quantifying the Economic Costs of Air Pollution from Fossil Fuels«, Centre for Research on Energy and Clean Air, Februar 2020, https://energyandcleanair.org/wp/wp-content/uploads/2020/02/Cost-of-fossil-fuels-briefing.pdf; Weltgesundheitsorganisation, »Mortality and Burden of Disease from Ambient Air Pollution«, https://www.who.int/gho/phe/outdoor_air_pollution/burden/en/; India State-Level Disease Burden Initiative Pollution Collaborators, »The Impact of Air Pollution on Deaths, Disease Burden, and Life Expectancy Across the States of India: The Global Burden of Disease Study 2017«, Lancet Planetary Health 2, Nr. 1 (Januar 2019): e26–e39, https://www.sciencedirect.com/science/article/pii/S2542519618302614; außerdem Centre for Science and Environment, »Body Burden 2015: State of India's Health«, zitiert in »Air Pollution Causes 30,000 Deaths in Delhi Annually, Fifth Leading Cause of Death in India«, First Post, 16. Dezember 2015, http://www.firstpost.com/india/air-pollution-causes-30000-deaths-annually-in-delhi-fifth-leading-cause-of-death-in-india-2547278.html.

260 South China Morning Post, 3. Oktober 2018 zitiert Ergebnisse einer Studie der Chinese University of Hong Kong: Ernest Kao, »Air Pollution Is Killing 1 Million People and Costing Chinese Economy 267 Billion Yuan a Year, Research from CUHK Shows«, https://www.scmp.com/news/china/science/article/2166542/air-pollution-killing-1-million-people-and-costing-chinese.

261 Diese politischen Reformen gehen auf die bahnbrechende Arbeit des Victoria Transport Policy Institute (www.vtpi.org/) zurück, dessen Gründer und Direktor, Todd Litman, einen wesentlichen Beitrag zu den GPI-Verkehrsrechnungen geleistet hat.

262 Internationale Energieagentur, »World Energy Outlook 2011«, https://www.iea.org/reports/world-energy-outlook-2011; sowie https://carnegieendowment.org/2011/11/28/world-energy-outlook-2011-event-3447. Siehe außerdem »World Headed for Irreversible Climate Change in Five Years, IEA Warns«, Guardian, 9. November 2011, https://www.theguardian.com/environment/2011/nov/09/fossil-fuel-infrastructure-climate-change; sowie Geoffrey Simpson, »Amid Dire Warnings, Canada Is MIA«, Globe and Mail, 19. November 2011, https://www.theglobeandmail.com/opinion/amid-dire-warming-warnings-canada-is-mia/article4247529/.

263 Statistics Canada, »Commuting to Work«, Zählung von 2001, zitiert in Savelson et al., »The GPI Transportation Accounts: Sustainable Transportation in Halifax Regional Municipality«, Abbildung 11, »Travel to Work (Employed and Over 15 Years of Age) by Mode of Transportation for Selected Municipalities in Canada, 2001«.

264 Joseph Goodman, Melissa Laube und Judith Schwenk, »Curitiba Bus System Is Model for Rapid Transit«, Reimagine 12, Nr. 1 (Frühjahr 2007), http://reimaginerpe.org/node/344.

265 Arcadis, »Sustainable Cities Mobility Index 2017«, https://www.arcadis.com/en/global/our-perspectives/sustainable-cities-mobility-index-2017/.

266 »GPI Headline Indicators Database« (im Excel-Format) ist verfügbar unter »The Nova Scotia 2008 Genuine Progress Index« auf http://www.gpiatlantic.org/publications/integrated.htm.

267 Pannozzo und Colman, »New Policy Directions for Nova Scotia«; »GPI Overview Presentation« (PowerPoint) ist verfügbar unter »The Nova Scotia 2008 Genuine Progress Index« auf http://www.gpiatlantic.org/publications/integrated.htm.

268 Ausgaben von Reality Check sind verfügbar auf http://www.gpiatlantic.org/realitycheck/index.htm.

269 Michael MacDonald, »Nova Scotia's First NDP Government Faces Rocky Road Into Election Year«, Globe and Mail, 7. Dezember 2012, https://www.theglobeandmail.com/news/politics/nova-scotias-first-ndp-government-faces-rocky-road-into-election-year/article6082864/.

270 Michael MacDonald, »Nova Scotia's First NDP Government Faces Rocky Road.«

271 Siehe Europäische Kommission, "Jenseits des BIP" und den Fahrplan der EU.

272 OECD, »Better Life Index«; und OECD Observer, »Is GDP a Satisfactory Measure of Growth?«

273 UK Office for National Statistics, »Measuring National Well-Being«.

274 Der Canadian Index of Wellbeing (CIW), dessen Forschungsleiter ich in den Gründungsjahren (2001 bis 2007) war, ist trotz der erklärten Absicht, sich zu einem Buchhaltungssystem zu entwickeln, leider nie über den Indikatormodus hinausgekommen. Es gab noch weitere schwerwiegende Probleme mit dem CIW, die mich schließlich dazu veranlassten, das Projekt zu verlassen. Dazu gehörten die Entscheidung, alle Daten zu einer einzigen Zahl zusammenzufassen, was methodisch sehr problematisch ist, und die Entscheidung der Organisation, sich aus Bequemlichkeit mit mehreren ernsthaft mangelhaften konventionellen Indikatoren zufrieden zu geben. Als eine Gruppe namens Engage Nova Scotia den CIW mit großem Aufwand beauftragte, einen Lebensqualitätsindex für Nova Scotia zu erstellen, waren die Ergebnisse praktisch bedeutungslos. Kein Wunder, denn sie unterhielt enge Verbindungen zur regierenden Liberalen Partei der Provinz. Ohne Beweise oder Berücksichtigung des Klimawandels und anderer Umweltauswirkungen verkündete die Organisation einfach ihren Glauben an ein anhaltendes Wirtschaftswachstum als vereinbar mit der Lebensqualität.

275 Der englische Originaltitel ist ein Wortspiel, da »for a change« sowohl ›für Veränderung‹ als auch ›zur Abwechslung‹ bedeuten kann.

276 David Suzuki und Holly Dressel, »Good News for a Change: How Everyday People Are Helping the Planet« (Toronto: Stoddart, 2002).

277 Einen Überblick und eine Abschrift der Konferenzbeiträge finden Sie unter http://www.gpiatlantic.org/conference/index.htm.

278 Paul Hawken, »Blessed Unrest: How the Largest Movement in the World Came Into Being and Why No One Saw It Coming« (New York: Viking Penguin, 2007).

279 Siehe das zweibändige »Developing a Community Genuine Progress Index: Materials for Community Development Planners« (Halifax: GPI Atlantic, August 2000 und Dezember 2003); sowie Ronald Colman et al., »Development and Application of Community Health Indicators. Final Report to Canadian Population Health Initiative« (Halifax: GPI Atlantic, August 2004), außerdem verschiedene Power-Point-Präsentationen zu Ergebnissen. Alle sind verfügbar auf http://www.gpiatlantic.org/publications/communitypubs.htm.

280 Siehe z.B. wirtschaftliche, umweltspezifische und soziale Indikatoren in Government of New Zealand, »NZ Progress Indicators Tupuranga Aotearoa«, https://www.stats.govt.nz/indicators-and-snapshots/indicators-aotearoa-new-zealand-nga-tutohu-aotearoa/.

281 Government of New Zealand, Ministry of Social Development, »The Social Report 2016«, basierend auf Daten von 2014, https://www.socialreport.msd.govt.nz.

282 Statistics New Zealand, »Monitoring Progress Towards a Sustainable New Zealand« (Wellington, 2002), S. 90.

283 Statistics New Zealand, »Monitoring Progress Towards a Sustainable New Zealand«, S. 90.

284 Statistics New Zealand, »Monitoring Progress Towards a Sustainable New Zealand«, S. 65; Ministry of Social Development, »The Social Report 2003«, S. 76–77, http://socialreport.msd.govt.nz/2003/index.shtml.

285 Der neuseeländische Sozialbericht 2003 stellt zum Beispiel fest: »Mehrere Studien haben Zusammenhänge zwischen sozialer Verbundenheit und der Leistungsfähigkeit der Wirtschaft sowie positive Auswirkungen auf die Gesundheit und das Wohlergehen des Einzelnen nachgewiesen.» (Ministry of Social Development, »Social Report 2003«, S. 108). Diese wirtschaftliche Verknüpfung wurde auch vom neuseeländischen Finanzministerium in einem Arbeitspapier von Veronica Jacobsen et al. mit dem Titel »Investing in Social Wellbeing: An Analytical Framework«, Nr. 02/23, Dezember 2002, thematisiert, siehe https://treasury.govt.nz/sites/default/files/2007-09/twp02-23.pdf.

286 New Zealand Legislation, »Local Government Act 2002«, Nachdruck Stand 1. März 2017, http://www.legislation.govt.nz/act/public/2002/0006/40.0/DLM131394.html.

287 Siehe »Quality of Life in New Zealand's Eight Largest Cities 2002«, vom 30. Juni 2003, Anforderung des Textes auf https://www.qualityoflifeproject.govt.nz/information-for-researchers/. Der Bericht von 2003 ist verfügbar unter https://www.yumpu.com/en/document/read/37800316/quality-of-life-in-new-zealands-eight-largest-cities-2003. Zur Beschreibung des Projekts For the Quality of Life den jüngsten Erhebungen (2022), siehe http://www.qualityoflifeproject.govt.nz/ respektive https://www.qualityoflifeproject.govt.nz/wp-content/uploads/2022/10/FINAL-QOL-8-City-Topline-Report_17-October-2022.pdf.

288 Ronald Colman, »The Nova Scotia Genuine Progress Index: Insights for New Zealand« (Wellington, New Zealand: Ministry of Social Development, 2004),

https://natlib.govt.nz/records/38485087?search%5Bi%5D%5Bcategory%5D=Books&search%5Bi%5D%5Bis_catalog_record%5D=false&search%5Bpage%5D=8&search%5Bpath%5D=photos (gesamter Bericht und Zusammenfassungen).

289 Canada Council for the Arts (CCA), Overview of Key Demographic Trends – Possible Impact on Canadian Arts Attendance«, 2002, https://canadacouncil.ca/research/research-library/2003/11/overview-of-key-demographic-trends, S. 19; CTV News: »Dozens of Aboriginal Languages Near Death: UNESCO«, 8. November 2009, http://www.ctvnews.ca/dozens-of-aboriginal-languages-near-death-unesco-1.451581; sowie »Native American Languages«, in »The Columbia Electronic Encyclopedia«, 6. Ausg. (New York: Columbia University Press, 2012), https://www.infoplease.com/encyclopedia/arts/language/linguistics/native-american-languages.

290 Stats NZ, »Re reo Maori proficiency and support continues to grow« erwähnt allerings auch, dass mehr Neuseeländer insgesamt besser Maori sprechen als noch vor vier Jahren, https://www.stats.govt.nz/news/te-reo-maori-proficiency-and-support-continues-to-grow/.

291 Eine an der Victoria University in Wellington durchgeführte Studie enthält Anmerkungen zu dieser Maori-GPI-Affinität: »Der GPI ist ein wichtiger Aspekt der Kurse, die in Te Wānanga o Raukawa unterrichtet werden [...], wo eine akademische Gruppe [...] ein auf Tikanga Māori basierendes GPI erforscht und entwickelt hat. Es besteht eine intuitive Verbindung zwischen Tikanga Māori und dem normativen Rahmen, der dem GPI von

Nova Scotia zugrunde liegt. Dies spiegelt sich auch in der Annahme eines GPI auf nationaler Ebene durch die Māori-Partei als zentrale politische Initiative wider. Tikanga Māori bedeutet die Art und Weise der Māori, Dinge zu tun. Abgeleitet vom Māori-Wort für "richtig" oder "korrekt", wird Tikanga manchmal verwendet, um sich auf Kultur, Bräuche, Folklore, Stile und Bedeutungen zu beziehen.« Aaron Packard, »Rethinking Progress: Evaluation of the Wellington Regional Genuine Progress Index« (Dissertation, 2009), S. 79-80, https://researcharchive.vuw.ac.nz/xmlui/bitstream/handle/10063/1172/thesis.pdf?sequence=1;

292 Zitiert in »Seven Generation Sustainability«, https://en.wikipedia.org/wiki/Seven_generation_sustainability; in »Constitution of the Iroquois Nations«, http://www.indigenouspeople.net/iroqcon.htm; and in »Iroquois Wisdom«, https://springgrovemnheritagecenter.org/mission/their-eyes-were-my-eyes/iroquois-wisdom/.

293 New Zealand Ministry of Business, Innovation and Employment, »State of the Labour Market Scorecard – März 2018«, https://www.mbie.govt.nz/assets/9a57c13ef4/state-labour-market-scorecard-mar-2018.pdf. Siehe auch Joanne O/Brien, »Stats Show Maori Still Facing Discrimination«, Radio New Zealand, 15. Oktober 2015, http://www.radionz.co.nz/news/te-manu-korihi/287010/stats-show-maori-still-facing-discrimination.

294 Ministry of Social Development, »Unemployment«, in »The Social Report 2016«, http://socialreport.msd.govt.nz/paid-work/unemployment.html.

295 Tony Blakely und Don Simmers, »Fact and Action Sheets on Health Inequities«, University of Otago, Juni 2011, http://www.indigenouspsych.org/Resources/fact-action-health-inequalities.pdf.

296 Department of Corrections und Statistics New Zealand, »New Zealand's Prison Population«, NZ Official Yearbook 2012, https://statsnz.contentdm.oclc.org/digital/collection/p20045coll23/id/419/.

297 Ministry for the Environment, »Proposed National Environmental Standard for On-Site Wastewater: Discussion Document: 4. What Are the Options?«, Juli 2008, http://www.mfe.govt.nz/publications/rma/proposed-national-environmental-standard-site-wastewater-discussion-document/4-what.

298 »OECD Environmental Performance Reviews: New Zealand«, OECD, 2007, http://www.oecd.org/environment/country-reviews/38709768.pdf; sowie »Conclusions and Recommendations«, in »OECD Environmental Performance Review of New Zealand«, 2007, https://www.oecd.org/env/country-reviews/37915514.pdf. Siehe außerdem Marie Brown et al., »OECD Environmental Performance Reviews: New Zealand 2017«, OECD Environmental Performance Reviews (Paris: OECD Publishing), https://doi.org/10.1787/9789264268203-en.

299 »Quality of Life in New Zealand's Cities: The Quality of Life Survey«, http://www.qualityoflifeproject.govt.nz/.

300 Packard, »Rethinking Progress.«

301 »Quality of Life Report 2016: Topline Report«, https://www.qualityoflifeproject.govt.nz/wp-content/uploads/2022/10/Quality_of_Life_2016_Executive_Summary_and_Research_Design.pdf.

302 Siehe »Measuring Changes in the Wellington Region's Progress and Wellbeing«, in »GPI: Measuring the Region's Wellbeing«, https://www.gw.govt.nz/document/1151/wellington-region-genuine-progress-index.

303 Nicola Durling, »The Approach to the Wellington Region Genuine Progress Index (WR-GPI) 2001–2010«, Juni 2011, S. 13.

304 Wellington Regional Strategy, Waikato Regional Council und Auckland Council, »The Costs of Physical Inactivity: Toward a Regional Full-Cost Accounting Perspective«, (Greater Wellington Regional Council, 2013).

305 Garry McDonald et al., »A Genuine Progress Indicator for the Auckland region – Valuation Methodology«, New Zealand Centre for Ecological Economics und Market Economics for the Auckland Regional Council (Auckland Regional Council, technical report 2009/101), http://www.aucklandcity.govt.nz/council/documents/technicalpublications/TR2009101%20-%20A%20Genuine%20Progress%20Indicator%20for%20the%20Auckland%20Region%20Valuation%20Methodology.pdf. Zusammengefasster Bericht und Ergebnisse in Garry McDonald et al., »A Genuine Progress Indicator for the Auckland Region Summary Report«, Juli 2009, http://folk.uio.no/roberan/docs/GPI%20summary%20report.pdf. Ein Jahr später erstellte dasselbe Team einen Bericht für Environment Waikato: »A Genuine Progress Indicator for the Waikato Region Summary Report«, Juni 2010, https://www.waikatoregion.govt.nz/assets/PageFiles/36757/2010%20Marco%20Waikato%20Regional%20Perception%20Survey/Waikato%20GPI-Summary%20Report%20(EERNZ%20June%202010).pdf.

306 Murray Patterson et al., »Beyond Gross Domestic Product: The New Zealand Genuine Progress Indicator to Measure the Economic, Social and Environmental Dimensions of Well-Being from 1970 to 2016« (Palmerston North, NZ: Massey University, 2019), https://www.massey.ac.nz/shadomx/apps/fms/fmsdownload.cfm?file_uuid=8581767A-167D-4E43-A520-3862512B319D.

307 Patterson et al., »Beyond Gross Domestic Product«, Tabelle 3.1, S. 25, sowie Tabelle 25.2, S. 145.

308 Andrew Whiteford, »Are Genuine Progress Indicators an Expensive Step Sideways?«, Infometrics, 17. Juni 2011, http://www.infometrics.co.nz/are-genuine-progress-indicators-an-expensive-step-sideways/. Die Analyse bestätigte die Schlussfolgerung zweier anderer Wirtschaftswissenschaftler, dass »es eine so starke Korrelation zwischen dem BIP und anderen weicheren Messgrößen für das Wohlergehen geben könnte, dass es unmöglich ist, die Kosten und den Aufwand für die neuen Messgrößen zu rechtfertigen." Doch trotz der unterschiedlichen Herangehensweise von Auckland und Wellington ist es ermutigend, dass drei große Stadtverwaltungen – Wellington, Auckland und Waikato – kürzlich eng an einer detaillierten Kostenstudie für Neuseeland zusammengearbeitet haben: »The Costs of Physical Inactivity: Towards a Regional Full-Cost Accounting Perspective«, wo der GPI-Ansatz und die Methoden aus Nova Scotia verwendet und offen anerkannt wurden.

309 Patterson et al., »Beyond Gross Domestic Product«, Tabelle 25.1, S. 144; sowie die Graphik der Welbank, »GDP per Capita (Constant LCU) – New Zealand«, auf https://data.worldbank.org/indicator/NY.GDP.PCAP.KN?locations=NZ.

310 Dies ist ein Verweis auf den Bericht, aus dem das Buch von Joseph Stiglitz, Amartya Sen und Jean-Paul Fitoussi, »Mismeasuring Our Lives: Why GDP Doesn't Add Up« (New York: New Press, 2010) entstand.

311 Aaron Packard, »Rethinking Progress«. Packards Analyse erkennt auch die Übereinstimmung der GPI-Arbeit in Kings County und Glace Bay in Nova Scotia mit dem »Gemeinschaftsethos« des neuseeländischen Kommunalverwaltungsgesetzes von 2002 an, das vorschreibt, dass Stadt- und Kommunalverwaltungen beabsichtigte

»Gemeinschaftsergebnisse« identifizieren. Local Government New Zealand, »Local Government Know How: The Local Government Act 2002 – An Overview«, S. 31, »Community Outcomes«, https://www.nzta.govt.nz/assets/planning/who-does-what/doc/know-how-guide-2002.pdf.

312 »Wellington Region Genuine Progress Index: 2001–2013«.

313 »Wellington Region Genuine Progress Index: 2001–2013«, S. 7.

314 Wellington Regional Council, »How Can We Use the GPI?«.

315 Siehe http://www.qualityoflifeproject.govt.nz/pdfs/Quality-of-Life-2018.pdf; sowie https://www.radionz.co.nz/news/national/366484/auckland-fares-badly-in-quality-of-life-survey.

316 Siehe »Wellington Named Deutsche Bank's Most Liveable City for Second Year Running«, https://www.nzherald.co.nz/business/news/article.cfm?c_id=3&objectid=12058582.

317 Victoria University, Wellington, »New Zealand Well-Placed on Wellbeing«, Pressemitteilung, 20. September 2018, https://www.victoria.ac.nz/news/2018/09/nz-well-placed-on-wellbeing.

318 Ceri Parker, »New Zealand Will Have a New 'Well-Being Budget', Says Jacinda Ardern«, 23. Januar 2019, https://www.weforum.org/agenda/2019/01/new-zealand-s-new-well-being-budget-will-fix-broken-politics-says-jacinda-ardern/. Die Premierministerin versprach die Verwendung des »New Zealand Treasury's Living Standards Framework« [Das Rahmenwerk für Lebensstandards des neuseeländischen Finanzministeriums], das eine Bewertung des natürlichen, sozialen und menschlichen Kapitals beinhaltet.

319 David Hall, »Ardern's government and climate policy: despite a zero-carbon law, is New Zealand merely a follower rather than a leader?« The Conversation, 4. Oktober 2020, https://theconversation.com/arderns-government-and-climate-policy-despite-a-zero-carbon-law-is-new-zealand-merely-a-follower-rather-than-a-leader-146402; sowie David Hall, »NZ has dethroned GDP as a measure of success, but will Ardern's government be transformational?« The Conversation, 7. Juni 2019, https://theconversation.com/nz-has-dethroned-gdp-as-a-measure-of-success-but-will-arderns-government-be-transformational-118262.

320 1. National Statistics Bureau of Bhutan, »2017 Population and Housing Census of Bhutan«, 2018, https://www.nsb.gov.bt/wp-content/uploads/dlm_uploads/2021/10/PHCB-Metadata.pdf. Erhöhte Viktimisierungsraten sind auch in der Gross National Happiness (GNH)-Umfrage 2015 dokumentiert. Siehe auch Centre for Bhutan Studies and GNH Research, »A Compass Towards a Just and Harmonious Society: 2015 GNH Survey Report«, 2016, https://www.bhutanstudies.org.bt/publicationFiles/2015-Survey-Results.pdf; Kuensel, »Dealing with Rising Crime Rate," 10. Februar 2018, http://www.kuenselonline.com/dealing-with-rising-crime-rate/; sowie Tshering Dolkar, »Youth Substance Abuse in Bhutan: A Challenge to the Pursuit of Gross National Happiness«, National Institute of Drug Abuse, 2012, https://www.drugabuse.gov/international/abstracts/youth-substance-abuse-in-bhutan-challenge-to-pursuit-gross-national-happiness.

321 »Suicide cases on the rise«, Kuensel, 18. Juni 2021, https://kuenselonline.com/suicide-cases-on-the-rise/.

322 Lham Dorji, Sekretär, Ministry of Finance, Royal Government of Bhutan, zitiert in Alexander Jones, »Bhutan: The World's Fastest Growing Economy«, International

Banker, 31. Juli 2017, https://internationalbanker.com/finance/bhutan-worlds-fastest-growing-economy/.

323 Diese Zahlen stammen aus verschiedenen Quellen, u.a. aus jährlichen Berichten des United Nations Development Programme über Bhutan (2009 bis 2016), http://www.undp.org, Stichwort »Bhutan Annual Report«; sowie »Inequalities in Human Development in the 21st Century«, http://hdr.undp.org/sites/all/themes/hdr_theme/country-notes/BTN.pdf. Außerdem Central Intelligence Agency, »Bhutan« in »World Fact Book«, https://www.cia.gov/the-world-factbook/countries/bhutan/; »Case Story on Cross-Border Power Export from Dagachhu Hydropower Development«, Green Power Development Project und Asian Development Bank, April 2011, http://www.oecd.org/countries/bhutan/48651659.pdf; »Hydropower and the Bhutanese Economy«, Kuensel, 14. September 2015, http://www.kuenselonline.com/hydropower-and-the-bhutanese-economy/; sowie Lakshmi Premkumar, »A Study of the India-Bhutan Energy-Cooperation Agreements and the Implementation of Hydropower Projects in Bhutan«, Dezember 2015, http://www.vasudha-foundation.org/wp-content/uploads/Final-Bhutan-Report_30th-Mar-2016.pdf. Asian Development Bank, »Asian Development Outlook 2017: Transcending the Middle-Income Challenge«, S. 190, gibt einen etwas niedrigeren Wert für die Auslandsverschuldung im Verhältnis zum BIP an als die vorgenannten Quellen: 110 % im Jahr 2016; siehe https://www.adb.org/sites/default/files/publication/237761/ado-2017.pdf. Die aktuellste verfügbare Zahl zur Zeit der Drucklegung betrug 132,05 % im Jahr 2020, siehe World Bank, »Bhutan«, https://ida.worldbank.org/en/financing/debt/country/bhutan

324 »Bhutan: Life Expectancy at Birth«, http://countryeconomy.com/demography/life-expectancy/bhutan.

325 United Nations Development Programme, »Bhutan: Human Development Indicators«, Human Development Reports, https://hdr.undp.org/content/bhutan-human-development-report. Siehe auch https://en.wikipedia.org/wiki/Education_in_Bhutan.

326 Royal Government of Bhutan, National Statistics Bureau, »National Accounts Statistics, 2000–2006«, Oktober 2007, https://www.nsb.gov.bt/publications/national-account-report/; Gross National Happiness Commission, Berichte, Publikationen und Fünf-Jahres-Pläne: https://socialprotection.org/connect/stakeholders/bhutan-gross-national-happiness-commission-gnh; außerdem https://en.wikipedia.org/wiki/Jigme_Singye_Wangchuck.

327 Asian Development Bank, »20th by 2020: Bhutan's Drive for Improved Governance«, 2014, https://www.adb.org/sites/default/files/publication/59695/bhutan-drive-improved-governance_0.pdf. Das BIP hat das BSP im Jahr 1991, einige Jahre nach der Referenz des Königs, weitgehend ersetzt. Wie in Kapitel 1 erwähnt, misst das BSP den Wert der von allen Bürgern eines Landes produzierten Waren und Dienstleistungen, unabhängig davon, wo sie sich befinden, während das BIP den Gesamtwert aller innerhalb der Grenzen eines Landes produzierten Waren und Dienstleistungen misst.

328 Siehe z.B., »The World's Most Dangerous Airports – and Why You Should Fly There Anyway«, https://www.allianztravelinsurance.com/travel/flight/worlds-most-dangerous-airports.htm; and https://wanderwisdom.com/transportation/Most-Dangerous-Airports.

329 Jigmi Y. Thinley, »Sustainability and Happiness – The Vital Link. GNH: Towards a Holistic Approach to Development«, April, 2012, http://rio20.net/wp-content/uploads/2012/05/vitallink.pdf.

330 Bhutan Observer, »Bhutan's First Old Age Home Opens in Radhi«, 15. März 2011, S. 5, http://gpiatlantic.org/bhutan/bhutan-observer/Bhutan-old-age-home-1.pdf.

331 Bhutan Observer, »Old Age Homes Not a Solution But a Need: PM«, 8. April 2011, S. 1 und 23, http://gpiatlantic.org/bhutan/bhutan-observer/Bhutan-old-age-home-2.pdf.

332 Bhutan Observer, »To Start Old Age Homes or Not«, 8. April 2011, S. 2, http://gpiatlantic.org/bhutan/bhutan-observer/Bhutan-old-age-home-2.pdf.

333 In seiner Rede zum Nationalfeiertag 2000 in Trashigang warnte der vierte König von Bhutan: »Wenn wir keine Anstrengungen unternehmen, um den Trend zu ändern, dass viele unserer Dorfbewohner abwandern, um in den Städten Arbeit zu suchen, besteht die Möglichkeit, dass in den nächsten 20 Jahren die meisten unserer Dörfer leer stehen und sogar unsere angestammten Häuser und Bauernhöfe verlassen werden.« Jigme Senge Wangchug, König von Bhutan, »National Day Speech«, Trashigang, Dezember 2000, in »Immortal Lines: Speeches of the 4th Druk Gyalpo Jigme Senge Wangchug« (Thimphu, 2007).

334 United Nations Development Program, »Thailand Human Development Report 2007: Sufficiency Economy and Human Development«, 2007. Das Zitat von König Bhumibol befindet sich auf Seite 20; weitere Zitate des Thailändischen Premierministers Surayud Chulanont stehen auf Seite iv, https://hdr.undp.org/content/thailand-human-development-report-2007.

335 Jigme Senge Wangchug, König von Bhutan, »National Day Speech«, Dezember 2005, in »Immortal Lines: Speeches of the 4th Druik Gyalpo Jigme Senge Wangchug«, (Thimphu, 2007).

336 Karma Ura, Sabina Alkire und Tshoki Zangmo, »GNH and GNH Index: A Short Guide to Gross National Happiness Index«, Centre for Bhutan Studies, S. 16–18, https://www.ophi.org.uk/wp-content/uploads/Ura-et-al-Bhutan-Happiness-Chapter.pdf.

337 Karma Ura und Karma Galay (Hrsg.), »Gross National Happiness and Development: Proceedings of the First International Seminar on Operationalization of Gross National Happiness«, Centre for Bhutan Studies, 2004, https://www.bhutanstudies.org.bt/gross-national-happiness-and-development/.

338 United Nations Department of Economic and Social Affairs, Development Policy and Analysis Division, »Least Developed Countries«, https://www.un.org/development/desa/dpad/least-developed-country-category.html. Siehe auch United Nations Conference on Trade and Development, »The Least Developed Countries Report 2016«, 9. Juni 2017, http://unctad.org/en/PublicationsLibrary/ldc2016_en.pdf.

339 Das kanadische International Development Research Centre [Internationales Forschungszentrum für Entwicklung] war der Hauptgeldgeber für diese Konferenz im Jahr 2005 und finanzierte auch einen Großteil der nachfolgenden Arbeit von GPI Atlantic in Bhutan. Das Entwicklungsprogramm der Vereinten Nationen finanzierte die Reisekosten für die bhutanische Delegation; die kanadische Agentur für internationale Entwicklung finanzierte die Reisekosten für die Teilnehmer aus Asien, Afrika und Südamerika; und andere Bundes-, Provinz- und Kommunalbehörden trugen ebenfalls zu den Konferenzkosten bei.

340 Zu den Referenten gehörten John Ralston Saul, Philosoph und Autor; Ray Anderson, Gründer und CEO von Interface Inc. (dem weltweit größten Teppichhersteller); Bhutans Innenminister Jigmi Y. Thinley, der später der erste demokratisch gewählte Premierminister Bhutans wurde; Francisco VanderHoff Boersma, Begründer des

Fair-Trade-Konzepts; Ela Bhatt, Gründerin der Self-Employed Women's Association in Indien; Mathis Wackernagel, Mitbegründer des Ecological Footprint; Sanjit Bunker Roy, Gründer des Barefoot College; die neuseeländische Wirtschaftswissenschaftlerin Marilyn Waring; der Erzieher und Autor John Taylor Gatto; Krishna Kumar, Direktor des Total Literacy Program in Kerala; der Wirtschaftswissenschaftler und Autor John Helliwell; Farouk Jiwa, Gründer von Honey Care Africa; Alan Savory, Pionier des ganzheitlichen Managements; Paul Gipe, einer der weltweit führenden Experten für erneuerbare Energien; Joel Salatin, ein führender Biobauer und Autor; und Holly Dressel, gemeinsam mit David Suzuki Autor von Good News for a Change.

341 Andrew C. Revkin, »A New Measure of Well-Being from a Happy Little Kingdom«, New York Times, 4. Oktober 2005, http://www.nytimes.com/2005/10/04/science/a-new-measure-of-wellbeingfrom-a-happy-little-kingdom.html.

342 Umfassende Dokumentation zur Konferenz siehe http://www.gpiatlantic.org/conference/index.htm.

343 Siehe z.B. die Kritik in Dana Becker und Jeanne Marececk, »Dreaming the American Dream: Individualism and Positive Psychology«, in Social and Personality Psychology Compass 2, Nr. 5 (2008): S. 1767–1780,
https://onlinelibrary.wiley.com/doi/pdf/10.1111/j.1751-9004.2008.00139.x.

344 John Helliwell, Richard Layard und Jeffrey Sachs (Hrsg.), »World Happiness Report 2017«, S. 17, https://s3.amazonaws.com/happiness-report/2017/HR17.pdf. Der aktuellste Welt-Glücks-Bericht 2022 ist verfügbar auf https://worldhappiness.report/ed/2022/, der Bericht für 2021 auf https://worldhappiness.report/ed/2021/, der Bericht für 2020 auf https://happiness-report.s3.amazonaws.com/2020/WHR20.pdf, der Bericht für 2019 auf https://worldhappiness.report/ed/2019/. Der Bericht für 2018 konzentriert sich auf Glück und Migration: https://s3.amazonaws.com/happiness-report/2018/WHR_web.pdf. Für die vorhergehenden Jahre siehe https://s3.amazonaws.com/happiness-report/2016/HR-V1_web.pdf; https://s3.amazonaws.com/happiness-report/2015/WHR15_Sep15.pdf; https://worldhappiness.report/ed/2013/; sowie https://s3.amazonaws.com/happiness-report/2012/World_Happiness_Report_2012.pdf. Der Welt-Glücks-Bericht 2020 enthielt zum ersten Mal ein Kapitel darüber »How Environmental Quality Affects Our Happiness« [Wie die Qualität der Umwelt unser Glück beeinflusst], verfasst von Christian Krekel und George MacKerron (https://happiness-report.s3.amazonaws.com/2020/WHR20_Ch5.pdf), aber diese Einzelanalyse hat keinen Einfluss auf die Indikatoren des Index, die Logik, die Berechnungsmethoden oder die Länder-Ranglisten.

345 Die Länder-Rangliste des Welt-Glücks-Berichts 2022 befindet sich auf den Seiten 17-19.

346 World Population Review, »Ecological Footprint by Country 2022«, https://worldpopulationreview.com/country-rankings/ecological-footprint-by-country.

347 Siehe z.B. Richard Layard, »Happiness: Lessons from a New Science«, 2. Ausg. (New York: Penguin, 2011); sowie Joachim Weimann, Andreas Knabe und Ronnie Schöb, »Geld macht doch glücklich. Wo die ökonomische Glücksforschung irrt« (Stuttgart: Schäffer-Poeschel, 2012). Siehe auch von denselben Autoren »Measuring Happiness: The Economics of Wellbeing« (Cambridge, MA: MIT Press, 2016).

348 »This Satyajit Ray Documentary On Sikkim Was Banned For 39 Years«, Homegrown, 8. Juni 2021, https://homegrown.co.in/homegrown-voices/this-satyajit-ray-documentary-on-sikkim-was-banned-for-39-years.

349 United States Department of State, Bureau of Democracy, Human Rights and Labor, »Country Reports on Human Rights Practices for 2015: Bhutan«, https://2009-2017.state.gov/j/drl/rls/hrrpt/humanrightsreport//index.htm#.

350 »Wenn Sie eine Ansammlung von Daten sortieren und diese dann in gleichgroße Teile aufteilen, so dass jeder Teil dieselbe Anzahl von Zahlen enthält, werden die dabei entstandenen Schnittpunkte als Quantile bezeichnet. Wird eine Ansammlung von Zahlen zum Beispiel in fünf gleich große Teile aufgeteilt, wird jedes davon als Quintil bezeichnet. Wenn eine Ansammlung von Daten in zehn gleichgroße Teile geteilt wird, so wird jeder davon als Dezil bezeichnet. Im Bereich der Einkommensstatistiken werden Quintile verwenden, um herauszufinden wie das Einkommen innerhalb der Gesellschaft verteilt ist.« https://ec.europa.eu/eurostat/statistics-explained/index.php?title=Beginners:Statistical_concept_-_Quintile_and_decile/de#:~:text=Wird%20eine%20Ansammlung%20von%20Zahlen,jeder%20davon%20als%20Dezil%20bezeichnet.

351 Centre for Bhutan Studies and GNH Research, »A Compass Towards a Just and Harmonious Society: 2015 GNH Survey Report«, 2016, https://www.bhutanstudies.org.bt/publicationFiles/2015-Survey-Results.pdf. Seit Mai 2021 läuft eine neue Umfrage, diesmal mit 11.000 Befragten, siehe Pema Seldon Tshering, »Gross National Happiness Survey 2021 to start from May this year«, BBS Radio, 5. März 2021, http://www.bbs.bt/news/?p=144825.

352 Stufe 2, Abschnitt 6 des Protokolls der Königlichen Regierung von Bhutan für die Formulierung von Politik verlangt, dass alle Zielsetzungen dem »Gross National Happiness (GNH) Policy Screening Tool« unterzogen werden sollen. das Protokoll ist einsehbar unter https://policy.asiapacificenergy.org/sites/default/files/RGOB-Policy-Protocol-2014.pdf. Zum Punktesystem siehe Jasper Bergink, »Does GNH Policy Work? The Answer Is in Common Values«, Centre for Bhutan Studies, http://www.forastateofhappiness.com/tag/centre-for-bhutan-studies/.

353 Karma Tshiteem, Sekretär, Gross National Happiness Commission, interviewt am 30. November 2009, im »Oral History Program« der Princeton University, National Academy of Public Administration, Woodrow Wilson School of Public and International Affairs und das Bobst Center for Peace and Justice, https://successfulsocieties.princeton.edu/sites/successfulsocieties/files/interviews/transcripts/3377/Karma_Tshiteem.txt.

354 Royal Government of Bhutan, »Protocol for Policy Formulation, Stufe 2, Abschnitt 6«, https://policy.asiapacificenergy.org/sites/default/files/RGOB-Policy-Protocol-2014.pdf.

355 Royal Government of Bhutan, Ministry of Home and Cultural Affairs, Department of Local Governance, »Mainstreaming: Gender, Environment, Climate-Change, Disaster, and Poverty – Into the Development Policies, Plans and Programs in Bhutan«, 2015, Seiten 3, 5, 27, https://www.unpei.org/files/pdf/mainstreaming%20gecdp%20into%20development%20policies_%20plans%20and%20programmes%20in%20bhutan.pdf.

356 James Boutwell und John Westra, »Benefit Transfer: A Review of Methodologies and Challenges«, Resources 2, Nr. 4 (Oktober 2013): S. 517–527, https://www.mdpi.com/2079-9276/2/4/517. Siehe auch »Ecosystem Valuation: Methods«, Abschnitt 8, »Benefit Transfer Method«, http://www.ecosystemvaluation.org/benefit_transfer.htm.

357 Die Kaufkraftparität (KKP) vergleicht in US-Dollar, was der Kauf desselben Warenkorbs (z. B. Kugelschreiber, Limonade, Glühbirne) in verschiedenen Ländern kostet, und passt die Wechselkurse zwischen verschiedenen Ländern entsprechend an. Das heißt,

der Kaufkraftwechselkurs ist das Verhältnis der jeweiligen Kaufkraft der Währungen. Angenommen, der gleiche Warenkorb kostet in Bhutan 100 Dollar und in den Vereinigten Staaten 300 Dollar; dann beträgt der KKP-Wechselkurs 1:3. Ebenso geht die KKP davon aus, dass die Wechselkurse zwischen Währungen im Gleichgewicht sind, wenn ihre Kaufkraft in jedem Land gleich ist. Hier wird das BIP von Bhutan für 2010 in US-Dollar 2005 zu KKP bewertet. Für KKP-Berechnungen und -Schätzmethoden siehe https://www.worldbank.org/en/programs/icp/brief/methodology-calculation (deutsche Übersetzung auf der Seite verfügbar).

358 Ida Kubiszewski, Robert Costanza et al., »An Initial Estimate of the Value of Ecosystem Services in Bhutan«, Ecosystem Services 3 (2013), S. e11-e21, http://www.adaptation-undp.org/sites/default/files/downloads/an_initial_estimate_of_the_value.pdf. Eine spätere nationale Waldinventur, die von 2012 bis 2015 durchgeführt wurde, ergab, dass die tatsächliche Waldbedeckung in Bhutan 71 % betrug: Department of Forests and Park Services, »National Forest Inventory Report«, Band 1, https://www.dofps.gov.bt/reports/.

359 Die vom Ökosystem Bhutans erbrachten Leistungen und ihr geschätzter Wert für Personen außerhalb und innerhalb Bhutans sind in Tabelle 3, S. e15, in Ida Kubiszewski, Robert Costanza, et al., »An Initial Estimate of the Value of Ecosystem Services in Bhutan«, aufgeführt.

360 Kubiszewski, Costanza, et al., »An Initial Estimate of the Value of Ecosystem Services in Bhutan«

361 Karen Hayward und Ronald Colman, »The Economic Value of Voluntary Work in Bhutan«, Einzeldarstellung Nr. 2, 2012, National Statistics Bureau, Royal Government of Bhutan, Thimphu, https://www.nsb.gov.bt/wp-content/uploads/dlm_uploads/2022/02/The-Economic-Value-of-Voluntary-Work-in-Bhutan.pdf.

362 Lham Dorji, National Statistics Bureau, Bhutan, »Alcohol Use and Abuse in Bhutan«, Einzeldarstellung Nr. 1, 2012, https://www.yumpu.com/en/document/view/6477634/alcohol-use-and-abuse-in-bhutan-national-statistics-bureau.

363 Jigmi. Y. Thinley, Presseerklärung, 10. Februar 2012, Büro des Premierministers, Thimphu, Bhutan. Leider ist die vollständige Erklärung, die sich im Besitz des Autors befindet, nicht mehr online verfügbar, aber Zitate daraus erscheinen in den ersten Abschnitten von Karen Hayward, Linda Pannozzo und Ronald Colman, »Valuing Bhutan's True Wealth: Using the New National Accounts to Inform Enlightened GNH Policies« (Halifax: GPI Atlantic, Februar 2012), www.gpiatlantic.org/bhutan/docs/valuing_bhutans_true_wealth.pdf; und National Statistics Bureau, Einzeldarstellung Nr. 2.

364 Winston Churchill, »Rede in der Free Trade Hall«, Manchester, 23. Mai 1909; und Winston Churchill, »Rede vor dem Unterhaus«, 11. November 1947. Beide zitiert von Richard Langworth, Schriftsteller, Historiker und Ex-Alumnus, Hillsdale College Churchill Project, »Winston Churchill-Myth and Reality: What He Actually Did and Said«, Zitate verfügbar unter https://richardlangworth.com/.

365 Jigmi Y. Thinley, »Honourable Prime Minister's Letter to International Participants to Educating for GNH Workshop«, November 2009, unveröffentlicht.

366 Jigmi Y. Thinley, Eröffnungsrede, Internationaler Workshop »Erziehen für das Bruttonationalglück«, Hotel Phuntsho Pelri, Thimphu, Bhutan, 7. Dezember 2009, http://www.gpiatlantic.org/bhutan/educating.html und im Text auf »opening statement« klicken.

367 Council of Ministers of Education Canada, »Measuring Up: Canadian Results of the OECD PISA Study«, 2016, https://www.cmec.ca/Publications/Lists/Publications/Attachments/365/PISA2015-CdnReport-EN.pdf. Also see Linda Pannozzo, Karen Hayward und Ronald Colman, »How Educated Are Nova Scotians? Education Indicators for the Nova Scotia Genuine Progress Index« (Halifax: GPI Atlantic, 2008), http://www.gpiatlantic.org/pdf/education/nseducation.pdf; Hector Tobar, »American Adults Have Low (and Declining) Reading Proficiency«, Los Angeles Times, 8. Oktober 2013, http://www.latimes.com/books/jacketcopy/la-et-jc-american-adults-have-low-and-declining-reading-proficiency-20131008-story.html; sowie Karen Hardy, »PISA Results Show Further Decline in Australia's Education Rankings«, Canberra Times, 6. Dezember 2016, http://www.canberratimes.com.au/national/secondary-education-act/pisa-results-show-further-decline-in-australias-education-rankings-20161206-gt56yb.html.

368 Bundeszentrale für Politische Bildung, »Soziale Situation in Deutschland. PISA – Lesekompetenz«, 29. Juni 2020, https://www.bpb.de/kurz-knapp/zahlen-und-fakten/soziale-situation-in-deutschland/135811/pisa-lesekompetenz/.

369 Linda Pannozzo, Karen Hayward und Ronald Colman, »Education Indicators for the Nova Scotia Genuine Progress Index« (Halifax: GPI Atlantic, February 2008), http://www.gpiatlantic.org/pdf/education/nseducation.pdf.

370 Die Organisation für wirtschaftliche Zusammenarbeit und Entwicklung (OECD) stellte fest, dass »die sozioökonomische Zusammensetzung der Schulen einen weitaus größeren Anteil an den Unterschieden in den Schülerleistungen zwischen den Schulen erklärt als andere schulische Faktoren, die den politischen Entscheidungsträgern leichter zugänglich sind, wie Schulressourcen und Schulpolitik«. OECD, »School Factors Related to Quality and Equity. Results from Pisa 2000« (Paris: OECD, 2005). Diese Erkenntnisse werden durch die PISA-Ergebnisse 2015 und 2018 bestätigt. Zum Beispiel: »Sozioökonomisch benachteiligte Schüler in allen OECD-Ländern erreichen mit fast dreimal höherer Wahrscheinlichkeit als begünstigte Schüler nicht das grundlegende Leistungsniveau in den Naturwissenschaften.« OECD, PISA 2015: »PISA Results in Focus«, 2016, https://www.oecd.org/pisa/pisa-2015-results-in-focus.pdf. Die PISA-Studie für 2018 stellt für die Situation in Deutschland fest: »Der Zusammenhang zwischen der sozialen Herkunft der Jugendlichen und ihrer Lesekompetenz ist in Deutschland überdurchschnittlich stark ausgeprägt. Das heißt zum Beispiel, dass 15-Jährige aus Familien mit niedrigem Bildungs- und Wohlstandsniveau häufiger eine geringe Lesefähigkeit haben. Die privilegiertesten 25 % der Schüler haben gegenüber den sozioökonomisch schwächsten 25 % einen Leistungsvorsprung von 113 Punkten – das sind 24 Punkte mehr als im OECD-Durchschnitt (89 Punkte). Zudem hat sich in Deutschland der Abstand gegenüber dem Jahr 2009 um 9 Punkte ausgeweitet (2009: 104 Punkte)«, https://www.bpb.de/kurz-knapp/zahlen-und-fakten/soziale-situation-in-deutschland/135811/pisa-lesekompetenz/.

371 Siehe z. B. Robert L. Linn, »Educational Assessment: Expanded Expectations and Challenges«, Educational Evaluation and Policy Analysis 15, NR. 1 (1993): S. 1–16; Kenneth J. Rowe, »Assessment, League Tables and School Effectiveness: Consider the Issues and 'Let's Get Real'!«, Journal of Educational Enquiry 1, Nr. 1 (2000): S. 73–98; sowie Brit Griffin, »Making the Grade. The Politics of the Grade 3 Test«, High Grader Magazine (Januar/ Februar 1998): S. 20–23. Andere Kritiken in Abschnitt 32.1, »Student Achievement Measured by Standardized Tests«, S. 236–246 des GPI Atlantic »Educating for Gross National Happiness«, Literaturprüfungsdokument 2, Abschnitt 2, Dezember 2009. Siehe auch das Feature von Kathleen Raschke-Maas für den MDR,

»Darum ist PISA überbewertet«, wo verschiedene methodische Mängel angeführt werden (Ausschluss sozial schwächerer Schüler in Ländern wie China und Singapur, die zu den PISA-Spitzenreitern gehören; unterschiedliche Lehrpläne werden nicht berücksichtigt; Vergleichbarkeit von zentralisierten Staaten und föderalen Staaten ist äußerst fraglich, da es in letzteren auf Ebene der Bundesstaaten große Unterschiede gibt), MDR Wissen, 10. Dezember 2019, https://www.mdr.de/wissen/was-ist-pisa-kritik-studien-100.html.

372 Paul Howe, »Political Knowledge and Electoral Participation in the Netherlands: Comparisons with the Canadian Case«, Vortrag auf der Jahreskonferenz der Canadian Political Science Association, Winnipeg, 3. bis 5. Juni 2004, https://www.cpsa-acsp.ca/papers-2004/Howe,%20Neth%20and%20Can.pdf.

373 Sporadische, einmalige Umfragen und Erhebungen geben zwar Aufschluss über die Einstellung der Öffentlichkeit, zeigen aber keine Veränderungen im Laufe der Zeit. Eine seltene kanadische Meinungsumfrage wurde 2015 vom Environics Institute und der David Suzuki Foundation durchgeführt: https://davidsuzuki.org/wp-content/uploads/2017/09/focus-canada-2015-public-opinion-climate-change.pdf; und kanadische Einstellungen werden in gelegentlichen globalen Umfragen erfasst, wie z. B.: https://www.pewresearch.org/global/2015/11/05/global-concern-about-climate-change-broad-support-for-limiting-emissions/; sowie https://news.gallup.com/poll/147203/Fewer-Americans-Europeans-View-Global-Warming-Threat.aspx. Dank der Studien der Yale University und des Pew Research Center liegen nun konsistentere und vergleichbare Daten zur öffentlichen Meinung in den USA vor. Diese zeigen, dass 26 % der Amerikaner im April 2020 »sehr besorgt« über die globale Erwärmung waren, ein Rückgang gegenüber 29 % im Dezember 2018, aber ein Anstieg gegenüber 19 % im Jahr 2016 und nur 11 % im Jahr 2014. Die Autoren des Berichts spekulieren, dass der Rückgang im Jahr 2020 darauf zurückzuführen sein könnte, dass die Sorge um das Coronavirus alle anderen Sorgen überholt hat. Die Ergebnisse zeigen auch, dass sowohl 2020 als auch 2018 62 % der Amerikaner glauben, dass die globale Erwärmung durch menschliche Aktivitäten verursacht wird, während es fünf Jahre zuvor noch weniger als die Hälfte waren. Aber selbst jetzt weiß nur jeder Fünfte, dass fast alle Wissenschaftler darin übereinstimmen, dass die globale Erwärmung auf menschliche Aktivitäten zurückzuführen ist. Anthony Leiserowitz et al., »Climate Change in the American Mind: December 2018« (Yale Program on Climate Change Communication, Yale University), https://climatecommunication.yale.edu/wp-content/uploads/2020/05/climate-change-american-mind-april-2020b.pdf; http://climatecommunication.yale.edu/wp-content/uploads/2019/01/Climate-Change-American-Mind-December-2018.pdf. Der Bericht vom November 2016 ist abrufbar unter http://climatecommunication.yale.edu/publications/climate-change-in-the-american-mind-november-2016/. Das Diagramm über den Anteil der Amerikaner, die sich um den Klimawandel Sorgen machen, ist abrufbar unter http://climatecommunication.yale.edu/visualizations-data/six-ten-americans-worried-global-warming/. Der Bericht von 2010 ist abrufbar unter http://environment.yale.edu/climate-communication/files/ClimateChangeKnowledge2010.pdf. Siehe auch Pew Research Center, »The Politics of Climate«, 4. Oktober 2016, https://www.pewresearch.org/science/2016/10/04/the-politics-of-climate/; und Katherine Bagley, »Latest Climate Polls: More Knowledge but Urgency Lags«, Inside Climate News, 9. November 2015, https://insideclimatenews.org/news/08112015/new-polls-climate-change-more-knowledge-not-necessarily-more-urgency. Laut einer Erhebung des Umweltbundesamtes von 2022 sieht die Lage in Deutschland etwas anders aus:

»65 % der Deutschen halten den Umwelt- und Klimaschutz für ein sehr wichtiges Thema – trotz Corona. Besonders der Klimaschutz bleibt während der Pandemie für 70 % weiterhin genauso wichtig, für 16 % ist er sogar wichtiger geworden«, siehe »Umweltbewusstsein in Deutschland«, Umweltbundesamt, 5. September 2022, https://www.umweltbundesamt.de/themen/nachhaltigkeit-strategien-internationales/umweltbewusstsein-in-deutschland.

374 Special Study Panel on Education Indicators, »Education Counts: An Indicator System to Monitor the Nation's Educational Health« (Washington, DC: National Centre for Education Statistics, 1991), https://files.eric.ed.gov/fulltext/ED334279.pdf.

375 United Nations Educational, Scientific and Cultural Organization (UNESCO), »Education for All 2000–2015: Achievements and Challenges« (Paris: UNESCO Publishing, 2015), http://unesdoc.unesco.org/images/0023/002322/232205e.pdf. Siehe auch die deutsche UNESCO-Seite https://www.unesco.de/bildung/bildungsagenda-2030/unesco-weltbildungsbericht/bildungsagenda-2030.

376 UNESCO, »Educating for a Sustainable Future: A Transdisciplinary Vision for Concerted Action« (Internationale Konferenz in Thessaloniki, 9. bis 12. Dezember 1997; Paris, UNESCO, 1998), S. 18, https://unesdoc.unesco.org/ark:/48223/pf0000110686.

377 So initiierte die OECD 1997 ein interdisziplinäres Programm zur Ermittlung von »Schlüsselkompetenzen«, die zu einer »gut funktionierenden Gesellschaft« beitragen und die »für den Einzelnen notwendig sind, um ein insgesamt erfolgreiches Leben zu führen, und für die Gesellschaft, um die Herausforderungen der Gegenwart und der Zukunft zu bewältigen«. Siehe D. S. Rychen und L. H. Salganik, »Definition and Selection of Competencies: Theoretical and Conceptual Foundations (DeSeCo)«, https://www.oecd.org/edu/skills-beyond-school/41529556.pdf; und OECD, »Summary of the Final Report: Key Competencies for a Successful Life and a Well-Functioning Society«, 2003, S. 2, https://pubengine2.s3.eu-central-1.amazonaws.com/preview/99.110005/9781616762728_preview.pdf. Zur ökologischen Kompetenz siehe zum Beispiel David W. Orr, »Ecological Literacy. Education and the Transition to a Postmodern World« (Albany: State University of New York Press, 1992), S. 133.

378 Linda Pannozzo, Karen Hayward und Ronald Colman, »How Educated Are Nova Scotians?«, insbesondere S. 46-47: In dieser Studie über die gebildete Bevölkerung liegen nun erstmals Daten über den ökologischen Fußabdruck der Kanadier auf der Grundlage ihres Bildungsniveaus vor. Diese Ergebnisse unterstützen Orrs Beobachtung, dass ein höheres formales Bildungsniveau zu einem weniger nachhaltigen Lebensstil führt. So verbrauchen die Kanadier, die nur über eine Sekundarschulbildung verfügen, 6,76 globale Hektar pro Kopf, diejenigen, die eine Sekundarschulbildung abgeschlossen haben, 6,96 globale Hektar, während diejenigen, die einen Universitätsabschluss haben, jeweils 8,67 globale Hektar verbrauchen, um ihren Lebensstil zu erhalten.
Siehe Abb. 17, »Ecological Footprint by Educational Attainment, Canada, 2005«.
Für die Definition von globalen Hektar siehe Global Footprint Network, »Footprint Term Glossary«, 2007, https://www.footprintnetwork.org/resources/glossary/.

379 UNESCO, Education for Sustainable Development: United Nations Decade (2005–2014), »International Implementation Scheme« (Paris: UNESCO), http://unesdoc.unesco.org/images/0014/001486/148654E.pdf.

380 Art-ong gründete seine Schule auf den moralischen Grundsätzen von »Erleuchtung, Pflicht und Hingabe, Verständnis, Charakter, Handlung, Dankbarkeit, Integrität, Einheit

und Edelmut«. Chularat Saengpassa, »Art-ong must show us he has what it takes«, Nation, 8. September 2014, https://www.nationthailand.com/opinion/30242738.

381 Siehe https://en.wikipedia.org/wiki/Sathya_Sai_Baba

382 Chularat Saengpassa, »Art-ong must show us he has what it takes«, Nation, 8. September 2014. Siehe auch http://www.saibaba-x.org.uk/11/jumsai.html; sowie https://rationalwiki.org/wiki/Sathya_Sai_Baba, und https://robertpriddy.wordpress.com/tag/dr-art-ong-jumsai/.

383 Primierminister von Bhutan, Jigmi Y. Thinley, »Making a Commitment to Organic Agriculture«, 12. März 2011, wiederholt in seiner Rede »Making a full Policy Commitment to Organic Agriculture« vor der Konferenz der Vereinten Nationen über nachhaltige Entwicklung am 19. Juni 2012 (S. 9 des Transkripts), https://transitionnetwork.org/sites/www.transitionnetwork.org/files/PM%20of%20Bhutan%20key%20note%20speech_IFOAM%20side%20event_19June2012.pdf.

384 Siehe z. B. Dhananjay Mahapatraj, »Over 12,000 Farmer Suicides per Year, Centre Tells Supreme Court«, Times of India, 3. Mai 2017, http://timesofindia.indiatimes.com/india/over-12000-farmer-suicides-per-year-centre-tells-supreme-court/articleshow/58486441.cms; sowie Vandana Shiva, »From Seeds of Suicide to Seeds of Hope: Why Are Indian Farmers Committing Suicide and How Can We Stop This Tragedy?«, Huffington Post, 29. Mai 2009, http://www.huffingtonpost.com/vandana-shiva/from-seeds-of-suicide-to_b_192419.html.

385 Kuensel, »Food Import Value Almost Triples that of Export«, 6. Dezember 2018, http://www.kuenselonline.com/food-import-value-almost-triples-that-of-export/.

386 Arndt Feuerbacher et al., »Is Bhutan Destined for 100 Percent Organic? Assessing the Economy-Wide Effects of a Large-Scale Conversion Policy«, PLoS ONE 13, Nr. 6 (13. Juni 2018), https://journals.plos.org/plosone/article?id=10.1371/journal.pone.0199025. In diesem sorgfältig recherchierten Artikel wird zwar festgestellt, dass die ökologischen Erträge in Bhutan 24 % unter den konventionellen Erträgen liegen, aber es wird auch auf das Potenzial für eine höhere ökologische Produktivität durch verbesserte ökologische Methoden hingewiesen.

387 »GNH Centre: Structure and Approach of Programme Offerings«, Oktober 2010 (unveröffentlicht).

388 Der Exekutivdirektor wurde vom Premierminister ernannt, und ich spielte eine wichtige Rolle bei der Auswahl des Programmdirektors, der dann die dritte Person an Bord holte. Der Programmdirektor schien bemerkenswert gut qualifiziert zu sein, aber gerade sein Bekanntheitsgrad und seine internationalen Verbindungen trugen dazu bei, das Zentrum in eine völlig andere Richtung zu lenken als die ursprüngliche, erdverbundenere, nationale Vision vorsah.

389 Dasho Neten Zangmo, »Submission on Bhutan's Mineral Development Policy, 2011«. Dieses Dokument ist nicht online veröffentlicht, wurde aber GPI Atlantic vom Autor zur Verfügung gestellt.

390 Royal Government of Bhutan, Ministry of Home and Cultural Affairs, Department of Local Governance, »Mainstreaming: Gender, Environment, Climate-Change, Disaster, and Poverty – Into the Development Policies, Plans and Programmes in Bhutan«, 2015, S. 28, https://www.unpei.org/files/pdf/mainstreaming%20gecdp%20into%20development%20policies_%20plans%20and%20programmes%20in%20bhutan.pdf.

391 Anti-Corruption Commission of Bhutan (ACC), »Improving the Business Environment:

The Case of the Mining Industry in Bhutan«, Mai 2016, besonders S. 33ff, https://www.acc.org.bt/sites/default/files/Mining%20research%20report.pdf.

392 So wies der ACC-Bericht über den Bergbau in Bhutan auf einen allgemeinen »Mangel an Überwachung und Kontrollen aufgrund begrenzter Ressourcen« (S. 65) hin und dokumentierte »illegale Tätigkeiten in Ermangelung einer Kontrollinstanz in Bhutan« (S. 19). Der Bericht stellte fest, dass »die Inspektoren des DGM [Department of Geology and Mines] die zentrale Kontrollinstanz des Bergbausektors sind. Andererseits verfügen die DGM-Inspektoren über keine Computer, keinen Internetzugang, keine Fahrzeuge, keine finanziellen Mittel, keine regelmäßige Ausbildung und keine Vergütung« (S. 54). Dem ACC zufolge wird die Möglichkeit einer echten Kontrolle durch einen inhärenten Interessenkonflikt untergraben, »da die DGM sowohl der Entscheidungsträger als auch der wichtigste Kontrolleur der Bergbauindustrie [und] sowohl für die Regulierung als auch für die Erleichterung der Mineralienproduktion verantwortlich ist« (S. 55). Darüber hinaus werden die mit der Bergbauindustrie beschlossenen Vereinbarungen zur Entwicklung der Gemeinden, die die Auswirkungen des Bergbaus abmildern sollen, nicht durchgesetzt, da keine Behörde für ihre Umsetzung zuständig ist (S. 61). Es gibt kein angemessenes Programm zur Offenlegung der Finanzen von Bergbauinspektoren, Ingenieuren, Eigentümern, CEOs und Mitarbeitern (S. 69). Siehe Anti-Corruption Commission of Bhutan (ACC), »Improving the Business Environment«.

393 Royal Government of Bhutan, »Mineral Development Policy 2017«, Mai 2017, https://policy.asiapacificenergy.org/node/2530.

394 Royal Government of Bhutan, National Environment Commission, »Bhutan Environment Outlook 2008«, S. 18, derzeit nicht online verfügbar.

395 Asian Development Bank, »Asian Development Outlook 2017: Transcending the Middle-Income Challenge«, S. 189–193, https://www.adb.org/sites/default/files/publication/237761/ado-2017.pdf. Zahlen zu Wachstum und Verschuldung beziehen sich auf das Haushaltsjahr 2016, das am 30. Juni 2016 endete.

396 Zitiert in Alexander Jones, »Bhutan: The World's Fastest Growing Economy«, 31. Juli 2017, https://internationalbanker.com/finance/bhutan-worlds-fastest-growing-economy/.

397 Siehe www.sji.bt.

398 Siehe »A Banana Leaf Feast«, Video (6,5 Minuten), https://www.youtube.com/watch?v=NCFnh_soQgo&feature=youtu.be.

399 Siehe Lhomon Education, »Curriculum, Framework & Map«, http://www.sji.bt/wp-content/uploads/2018/12/Lhomon-Education-Framework-document.pdf

400 Dawa Gyelma, »Building Boom Chokes Thimphu Drains«, 11. Januar 2016, http://www.thethirdpole.net/2016/01/11/building-boom-chokes-thimphu-drains/.

401 Es wurden nur zwei zuverlässige nationale Volkszählungen durchgeführt (2005 und 2017). Die Volkszählung 2017 ergab für Thimphu Thromde (Gemeinde Thimphu) 114.551 Einwohner. Siehe National Statistics Bureau of Bhutan, »2017 Population and Housing Census of Bhutan«, 2018, https://www.nsb.gov.bt/publications/census-report/. Bei der Bevölkerungszahl von Thimphu für 1990 handelt es sich um eine Schätzung, die möglicherweise nicht in jeder Hinsicht mit den Ergebnissen der Volkszählung vergleichbar ist. Beispielsweise sind viele neue städtische Migranten immer noch offiziell in ihren ländlichen Heimatdörfern registriert und werden daher

möglicherweise in einigen Bevölkerungsschätzungen für Thimphu nicht berücksichtigt. Außerdem hat sich Thimphu so stark ausgedehnt, dass mehrere neue Vororte außerhalb der offiziellen Stadtgrenzen liegen. Für verschiedene Schätzungen siehe z. B. Country Studies, »Size, Structure, and Settlement Patterns«, http://countrystudies.us/bhutan/18.htm; RAO Online, »The Pressure for Expansion Continues«, http://www.raonline.ch/pages/story/bt/btstthimphu01.html; und World Population Review, »Bhutan Population«, http://worldpopulationreview.com/countries/bhutan-population/.

402 Tashi Wangdi, »Type 1 Diabetes Mellitus in Bhutan«, Indian Journal of Endocrinology and Metabolism 19, Anhang 1 (April 2015): S. 14–15, http://www.ncbi.nlm.nih.gov/pmc/articles/PMC4413377/.

403 »Sikkim Became India's First Fully Organic State in 2016«, Indian Express, 31. Dezember 2016, http://indianexpress.com/article/india/sikkim-became-indias-first-fully-organic-state-in-2016-4452765/.

404 Vidhi Doshi, »Sikkim's Organic Revolution at Risk as Local Consumers Fail to Buy Into Project«, Guardian, 31. Januar 2017, https://www.theguardian.com/global-development/2017/jan/31/sikkim-india-organic-revolution-at-risk-as-local-consumers-fail-to-buy-into-project.

405 Samudra Gupta Kashyap, »Assam Losing Crores to Extortionists at Border: Panel Report«, Indian Express, 22. Mai 2008, http://archive.indianexpress.com/news/assam-losing-crores-to-extortionists-at-border-panel-report/312806/.

406 Royal Government of Bhutan, »Time for a Sustainable Economic Paradigm: Input for the Draft Outcome Document for Rio + 20. Submitted to the United Nations«, November 2011, http://rio20.net/en/documentos/time-for-a-sustainable-economic-paradigm/.

407 »Defining A New Economic Paradigm: The Report of the High-Level Meeting on Wellbeing and Happiness« (New York: United Nations Headquarters, 2. April 2012), https://sustainabledevelopment.un.org/content/documents/617BhutanReport_WEB_F.pdf.

408 »Defining A New Economic Paradigm«, S. 105–107.

409 »Defining a New Economic Paradigm«, Anhänge 1 bis 5 und 10 bis 12. Siehe auch: Royal Government of Bhutan, »Time for a Sustainable Economic Paradigm.« This was also distributed to participants in advance of the April 2 meeting at UN Headquarters. Dieser Text wurde auch vor der Sitzung am 2. April im UN-Hauptquartier an die Teilnehmer verteilt.

410 Die zusammenfassenden Zitate aus den Ausführungen der Redner hier und im Folgenden stammen aus dem bereits zitierten Bericht Bhutans an die Vereinten Nationen: »Defining A New Economic Paradigm: The Report of the High-Level Meeting on Wellbeing and Happiness« (New York: United Nations Headquarters, April 2, 2012), https://sustainabledevelopment.un.org/content/documents/617BhutanReport_WEB_F.pdf.

411 Bachelet war von 2006 bis 2010 und von 2014 bis 2018 Präsidentin Chiles.

412 Die Kommission zur Messung der Wirtschaftsleistung und des sozialen Fortschritts, allgemein als Stiglitz-Sen-Fitoussi-Kommission bezeichnet, wurde 2008 vom französischen Präsidenten Sarkozy eingesetzt. Siehe Joseph Stiglitz, Amartya Sen und Jean-Paul Fitoussi, »Report by the Commission on the Measurement of Economic Performance and Social Progress«, September 2009, http://files.harmonywithnatureun.org/uploads/upload112.pdf.

413 Der Generalsekretär der Vereinten Nationen, »Secretary-General's Remarks to High-Level Thematic Debate on The State of the World Economy and Finance and its Impact on Development«, 17. Mai 2012, https://www.un.org/sg/en/content/sg/statement/2012-05-17/secretary-generals-remarks-high-level-thematic-debate-state-world.

414 »Statement by His Excellency Jigmi Y. Thinley, Prime Minister, Kingdom of Bhutan«, auf der Konferenz für nachhaltige Entwicklung der Vereinten Nationen, Rio de Janeiro, 20. Juni 2012, https://sustainabledevelopment.un.org/content/documents/16693bhutan.pdf.

415 Premierminister Thinley hielt in Rio auch Reden vor der International Society for Ecological Economics [Internationale Gesellschaft für Ökologische Ökonomie] und der International Federation of Organic Agriculture Movements [Internationale Föderation der Bewegungen für ökologische Landwirtschaft], was ihn in der Welt der Nichtregierungsorganisationen zu einem Helden machte.

416 Kumi Naidoo, geschäftsführender Direktor von Greenpeace, erklärte: »Rio+20 hat sich in einen epischen Misserfolg verwandelt. Es hat bei der Gerechtigkeit versagt, es hat bei der Ökologie versagt und es hat bei der Wirtschaft versagt.« Zitiert in G. P. Thomas, »What Happened at Rio+20? An Overview of the Highs, Lows and Achievements of the United Nations Conference on Sustainable Development«, https://www.azocleantech.com/article.aspx?ArticleID=242.

417 Siehe die Erklärungen in Weltgesundheitsorganisation, »United Nations Conference on Sustainable Development (Rio + 20) 2012«, https://www.who.int/southeastasia/activities/impacts-of-climate-change, sowie in https://www.resilience.org/stories/2012-07-12/future-who-wants-or-needs/. Siehe auch https://archive.nytimes.com/rendezvous.blogs.nytimes.com/2012/06/24/u-n-report-from-rio-on-environment-a-suicide-note/.

418 Mary Robinson, »Was Rio+20 a Failure of Political Leadership?«, CNN, 26. Juni 2012, http://edition.cnn.com/2012/06/26/world/americas/rio20-mary-robinson-failure/index.html.

419 Royal Government of Bhutan, »Time for a Sustainable Economic Paradigm.«

420 Oberhoheit oder Suzeränität wird definiert als »eine Situation, in der eine mächtige Region oder ein mächtiges Volk die Außenpolitik und die internationalen Beziehungen eines tributpflichtigen Vasallenstaates kontrolliert, während es der unterworfenen Nation interne Autonomie gewährt« (https://en.wikipedia.org/wiki/Suzerainty).

421 »The Constitution of the Kingdom of Bhutan«, http://www.nationalcouncil.bt/assets/uploads/files/Constitution%20%20of%20Bhutan%20English.pdf.

422 Bruce Watson, »The Troubling Evolution of Corporate Greenwashing«, Guardian, 20. August 2016, https://www.theguardian.com/sustainable-business/2016/aug/20/greenwashing-environmentalism-lies-companies, und Ben Webster, »Idyllic Meat Wrappers Hide Harsh Reality of Mass Modern Farming«, Times, 10. März 2018, https://www.thetimes.co.uk/edition/news/idyllic-meat-wrappers-hide-harsh-reality-of-modern-mass-farming-8mkfdmtzt. Laut Larry Thomas, ehemaliger Präsident der Society of the Plastics Industry, heute bekannt als Plastics Industry Association, einer der mächtigsten Lobbygruppen der Branche: »Wenn die Öffentlichkeit glaubt, dass das Recycling funktioniert, dann wird sie sich nicht so sehr um die Umwelt sorgen.« Laura Sullivan, »How Big Oil Misled the Public into Believing Plastic

would be Recycled«, National Public Radio, 11. September 2020, https://www.npr.org/2020/09/11/897692090/how-big-oil-misled-the-public-into-believing-plastic-would-be-recycled. Zu Schätzungen der Royal Statistical Society Großbritanniens über den Gesamtanteil der seit 1950 recycelten Kunststoffe siehe Laura Parker, »A Whopping 91 % of Plastic isn't Recycled«, National Geographic, 20. Dezember 2018, https://www.nationalgeographic.com/news/2017/07/plastic-produced-recycling-waste-ocean-trash-debris-environment/#close. Siehe hierzu auch Sharon Lerner, Waste Only. How the Plastics Industry is Fighting to Keep Polluting the World, The Intercept, 20. Juli 2019, https://theintercept.com/2019/07/20/plastics-industry-plastic-recycling/.

423 Siehe hierzu https://www.zeit.de/2023/04/co2-zertifikate-betrug-emissionshandel-klimaschutz, sowie https://www.watson.de/nachhaltigkeit/klima%20&%20umwelt/892471101-skandal-bei-gucci-disney-und-shell-zeit-deckt-betrug-mit-co-zertifikaten-auf.

424 »Greta Thunberg's Remarks at the Davos World Economic Forum«, New York Times, 21. Januar 2020, https://www.nytimes.com/2020/01/21/climate/greta-thunberg-davos-transcript.html.

425 Karl Marx, Brief an Arnold Ruge, 1843; https://de.wikisource.org/wiki/Ein_Briefwechsel_von_1843.

426 Rutger Hoekstra, »Replacing GDP by 2030: Towards a Common Language for the Well-being and Sustainability Community« (Cambridge: Cambridge University Press, 2019), S. 242.

427 Paul Hawken, »Blessed Unrest: How the Largest Movement in the World Came Into Being and Why No One Saw It Coming« (New York: Viking, 2007); neu aufgelegt 2008 bei Penguin unter dem Titel »Blessed Unrest: How the Largest Social Movement in History Is Restoring Grace, Justice, and Beauty to the World.«

428 »TIME 2019 Person of the Year«, https://time.com/person-of-the-year-2019-greta-thunberg-choice/.

429 Siehe z. B. Greta Thunberg, »Our House Is on Fire«, Guardian, 29. Januar 2019, https://www.theguardian.com/environment/2019/jan/25/our-house-is-on-fire-greta-thunberg16-urges-leaders-to-act-on-climate; sowie Damian Carrington, »School Climate Strikes: 1.4 Million People Took Part, Say Campaigners«, Guardian, 19. März 2019, https://www.theguardian.com/environment/2019/mar/19/school-climate-strikes-more-than-1-million-took-part-say-campaigners-greta-thunberg. Greta Thunbergs Rede vor den Vereinten Nationen ist verfügbar auf https://www.youtube.com/watch?v=KAJsdgTPJpU.

430 Paul Krugman, »Australia Shows Us the Road to Hell«, New York Times, 9. Januar 2020, https://www.nytimes.com/2020/01/09/opinion/australia-fires.html.

431 Valerie Valcovici, »Greta Thunberg to Congress: 'Don't Listen to Me. Listen to the Scientists'«, Reuters, 18. September 2019, https://www.reuters.com/article/climate-change-thunberg-congress/update-1-greta-thunberg-to-congress-dont-listen-to-me-listen-to-the-scientists-idUSL2N2690MK.

432 BBC Radio 4, »Ten Things We Learned When Greta Thunberg Met David Attenborough«, https://www.bbc.co.uk/programmes/articles/270DpZjTRtdscc0qbQbmDH7/10-things-we-learned-when-greta-thunberg-met-david-attenborough.

433 Siehe die Website der Wellbeing Economy Alliance auf https://wellbeingeconomy.org/. Siehe auch Kapitel 24 von Robert Costanza et al. (Hrsg.), »Sustainable Wellbeing

Futures: A Research and Action Agenda for Ecological Economics« (Cheltenham, UK: Edward Elgar Publishing, Mai 2020). Zu den gemeinsamen Forschungsarbeiten, die von ehemaligen Mitgliedern der internationalen Expertenarbeitsgruppe Bhutans veröffentlicht wurden, gehören die folgenden: R. Costanza et al., »Toward a Sustainable Wellbeing Economy«, Solutions, Nr. 2 (17. April 2018), https://www.thesolutionsjournal.com/article/toward-sustainable-wellbeing-economy/; R. Costanza et al., »Modelling and Measuring Sustainable Wellbeing in Connection with the UN Sustainable Development Goals«, Ecological Economics, Band 130 (Oktober 2016): S. 350–355, https://www.sciencedirect.com/science/article/abs/pii/S0921800915303359; R. Costanza et al., »The UN Sustainable Development Goals and the Dynamics of Well-Being«, Frontiers in Ecology and the Environment, Band 14, Nr. 2 (März 2016): S. 59, https://esajournals.onlinelibrary.wiley.com/doi/10.1002/fee.1231; R. Costanza et al., »Comment: Time to Leave GDP Behind«, Nature, Band 505 (16. Januar 2014): S. 283–285, https://www.academia.edu/11027280/Time_to_leave_GDP_behind; K. V. Ragnarsdóttir et al., »Beyond GDP«, Geologist Online, Band 24, Nr. 9 (Oktober 2014): S. 12–16, https://www.geolsoc.org.uk/Geoscientist/Archive/October-2014/Beyond-GDP; sowie R. Costanza et al., »The Future We Really Want«, Solutions , Band 4, Nr. 4 (Juli/August 2013): S. 37–43, https://thesolutionsjournal.com/2016/02/22/the-future-we-really-want/.

434 Das National Performance Framework ist verfügbar auf https://nationalperformance.gov.scot. Siehe z. B. Eleanor Ainge Roy, »New Zealand's World-First 'Wellbeing' Budget to Focus on Poverty and Mental Health«, Guardian, 14. Mai 2019, https://www.theguardian.com/world/2019/may/14/new-zealands-world-first-wellbeing-budget-to-focus-on-poverty-and-mental-health; BBC News, »Iceland Puts Well-Being Ahead of GDP in Budget«, 3. Dezember 2019, https://www.bbc.com/news/world-europe-50650155; IWA (Institute of Welsh Affairs), »Wellbeing Worldbeaters: New Zealand, Scotland and Iceland«, 30. Oktober 2019, https://www.iwa.wales/click/2019/10/wellbeing-worldbeaters-new-zealand-and-scotland/; sowie Nan Spowart, »Nicola Sturgeon Pushes Use of 'Wellbeing Economy' Over GDP«, The National, 3. August 2019, https://www.thenational.scot/news/17814293.nicola-sturgeon/. Siehe auch den Bericht von Ian Bache und Louise Reardon, »The Politics and Policy of Wellbeing: Understanding the Rise and Significance of a New Agenda« (Cheltenham, UK: Edward Elgar Publishing, 2016) über die Entwicklung der Agenda des Wohlergehens insbesondere im britischen und europäischen Kontext.

435 Nadja Popovich und Adam Pearce, »It's Not Your Imagination: Summers Are Getting Hotter«, New York Times, 28. Juli 2017, https://www.nytimes.com/interactive/2017/07/28/climate/more-frequent-extreme-summer-heat.html?mcubz=1. Der Artikel berichtet über Daten von James Hansen, dem pensionierten NASA-Klimawissenschaftler und Professor an der Columbia University. Die Daten zeigen, wie sich die Sommertemperaturen in den letzten Jahrzehnten in Richtung extremer Hitze verschoben haben. Siehe auch »Extreme Hitzewellen werden zur Normalität«, MDR-Wissen, 25. August 2022, https://www.mdr.de/wissen/studie-hitzewellen-werden-zur-normalitaet-100.html; sowie Lucas Vargas Zeppetello et. al., »Probabilistic Projections of Increased Heat Stress Driven by Climate Change«, Communications Earth & Environment, Nr. 3, 25. August 2022, https://www.nature.com/articles/s43247-022-00524-4.

436 Naomi Klein, »Die Entscheidung: Kapitalismus vs. Klima« (Frankfurt a. M.: Fischer Verlag 2016). Die Originalausgabe erschien unter dem Titel »This Changes Everything: Capitalism vs. Climate« (New York: Simon & Schuster 2014).

437 William Rees, »Ecological Economics for Humanity's Plague Phase«, Ecological Economics, Band 169 (März 2020): 106519, http://www.fraw.org.uk/data/limits/rees_2020.pdf.

438 William Rees, »Ecological Economics for Humanity's Plague Phase«, Ecological Economics, Band 169 (März 2020): 106519, http://www.fraw.org.uk/data/limits/rees_2020.pdf.

439 Diese sich überschneidenden Güter oder Vermögenswerte werden im Allgemeinen wie folgt definiert:

- Naturkapital: Die natürliche Umwelt, ihre biologische Vielfalt und die von ihr bereitgestellten Ökosystemgüter und -dienstleistungen. Diese Güter und Dienstleistungen sind für Grundbedürfnisse wie das Überleben, die Klimaregulierung, den Lebensraum für andere Arten, die Wasserversorgung, Nahrungsmittel, Fasern, Brennstoffe, Erholung, kulturelle Annehmlichkeiten und die für die gesamte wirtschaftliche Produktion erforderlichen Rohstoffe unerlässlich.
- Soziales und kulturelles Kapital: Das Geflecht zwischenmenschlicher Beziehungen, sozialer Netzwerke, des kulturellen Erbes, des traditionellen Wissens, des Vertrauens und der institutionellen Vereinbarungen, der Regeln, Normen und Werte, die menschliche Interaktionen und die Zusammenarbeit zwischen Menschen erleichtern. Sie tragen zum sozialen Zusammenhalt, zu starken, lebendigen und sicheren Gemeinschaften und zu einer guten Regierungsführung bei und helfen, grundlegende menschliche Bedürfnisse wie Teilhabe, Zuneigung und Zugehörigkeitsgefühl zu erfüllen.
- Humankapital: Menschen und ihre Eigenschaften, ihre körperliche und geistige Gesundheit, ihr Wissen und andere Fähigkeiten, die es uns ermöglichen, produktive Mitglieder der Gesellschaft zu sein. Dazu gehört die ausgewogene Nutzung der Zeit zur Erfüllung grundlegender menschlicher Bedürfnisse wie Beschäftigung, Spiritualität, Verständnis, Entwicklung von Fähigkeiten, Kreativität und Freiheit.
- Gebautes Kapital: Gebäude, Maschinen, Verkehrsinfrastruktur und alle anderen menschlichen Artefakte und Dienstleistungen, die die menschlichen Grundbedürfnisse wie Unterkunft, Lebensunterhalt, Mobilität und Kommunikation erfüllen.

440 Paul Hawken (Hrsg.), »Drawdown: The Most Comprehensive Plan Ever Proposed to Reverse Global Warming« (New York: Penguin, 2017). Deutsch: »Drawdown – der Plan: Wie wir die Erderwärmung umkehren können« (Gütersloh: Gütersloher Verlagshaus 2019).

441 Ida Kubiszewski et al., »The Future Value of Ecosystem Services: Global Scenarios and National Implications«, Ecosystem Services, Band 26 (Juni 2017): S. 289–301, http://www.robertcostanza.com/wp-content/uploads/2017/02/2017_J_Kubiszewski_etal_ESscenarios.pdf.

442 »Greta Thunberg's Remarks at the Davos World Economic Forum«, New York Times, 21. Januar 2020, https://www.nytimes.com/2020/01/21/climate/greta-thunberg-davos-transcript.html.

443 Siehe z. B. The Solutions Journal – For a Sustainable and Desirable Future, www.thesolutionsjournal.com; die Arbeit der New Economics Foundation auf https://neweconomics.org; Katherine Trebeck und Jeremy Williams, »The Economics of Arrival: Ideas for a Grown-Up Economy« (Bristol, UK: Bristol University Press, 2019);

Hawken, »Drawdown«; David Suzuki und Holly Dressel, »Good News for a Change: Hope for a Troubled Planet« (Sydney, Australia: Allen & Unwin, 2002); sowie Matthew Green, »'New Economics': The Way to Save the Planet?«, Reuters, 9. Mai 2019, https://www.reuters.com/article/us-climatechange-extinction/new-economics -the-way-to-save-the-planet-idUSKCN1SE2CN.

444 Dr. Waring ist Professorin für öffentliche Politik am Institute of Public Policy der Technischen Universität Auckland. Siehe »If Women Counted: A New Feminist Economics« (London: Macillan, 1988), das in mehrere Sprachen übersetzt wurde und Gegenstand eines großen Dokumentarfilms ist. Marilyn Warings jüngstes Buch »Still Counting: Wellbeing, Women's Work and Policy-Making« (Wellington, NZ: Bridget Williams, Dezember 2018), beschreibt ihren persönlichen Kampf, Politiker und die Öffentlichkeit dazu zu bringen, die Grenzen des BIP zu erkennen und bessere und umfassendere Messgrößen zu verwenden.

Abkürzungsverzeichnis

ACEP	Agricultural Conservation Easement Program (Programm zur Erhaltung der Landwirtschaft)
ACSI	Atlantic Canada Sustainability Initiative (Nachhaltigkeitsinitiative Atlantisches Kanada)
BIP	Bruttoinlandsprodukt
BNE	Bildung für nachhaltige Entwicklung (siehe DESD)
BNG	Bruttonationalglück (siehe GNH)
BSP	Bruttosozialprodukt
CGI	Chokyi Gyatso Institute for Buddhist Studies
CIW	Canadian Index of Wellbeing (Kanadischer Index des Wohlergehens)
DESD	Decade of Education for Sustainable Development (siehe BNE)
FCA	Full-Cost Accounting (Umfassende Kostenrechnung)
GNH	Gross National Happiness (siehe BNG)
GPI	Genuine Progress Index (Echter Fortschrittsindex)
GVO	genetisch veränderte Organismen
IEA	International Energy Agency (Internationale Energieagentur)
IPCC	Intergovernmental Panel on Climate Change

ISEW Index of Sutainable Economic Welfare (Index der nachhaltigen wirtschaftlichen Wohlfahrt)

IWF Internationaler Währungsfonds (IMF – International Monetary Fund)

KKP Kaufkraftparität

KPMG Klynveld Peat Marwick Goerdeler

LME Lhomon Education

MEW Measure of Economic Welfare (Maß der wirtschaftlichen Wohlfahrt)

NASA National Aeronautics and Space Administration (Nationale Luft- und Raumfahrtbehörde

NDP (New Democratic Party (Neue Demokratische Partei)

NSGEU Nova Scotia Government and General Employees Union

NSFPA Nova Scotia Forest Products Association

NUPGE National Union of Public and General Employees (Nationale Gewerkschaft öffentlicher und allgemeiner Angestellter)

OECD Organization for Economic Cooperation and Development (Organisation für wirtschaftliche Zusammenarbeit und Entwicklung)

PISA Programme for International Student Assessment (Internationale Schulleistungsstudie)

REC Royal Education Council (Königlicher Rat für Bildung)

SEEA System of Environmental-Economic Accounting (System der umweltökonomischen Gesamtrechnung)

SJI Samdrup Jongkhar Initiative

SUV	Sport Utility Vehicle
UGR	Umweltökonomische Gesamtrechnung
UNESCO	United Nations Educational, Scientific and Cultural Organization (Organisation der Vereinten Nationen für Bildung, Wissenschaft, Kultur und Kommunikation)
UNHCR	United Nations High Commissioner for Refugees (Der Hohe Flüchtlingskommissar der Vereinten Nationen)
UNICEF	United Nations Children's Fund (Kinderhilfswerk der Vereinten Nationen)
WBCSD	World Business Council für Sustainable Development (Weltwirtschaftsrat für nachhaltige Entwicklung)
WCED	World Commission on Environment and Development (Weltkommission für Umwelt und Entwicklung der Vereinten Nationen)
WHO	World Health Organization (Weltgesundheitsorganisation)
WRI	World Resources Institute (Weltressourceninstitut)
WSL	Wert eines statistischen Lebens
WTP	Willingness To Pay (Zahlungsbereitschaft)
WWF	World Wildlife Fund for Nature (Weltweiter Fonds für die Natur)

Stichwort- und Namensverzeichnis

B

C

D

E

F

G

H

J

K

L

M

N

Q

R

S

T

U

V

W

Y

Z